ERICH SCHMIDT VERLAG

D1985521

Vorsorgevollmacht – Betreuungsverfügung – Patientenverfügung – Ehegattennotvertretungsrecht

von

Prof. Dr. Dr. h.c. Walter Zimmermann
Honorarprofessor an der Universität Regensburg
Vizepräsident des Landgerichts a. D., Passau

4., neu bearbeitete und erweiterte Auflage

ERICH SCHMIDT VERLAG

Bibliografische Information der Deutschen Nationalbibliothek
Die Deutsche Nationalbibliothek verzeichnet diese Publikation in der Deutschen Nationalbibliografie; detaillierte bibliografische Daten sind im Internet über http://dnb.d-nb.de abrufbar.

Weitere Informationen zu diesem Titel finden Sie im Internet unter
ESV.info/978-3-503-23671-8

1. Auflage 2007
2. Auflage 2010
3. Auflage 2017
4. Auflage 2023

Gedrucktes Werk: ISBN 978-3-503-23671-8
eBook: ISBN 978-3-503-23672-5

www.ESV.info

Dieses Papier erfüllt die Frankfurter Forderungen der Deutschen Bibliothek und der Gesellschaft für das Buch bezüglich der Alterungsbeständigkeit und entspricht sowohl den strengen Bestimmungen der US Norm Ansi/Niso Z 39.48-1992 als auch der ISO Norm 9706.

Satz: L101 Mediengestaltung, Fürstenwalde
Druck: ducopoint, Barleben

Vorwort

Das Thema „Vorsorgevollmacht, Betreuungsverfügung, Patientenverfügung“ ist erst seit etwa 30 Jahren aktuell. Immer mehr Menschen bedürfen einer vom Gericht angeordneten Betreuung, derzeit sind es in Deutschland über 1,2 Millionen. Andererseits kann in vielen Fällen eine Betreuung verhindert werden, wenn jemand einer anderen Person eine Vollmacht erteilt; mehr als 5,3 Millionen solcher Vorsorgeurkunden sind bei der Bundesnotarkammer in Berlin registriert, wozu noch eine unbekannte Zahl von dort nicht registrierten Vollmachten kommt. Für solche Vollmachten wird von öffentlichen Stellen umfangreich geworben, um die staatlichen Kosten für Betreuungen zu verringern.

Mit Vorsorgevollmachten sind Betreuungsgerichte, Betreuungsbehörden, Betreuungsvereine, Notare, Rechtsanwälte, Ärzte, Krankenhäuser, Pflegeheime und sonstige Personen und Stellen (wie z.B. Banken) befasst. Eine Vorsorgevollmacht zu erteilen ist in manchen Fällen problematisch, eine Betreuung ist oft besser; fundierte rechtliche Kenntnisse sind im Einzelfall erforderlich, um die Vor- und Nachteile (die leider bei der fiskalisch motivierten öffentlichen Werbung für solche Vollmachten zu kurz kommen) einschätzen zu können und eine Formulierung zu finden, die den eigenen Willen zuverlässig dokumentiert.

Eine Betreuungsverfügung hilft bei der Ausgestaltung einer eventuellen künftigen Betreuung; die Betreuung kann dadurch nicht verhindert werden. Obwohl Betreuungsverfügungen wichtig sind, nichts kosten, keinen Nachteil haben, sind sie in der Öffentlichkeit kaum bekannt.

Eine Patientenverfügung gibt dem Betroffenen die Möglichkeit, für medizinische Vorgänge seinen Willen im Voraus für den Fall des Eintritts einer bestimmten Gesundheitssituation niederzulegen. Auch hier gibt es zahlreiche Fragen, über die sich auch ein Jurist nicht ohne weiteres im Klaren ist, und laienhafte Formulierungen, die nicht weiterhelfen („Ich will keine Apparatemedizin, sondern einmal in Frieden sterben“).

Das Buch ist so geschrieben, dass es auch für interessierte Laien verständlich ist. Im Anhang sind u.a. kommentierte Formulare für Vorsorgevollmachten, Geschäftsbesorgungsverträge betreffend die Wahrnehmung einer Vollmacht, Betreuungsverfügungen und Patientenverfügungen abgedruckt.

Passau, im Juni 2023 Walter Zimmermann

Inhaltsverzeichnis

3. Kapitel
GESETZLICHES VERTRETUNGSRECHT DER EHEGATTEN BEI GESUNDHEITSSORGE

4. Kapitel
DIE BETREUUNGSVERFÜGUNG

5. Kapitel
DIE PATIENTENVERFÜGUNG

Abkürzungsverzeichnis

a.A.	anderer Ansicht
AcP	Archiv für die civilistische Praxis
a.F.	alte Fassung
AG	Amtsgericht
AGBGB	Ausführungsgesetz zum BGB
Alt.	Alternative
AO	Abgabenordnung
Art.	Artikel
BayObLG	Bayerisches Oberstes Landesgericht
BB	Der Betriebsberater (Zeitschrift)
BeckOK	Beck Online-Kommentar
BeckOGK	Beck Online Großkommentar
BeckRS	Beck-Rechtssammlung (online)
BeurkG	Beurkundungsgesetz
BewG	Bewertungsgesetz
BFH	Bundesfinanzhof
BGB	Bürgerliches Gesetzbuch
BGBl	Bundesgesetzblatt
BGH	Bundesgerichtshof; Entscheidungssammlung BGHZ
BNotO	Bundesnotarordnung
BtBG	Betreuungsbehördengesetz
BT-Drucks.	Bundestags-Drucksache
BtOG	Betreuungsorganisationsgesetz (2023)
BVerfG	Bundesverfassungsgericht
BWNotZ	Zeitschrift für das Notariat in Baden-Württemberg
DB	Der Betrieb (Zeitschrift)
d.h.	das heißt
DJ	Die Justiz (Zeitschrift)
DNotZ	Deutsche Notarzeitschrift
EGBGB	Einführungsgesetz zum BGB
ErbR	Zeitschrift für Erbrecht
EStG	Einkommensteuergesetz
FamFG	Gesetz über das Verfahren in Familiensachen und in den Angelegenheiten der freiwilligen Gerichtsbarkeit
FamRZ	Zeitschrift für das gesamte Familienrecht

FGG	Gesetz über die Angelegenheiten der Freiwilligen Gerichtsbarkeit (ab 1.9.2009 aufgehoben)
FGPrax	Praxis der Freiwilligen Gerichtsbarkeit (Zeitschrift)
FS	Festschrift
G	Gesetz
GBO	Grundbuchordnung
GG	Grundgesetz
GKG	Gerichtskostengesetz
GNotKG	Gerichts- und Notarkostengesetz
GVG	Gerichtsverfassungsgesetz
h.M.	herrschende Meinung
i.d.R.	in der Regel
InsO	Insolvenzordnung
i.V.m.	in Verbindung mit
JR	Juristische Rundschau (Zeitschrift)
JurBüro	Juristisches Büro (Zeitschrift)
JuS	Juristische Schulung (Zeitschrift)
JVEG	Justizvergütungs- und -entschädigungsgesetz (ab 1.7.2004)
JW	Juristische Wochenschrift (Zeitschrift) 1878 bis 1939
JZ	Juristenzeitung (Zeitschrift)
KG	Kammergericht
KGJ	Jahrbuch der Entscheidungen des Kammergerichts
KV	Kostenverzeichnis
LFGG	Landesgesetz über die Freiwillige Gerichtsbarkeit (Baden-Württemberg)
LG	Landgericht
LM	Lindenmaier/Möhring (Nachschlagewerk des BGH)
MDR	Monatsschrift für Deutsches Recht
MittBayNot	Mitteilungen des Bayerischen Notarvereins
MittRhNotK	Mitteilungen der Rheinischen Notarkammer
MünchKomm	Münchener Kommentar zum BGB
NdsRpfl	Niedersächsische Rechtspflege (Zeitschrift)
n.F.	neue Fassung
NJOZ	Neue Juristische Online-Zeitschrift

NJW	Neue Juristische Wochenschrift (Zeitschrift)
NJWE-FER	NJW-Entscheidungsdienst Familien- und Erbrecht (Zeitschrift)
NJW-RR	Rechtsprechungsreport der NJW (Zeitschrift)
OLG	Oberlandesgericht; Sammlung der Rspr. der OLGe (Band, Seite)
PKH	Prozesskostenhilfe
RDG	Rechtsdienstleistungsgesetz
RefE	Referentenentwurf
RG	Reichsgericht; Entscheidungssammlung RGZ
RGRK	Reichsgerichtsräte-Kommentar zum BGB
RNotZ	Rheinische Notarzeitschrift
Rpfleger	Der Deutsche Rechtspfleger (Zeitschrift)
RPflG	Rechtspflegergesetz
Rspr.	Rechtsprechung
RuP	Recht und Psychiatrie (Zeitschrift)
RVG	Rechtsanwaltsvergütungsgesetz (ab 1.7.2004)
Rz.	Randziffer
SGB	Sozialgesetzbuch
StGB	Strafgesetzbuch
StPO	Strafprozessordnung
VBVG	Vormünder- und Betreuervergütungsgesetz (2023)
VersR	Versicherungsrecht (Zeitschrift)
VKH	Verfahrenskostenhilfe
VRegV	Vorsorgeregister-Verordnung
z.B.	zum Beispiel
ZErb	Zeitschrift für Erbrecht
ZEV	Zeitschrift für Erbrecht und Vermögensnachfolge
ZIP	Zeitschrift für Wirtschaftsrecht
ZPO	Zivilprozessordnung
ZVR-GebS	Gebührensatzung des Zentralen Vorsorgeregisters

1. KAPITEL
WAS GESCHIEHT BEI KRANKHEIT, ALTER, UNFALL, WENN NICHT VORGESORGT WURDE?

A. Überblick

Jeder hat bestimmte Angelegenheiten zu besorgen, z. B. die Rente verwalten, Lebensmittel, Kleidung, Medikamente, Miete zahlen, Bestellungen aufgeben, Rechnungen zahlen, Steuern und Versicherungen zahlen, Vermögen verwalten, Altenheim suchen, Heimvertrag schließen, Umziehen, Pflege organisieren und Pflegekosten zahlen, ärztliche Versorgung veranlassen usw. Wenn jemand seine Angelegenheit aus Bequemlichkeit nicht erledigt, z. B. die Miete und Steuern nicht zahlt, wird gegen ihn gerichtlich vorgegangen und letztlich vollstreckt. Wenn jemand aber seine Angelegenheiten ganz oder teilweise *deshalb* nicht erledigen kann, weil er an einer Krankheit oder einer Behinderung leidet, dann kommt die Anordnung einer Betreuung durch das Betreuungsgericht in Betracht (§ 1814 BGB); Rz. 3 ff. Im früheren § 1896 BGB war eine „psychische" Krankheit Voraussetzung der Betreuung, das Wort wurde ab 2023 (im neuen § 1814 BGB) gestrichen, weil angeblich bestimmte Leute dadurch „diskriminiert" werden,[1] jetzt genügen alle Krankheiten,[2] so dass weitere Eingriffe möglich sind. Auch aus der seelischen Behinderung der alten Gesetzesfassung (§ 1896 a. F. BGB) wurde das Wort „seelisch" beseitigt, weshalb auch immer. *1*

Hauptsächlich geht es um **Altersabbau**. Unter die Krankheiten fallen z. B. Psychosen, Schizophrenien, Borderline-Syndrom; seelische Störungen als Folge von Krankheiten oder Verletzungen, von Epilepsie; Alzheimer-Krankheit; Parkinson-Krankheit; Neurosen, Psychopathien. Alkohol-, Medikamenten- und Drogenabhängigkeit kann zu (psychischen) Krankheiten geführt haben. Geistige Behinderungen sind z. B. angeborene oder später entstandene oder altersbedingte geistige Schwächen, z. B. Oligophrenie, Schwachsinn, beruhend z. B. auf Mongolismus, Morbus Down, Schädigungen vor oder bei Geburt, **Unfallfolgen**.

Die Ausgestaltung der Betreuung, vor allem die Auswahl des Betreuers, kann der Betroffene beeinflussen, indem er sich bei der richterlichen Anhörung entsprechend äußert und, wenn er dazu nicht mehr in der Lage ist, indem er früher eine **Betreuungsverfügung** verfasst hat.

Die Betreuung überhaupt kann in vielen Fällen verhindert werden, wenn der Betroffene eine **Vorsorgevollmacht** errichtet hat; es ist aber nicht in

---

[1] BT-Drucks. 19/24445 S. 230.

[2] „Verwässerung" der Voraussetzungen; vgl. Schwab FamRZ 2020, 1321; Müller-Engels DNotZ 2021, 84.

allen Fällen zweckmäßig, eine Betreuung zu verhindern, weil sie dem Betroffenen oft mehr Schutz bietet.

Wenn **überhaupt nicht vorgesorgt** wurde, auch nicht durch eine Bankvollmacht mit Geltung über den Tod hinaus, können in den Wochen bzw. Monaten bis zur Erteilung des Erbscheins auch keine Rechnungen (z.B. für die Bestattung, Arztkosten usw.) bezahlt werden; im schlimmsten Falle bestellt dann das Nachlassgericht einen **Nachlasspfleger**, dessen Kosten der Nachlass (d.h. die Erben) zahlen müssen.

2

B. Die einzelnen „Vorsorgeinstrumente"

Betreuung	Betreuungsverfügung	Vorsorgevollmacht	Patientenverfügung
Sie ist bei Geschäftsfähigen und bei Nichtgeschäftsfähigen möglich	Weder Geschäftsfähigkeit noch Einwilligungsfähigkeit beim Betroffenen erforderlich	Geschäftsfähigkeit erforderlich	Einwilligungsfähigkeit erforderlich
Betreuung wird vom Betreuungsgericht bei bestimmten Behinderungen angeordnet	Betreuungsverfügung richtet sich an das Betreuungsgericht und an den späteren Betreuer (= gerichtlich bestellter Vertreter). Sie macht eine Betreuung nicht überflüssig	Vorsorgevollmacht richtet sich an das Betreuungsgericht und an den Bevollmächtigten (= rechtsgeschäftlich bestellter Vertreter)	Patientenverfügung richtet sich an Ärzte, Pflegeberufe, Kliniken, Betreuer und Bevollmächtigte; u.U. an das Betreuungsgericht. Daneben kann es zur Betreuung kommen
Der Betreuer ist in seinem Aufgabenkreis gesetzlicher Vertreter des Betreuten	Enthält z.B. einen Vorschlag, wer später Betreuer werden soll; regelt ferner die Art der Wahrnehmung der Betreuung. Anordnungen sind nicht zwingend	Regelt die Vertretung durch einen Bevollmächtigten, damit es nicht zur Betreuung kommt; in manchen Fällen ist trotzdem eine Betreuung erforderlich	Der Patient legt (beschränkt auf medizinische Vorgänge) seinen Willen im Voraus für den Fall des Eintritts einer bestimmten Situation nieder. Vorsorgevollmacht daneben u.U. zweckmäßig
§§ 1814ff. BGB	§ 1817 II 3 BGB	§§ 164ff., 1820 BGB	§ 1827 BGB

C. Betreuungsverfahren des Betreuungsgerichts

Irgendjemand (meist Angehörige, Pflegeheime, Kliniken), auch der Betroffene selbst, kann beim **Betreuungsgericht** (bis 2009: Vormundschaftsgericht), das ist eine Abteilung des Amtsgerichts, die Einleitung eines **Betreuungsverfahrens** anregen. Das Verfahren läuft dann folgendermaßen ab: *3*

I. Zuständigkeit

Örtlich zuständig ist das Betreuungsgericht, in dessen Bezirk der Betroffene seinen gewöhnlichen Aufenthalt hat (§ 272 FamFG). Für das Verfahren bis zur Bestellung eines Betreuers ist in der Regel der Richter zuständig, für die spätere Rechnungsprüfung und Vergütung in der Regel der Rechtspfleger (§§ 3, 15 RPflG). Größere Kompetenz des Rechtspflegers ist nach Landesrecht möglich (§ 19 RPflG). *4*

II. Weiterer Ablauf des Verfahrens

Vom Betreuungsgericht soll elektronisch bei der **Bundesnotarkammer** in Berlin nachgefragt werden, ob dort eine Vorsorgevollmacht registriert ist (§ 285 I BGB), das waren 2021 205.000 Anfragen, wovon ca. 10 % erfolgreich waren.[3] Dadurch erbringt sich u.U. eine Betreuung (§ 1814 III Nr. 1 BGB). Der Betroffene wird vom Richter **persönlich angehört**, damit der Richter einen Eindruck vom Betroffenen erhält und mit ihm die Sache besprechen kann (soweit der Betroffene noch äußerungsfähig ist), vor allem, wer als Betreuer in Frage kommt (§ 278 FamFG). **Verfahrenspfleger**: Wenn es erforderlich erscheint und der Betroffene keinen Anwalt beauftragt hat, wird dem Betroffenen ein Verfahrenspfleger bestellt, der seine Rechte wahrnehmen soll (§ 276 FamFG), z.B. ein Anwalt oder ein Sozialarbeiter. **Sachverständigengutachten:** Kommt eine Betreuung in Betracht, muss der Richter ein Sachverständigengutachten in Auftrag geben (§ 280 FamFG). Der Sachverständige, z.B. ein Psychiater, spricht mit dem Betroffenen, untersucht ihn und erstellt ein Gutachten. Wenn der Betroffene mit der Betreuung einverstanden ist, genügt ein ärztliches Attest (§ 281 FamFG). **Anhörung weiterer Personen:** Das Betreuungsgericht kann, wenn erforderlich, die Betreuungsbehörde um Stellungnahme ersuchen, nahe Verwandte anhören (§ 274 FamFG). Das setzt natürlich voraus, dass deren Adresse bekannt ist. *5*

[3] Quelle Jahresbericht der Bundesnotarkammer 2021.

III. Entscheidung des Betreuungsgerichts

6 Wenn das Gericht zur Überzeugung gelangt, dass die Voraussetzungen für eine Betreuung gegeben sind und sie erforderlich ist (was u. U. nicht der Fall ist, wenn eine Vorsorgevollmacht vorhanden ist), dann bestellt es einen Betreuer für den Betroffenen (§ 286 FamFG); das wird spätestens mit der Bekanntmachung an den Betreuer wirksam (§ 287 FamFG). Zugleich wird (je nach Erforderlichkeit) der **Aufgabenkreis des Betreuers** bestimmt: z. B. Vermögenssorge, Gesundheitssorge, Unterbringung, Vertretung gegenüber Behörden usw. Die Bestellung wird spätestens **nach sieben Jahren** von Amts wegen überprüft (§ 294 III FamFG), vorher aber schon dann, wenn ein Anlass dazu besteht. Sind die Voraussetzungen weggefallen, kann die Betreuung jederzeit, auch schon vor Ablauf der sieben Jahre, ganz oder teilweise aufgehoben werden (§ 1871 BGB).

1. Betreuung ohne Einwilligungsvorbehalt

7 Die Betreuung lässt die Geschäfts- und Einwilligungsfähigkeit unberührt. Ein Betreuter kann deshalb weiterhin selbst Geschäfte tätigen: War er geschäftsfähig, sind sie wirksam; war er geschäftsunfähig (was im Prozess vom Betreuten zu beweisen ist), sind die Geschäfte unwirksam (§§ 104, 105 BGB). In begrenztem Umfang können allerdings auch Geschäftsunfähige Geschäfte des täglichen Lebens mit geringfügigen Mitteln tätigen (§ 105a BGB), z. B. Lebensmittelkäufe, Erwerb einer Busfahrkarte.

2. Betreuung mit Einwilligungsvorbehalt

8 Eigene Geschäfte des Betreuten können die Verwaltung des Einkommens des Betreuten durch den Betreuer empfindlich stören. Deshalb kann in solchen Fällen vom Betreuungsgericht zusätzlich ein Einwilligungsvorbehalt angeordnet werden (§ 1825 BGB), so dass Geschäfte des Betreuten (auch wenn er geschäftsfähig ist[4]) unwirksam sind, **wenn der Betreuer nicht einwilligt**; das erfolgt in etwa 5 % bis 10 % der Betreuungen. Der Einwilligungsvorbehalt beseitigt bei einem Geschäftsfähigen die volle Geschäftsfähigkeit.

IV. Verfahren und Entscheidung in Eilfällen

9 In eiligen Fällen kann das vorgenannte „ordentliche“ Verfahren, das Monate dauert, nicht durchgeführt werden. Dann ist die Bestellung eines Betreuers durch **einstweilige Anordnung** des Betreuungsgerichts möglich (§§ 300,

---

[4] BGH NJW 2022, 2845; unstreitig.

301 FamFG), welche nur voraussetzt, dass dringende Gründe für die Annahme bestehen, die Voraussetzungen für die Anordnung einer Betreuung seien gegeben sowie die Vorlage eines ärztlichen Attests. Die Anhörung des Betroffenen, Bestellung eines Verfahrenspflegers und die Einholung eines Gutachtens sind dann nachzuholen. Die Anordnung ist auf eine Dauer von sechs Monaten, verlängerbar auf ein Jahr, begrenzt (§ 302 FamFG). Ein solcher Betreuer hat dieselbe Stellung wie ein „endgültiger" Betreuer.

V. Auswahl des Betreuers

Wenn das Gericht die Betreuung anordnet, wählt es gleichzeitig den Betreuer aus. *10* Dabei orientiert es sich an Vorschlägen des Betroffenen, der Betreuungsbehörde, des Verfahrenspflegers oder von Verwandten; allerdings sind die Vorschläge nicht verbindlich. Der Vorschlag des Betroffenen, der sich nicht mehr äußern kann, kann auch in einer **Betreuungsverfügung** enthalten sein (§ 1816 II 3 BGB). Der Vorschlag ist nur unbeachtlich, wenn die gewünschte Person ungeeignet ist (§ 1816 II 1 BGB); sonst ist er bindend.[5] Im Endergebnis ist der Vorschlag nur dann nicht verbindlich, wenn die vom Betreuungsgericht ins Auge genommene Person *deutlich* besser geeignet ist als die vom Betreuten vorgeschlagene Person.[6] Wird ein Angehöriger vorgeschlagen, der aber zur Vermögensverwaltung ungeeignet erscheint, kommt in Frage, dass die Betreuung auf ihn und eine zweite Person (Mitbetreuer) aufgeteilt wird.

Den Vorrang hat ein ehrenamtlich tätiger Betreuer (§ 1816 V BGB), z.B. ein Angehöriger. Nur wenn er nicht zur Verfügung steht, darf ein Berufsbetreuer bestellt werden, hierbei zunächst Einzelpersonen, dann Vereins- und Behördenbetreuer, hierauf Betreuungsverein, zuletzt die Betreuungsbehörde. Bei Interessenkonflikten oder einer engen Beziehung zum Pflegeheim, in dem der Betroffene untergebracht ist, kann ein Verwandter als Betreuer ausgeschlossen sein (§ 1816 III, VI BGB; Rz. 134).

Wenn der Ausgewählte mit der Bestellung zum Betreuer nicht **einverstanden** ist, wird er nicht bestellt (§ 1819 II BGB).

Bei Bestellung des Betreuers durch eine sog. *eilig*e einstweilige Anordnung („Gefahr in Verzug") müssen diese Auswahlgesichtspunkte teils nicht beachtet werden (§§ 285, 301 II FamFG).

---

5 BayObLG BtPrax 2002, 36.

6 BayObLG FamRZ 1997, 900.

D. Stellung des Betreuers

I. Gesetzlicher Vertreter

11 Der Betreuer *kann* den Betreuten gerichtlich und außergerichtlich vertreten (§ 1823 BGB). Seine Vertretungsmacht hat aber Grenzen:

- Schranke durch den **Aufgabenkreis**: Wer z. B. nur für die Gesundheitssorge bestellt ist, hat keine Vertretungsmacht in Vermögensangelegenheiten. Bei der Vollmacht entspricht dem Umfang der in der Vollmachtsurkunde eingeräumten Vertretungsmacht: Wenn z. B. die Vollmacht speziell nur die Gesundheitsangelegenheiten betrifft, kann der Bevollmächtigte den Betroffenen nicht in Vermögensangelegenheiten vertreten.
- Schranke durch **gesetzliche Verbote** (§ 1824 BGB; Schenkungen sind weitgehend verboten; § 1854 Nr. 8 BGB; Insichgeschäfte sind nicht erlaubt). Bei der Vollmacht wird der Bevollmächtigte oft von diesen Verboten befreit, was gefährlich ist.
- **Keine Übertragbarkeit** der Betreuerstellung auf andere; nur Hilfskräfte können eingesetzt werden. Bei der Vollmacht wird dagegen oft dem Bevollmächtigten das Recht eingeräumt, Untervollmacht zu erteilen, was bedenklich ist.
- Die Betreuung erlischt grundsätzlich mit dem **Tod des Betreuten**. Bei der Vorsorgevollmacht wird dagegen oft angeordnet, dass sie zulasten der Erben nach dem Tod fortbesteht, was für die Erben gefährlich ist.
- Schranke durch **betreuungsgerichtliche Genehmigungen**. Jahrhundertelange Erfahrung hat dem Gesetzgeber gezeigt, dass Vormünder und Pfleger, entsprechend nun auch Betreuer, nicht frei schalten und walten sollen dürfen. Das BGB steht hier auf der Seite des Schwachen, des Betreuten, nicht des Betreuers, stellt den Schutz des Betreuten in den Vordergrund. Unter dem Deckmantel der Stärkung des Selbstbestimmungsrechts wird neuerdings in den Raum gestellt, das sei schlecht, besser sei eine Vollmacht, da sei der Bevollmächtigte ohne Fesseln. Der Betreuer braucht in vielen Fällen eine Genehmigung des Betreuungsgerichts (unten Rz. 12), der Bevollmächtigte dagegen nur bei bestimmten gefährlichen Gesundheitsmaßnahmen (§§ 1829, 1832 BGB) und bei freiheitsentziehender Unterbringung des Betroffenen (§ 1831 BGB). Je nach dem Blickwinkel ist das ein Vor- oder Nachteil: Der Vertreter ist „mächtiger“, wenn er Bevollmächtigter ist, schwächer, wenn er Betreuer ist. Der Betroffene ist geschützter durch eine Betreuung, geschwächt bei einer Vorsorgevollmacht.

II. Genehmigungen des Betreuungsgerichts

Der **Betreuer** braucht eine Genehmigung des Betreuungsgerichts z. B. in folgenden Fällen: *12*

- Einwilligung des Betreuers in gefährliche Untersuchungen, Heilbehandlungen, ärztliche Eingriffe beim Betreuten, Zwangsbehandlung (§§ 1829, 1832 BGB), Ausnahme: § 1829 IV BGB. Dasselbe gilt für den Vorsorgebevollmächtigten.
- Nichteinwilligung in diesen Fällen (§ 1829 II BGB), ebenso für den Vorsorgebevollmächtigten.
- Einwilligung in eine Sterilisation (§ 1830 BGB).
- Freiheitsentziehende Unterbringung des Betreuten (§ 1831 BGB), ebenso für den Vorsorgebevollmächtigten.
- Kündigung des vom Betreuten gemieteten Wohnraums (§ 1833 BGB). Der Bevollmächtigte dagegen kann die Wohnung des Vollmachtgebers kündigen, während dieser z. B. im Krankenhaus ist; dann bleibt nur der Umzug ins Altenheim.
- Abschluss von Verträgen, durch die der Betreute zu wiederkehrenden Leistungen für länger als vier Jahre verpflichtet werden soll (Beispiel: Das Gasthaus des Betreuten soll für fünf Jahre verpachtet werden); § 1853 BGB.
- Abschluss von Verträgen, durch die der Betreute Wohnraum vermietet.
- **Abhebung und Überweisung** von gesperrtem Geld des Betreuten, § 1849 BGB. Ausnahme: § 1849 II BGB (Girokonten).
- Bestimmte Geldanlagen, §§ 1841, 1842 BGB, z. B. in Aktien.
- Verfügung über Forderungen und Wertpapiere des Betreuten (§ 1849 BGB), mit kompliziert formulierten Ausnahmen. Befreiungen durch das Betreuungsgericht sind möglich (§ 1848 BGB).
- **Verfügung über ein Grundstück** oder ein Recht an einem Grundstück (Nießbrauch, Dienstbarkeit, Vorkaufsrecht usw.), § 1850 Nr. 1 BGB. Der mit notarieller Vollmacht versehene umfassend Bevollmächtigte dagegen kann das Haus des Vollmachtgebers grundsätzlich ohne Genehmigung veräußern.
- Verfügung über eine Forderung, die auf Übertragung des Eigentums an einem Grundstück gerichtet ist, z. B. Abtretung des Auflassungsanspruchs, § 1850 Nr. 2 BGB.
- zahlreiche weitere Grundstücksgeschäfte, § 1850 Nr. 3 bis 6 BGB.

- das Rechtsgeschäft, durch das der Betreute zu einer Verfügung über eine ihm angefallene Erbschaft oder über seinen künftigen gesetzlichen Erbteil oder seinen künftigen Pflichtteil verpflichtet wird (§ 1851 Nr. 2 BGB).
- die Verfügung über den Anteil des Betreuten an einer Erbschaft, § 1851 Nr. 3 BGB.
- die **Ausschlagung einer Erbschaft** oder eines Vermächtnisses, Verzicht auf einen Pflichtteil, Erbteilungsvertrag, (auch teilweise) Erbauseinandersetzung, § 1851 Nr. 1 BGB.
- bestimmte Verträge über Erwerbsgeschäfte, Gesellschaftsverträge, § 1852 BGB.
- Eingehung von Wechselverbindlichkeiten, § 1854 Nr.3 BGB.
- Übernahme einer fremden Verbindlichkeit, Eingehung einer Bürgschaft; § 1854 Nr. 4 und 5 BGB; der Bevollmächtigte könnte leichtsinnig Bürgschaften eingehen und so das Vermögen des Vollmachtgebers gefährden.
- Erteilung einer Prokura, § 1852 Nr. 3 BGB.
- Vergleich, Prozessvergleich, außer der Vergleichsgegenstand übersteigt nicht den Wert von 6.000 €; falls der Betrag höher ist, besteht keine Genehmigungsbedürftigkeit, wenn der Vergleich einem gerichtlichen Vergleichsvorschlag entspricht (§ 1854 Nr. 6 BGB). Beim Betrag kommt es auf den streitigen Betrag an, nicht die Vergleichssumme.
- Aufhebung oder Minderung einer Sicherheit, die für eine Forderung des Betreuten besteht (§ 1854 Nr.7 BGB), z. B. Verzicht auf Sicherungseigentum, Sicherungsabtretung, Pfandrecht, Freigabe des Bürgen, Rangrücktritt.
- Wenn der Betreute seinen *Berufs*betreuer als Erben, Vermächtnisnehmer, Testamentsvollstrecker einsetzen will (§ 30 I 2 BtOG). Seinen Vorsorgebevollmächtigten kann der Vollmachtgeber ohne Genehmigung als Erben usw. einsetzen.

III. Weiteres zur Stellung des Betreuers

13 **Haftung:** Der Betreuer haftet dem Betreuten für Fehler nach § 1826 BGB, z. B. Fehler bei der Geldanlage, zu späte Stellung von Renten- und Sozialhilfeanträgen usw. Für ehrenamtliche Betreuer besteht in einigen Ländern eine Sammelhaftpflichtversicherung. Der Berufsbetreuer muss sich versichern (§ 23 I Nr. 3 BtOG). **Beratung des Betreuers:** Der Betreuer kann sich kostenfrei beim Betreuungsgericht und bei der Betreuungsbehörde beraten lassen (§ 1861 I BGB; § 5 BtOG).

IV. „Befreite Betreuung"

Eltern, Ehegatten, homosexuelle reg. Lebenspartner, Abkömmlinge (Kinder, Enkel), Geschwister, Vereins- und Behördenbetreuer sind, wenn sie Betreuer sind, von bestimmten Beschränkungen, die das Vermögen des Betreuten betreffen, befreit; §§ 1908i I, 1857a, 1852 II, 1853, 1854 BGB. *14*

E. Der Schutz des Betreuten

Hier sind die Schranken der Vertretungsmacht des Betreuers zu nennen (Rz. 11), ferner, dass der Betreuer in vielen Fällen der Genehmigung des Betreuungsgerichts bedarf (Rz. 12). Der Betreuer untersteht ferner der Aufsicht des Betreuungsgerichts (§ 1862 BGB). **Vermögensverzeichnis:** Der Betreuer hat zu Beginn seines Amts ein Verzeichnis des seiner Verwaltung unterliegenden fremden Vermögens beim Gericht einzureichen (§ 1835 BGB); den Bevollmächtigten trifft keine solche Pflicht, wenn es nicht vereinbart ist. **Abrechnungen**: Jährlich hat der Betreuer Rechnung zu legen (§§ 1865, 1866 BGB), also dem Betreuungsgericht eine Liste der Einnahmen und Ausgaben vorzulegen, gegebenenfalls mit den Kontoauszügen und Belegen, die vom Rechtspfleger überprüft wird. Auf diese Weise kann vom Anfang der Betreuung bis zum Schluss jede Geldbewegung nachvollzogen werden. Den Bevollmächtigten trifft keine solche Pflicht, wenn es nicht vereinbart ist. Das Betreuungsgericht kann vom Betreuer jederzeit **Auskünfte** verlangen (vgl. § 1629 BGB) und seine Abrechnung beanstanden. *15*

F. Ende der Betreuung, Entlassung des Betreuers

Die Betreuung erlischt mit der Aufhebung, spätestens mit dem Tod des Betreuten. Spätestens **nach sieben Jahren** wird geprüft, ob sie aufgehoben werden kann (§ 294 III FamFG) oder zu verlängern ist, weil die Voraussetzungen weiter vorliegen. Dann wird das Verfahren wie bei erstmaliger Bestellung wiederholt (§ 295 I FamFG). Hat ein Betroffener selbst beantragt, dass ihm ein Betreuer bestellt wird, wird die Betreuung später nicht schon deshalb aufgehoben, weil der Antrag zurückgezogen wird. *16*

Ein Betreuer wird entlassen, wenn er es verlangt (§ 1868 IV BGB) oder von Amts wegen (§ 1868 BGB), z. B. weil er nicht geeignet ist; der Wunsch des Betreuten allein genügt nicht. Nach Entlassung wird dann eine andere Person zum Betreuer bestellt, weil die Betreuung ja fortbesteht. Ferner kann die Auswechslung eines (vergütungspflichtigen) Berufsbetreuers durch einen billigeren (ehrenamtlichen) Betreuer erfolgen (§ 1868 II BGB).

G. Rechtsmittel

17 Der Betroffene kann gegen die Bestellung eines Betreuers Beschwerde einlegen (§§ 58, 59 FamFG); die Beschwerdefrist beträgt in der Regel einen Monat (§ 63 FamFG). Wenn der Betroffene die Betreuung selbst beantragt, haben die Angehörigen kein Beschwerderecht. Wurde die Betreuung von Amts wegen angeordnet, haben außer dem Betreuten u. U. bestimmte nahe Angehörige ein Beschwerderecht gegen die Anordnung der Betreuung (§ 303 II FamFG). Über die Beschwerde entscheidet das übergeordnete Landgericht (§ 72 GVG). Gegen dessen Entscheidung kann u. U. Rechtsbeschwerde zum Bundesgerichtshof eingelegt werden (§§ 70 ff. FamFG; 133 GVG), aber nur durch einen beim BGH zugelassenen Rechtsanwalt (§ 10 IV FamFG). Eine Beschwerde zum OLG gibt es nicht mehr.

Auch gegen Vergütungsfestsetzungsbeschlüsse ist die Beschwerde befristet (ein Monat, §§ 58 ff., 63 FamFG).

H. Kosten der Betreuung

I. Gerichtskosten

18 **Gerichtskosten für die Betreuung.** Falls die Betreuung angeordnet wird, stellt das Gericht dem Betreuten in Rechnung:

- das von der Staatskasse an den Verfahrenspfleger bezahlte Honorar (Nr. 31015 KV GNotKG); bei Mittellosigkeit ist nichts zu zahlen.
- das Honorar des Sachverständigen, die Fahrtkosten des Gerichts, weitere Gerichtsauslagen (Nr. 31005 KV GNotKG); bei Mittellosigkeit ist nichts zu zahlen.
- jährlich eine Gerichtsgebühr (Nr. 11100 bis 11103 KV GNotKG). Sie wird aus dem Vermögen (nicht aus dem Einkommen!) errechnet. 25.000 € (und das selbstgenutzte Einfamilienhaus) sind frei, vom Restvermögen werden je 5.000 € 10 € *jährlich* verlangt, mindestens jährlich 200 €. Wer also (fast) nichts besitzt, muss nichts zahlen. Wer eine Million einzusetzen hat, muss jährlich 2.000 € zahlen. Ermäßigungen bestehen bei reinen Gesundheitsbetreuungen und bei Betreuungen für einzelne Angelegenheiten (z. B. Stellung eines Rentenantrags); KV 11102, 11103 GNotKG. Wird kein Betreuer bestellt, sondern hat der Betroffene einen Bevollmächtigten ernannt, entfällt diese Gerichtsgebühr.

I. Vergütung des Betreuers

1. Ehrenamtlicher Betreuer

Der **ehrenamtliche Betreuer** eines mittellosen Betreuten erhält aus der Staatskasse eine jährliche Pauschale von 425 € (§§ 1878 I, 1879 BGB). Dem ehrenamtlichen Betreuer eines „vermögenden" Betreuten kann vom Gericht eine dem Einzelfall entsprechende „angemessene" Vergütung bewilligt werden (§§ 1875 I, 1876 S. 2 BGB), die der Betreute zu zahlen hat. *19*

2. Berufsmäßiger Betreuer

Der **berufsmäßige Betreuer** (z. B. ein Rechtsanwalt, selbständiger Sozialarbeiter, Betreuungsverein für seinen Vereinsbetreuer) erhält eine Vergütung, die für mittellose Betreute die Staatskasse zahlt, bei „vermögenden" Betreuten müssen diese selbst zahlen. Diese Vergütung wird auf höchst komplizierte Weise errechnet. Es kommt auf vier Kriterien an: *20*

- Ist der Betreute mittellos oder nicht?
- Wohnt der Betreute zuhause oder in einem Heim?
- Wie lange besteht die Betreuung schon?
- In welche Vergütungsgruppe (A, B oder C) gehört der Berufsbetreuer?

Der berufsmäßige Betreuer wird nicht nach der von ihm aufgewandten Zeit bezahlt, sondern nach **Fallpauschalen;** eine dreiseitige Tabelle regelt das genau.

Für die Höhe der Fallpauschale keinen einheitlichen Satz; vielmehr werden die Betreuer je nach ihrer Vorbildung in **drei Gruppen** eingeteilt (§ 8 VBVG): *21*

C: den höchsten Betrag je Monat erhält, wer eine abgeschlossene Ausbildung mit einer passenden Thematik an einer Universität, Fachhochschule usw. hinter sich hat, nämlich Gruppe C, z. B. ein Rechtsanwalt.

B: In die Gruppe B fällt, wer eine entsprechende Lehre usw. hinter sich hat.

A: Die übrigen Berufsbetreuer (z. B. eine Hausfrau ohne Ausbildung) erhalten die Vergütungssätze der Gruppe A.

In den Fallpauschalen ist die **Umsatzsteuer** inbegriffen, die aber derzeit nicht mehr anfällt. Auch Ansprüche „auf Ersatz anlässlich der Betreuung entstandener **Aufwendungen**" sind im Stundensatz inbegriffen (§ 11 VBVG); **Fahrtkosten,** Telefon etc. können also nicht mehr gesondert in Rechnung gestellt werden. Nur Aufwendungen im Sinne **beruflicher Dienste** (§ 1877 III BGB) können zusätzlich gesondert abgerechnet werden (§ 4 II 2 VBVG). Wenn also ein Rechtsanwalt Betreuer ist und für den Betreuten einen Prozess vor dem Landgericht führt, dann kann er die Anwaltsvergütung (Höhe: RVG) gesondert geltend machen.

22 **Verdienst:** (1) Bei Betreuung eines Betreuten, der mittellos ist und sich in einem **Heim** aufhält, verdient ein Rechtsanwalt (Gruppe C) als Berufsbetreuer in den ersten 3 Monaten monatlich 317 €, das sinkt dann im 3-Monatstakt bis 102 € monatlich.

(2) Bei Betreuung eines Betreuten, der „vermögend" ist und sich in einem **Heim** aufhält, verdient ein Rechtsanwalt (Gruppe C) als Berufsbetreuer in den ersten 3 Monaten monatlich 327 €, das sinkt dann im 3-Monatstakt bis 127 € monatlich. Besitzt die „vermögende" Betreute ein Geldvermögen von mindestens 150.000 € oder eine nicht selbstgenutzte Wohnung oder ein Geschäft, erhält der Betreuer einen monatlichen Zuschlag von 30 €.

Wohnt der Betreute **zuhause**, dann beträgt die Fallpauschale im Falle (1) 339 €, im Falle (2) monatlich 496 €.

2. KAPITEL
DIE VORSORGEVOLLMACHT

A. Die Stellvertretung

Eine Vertretungsmacht kann sich aus dem Gesetz ergeben. Beispielsweise können die Eltern (§§ 1626, 1629 BGB; oder der alleinerziehende Elternteil; § 1629 I 3 BGB) ihre minderjährigen Kinder vertreten, der Betreuer den Betreuten (§ 1823 BGB), der Vormund den Mündel (§ 1789 BGB), der Nachlasspfleger den Erben (§§ 1960, 1888 BGB). *23*

Es ist ein unter Laien verbreiteter Irrtum, dass Angehörige einander vertreten könnten. In Wirklichkeit können nicht *kraft Gesetzes* vertreten:

- die Eltern ihre volljährigen Kinder
- die (volljährigen) Kinder ihre alten Eltern
- der eine Ehegatte den anderen (Ausnahme seit 2023: u. U. in Gesundheitsangelegenheiten; Rz. 24).
- der eine Lebensgefährte/Lebenspartner den anderen.

Eine gesetzliche Vertretung ist hier nur möglich, wenn eine Betreuung angeordnet wurde (der Sohn wird zum Betreuer des alten Vaters bestellt) oder eine rechtsgeschäftliche Vertretungsmacht (Vorsorgevollmacht) eingeräumt wurde (die alte Mutter hat ihrer Tochter Vollmacht erteilt).

Kein gesetzliches Vertretungsrecht Angehöriger.[7] Die Zahl der Betreuungen nahm laufend zu, was für den Staat Kosten verursacht. Um sie einzudämmen wird vom Staat in großem Umfang Propaganda für die Vorsorgevollmacht gemacht; zahlreiche Vollmachten sind registriert. Gleichwohl erscheint das der Politik als zu wenig. Deshalb wurde seit 2005 erfolglos versucht, ein gesetzliches Vertretungsrecht „Angehöriger" in einem gewissen Umfang gesetzlich im BGB zu verankern. Dabei wurde aber das verfassungsrechtlich geschützte Selbstbestimmungsrecht nicht ausreichend berücksichtigt. Problempunkte sind der Schutz des Betroffenen, Überwachung des Angehörigen und Haftung. Der letzte Entwurf hatte aber Erfolg, so dass ab 2023 im BGB (§ 1358) ein **gesetzliches Vertretungsrecht der Ehegatten** in bestimmten Not- und Gesundheitsfällen besteht. Vgl. Kapitel 3. *24*

Die **rechtsgeschäftlich eingeräumte Vertretungsmacht** heißt Vollmacht (§ 166 II BGB). Je nachdem, wem gegenüber die Vollmacht (eine einseitige Willenserklärung) erklärt wird, unterscheidet man: **Innenvollmacht**, wenn die Bevollmächtigung gegenüber dem Bevollmächtigten erklärt wird; das ist *25*

---

[7] Dazu Müller-Engels DNotZ 2021, 84. Zu den alten Entwürfen vgl. Gödicke FamRZ 2003, 1894. Unklar ist schon, wer „Angehöriger" ist; auch die „Schwägerin"?

bei der Vorsorgevollmacht der Regelfall, weil sie für den Fall der Betreuungsbedürftigkeit erteilt wird, also gehofft wird, dass sie nie zum Tragen kommt. **Außenvollmacht**, wenn die Bevollmächtigung gegenüber dem Dritten (z. B. der Bank) erklärt wird. Wer zur Bank geht und dort ein Vollmachtsformular unterschreibt, erteilt eine Außenvollmacht. Der Unterschied ist bedeutsam, weil jeweils verschiedene Beendigungsvorschriften gelten (entweder §§ 168, 169 BGB oder § 170 BGB).

B. Wesen und Zweck der Vorsorgevollmacht

I. Begriff der Vorsorgevollmacht

26 Eine Vollmacht (als General- oder Spezialvollmacht) kann vom Betroffenen ohne Bezug auf seine Hilfsbedürftigkeit erteilt werden (z. B. die einem Ehegatten oder volljährigen Kind irgendwann einmal erteilte Bankvollmacht) oder speziell, um eine künftige gerichtliche Betreuung zu vermeiden. Sie kann auch noch während des Betreuungsverfahrens oder nach Anordnung der Betreuung erteilt werden. Ist die derzeitige oder künftige Hilfsbedürftigkeit des Betroffenen **der Anlass** für die Vollmachtserteilung, dann spricht man von einer Vorsorgevollmacht. Die Bezeichnung „Altersvorsorgevollmacht“ ist unrichtig, weil der Vorsorgefall nicht nur im Alter eintreten kann, sondern z. B. auch durch einen Unfall, eine ärztliche Fehlbehandlung usw.

Die Vorsorgevollmacht, genannt in § 1820 BGB, ist kein eigener Vollmachts-Typus; sie folgt dem gewöhnlichen Recht der Vollmacht (§§ 164 ff. BGB), so dass ein weiter Gestaltungsspielraum besteht. Nur für die Fälle der §§ 1829 V, 1831 V, 1832 V BGB (Gesundheitssorge, Zwangsbehandlung und freiheitsentziehende Unterbringung) hat der Gesetzgeber eine Sonderregelung getroffen.

Motiv und Anlass für die Erteilung der Vollmacht wirken sich grundsätzlich nicht auf die Vertretungsmacht aus, weil die **Vollmacht abstrakt** ist: Das rechtliche Können im Außenverhältnis ist grundsätzlich unabhängig vom Innenverhältnis, d. h. dem Rechtsverhältnis, aufgrund dessen jemand als Vertreter für einen anderen handeln darf.[8]

Anders ist es natürlich, wenn das Innenverhältnis in die Vollmacht, insbesondere in die Vollmachtsurkunde, hineingetragen wird, so dass eine bedingte (oder sonst eingeschränkte) Vollmacht vorliegt. Andere Auffassungen meinen, bei der Vorsorgevollmacht sei die Entstehung der Vertretungsmacht zeitlich an den Eintritt des Vorsorgefalles gebunden. Das ist aber nicht zwingend so, es kommt auf den Text der Vollmacht an.

---

[8] MünchKomm-Schubert BGB § 164 Rz. 21.

Man muss unterscheiden:

<table>
<tr><td>Außenverhältnis: Der Umfang der Vertretungsmacht ergibt sich aus dem Inhalt der Vollmachtsurkunde; nur mündlich erteilte Vollmachten sind nicht beweisbar</td><td>Innenverhältnis zwischen Vollmachtgeber und Bevollmächtigtem
(= Grundverhältnis)</td><td>27</td></tr>
<tr><td>Unbedingte Vollmacht
(„Ich erteile dem B Vollmacht“)</td><td rowspan="2">Auftrag oder Geschäftsbesorgungsvertrag oder Gefälligkeitsverhältnis: Vereinbarung, des Vollmachtgebers mit dem Bevollmächtigten, dass der Bevollmächtigte erst ab Eintritt einer bestimmten Situation von der Vollmacht Gebrauch machen darf.

Der Bevollmächtigte ist nicht verpflichtet tätig zu werden, wenn dies nicht vereinbart wurde.</td><td></td></tr>
<tr><td>Bedingte Vollmacht („Ich erteile dem B für den Fall … Vollmacht“)</td><td></td></tr>
</table>

Die Vollmacht wird durch eine einseitige empfangsbedürftige Willenserklärung erteilt; die Erklärung ist nicht annahmebedürftig.

Falls in einer Vorsorgevollmacht keine anderweitigen Regelungen enthalten sind, berechtigt die Vorsorgevollmacht den Bevollmächtigten nur zur *rechtlichen* Vertretung, verpflichtet aber nicht zur persönlichen Betreuung des Vollmachtgebers; der Vorsorgebevollmächtigte hat nur die notwendigen tatsächlichen Hilfen zu besorgen, nicht jedoch selbst zu leisten.[9] Selbst wenn sich also der Bevollmächtigte früher einmal bereit erklärte, die Tätigkeit zu übernehmen, kann er sich weigern, wenn der Vorsorgefall eingetreten ist; er kann auch jederzeit niederlegen.

II. Zweck der Vorsorgevollmacht

Betreuungen können unerwünscht sein, weil der Hilfsbedürftige und/oder *28* seine Angehörigen keine staatliche Einmischung in ihre familiären Angelegenheiten wollen, bei wohlhabenden Leuten auch wegen der Kosten der Betreuung.

Dann fragt sich, wie eine Betreuung vermieden werden kann. Ansatz ist § 1814 III Nr. 1 BGB.

Danach erübrigt sich die Betreuung nur dann, wenn die Angelegenheiten durch den Bevollmächtigten „gleichermaßen“ besorgt werden können (Erforderlichkeitsgrundsatz). Die frühere Formulierung „ebenso gut besorgt“ ist seit 2023 weggefallen, weil die Stellung des Betreuers nur beschränkt mit

9 BGH Beschl.v.16.11.2022 – XII ZR 212/22 = ZEV 2023, 325.

der des Bevollmächtigten vergleichbar ist. Trotz dieser Unschärfe ist es aber allgemeine Meinung, dass eine Vollmacht eine Betreuung wenigstens in vielen Fällen überflüssig machen kann.

§ 1814 III Nr. 1 BGB bezweckt die Entlastung der Betreuungsgerichte sowie der Staatskasse; außerdem verlangt das Selbstbestimmungsrecht des Menschen, dass er nach Möglichkeit selbst vorsorgen kann und staatliche Hilfe nur subsidiär ist. Je mehr Vollmachten erteilt werden, umso weniger Betreuungen fallen an, Stellen beim Betreuungsgericht können eingespart werden und die vom Staat zu zahlenden Kosten für die Betreuung mittelloser Personen sinken. Allerdings erfolgt eine Belastung der Zivilgerichte durch Streit zwischen den Erben des Vollmachtgebers und dem Bevollmächtigten, allerdings in geringem Umfang, weil das Kostenrisiko gescheut wird. Nicht in allen Fällen ist aber die Vollmacht das richtige Instrument, um zu helfen (vgl. Rz. 35 ff.); nicht immer kann so eine Betreuung vermieden werden.

III. Abgrenzung Vollmacht – Betreuungsverfügung – Patientenverfügung

29

Vorsorgevollmacht	Betreuungsverfügung	Patientenverfügung
§ 1814 III Nr. 1, 1820,158, 167 BGB	§ 1816 II 3 BGB	§ 1827 BGB
Vollmacht, wobei der Anlass (das Motiv) für die Erteilung die Vorsorge die eventuelle künftige Geschäftsunfähigkeit bzw. Betreuungsbedürftigkeit ist; oder: bedingte Vollmacht, wobei Bedingung der Vorsorgefall ist	Erklärung des Betroffenen, wer im Falle der Anordnung Betreuer werden soll und wie die Betreuung durchgeführt werden soll; letztlich unverbindlich	Willenserklärung zur künftigen medizinischen Behandlung für den Fall, dass der Patient im Behandlungsfall selbst nicht mehr äußerungs- bzw. einwilligungsfähig ist
Die Vorsorgevollmacht macht eine Betreuung häufig, aber nicht immer, überflüssig	Die Betreuungsverfügung macht eine Betreuung nicht überflüssig, sondern setzt sie voraus	Die Patientenverfügung macht eine Betreuung nicht überflüssig, setzt aber auch nicht zwingend eine Betreuung voraus

IV. Beratungspflichten von Gericht, Betreuungsbehörde, Betreuungsverein

Der Staat will die Zahl der Betreuungen senken, indem er die Zahl der Vorsorgevollmachten erhöht, und dadurch Kosten spart. Deshalb wird dafür vielfältig Werbung gemacht. Es wurde sogar überlegt,[10] auf den Chipkarten der Krankenversicherung Felder einzurichten, Hinweispflichten der Ärzte zu normieren, Banken und Sparkassen, Kirchen, Medien und örtliche Beratungsstellen einzubinden. *30*

Das **Betreuungsgericht** hat den Betroffenen „in geeigneten Fällen" auf die Möglichkeit der Vorsorgevollmacht, deren Inhalt sowie die Möglichkeit der Registrierung beim zentralen Vorsorgeregister in Berlin hinzuweisen (§ 278 II 2 FamFG). Voraussetzung ist ein bereits anhängiges Betreuungsverfahren. Allerdings ist dann die Erteilung einer Vollmacht häufig deshalb nicht mehr möglich, weil der Betroffene bereits geschäftsunfähig ist. In welchem Umfang eine Hinweispflicht besteht, richtet sich nach dem Einzelfall. Ein Beratungs*recht* des Gerichts (Richter, Rechtspfleger) besteht, solange noch keine Vollmacht erteilt ist. Ist die Vollmacht erteilt, hat das Betreuungsgericht keine Beratungspflicht mehr, weil § 1861 BGB nur die Betreuer als zu beratende Personen bezeichnet, nicht die Bevollmächtigten. *31*

Die **Betreuungsbehörden** haben über *allgemeine* betreuungsrechtliche Fragen und Vorsorgevollmachten zu informieren (§ 5 I BtOG); da genügt es schon, wenn ein Flyer ausliegt. Dieser Behörde ist ferner die Pflicht auferlegt, die Aufklärung und Beratung über Vorsorgevollmachten, Betreuungsverfügungen und Patientenverfügungen zu *fördern* (§ 6 III BtOG); das ist wenig konkret. Da sie zu *fördern* haben, können sie auch über Vollmachten beraten, nicht nur darauf hinweisen. Eine individuelle Rechtsberatung (z.B. die Überprüfung einer konkreten Vollmacht, die jemand selbst verfasst hat) ist ihnen aber versagt, wie aus § 5 I BtOG mittels Umkehrschluss folgt. *32*

Ein anerkannter **Betreuungsverein** hat drei verschiedene Aufgaben im Zusammenhang mit Vorsorgevollmachten. *33*

a) Er muss Bevollmächtigte beraten und unterstützen (§ 15 I Nr. 5 BtOG)

b) Er muss „planmäßig über Vorsorgevollmachten, Betreuungsverfügungen und Patientenverfügungen informieren;" § 15 I Nr. 1 BtOG. Informieren heißt:
   - mündlich darauf hinweisen;
   - schriftlich hinweisen durch verteiltes oder aufliegendes Informationsmaterial.

---

[10] Dieckmann/Jurgeleit BtPrax 2002, 135/140.

c) Er kann bei der Errichtung einer Vorsorgevollmacht oder Betreuungsverfügung im Einzelfall beraten (§ 15 III 1, 2 BtOG).

Nach dem Rechtsdienstleistungsgesetz ist die Rechtsberatung durch Nichtanwälte grundsätzlich unerlaubt (§§ 1, 3 RDG). Deshalb stellt § 15 III BtOG (als lex specialis gegenüber dem RDG) klar, dass die anerkannten Betreuungsvereine *im Einzelfall* Personen bei der Errichtung einer Vorsorgevollmacht beraten können (aber nicht müssen, denn vielleicht ist kein qualifiziertes Personal vorhanden). Das Formulieren von Vorsorgevollmachten oder das Ausfüllen von aus Bausteinen zusammengesetzten Vollmachten ist deshalb erlaubt. Das spätere Beraten des Vollmachtgebers ist ebenfalls erlaubt, weil er „Betroffener" ist (§ 15 III 1 BtOG). Auch die spätere Beratung des Bevollmächtigten, nachdem die Vollmacht errichtet ist, etwa weil nun Fragen der Reichweite und des Widerrufs der Vollmacht auftauchen, ist nach § 15 III BtOG erlaubt. Ob die Vereine für die Beratung ein Entgelt verlangen (und gegebenenfalls wie viel) bleibt ihnen überlassen.[11]

34 Die **Justizverwaltungen** (z.B. Bayerisches Staatsministerium der Justiz; Bundesministerium der Justiz) versuchen, die Zahl der Vollmachten zu erhöhen, indem in Broschüren dafür geworben wird und Textmuster zur Verfügung gestellt werden.

C. Vor- und Nachteile der Vorsorgevollmacht

35 Die Befürworter einer Vorsorgevollmacht stellen sich einen Vollmachtgeber als eine zielstrebige Person vor, unabhängig, selbstbewusst, staatliche Hilfe ablehnend, voller Vertrauen in seinen Bevollmächtigten, immer in Kontakt mit Notaren, die mit dauernden Anpassungen der Vollmacht sofort beauftragt werden können. Tatsächlich handelt es sich meist um ältere Menschen in anderen Lebenssituationen. Die Erteilung einer Vollmacht führt manchmal zu einer weiteren Einkapselung gegenüber der Außenwelt, mit der man nichts mehr zu tun haben will. Es ist deshalb eine Frage des Einzelfalls, ob eine Vollmacht besser geeignet ist als eine Betreuung. Die zentrale Frage ist, ob ein geeigneter Bevollmächtigter zur Verfügung steht. Vgl. Rz. 130.

I. Vorteile der Vorsorgevollmacht

36 1. **Weniger staatliche Einmischung** in den privaten Bereich. Das ist nur in Teilbereichen ein Vorteil: etwa bei der Gesundheitssorge. Teilweise muss auch bei der Gesundheitssorge das Betreuungsgericht das Handeln des Bevollmächtigten genehmigen (gefährliche ärztliche Maßnahmen, § 1829 BGB; ärztliche Zwangsmaßnahmen, § 1832 BGB; freiheitsentziehende Unterbrin-

[11] BT-Drucks. 15/2494 S. 31.

gung, § 1831 BGB). Das seit 2023 geltende gesetzliche Notvertretungsrecht des Ehegatten (§ 1358 BGB; Kap. 3) ist zeitlich begrenzt (sechs Monate, § 1358 III Nr.4 BGB); vor allem gilt es nicht für volljährige Kinder, Eltern, Geschwister usw., sondern nur für Ehegatten untereinander (und reg. Lebenspartner). – Ist der Betroffene Inhaber eines Unternehmens, Landwirt, Vermieter, ist das Betreuungsverfahren zu schwerfällig, weil laufende Geschäfte oft der Genehmigung des Gerichts bedürfen (Rz. 12), was nicht schnell geht. Andererseits verhindert die „staatliche Einmischung" den Missbrauch einer Vollmacht, hindert, dass der Bevollmächtigte schaltet und waltet, wie er will (und wie es ihm nützt).

2. Der Bevollmächtigte kann den **Umfang der Vollmacht** und die **Person des Bevollmächtigten** frei auswählen. Den Umfang der Betreuung dagegen bestimmt der Betreuungsrichter im Rahmen des Gesetzes, die Person des Betreuers wählt er nach eigenem Gutdünken aus (doch kann der Betroffene eine Person vorschlagen, z. B. in einer Betreuungsverfügung oder bei der Anhörung durch den Betreuungsrichter).

3. Bei Eintritt der Hilfsbedürftigkeit ist **kein gerichtliches Verfahren notwendig**, der Vollmachtgeber kann sofort handeln, falls er von seiner Bevollmächtigung Kenntnis hat (und, aus der Sicht der Praxis, über die Vollmachtsurkunde verfügt). Bei Betreuung dagegen ist zumindest das betreuungsgerichtliche Verfahren bis zur Bestellung eines vorläufigen Betreuers durch einstweilige Anordnung (§§ 300, 301 FamFG) erforderlich.

4. **Längere zeitliche Geltung der Vollmacht**: Die Vertretungsmacht kraft Betreuung beginnt mit dem Wirksamwerden der Betreuung (§ 287 FamFG) und endet spätestens mit dem Tod des Betreuten (mit geringer Nachwirkung für bestimmte Eil- und Notfälle, § 1874 BGB). Der Bevollmächtigte dagegen kann, wenn dies vom Vollmachtgeber so geregelt ist, schon vor dem Eintritt der Hilfsbedürftigkeit tätig werden und (wenn so geregelt) **auch noch nach dem Tod** des Vollmachtgebers (Folge: leichtere Nachlassabwicklung, aber Missbrauch zulasten der Erben).

5. Eine **Vorsorgevollmacht über den Tod hinaus** kann die Tätigkeit eines Testamentsvollstreckers sofort nach dem Tod (und faktisch nicht erst ab Erteilung des Testamentsvollstreckerzeugnisses) ermöglichen, einen **Erbschein entbehrlich** machen,[12] eine Nachlasspflegschaft bei unbekannten Erben unnötig erscheinen lassen.[13]

6. Auch ohne Anordnung der Testamentsvollstreckung gilt: Sind mehrere Erben vorhanden, wird die Abwicklung des Nachlasses erleichtert, z. B. die Erbteilung, weil eine einzige Person handlungsfähig ist und nicht mehrere Wochen bis zur **Erteilung des Erbscheins** abgewartet werden müssen.

---

12 Zimmer ZEV 2013, 307.

13 KG ZEV 1999, 395; dazu Everts NJW 2010, 2318.

7. Die **Kosten** (jährliche Gebühren und Auslagen) für das gerichtliche Verfahren und für den Betreuer entfallen. Das kann dem mittellosen Betroffenen gleichgültig sein, weil Mittellose nichts an die Staatskasse zu zahlen haben. Aber bei einem kleinen Vermögen etwas oberhalb der Mittellosigkeit (§ 1880 BGB) werden diese Ersparnissen schnell durch die Gerichtskosten und Betreuervergütungen aufgebraucht. Wenn der Bevollmächtigte zu bezahlen ist werden aber nur die Gerichtskosten gespart.

II. Nachteile der Vorsorgevollmacht, Missbrauch

37 1. Das **Hauptproblem** für den Vollmachtgeber ist es, **einen geeigneten Bevollmächtigten zu finden,** der Zeit hat, in der Nähe wohnt, sachkundig und zuverlässig ist sowie nach Möglichkeit ohne Vergütung arbeitet. Interessierte Rechtsanwälte bieten ihre Dienste an, es hat aber keinen Sinn, wenn der Vollmachtgeber im bayerischen Wald wohnt und der Bevollmächtigte in Hamburg seine Kanzlei hat,

2. **Keine ausreichende gerichtliche Kontrolle** des Bevollmächtigten, z.B. bezüglich der Vermögensverwaltung; Ersatzkonstruktionen (z.B. Bestellung von zwei Bevollmächtigten; Gegen-Bevollmächtigter) sind daher notwendig, können aber das Defizit kaum vollständig ausgleichen. Der Bevollmächtigte kann (wenn die Vollmacht so weit reicht und von einem Notar beurkundet wurde) die Grundstücke veräußern; Kredite unter grundbuchmäßiger Absicherung aufnehmen. Die Geldbewegungen durch den Bevollmächtigten werden vom Gericht nicht kontrolliert, er muss kein Vermögensverzeichnis einreichen, nicht gegenüber dem Gericht abrechnen. Ein Missbrauch ist schwer zu verhindern.

3. Der Bevollmächtigte, wenn die Vollmacht soweit reicht, kann die **Wohnung des Vollmachtgebers kündigen und die Einrichtung „entsorgen"**, so dass dieser, wenn er aus dem Krankenhaus zurück will, keine Wohnung mehr hat und auf den Umzug ins Heim angewiesen ist. Bei Betreuung wäre dies nicht möglich, hier wäre das Betreuungsgericht einzuschalten (§ 1833, 1850 Nr. 1 BGB).

4. Zur **Bestimmung des „Umgangs"** ist der Bevollmächtigte berechtigt, wenn die Vollmacht dies umfasst. Er kann dann z.B. die Heimleitung anweisen, bestimmte Verwandte des Vollmachtgebers nicht zu ihm vorzulassen; dem Vollmachtgeber, der fragt, weshalb er denn von der Nichte keinen Besuch mehr bekommt, schwindelt er vor, dieser habe kein Interesse mehr.[14] So kann es zur Änderung des Testaments kommen, die Nichte ist dann nicht mehr Erbin, sondern die Pflegeperson. Bei einer Betreuung dagegen müsste die „Bestimmung des Umgangs" ausdrücklich dem Betreuer zuge-

---

14 Vgl. Mau ZErb 2023, 1; Sander ZErb 2023. 121.

wiesen werden (§ 1815 II Nr. 4 BGB),[15] der Betreute wäre vom Richter anzuhören.

5. Für die **Bestimmung des Aufenthalts** gilt dasselbe. Wenn die Vollmacht dies umfasst kann der Bevollmächtigte den Vollmachtgeber in ein Heim verbringen. Andererseits berechtigt das Aufenthaltsbestimmungsrecht den Vollmachtgeber, der von Angehörigen widerrechtlich zu ihnen verbracht wurde, z.B. um von seiner Rente zu partizipieren, heraus zu verlangen. Bei Betreuung ist dies geregelt (§§ 1834, 1815 II Nr. 3 BGB), insbesondere die Verbringung z.B. in ein Pflegeheim im Ausland (die u.U. erbrechtliche Folgen hat; Art. 4 EuErbVO).

6. **Post, Telefonverkehr**. Wenn die Vollmacht dies umfasst, kann der Bevollmächtigte z.B. der Heimleitung verbieten, bestimmte Telefonate an den Vollmachtgeber weiterzuleiten und die Post dem Vollmachtgeber auszuhändigen. Bei Betreuung müsste das gesondert vom Gericht gesonderte angeordnet werden (§ 1815 II Nr. 5, 6 BGB).

7. **Akzeptanz der Vollmacht** im Rechtsverkehr besteht in der Regel nur bei schriftlichen Vollmachten, Beglaubigung der Unterschrift durch die Betreuungsbehörde oder einen Notar; trotzdem kann der Geschäftsgegner nicht sicher sein, dass der Vollmachtgeber bei Erteilung der Vollmacht noch geschäftsfähig war (auch werden Vollmachten manchmal rückdatiert, d.h. verfälscht), die Vollmacht also überhaupt wirksam ist.

8. **Beratung**. Der Bevollmächtigte kann sich nicht kostenlos beim Betreuungsgericht **beraten** lassen (anders als ein Betreuer; § 1861 I BGB). Wenn der Vollmachtgeber spezielle Fragen hat hilft ihm auch der Betreuungsverein nicht, trotz § 15 III BtOG.[16] Der Bevollmächtigte ist auf kostenpflichtige anwaltliche Beratung angewiesen.

9. Fehlen eines **Einwilligungsvorbehalts** (§ 1825 BGB); der Vollmachtgeber kann (bei Geschäftsfähigkeit) selbst konkurrierend tätig werden oder anderen Personen Vollmacht erteilen, auch die Vollmacht widerrufen. In bestimmten Fällen kommt es also unvermeidbar zur Betreuung.

10. **Honorierung**. Wenn das mit dem Bevollmächtigten vereinbarte Honorar nicht mehr bezahlt werden kann und daher der Bevollmächtigte sein Amt niederlegt, kommt es gleichwohl zur Betreuung. Erhält der Bevollmächtigte keine Vergütung hat er wenig Interesse an zeitaufwändiger Tätigkeit; denn seine Abrechnungspflicht und Haftung wird durch die fehlende Vergütung nicht geringer.

11. **Unsicherheit**, ob der Bevollmächtigte **zu gegebener Zeit tätig** wird (denn der Bevollmächtigte ist grds. dazu nicht verpflichtet, anders als der

---

[15] Dazu Schnellenbach ua Rz. 509; Engelfried BtPrax 2022, 77.

[16] Dazu Bienwald/Harm Betreuungsrecht § 15 BtOG Rn. 25.

Betreuer) oder ob er das **Amt niederlegt**; Ersatzkonstruktionen sind daher notwendig (Rz. 113).

12. Bei Trennung, Scheidung, Streit wird vergessen, die der ehemaligen Vertrauensperson erteilte Vollmacht zu **widerrufen**, so dass sie zu gegebener Zeit (unter Umständen noch nach Jahren) die „alte Vollmacht" hervorholen und tätig sein kann,[17] z. B. das Bankguthaben abheben.

Im Zweifelsfall ist deshalb die Betreuung, vorbereitet durch eine Betreuungsverfügung, vorzuziehen.

38

Betreuung	**Vollmacht**
Bestellung durch das Betreuungsgericht, Vorschlagsrecht des Betreuten	Freie Auswahl des Bevollmächtigten durch den Vollmachtgeber
Oft Genehmigung durch das Betreuungsgericht notwendig, nämlich bei gefährlichen medizinischen Eingriffen, Zwangsbehandlung oder Unterbringung und allen wesentlichen Vermögensangelegenheiten.	Nur ausnahmsweise Genehmigung notwendig, nämlich bei gefährlichen medizinischen Eingriffen oder Unterbringung; nicht in vermögensrechtlichen Sachen
Betreuer kann sich (kostenfrei) beim Betreuungsgericht oder Betreuungsbehörde beraten lassen	Bevollmächtigter kann sich (i. d. R. gebührenpflichtig) beim Anwalt beraten lassen oder von einem Betreuungsverein
Schwierige Auswechslung des Betreuers, wenn er sich nichts zuschulden kommen lässt	Bei Geschäftsfähigkeit Jederzeitiger Vollmachtswiderruf möglich (durch geschäftsfähigen Vollmachtgeber oder Kontrollbetreuer)
Kontrolle durch das Betreuungsgericht, daher geringes Risiko	Grundsätzlich keine Kontrolle durch das Betreuungsgericht, daher Missbrauchsrisiko; beschränkbar durch einen zweiten Bevollmächtigten oder einen Kontrollbetreuer
Einwilligungsvorbehalt möglich	Kein Einwilligungsvorbehalt
Beim Tod des Betreuers: Bestellung eines Ersatzbetreuers durch das Gericht	Probleme beim Tod des Bevollmächtigten; Regelung einer Ersatzbevollmächtigung ratsam
Bei Niederlegung des Amts durch den Betreuer: Ersatzbestellung durch das Betreuungsgericht	Bei Amtsverzicht des Bevollmächtigten: Probleme; Ersatzbevollmächtigung ratsam
Betreuer wird bei Mittellosen vom Staat bezahlt	Wer bezahlt den Bevollmächtigten?

[17] Deinert/Lütgens/Meier, Haftung des Betreuers S. 324.

Betreuung	Vollmacht
Betreuung wird bei Vermögenden von diesen bezahlt, Festsetzung der Vergütung durch das Betreuungsgericht	Tätigkeit wird bei vermögenden Vollmachtgebern nur bezahlt, wenn es einen Honorarvertrag gibt. Bemessung mit Risiken
Gerichtsgebühren fallen bei Vermögenden an	Keine Gerichtsgebühren
Der Betroffene empfindet das gerichtliche Verfahren u. U. als Status-Beeinträchtigung	Mehr Selbstbestimmung und Freiheit für den Betroffenen

D. Voraussetzungen einer wirksamen Vollmacht

Eine Vollmacht muss enthalten: Name des Vollmachtgebers (falls Eintragung in das Zentrale Vorsorgeregister beabsichtigt ist, sollte sie auch Anschriften, Geburtsdatum und Geburtsort des Vollmachtgebers enthalten, möglichst auch die E-Mail-Adresse, § 1 VRegV; Rz. 219), Name des Bevollmächtigten; Umfang der Vertretungsmacht (Spezial-, Gattungs- oder Generalvollmacht). Sie *kann* enthalten: das Datum, Angaben über den Beginn der Wirkung, eventuell über die Geltung über den Tod hinaus, über die Widerruflichkeit, über die Bestellung eines Ersatzbevollmächtigten usw. 39

I. Eindeutige Erteilung von Vertretungsmacht

Eine Erklärung ist nur dann als Vollmacht zu qualifizieren, wenn sie rechtsgeschäftlich eine Vertretungsmacht erteilt. Das kann bei unklaren Formulierungen im Einzelfall zweifelhaft sein. 40

Beispiel: Der Text der *notariellen* Erklärung lautete: „Für den Fall, dass mein Gesundheitszustand eine Betreuung notwendig machen sollte, bestelle ich schon heute als Betreuer Herrn X. Diese Bestellung spreche ich für den genannten Fall bereits jetzt aus. Diese Betreuung soll sich auf den gesamten möglichen Bereich erstrecken, also meine Vertretung in sämtlichen rechtsgeschäftlichen und persönlichen Angelegenheiten." – Diese Erklärung wurde nur als Betreuungsverfügung, nicht als Vorsorgevollmacht aufgefasst.[18] Denn wenn in einer *notariellen* Urkunde neben einer ausdrücklich erklärten Bevollmächtigung die Begriffe „Betreuer" und „Betreuung" Verwendung finden, so spricht dies für ihre Verwendung in dem vom Gesetz beigelegten Sinne.

Manche Vollmachten enthalten **schädliche Zusätze**. Beispiel: „Der Bevollmächtigte ist berechtigt, Grundbesitz *zum marktüblichen Preis* zu ver-

[18] OLG Frankfurt FamRZ 2004, 1322 = FGPrax 2004, 230.

kaufen." Handelt es sich um eine notarielle Vollmacht, könnte mit ihrer Hilfe der Bevollmächtigte an sich ein Grundstück des Vollmachtgebers veräußern. Das Grundbuchamt hat aber zu prüfen, ob der Vollmachtgeber im Rahmen seiner Vollmacht handelt. Die Vollmacht ist *beschränkt* auf Veräußerungen zum *marktüblichen* Preis. Dem Grundbuchamt müsste daher in der Form des § 29 GBO, also durch öffentliche oder öffentlich beglaubigte Urkunden, nachgewiesen werden, dass der vereinbarte Kaufpreis „marktüblich" ist, was nicht möglich ist.[19]

Jemand schrieb: „Ich bestelle X zu meinem Bevollmächtigten; wenn er erkrankt soll Y mein Bevollmächtigter sein". Dieser Text ist sehr mangelhaft. Was heißt erkrankt? Genügt eine Grippeerkrankung, die vorübergeht? Was ist, wenn X auswandert oder stirbt oder das Amt niederlegt? Vermutlich wollte der Vollmachtgeber, dass Y in allen Verhinderungsfällen auf Dauer (oder nur während der Erkrankung?) Ersatzbevollmächtigter ist, hat das aber nicht ausdrückt. Was gilt, wenn X seine Erkrankung bestreitet? Wenn Y mit dieser Vollmacht zur Bank geht muss die Bank z. B. prüfen, ob die Bedingung für die Wirksamkeit der Vollmacht schon eingetreten ist, ob also X tatsächlich „krank" ist.

II. Geschäftsfähigkeit des Vollmachtgebers

1. Geschäftsfähigkeit[20] bzw. Einwilligungsfähigkeit

41 Da die Vollmacht durch ein „Rechtsgeschäft" erteilt wird, muss der Vollmachtgeber **bei Erteilung** geschäftsfähig sein (§ 104 BGB); ebenso beim **Widerruf** der Vollmacht. Die Rspr. akzeptiert **keine relative Geschäftsfähigkeit** (d. h. keine Geschäftsfähigkeit für schwierige Angelegenheiten, für einfache Angelegenheiten schon), weil sie die Schwierigkeiten der Abgrenzung fürchtet. Faktisch wird bei der Vorsorgevollmacht die Frage aber *milder* gesehen,[21] ähnlich ist es bei der Ehefähigkeit. BGH:[22] Die Geschäftsunfähigkeit nach § 104 Nr. 2 BGB „ist kein medizinischer Befund, sondern ein **Rechtsbegriff**, dessen Voraussetzungen das Gericht unter kritischer Würdigung des Sachverständigengutachtens festzustellen hat". Der Betreuungsrichter muss den Betroffenen bei der Anhörung auf die Möglichkeit der Vorsorgevollmacht hinweisen (§ 278 II 2 FamFG), was natürlich nur einen Sinn hat, wenn der Richter den Betroffenen aufgrund des Gesprächs (ohne Begutachtung!) für geschäftsfähig hält.

---

19 Wolfsteiner NJW 1996, 2417.

20 Die Literatur hierzu ist sehr umfangreich, z. B. Horn/Sticherling § 2; Horn NJW 2023, 970.

21 Vgl. Wendt ErbR 2021, 833.

22 BGH NJW 2021, 63 = FamRZ 2020, 1766.

Hinsichtlich der Vollmacht für vermögensrechtliche Angelegenheiten ist unstreitig, dass Geschäftsfähigkeit erforderlich ist. Wenn sich die Vollmacht (nur oder auch) auf die medizinische Behandlung und/oder die Entscheidung über die Unterbringung erstrecken soll, also Gestattungen, ist streitig, welche Bedeutung die „Einwilligungsfähigkeit“ hat. Wenn der Arzt eine Operation vornimmt, begeht er eine rechtswidrige Handlung; die Rechtswidrigkeit entfällt aber, wenn der Patient einwilligt; die Einwilligung ist wirksam, wenn natürliche Einsichtsfähigkeit vorliegt, Geschäftsfähigkeit ist nicht erforderlich.

Die herrschende Meinung hält auch für die Vollmacht für (auch) nichtvermögensrechtliche Angelegenheiten im persönlichen Bereich (z.B. Gesundheitsangelegenheiten) Geschäftsfähigkeit für erforderlich und ausreichend;[23] das ist zutreffend. Denn andernfalls könnte der Vollmachtgeber mit dem Bevollmächtigten kein rechtsgeschäftliches Grundverhältnis (z.B. Auftrag, Geschäftsbesorgungsvertrag) vereinbaren.

Die vereinzelt vertretene Gegenansicht[24] meint, für eine Vollmacht, die sich *nur* auf die medizinische Behandlung und/oder die Entscheidung über die Unterbringung beziehe, sei nur die Einwilligungsfähigkeit (d.h. die „natürliche“ Einsichtsfähigkeit) des Vollmachtgebers notwendig; es sei keine Geschäftsfähigkeit erforderlich, sie begründe keine Vertretungsmacht im Sinne von § 166 II BGB, weil für eine an den Interessen des Erklärungsempfängers ausgerichtete Dogmatik hier kein Raum sei. Der Vollmachtgeber müsse Einsichtsfähigkeit in die Bedeutung der Übertragung der Entscheidung auf einen Dritten haben; ferner Einsichtsfähigkeit in die Bedeutung und Tragweite der vom Bevollmächtigten in Zukunft möglicherweise vorzunehmenden Erklärung. Dagegen spricht, dass die Erteilung von Rechtsmacht an einen anderen stets ein Rechtsgeschäft ist. Wer sich operieren lässt, muss selbst einsichtsfähig sein; wer einem anderen die Vollmacht erteilt, über die Operation zu befinden, müsste danach sowohl einsichts- wie geschäftsfähig sein.

Im Übrigen ist der Streit müßig, denn wer eine Vollmacht erteilt, muss jedenfalls erkennen können, was Sinn und Tragweite einer Vollmacht ist; sonst ist er weder einsichts- noch geschäftsfähig. Fälle, in denen ein Volljähriger bezüglich einer Vollmacht so klar im Kopf ist, dass er einwilligungsfähig ist, aber so unklar, dass er nicht geschäftsfähig ist, sind nicht bekannt geworden. Es gibt keinen anerkannten Kanon, wie das eine bei einer Untersuchung festzustellen, das andere auszuschließen ist.

---

23 BeckOGK/Schmidt-Recla BGB § 1896 Rn. 246.

24 Berger JZ 2000, 797/803; Müller/Renner Rz. 249.

2. Feststellung der Geschäftsfähigkeit, Gutachten

42 a) Die Vollmacht ist nur wirksam erteilt, wenn der Vollmachtgeber bei **Erteilung** *geschäftsfähig* war und auch sonst keine Wirksamkeitsvoraussetzungen fehlen.[25] Die Frage der Geschäftsfähigkeit kann später unter mehreren Aspekten nachprüfungsbedürftig sein, z-B. wenn die Vollmacht **später widerrufen** wird.

Fall: Frau B (die bei ihrem Sohn S wohnt) erteilt ihrem Sohn S Vollmacht. Die Tochter T nimmt ohne Absprache die Mutter zu sich. Dort erteilt sie ihrer Tochter T eine Vollmacht und widerruft die dem Sohn S erteilte Vollmacht. Es stellt sich die Frage, ob der Widerruf wirksam war sowie ob eine Kontrollbetreuung angebracht ist. Letztlich geht es darum. Wer von den hohen Rente der Mutter partizipieren kann, denn S und T sind finanziell beengt.

Kommt es zu einem Betreuungsverfahren, hat das Betreuungsgericht die Wirksamkeit der Vollmacht von Amts wegen zu ermitteln (§ 26 FamFG), was aber nur untersucht wird, wenn sich Bedenken aufdrängen oder von Beteiligten Geschäftsunfähigkeit eingewandt wird. Tätigt der Bevollmächtigte Geschäfte für den Vollmachtgeber, verpflichten sie diesen nur, wenn die Vollmacht wirksam war, also Geschäftsfähigkeit bestand, was auf Rüge hin vom Prozessgericht überprüft wird.

b) Im Betreuungsverfahren entscheidet grundsätzlich der Tatrichter (AG, LG) über **Art und Umfang seiner Ermittlungen** nach pflichtgemäßem Ermessen, § 26 FamFG.[26] Bei Unklarheiten, Zweifeln oder Widersprüchen hat es dem von Amts wegen nachzugehen.[27] Nicht zwingend ist eine förmliche Beweisaufnahme durch Einholung eines **Sachverständigengutachtens** nach § 280 I FamFG, wenn geprüft werden soll, ob eine Vorsorgevollmacht wirksam errichtet wurde. Erholt der Richter jedoch ein Gutachten, was *regelmäßig* erforderlich ist, „obliegt ihm die Aufgabe, das Gutachten sorgfältig und kritisch zu überprüfen." Dies berechtigt ihn allerdings nicht, die Äußerungen des Sachverständigen ohne ausreichende Begründung beiseite zu schieben. Vielmehr muss das Gericht, wenn es einem Gutachten nicht folgen will, seine abweichende Überzeugung begründen (i. d. R. ist ein zweites Gutachten erforderlich!). Die Begründung muss erkennen lassen, dass die Beurteilung nicht von einem Mangel an Sachkunde beeinflusst ist. Sie ist im Rechtsbeschwerdeverfahren (vom BGH) darauf zu überprüfen, ob das Gericht sich mit der Aussage des Gutachters hinreichend auseinandergesetzt und seine dazu erforderliche Sachkunde ausreichend dargetan hat. Weil der Sachverständige gerade zu dem Zweck hinzugezogen wird, dem Gericht die

---

[25] BGH NJW 2022, 2845.

[26] BGH NJW 2023, 365; BGH NJW-RR 2021, 1086; BGH NJW-RR 2017, 2411.

[27] BGH NJW 2023, 365.

ihm auf dem medizinischen Spezialgebiet fehlenden Kenntnisse zu vermitteln, muss das Gericht sorgfältig prüfen, ob es seine Zweifel an dem Gutachten ohne weitere sachkundige Hilfe zur Grundlage seiner Entscheidung machen kann, etwa weil es bereits durch die ihm vom Sachverständigen vermittelte sachliche Information dazu befähigt worden ist. Fehlt es hieran und verschließt sich das Gericht der Notwendigkeit, zur Klärung seiner Bedenken den Sachverständigen zu einer Ergänzung oder mündlichen Erläuterung seines Gutachtens zu veranlassen oder einen weiteren Sachverständigen zu beauftragen, so bewegt es sich bei seiner Überzeugungsbildung außerhalb des der tatrichterlichen Beweiswürdigung eingeräumten Bereichs.[28]

Wenn das **vorgelegte Privatgutachten** im Widerspruch zum Gerichtsgutachten steht, muss der Gerichtsgutachter dazu Stellung nehmen.[29]

Es steht – anders als im Fall des § 280 FamFG – im pflichtgemäßen Ermessen des Gerichts, ob es im Wege des **Frei- oder Strengbeweises** vorgeht (§ 30 I FamFG).[30]

Wenn das Gutachten nicht eindeutig ist: Kann die Geschäftsunfähigkeit und damit die Unwirksamkeit einer Vorsorgevollmacht vom Gericht nicht positiv festgestellt werden, etwa weil die Vollmachtserteilung zu lange zurückliegt und der Sachverständige sich nicht festlegt, ist nach der **Beweisregel** des § 105 Nr. 2 BGB von einer **wirksamen Bevollmächtigung** auszugehen.[31]

c) Trotz Vorliegens einer wirksamen Vollmacht kann es zur Betreuung kommen, wenn die Vollmacht im Rechtsverkehr (z. B. von den Verwandten des Betroffenen) wegen der Zweifel an der Gültigkeit der **Vollmacht nicht akzeptiert** wird.[32]

d) Eventuelle Feststellungen des beurkundenden **Notars** zur Geschäftsfähigkeit (vgl. § 11 BUrkG)[33] sind für das Betreuungsgericht oder Prozessgericht nicht verbindlich; sie führen allenfalls dazu, dass der Notar als Zeuge zu vernehmen ist, was in der Prozesspraxis nicht viel bringt, weil er kein psychiatrischer Sachverständiger ist und der Kontakt des Notars mit dem Vollmachtgeber nur kurz war. Ebenso wenig nützt es, wenn der Vollmachtnehmer bestätigt, etwa auf der Vollmacht, dass der Vollmachtgeber im

28 BGH NJW-RR 2021, 1086.

29 BGH NJW 2022, 2845 (der Gerichtsgutachter hatte den Betroffenen nur in einem Cafe befragt, ohne Tests und nicht zur Geschäftsfähigkeit).

30 BGH NJW-RR 2020, 1012.

31 BGH NJW 2022, 2845; NJW 2021, 63; NJW-RR 2021, 1086; NJW 2016, 1514.

32 BGH NJW 2016, 1514.

33 Zur Feststellung der Geschäftsfähigkeit beim alten Menschen durch den Notar vgl. Stoppe/Lichtenwimmer DNotZ 2005, 806; zum Vermerk des Notars vgl. Litzenburger ZEV 2016, 1.

Zeitpunkt der Vollmachtserteilung geschäftsfähig war;[34] er ist Partei und nicht sachkundig. Abwegig sind Vollmachtsformulare, in denen der Vollmachtgeber *sich selbst* bestätigt, „im Vollbesitz seiner geistigen Kräfte" zu sein. Auch die Beglaubigung der Unterschrift durch die **Betreuungsbehörde** beweist nicht die Geschäftsfähigkeit zum Zeitpunkt der Unterschrift.

e) Auch ohne Betreuungsverfahren kann die Geschäftsfähigkeit des Vollmachtgebers bedeutsam sein, etwa wenn der Bevollmächtigte gegenüber dem Grundbuchamt handelt und dem Amt die problematische Geschäftsfähigkeit aus anderen Verfahren (z.B. aus der Betreuungsabteilung) zufällig bekannt ist.

f) Nach deutschem Recht kann die Geschäftsfähigkeit bzw. Unfähigkeit **nicht isoliert** durch ein Gericht festgestellt werden, sondern nur als Vorfrage eines anderen Verfahrens. Wer als Vollmachtgeber einigermaßen sichergehen will, soll sich untersuchen lassen und zum Unterschriftstermin bzw. Beurkundungstermin den Arzt für Psychiatrie mitbringen, der dann später im Betreuungsverfahren bzw. im Zivilprozess als sachverständiger Zeuge vernommen werden kann.

3. Wesentlicher Zeitpunkt für die Geschäftsfähigkeit

43 Der Vollmachtgeber muss im Zeitpunkt der Vollmachtserteilung geschäftsfähig sein; genau genommen bei „Abgabe" (§ 130 II BGB). Manche[35] verlangen bei Vollmachten im höchstpersönlichen Bereich (Gesundheitsangelegenheiten, Unterbringung), dass *im Zeitpunkt der Einwilligung* durch den Bevollmächtigten der Vollmachtgeber einwilligungsunfähig ist; denn im höchstpersönlichen Bereich sei stellvertretendes Handeln nur denkbar, wenn ein wirksames eigenes Handeln des Rechtsträgers ausscheidet. Das überzeugt nicht:[36] die Vollmacht verdrängt den Vollmachtgeber nicht; ist er bei der Operation selbst einwilligungsfähig, kann er die Behandlung selbst erlauben oder untersagen, die Erklärung des Bevollmächtigten spielt dann sowieso keine Rolle.

Der Bevollmächtigte muss mindestens beschränkt geschäftsfähig sein (§ 165 BGB); dass ein Vollmachtgeber einem 15-jährigen eine Vorsorgevollmacht erteilt, ist allerdings kaum vorstellbar und würde Zweifel an der Ernsthaftigkeit begründen.

---

34 Unrichtig insoweit Stolz BtPrax 2004, 99.

35 Walter FamRZ 1999, 685/9.

36 Keilbach FamRZ 2003, 969/979.

4. Bedeutung späterer Geschäftsunfähigkeit

a) Für die Vollmacht

Die Bevollmächtigung ist eine *empfangsbedürftige* Willenserklärung. In der Regel wird sie gegenüber dem Bevollmächtigten abgegeben (sog. Innenvollmacht), selten nur gegenüber dem Dritten, z.B. der kontoführenden Bank (sog. Außenvollmacht). Händigt der Vollmachtgeber die Vollmacht dem Bevollmächtigten aus, ist sie abgegeben und sogleich empfangen worden. Stellt der Vollmachtgeber die Vollmacht aus und legt sie dann in die Schublade in der Hoffnung, im Falle der Hilfsbedürftigkeit werde sie vom Bevollmächtigten aufgefunden, dann stellt sich die Frage, wie Abgabe und Empfang stattfinden. Eine *Abgabe* im Sinne von § 130 II BGB liegt vor, wenn der Vollmachtgeber alles Erforderliche getan hat, was für das Wirksamwerden erforderlich ist. Hier hat der Vollmachtgeber durch Einlegen in die Schublade (oder auf andere Weise, z.B. Deponieren der Vollmacht bei Freunden, beim Steuerberater) sichergestellt, dass die Erklärung dem Bevollmächtigten zu gegebener Zeit zugeht.[37] Ähnlich verhält es sich in den Fällen, in denen jemand in einem **Testament** eine Vollmacht erteilt, weil das Testament vom Gericht eröffnet wird (§ 348 FamFG); da dann das Gericht das Testament behält, fehlt dem Bevollmächtigten dann allerdings das Original der Vollmacht. *44*

Wird der Vollmachtgeber nach Abgabe der Vollmachtserteilung, aber vor oder nach Empfang der Willenserklärung beim Bevollmächtigten hilflos oder geschäftsunfähig, dann berührt das grundsätzlich die weitere Wirksamkeit der (abstrakten) Vollmacht nicht;[38] die **Vollmacht bleibt also wirksam.** Denn nach § 168 S. 1 BGB bestimmt sich das Erlöschen nach dem Grundverhältnis; dies ist in der Regel ein Auftrag, welcher nach § 672 S. 2 BGB „im Zweifel" nicht mit Eintritt der Geschäftsfähigkeit des Auftraggebers erlischt; aber auch der Geschäftsbesorgungsvertrag als Grundverhältnis erlischt im Regelfall nicht (§ 675 BGB). Da dies aber nur Auslegungsregeln sind (im Ausland ist die Rechtslage teils anders), sollte die Weitergeltung in der Vollmacht ausdrücklich angeordnet werden.

Trotzdem tritt durch den Wegfall der Geschäftsfähigkeit des Vollmachtgebers eine wesentliche Änderung der Situation ein: Bisher konnte der Bevollmächtigte **Weisungen vom Vollmachtgeber erhalten,** war ihm zu Information und Rechenschaft verpflichtet, seinem Vollmachtswiderruf ausgesetzt; nun ist diese Pflicht faktisch entfallen, weil sie nicht mehr ausgeübt werden kann. Nur in einem Teil der Fälle wird nach § 1820 III BGB ein **Kontroll-**

[37] Vgl. MünchKomm-Schubert BGB § 167 Rz. 11. Dazu Britz RNotZ 2001, 271; Baumann/Hartmann DNotZ 2000, 594.

[38] LG Wiesbaden FamRZ 1994, 778; BeckOGK/BGB Schmidt-Recla § 1896 Rn. 242; Walter, Vorsorgevollmacht S. 127/133; vgl. Cypionka NJW 1992, 207.

betreuer bestellt, in den anderen Fällen steht dem Vollmachtgeber niemand als Kontrolleur gegenüber (erst bei Tod des Vollmachtgebers werden dessen Erben eventuell Ansprüche gegen den Bevollmächtigten erheben), der **Bevollmächtigte ist Alleinherrscher**.

> Aus dieser Situation könnte man verschiedene Konsequenzen ziehen: (1) Die Rechtsmacht des Bevollmächtigten richte sich nach der des Vollmachtgebers; das vertritt niemand mehr, weil die Vorsorgevollmacht dadurch im Rechtsverkehr entwertet würde.[39] (2) Der Bevollmächtigte könne ab Eintritt der Geschäftsunfähigkeit des Vollmachtgebers nur noch wie ein Betreuer handeln, bedürfe also wie dieser der Genehmigung des Betreuungsgerichts (§§ 1849 ff. BGB) und bestimmte Geschäfte (wie Schenkungen) seien ihm verschlossen.[40] In diese Richtung geht die Regelung in §§ 1829, 1831, 1832 BGB für Gesundheitssorge und Unterbringung; daraus folgt mittels Umkehrschluss, dass diese Auffassung nicht gilt für Vermögenssorge usw. (3) Ferner wird die Meinung vertreten,[41] nun müsse der Bevollmächtigte das Betreuungsgericht verständigen, damit zumindest ein Kontrollbetreuer bestellt wird. Das ist kaum vertretbar, weil es unzumutbar ist.

b) Für das Grundverhältnis

45 Durch den Wegfall der Geschäftsfähigkeit des Vollmachtgebers könnte sich eine wesentliche Änderung des Grundverhältnisses (Auftrag, Geschäftsbesorgung) ergeben. Die Geschäftsunfähigkeit des Vollmachtgebers führt *im Zweifel* **nicht zum Erlöschen des Grundverhältnisses,** § 672 S. 1 BGB.[42] Das ist nur eine Auslegungsregel: (1) Wenn der Vollmachtgeber eine andere Regelung getroffen hat gilt diese; er kann z.B. intern angeordnet haben, dass die Vollmacht mit dem Eintritt der Geschäftsunfähigkeit erlöschen soll, was aber die praktische Brauchbarkeit der Vollmacht beeinträchtigt. (2) Wenn sich aus den Umständen etwas anderes ergibt. Aus der Überschrift „Vorsorgevollmacht“ kann sich z.B. ergeben, dass sie nach dem Tod des Vollmachtgebers nicht mehr gelten soll, wenn nichts anderes bestimmt ist.

Auch den Geschäftsgegner treffen keine zusätzlichen Pflichten, nach eventuellem Missbrauch intensiv Ausschau zu halten.

III. Form der Vollmacht

1. Mündliche Form ausreichend, Schriftform zweckmäßig

46 Mündliche Erteilung genügt (vgl. § 167 II BGB), ist aber in der Praxis wertlos, weil die Vollmacht dann kaum nachweisbar ist und der Geschäftsgegner

39 Walter, Vorsorgevollmacht S. 130.

40 Flume, Allgemeiner Teil des Bürgerlichen Rechts II, 4. Aufl. 1992, S. 852.

41 BeckOGK/BGB Schmidt-Recla § 1896 Rn. 242. Rspr dazu fehlt.

42 MünchKomm-Schubert § 168 BGB Rz. 11.

die Risiken nicht eingehen wird. Deshalb ist schriftliche Erteilung zweckmäßig; auch *ihre* praktische Verwertbarkeit ist beschränkt, weil der Geschäftsgegner (Bank, Versicherung, Behörde, Gericht usw.) die Echtheit der Unterschrift bezweifeln kann. Wer mit einer privatschriftlichen Vollmacht vom Konto des Hilfsbedürftigen Geld abheben will, wird in der Regel abgewiesen werden, wenn der Bank die Verhältnisse nicht bekannt sind (vgl. Rz. 142). Der Hilfsbedürftige, vertreten durch den Bevollmächtigten, müsste dann gegen die Bank vor dem Prozessgericht (AG, LG) klagen auf Feststellung oder Durchführung des Geschäfts. Bei Bankvollmachten ist deshalb die Verwendung der Bank-Vollmachtsformulare zweckmäßig und eine sog. **bankinterne Beglaubigung** (der Vollmachtgeber unterschreibt in der Bank/Sparkasse und ein Bankmitarbeiter bestätigt unter Angabe seiner Personalnummer, wer unterschrieben hat und wie er sich ausgewiesen hat); einen noch höheren Wert hat eine **notariell oder von der Betreuungsbehörde beglaubigte Vollmacht.**

2. Schriftform notwendig in Grundbuch-, Handelsregister- und Prozesssachen

Gegenüber dem Grundbuchamt muss die Vollmacht durch öffentliche oder öffentlich beglaubigte Urkunden nachgewiesen werden (§ 29 I 2 GBO). Eine Vollmacht zur Anmeldung im Handelsregister muss öffentlich beglaubigt sein (§ 12 II HGB). § 51 III ZPO verlangt für die Bevollmächtigung zur gerichtlichen Vertretung einer prozess*un*fähigen Partei eine *schriftliche* Vollmacht,[43] während sonst Vollmachten auch mündlich erteilt werden können. Bevollmächtigt dann der Vertreter seinerseits einen Anwalt, etwa für einen Prozess vor dem Landgericht, gilt für diese Unter-Vollmacht §§ 81 ff. ZPO. Vgl. ferner § 11 FamFG. *47*

Eine Vollmacht muss nicht von Zeugen mit-unterschrieben werden (anders als z.T. im Ausland), es schadet aber auch nicht; es kann allerdings hilfreich sein, wenn später behauptet wird, der Vollmachtgeber sei bei Erteilung schon geschäftsunfähig gewesen, weil die Mit-Unterzeichner dann als Zeuge zur Verfügung stehen.

3. Schriftform notwendig in Gesundheitssachen (§ 1829 V BGB)

Bei der Vollmacht in Gesundheitsangelegenheiten gilt: Für *48*

- eine Untersuchung des Gesundheitszustandes des Vollmachtgebers,
- eine Heilbehandlung (bzw. deren Unterbleiben) oder
- einen ärztlichen Eingriff (bzw. dessen Unterbleiben),

[43] Dazu Sachsen Gessaphe in FS Bienwald S. 273 ff.

ist die **Einwilligung des Bevollmächtigten** erforderlich (§§ 1829 I, V BGB). Diese Einwilligung ist nur wirksam, wenn die **Vollmacht schriftlich erteilt** ist und die medizinische Maßnahme *ausdrücklich* umfasst (§ 1820 II Nr. 1 BGB). Die nur mündlich erteilte oder inhaltlich zu wenig konkrete Vollmacht (Rz. 90) ist zwar wirksam, aber die aufgrund dieser Vollmacht erteilte Einwilligung (bzw. Nichteinwilligung ist unwirksam. Das heißt letztlich: Die Vollmacht muss schriftlich abgefasst sein (§ 126 BGB): handschriftlich oder mit Schreibmaschine, auch Vordruck, auch Herstellung der Schrift durch einen Dritten. Die Angabe von Ort und Zeit ist nicht zwingend.[44] Erforderlich ist aber die Unterschrift des Vollmachtgebers.

Ungenügend sind mündlich erteilte Vollmachten; auch konkludent oder stillschweigend erteilte Vollmachten oder Anscheins- und Duldungsvollmachten reichen nicht aus.[45] Einzelheiten zur Ausdrücklichkeit vgl. unten Rz. 90.

48a – Wenn jeweils die „begründete" Gefahr besteht, dass der Vollmachtgeber aufgrund der Maßnahme stirbt oder einen schweren und längerdauernden gesundheitlichen Schaden erleidet (z. B. Beinamputation; Fiebermessen ist zwar eine „Untersuchung", aber nicht gefährlich) ist zusätzlich eine Genehmigung der Einwilligung durch das Betreuungsgericht erforderlich.

– Diese gerichtliche Genehmigung ist nicht erforderlich, wenn zwischen Vollmachtgeber (bzw. Betreuer) und behandelndem Arzt **Einvernehmen** besteht, dass die Maßnahme oder ihr Unterlassen dem mutmaßlichen Willen des Vollmachtgebers (bzw. Betreuten) entspricht, §§ 1829 IV, 1827 BGB. Hinter diesem Satz verbirgt sich die praktische Handhabung: Der Krankenhausarzt ist in Eile, hat kaum Zeit für Gespräche, kennt den Patienten und dessen „mutmaßlichen" Willen kaum; er rät natürlich zur Maßnahme; der Vollmachtgeber kennt sich juristisch nicht aus, die Geschäftsstelle des AG verbindet ihn nicht mit dem Richter, er will sich die Korrespondenz mit dem Betreuungsgericht ersparen: Also stimmen beide (Arzt und Bevollmächtigter) überein und eine Genehmigung des Gerichts entfällt. Der Schutz des Patienten kommt also zu kurz.[46] In einer **Patientenverfügung** könnte der Vollmachtgeber solche Mutmaßungen verbieten.

4. Schriftform notwendig bei ärztlichen Zwangsmaßnahmen (§ 1832 BGB)

48b Wenn die Untersuchung des Vollmachtgebers, die Heilbehandlung oder ein ärztlicher Eingriff (s. Rn. 48) dem *natürlichen* Willen (weder Geschäftsfä-

---

[44] Grüneberg/Ellenberger § 126 Rz. 2.

[45] Müller DNotZ 1999, 107/110.

[46] Kritisch auch Bienwald/Bienwald § 1829 Rn. 69: pragmatisch herbeigeführte Einigung.

higkeit noch Einwilligungsfähigkeit müssen also vorliegen) des Vollmachtgebers widerspricht, etwa weil er das durch abwehrende Handbewegungen deutlich macht, dann kann der Bevollmächtigte nur dann in die ärztliche Zwangsmaßnahme einwilligen, wenn **sieben Voraussetzungen** vorliegen (§ 1832 I BGB):

- Notwendigkeit, um einen drohenden erheblichen gesundheitlichen Schaden abzuwenden;
- der Vollmachtgeber kann aufgrund einer *psychischen* Krankheit/Behinderung die Notwendigkeit nicht erkennen oder nicht nach dieser Einsicht handeln;
- die Maßnahme muss der Patientenverfügung, und wenn diese fehlt: dem mutmaßlichen Willen des Vollmachtgebers (der sie aber mit natürlichem Willen ablehnte!) entsprechen;
- Zuvor musste versucht werden, den Vollmachtgeber zu „überzeugen" (d. h. zu überreden);
- der drohende Schaden kann durch weniger einschneidende Maßnahmen nicht abgewendet werden;
- der Nutzen überwiegt die zu erwartenden Beeinträchtigungen deutlich;
- die ärztliche Maßnahme wird im Rahmen eines stationären Krankenhausaufenthalts (also nicht in Arztpraxis) durchgeführt.

Wenn der Vollmachtgeber noch nicht im Krankenhaus ist und sich nicht freiwillig dorthin bringen lässt, muss er zwangsweise ins Krankenhaus gebracht werden (d. h. gefesselt usw.).

Die Vollmacht muss allen diesen Fällen schriftlich sein und die konkrete Maßnahme ausdrücklich umfassen (§ 1820 II Nr. 3 BGB).

Zusätzlich ist eine Genehmigung der Einwilligung durch das Betreuungsgericht erforderlich.

5. Schriftform notwendig in Unterbringungssachen (§ 1831 BGB)

Bei der Vollmacht für die **freiheitsentziehende Unterbringung** (z. B. in einem geschlossenen Pflegheim, wo der Vollmachtgeber nicht weglaufen kann, § 1831 V BGB) ist die Einwilligung des Bevollmächtigten nur wirksam, wenn die Vollmacht schriftlich erteilt wurde und die Unterbringung ausdrücklich umfasst (§ 1820 II Nr. 2 BGB). Dasselbe gilt für **unterbringungsähnliche Maßnahmen** (wie z. B. Bettgitter, Fesselung), § 1831 IV BGB. Die Einwilligung bedarf ferner der Genehmigung des Betreuungsgerichts (§ 1831 II BGB). Das alles gilt nicht, wenn der Vollmachtgeber sich freiwillig in das geschlossene Heim begibt, z. B. weil er befürchtet, in verwirrtem Zustand nicht mehr in seine Wohnung zurückzufinden. *49*

6. Notariell beglaubigte Vollmacht

50 Die öffentliche Beglaubigung ist erforderlich, wenn die Vollmacht Grundbucheintragungen ermöglichen soll.[47] Bei der Beglaubigung der Unterschrift bestätigt der Notar nur, dass die Unterschrift von einer bestimmten Person, die sich durch den Personalausweis ausgewiesen hat, stammt (§§ 39, 40 BeurkG), dass sie also echt ist. Der Inhalt der Vollmacht wird vom Notar nicht überprüft (vgl. § 40 II BeurkG). Um die Frage, ob der Unterschreibende geschäftsfähig ist, braucht sich der Notar nicht zu kümmern (wenn die Geschäftsunfähigkeit aber eindeutig ist, soll der Notar die Beglaubigung ablehnen[48]). Die notarielle Gebühr für die Unterschriftsbeglaubigung beträgt 20 bis 70 € (Nr. 25100 KV GNotKG).

7. Notariell beurkundete Vollmacht

51 Bei der Beurkundung der Vollmacht muss der Notar nicht nur die Identität des Vollmachtgebers überprüfen, er *soll* auch den Willen der Beteiligten erforschen, den Sachverhalt klären und den Vollmachtgeber über die rechtliche Tragweite des Geschäfts belehren (§ 17 I BeurkG); er übernimmt die Gewähr für eine eindeutige und wirksame Formulierung.

Bei der Beurkundung der Vollmacht *soll* der Notar ferner die Beurkundung ablehnen, wenn dem Vollmachtgeber nach der Überzeugung des Notars die Geschäftsfähigkeit fehlt; Zweifel an der Geschäftsfähigkeit soll der Notar in der Niederschrift feststellen (§§ 11 I, 28 BeurkG). Die Beurkundung der Vollmacht durch einen Notar beweist also die Geschäftsfähigkeit des Vollmachtgebers nicht,[49] sie stellt aber eine Art Beweisanzeichen für Geschäftsfähigkeit dar. Hält der Notar den Beteiligten für geschäftsunfähig, kann er die Beurkundung ablehnen (wogegen Beschwerde nach § 15 BNotO möglich ist); hat er Zweifel, vermerkt er es „formelhaft" (was der Beteiligte nicht versteht) in der Vollmachtsbeurkundung, und kann daneben in einem weiteren Vermerk (für die Handakte), der nicht ausgehändigt oder verlesen wird, die Gründe für seine Zweifel dokumentieren.[50] Der Vermerk dient der Gedächtnisstütze, wenn nach mehreren Jahren wegen der Geschäftsfähigkeit prozessiert wird. Wird die Geschäftsfähigkeit im Prozess bestritten, hat der Vollmachtgeber den Beweis zu erbringen (im Prozess wird zunächst der

---

[47] Spanl Rpfleger 2006, 455.

[48] BckOGK BeurkG/Theilig § 40 Rn. 26.

[49] OLG Hamm BeckRS 2021, 24103; OLG Düsseldorf NJW-RR 2013, 782. Zur Problematik vgl. Cypionka NJW 1992, 207; Wieser MittBayNot 1992, 161. Unrichtig ist die Meinung von Laien, dass bei notarieller Beurkundung „Zweifel an der Wirksamkeit des Vertrages *ausgeschlossen*" seien.

[50] So die h.M.; Litzenburger ZEV 2016, 1 hält einen solchen Vermerk, dessen Inhalt der Beteiligte nicht zugestimmt hat, für eine Verletzung des Persönlichkeitsrechts; zu Unrecht. Dazu Griziwotz DNotZ 2020, 389.

Notar als Zeuge vernommen, der aber meist nichts Wesentliches über die Beurkundung mehr in Erinnerung hat; dann wird ein Sachverständigengutachten über die Frage der seinerzeitigen Geschäftsunfähigkeit erholt).

Die Beurkundung hat ferner eine Warnfunktion und schützt vor Übereilung: Indem der Betroffene zum Notar geht (und später die Notarkosten zahlt), wird ihm bewusst, dass er eine bedeutsame Handlung vorgenommen hat. Die notarielle Gebühr beträgt 1,0 nach Tabelle B aus dem Geschäftswert (= Aktivvermögen), Nr. 21200 KV GNotKG, das ist viel mehr als bei einer Beglaubigung.

Beurkundet der Notar eine Vorsorgevollmacht, so soll er auf die Möglichkeit der Registrierung bei dem Zentralen Vorsorgeregister hinweisen (§ 20a BeurkG).

8. Beglaubigung durch die Betreuungsbehörde

Die Urkundsperson bei der Betreuungsbehörde ist befugt, Unterschriften *52* oder Handzeichen auf Vorsorgevollmachten oder Betreuungsverfügungen zu beglaubigen (§ 7 I 1 BtOG); sonstige Vollmachten dürfen von der Behörde nicht beglaubigt werden. Ist mit der Vorsorgevollmacht eine Patientenverfügung verbunden, kann ebenfalls beglaubigt werden (die isolierte Patientenverfügung dagegen dürfte nicht beglaubigt werden). Von einem Handzeichen spricht man, wenn jemand nicht schreiben kann, sondern ein Kreuz macht. Ein Blanko darf nicht beglaubigt werden, ein Text muss also vorhanden sein. Nicht jeder Bedienstete der Behörde darf beglaubigen, sondern nur hierzu durch internen Akt besonders bestellte Personen („die Urkundspersonen"); die Beglaubigung durch einen anderen Behördenbediensteten ist unwirksam. Die Beglaubigung bestätigt nur, dass die Unterschrift von einer bestimmten Person stammt, dass sie also echt ist. Der Inhalt der Vollmacht und die Geschäftsfähigkeit des Vollmachtgebers müssen von der Urkundsperson nicht überprüft werden.

Ob eine solche von der Urkundsperson der Behörde beglaubigte Vollmacht allseits denselben rechtlichen Wert hat wie eine vom Notar beglaubigte Unterschrift, ob sie also dadurch eine **öffentlich beglaubigte Urkunde** wird, d.h. ob sie zum Nachweis gegenüber dem Grundbuchamt nach § 29 GBO und gegenüber dem Handelsregister nach § 12 HGB genügt, war früher umstritten.[51] Durch eine Gesetzesänderung wurde dann klargestellt, dass die Beglaubigung durch die Behörde als „öffentliche Beglaubigung" gilt[52] und dem § 29 GBO genügt, der Bevollmächtigte kann dann also z.B.

---

[51] Sorg BWNotZ 2005, 87; dazu DNotI-Report 15/2005 S. 121.

[52] Änderung von § 6 II a.F. BtBG durch G. v. 6.7.2009, BGBl 2009, 1696.

Grundstücke veräußern oder belasten,[53] wenn der Umfang der Vollmacht dazu berechtigt.

Diese Beglaubigungsbefugnis und deren Wirkung besteht für **bis 31.12.2022** behördlich beglaubigte Vollmachten auch dann, wenn die Vollmacht nach ihrem Wortlaut **über den Tod des Vollmachtgebers hinaus gelten** soll,[54] so dass der Bevollmächtigte noch nach dem Tod über Nachlassgrundstücke z. B. verfügen kann; das war früher[55] zweifelhaft, weil es mit Vermeidung einer Betreuung nichts mehr zu tun hat.

52a Für **ab 1.1.2023** behördlich beglaubigte Vollmachten gilt dagegen § 7 I 2 BtOG: „Die Wirkung der Beglaubigung endet bei einer Vollmacht mit dem Tod des Vollmachtgebers." Eine solche transmortale Vollmacht, die nach ihrem Text schon zu Lebzeiten und noch nach dem Tod des Vollmachtgebers wirken soll, ist also ab dem Tod des Vollmachtgebers für Grundbuchzwecke nicht mehr tauglich. Das bedeutet: Lebt der Vollmachtgeber z. B. im Sommer 2023 noch, ist die behördlich beglaubigte Vollmacht im Sommer 2023 noch grundbuchtauglich; ist der Vollmachtgeber dagegen schon im Januar 2023 verstorben, ist die Vollmacht im Sommer 2023 nicht mehr grundbuchtauglich. Das Grundbuchamt muss deshalb eine **Lebensbescheinigung** verlangen.[56] Wenn der Vollmachtgeber weder Grundstücke noch Handelsgeschäfte hat, spielt die Frage keine Rolle; die behördlich beglaubigte Vollmacht wirkt also im übrigen (z. B. gegenüber der Bank) weiterhin. Andernfalls sollte er die Vollmacht von einem Notar beglaubigen lassen; dann besteht Grundbuchtauglichkeit, auch wenn der Vollmachtgeber gestorben ist.

Die Beglaubigung durch die **Behörde ist billiger** als beim Notar; die Beglaubigung kostet nur 10 € (§ 7 IV 1 BtOG; zusätzliche Auslagen werden nicht erhoben); die Gebühr kann erlassen werden (§ 7 IV 2 BtOG).

9. Form bei Fortgeltung der Vollmacht nach dem Tod

53 Auch wenn die Vollmacht über den Tod hinaus wirken soll, unterliegt sie nicht den Formen der letztwilligen Verfügung (Testament, Erbvertrag); der Fortgeltung steht also nicht entgegen, dass sie nicht handschriftlich bzw. nicht zu Niederschrift eines Notars erklärt ist.

---

[53] OLG Naumburg FGPrax 2014, 109; OLG Dresden NotBZ 2010, 409.

[54] OLG Karlsruhe FamRZ 2016, 577; Grüneberg/Götz Rz. 20 vor § 1814.

[55] OLG Köln FGPrax 2019, 255; Heinemann FGPrax 2016, 10.

[56] Müller-Engels DNotZ 2021, 84.

10. Auslandsfälle

Wenn eine in Deutschland erstellte Vollmacht im Ausland verwendet werden soll, muss sie in der Regel den Vollmachtserfordernissen des jeweiligen Landes entsprechen. Im Geltungsbereich der EuErbVO entscheidet das Erbstatut über Zulässigkeit und Wirkungen einer postmortalen Vollmacht.[57] Vor Erstellung einer Vorsorgevollmacht ist deshalb zu klären, ob sich Vermögen im Ausland befindet; dann muss gegebenenfalls eine den jeweiligen ausländischen Formerfordernissen entsprechende zusätzliche Vollmacht errichtet werden,[58] am besten vor einem Notar oder der Botschaft des entsprechenden ausländischen Staates. Aber auch ohne Vermögen kann der Vollmachtgeber im Ausland schwer erkranken und sofort dort behandelt werden müssen, wobei dann z.B. eine Vorsorgevollmacht nützlich sein kann, wenn man dort deutsch versteht. *54*

IV. Einverständnis des Bevollmächtigten notwendig?

Die Vollmacht wird durch eine *einseitige*[59] empfangsbedürftige Willenserklärung erteilt, wie sich aus § 167 I BGB ergibt. Die Annahme der Willenserklärung durch den Bevollmächtigten oder dessen Zustimmung zur Bevollmächtigung ist somit nicht erforderlich,[60] nur der Empfang (andernfalls könnte der Bevollmächtigte mangels Kenntnis von der Vollmacht gar nicht tätig werden). Eine Unterschrift des Bevollmächtigten unter der Vollmacht ist daher nicht erforderlich. *55*

Der Bevollmächtigte kann aber die einseitig erteilte Vollmacht analog § 333 BGB zurückweisen oder auf sie verzichten; er muss nicht tätig werden, wenn er nicht will. Er kann einfach untätig bleiben (dann kann es zur Betreuung kommen). Ist er tätig geworden, kann er seine Arbeit jederzeit einstellen, dann steht der Vollmachtgeber ohne Bevollmächtigten da (> Ersatzbevollmächtigter). Eine Pflicht zum Tätigwerden trifft aber den Bevollmächtigten, wenn dies im Grundvertrag (Innenverhältnis) zwischen Vollmachtgeber und Bevollmächtigtem vereinbart ist, wie etwa in einem Geschäftsbesorgungsvertrag mit einem Rechtsanwalt.

In manchen Formularen ist trotzdem in der Vollmachtsurkunde eine **Unterschrift des Bevollmächtigten** vorgesehen. In der Erläuterung wird be-

---

57 Dutta/Weber, Internationales Erbrecht, Art. 23 Rn. 94

58 Eine Übersicht über ausländische Formerfordernisse kann u.U. über www.irene.de (= institut des recherches et d'etudes notariales europeen) gewonnen werden; ferner bei Süß, Erbrecht in Europa, 4. Aufl. 2020, bei den jeweiligen Länderkapiteln.

59 Vertretungsmacht kann natürlich auch durch Vertrag erteilt werden, MünchKomm-Schubert BGB § 167 Rz. 5. Dieser Vertrag ist zu unterscheiden vom Grundvertrag, der das Innenverhältnis regelt, kann aber mit ihm zusammenfallen.

60 MünchKomm-Schubert BGB § 167 Rz. 5.

hauptet: „Die/der Bevollmächtigte bestätigt mit ihrer/seiner Unterschrift, dass die Bevollmächtigung zur Kenntnis genommen und die Bevollmächtigung mit diesem Inhalt akzeptiert wurde." Soweit hier eine Bestätigung des Empfangs gemeint ist (§ 167 I BGB), ist dies sinnvoll, aber nicht notwendig. Was mit „akzeptieren" der Bevollmächtigung gemeint sein könnte, bleibt offen: Soll das eine *Verpflichtung* bedeuten, später tätig zu werden?

V. Erteilung der Vollmacht, Aushändigung der Urkunde

56 Die Erteilung der Vertretungsmacht erfolgt

- durch Erklärung gegenüber dem zu Bevollmächtigenden (§ 167 I BGB). Das ist der Regelfall bei der Vorsorgevollmacht und bedeutet nur, dass die Erklärung irgendwann mit Willen des Vollmachtgebers dem Bevollmächtigten zugehen muss, nicht unbedingt sogleich nach Ausstellung der Vollmacht, oder
- durch Erklärung gegenüber dem Dritten, dem gegenüber die Vertretung stattfinden soll, oder
- durch öffentliche Bekanntmachung (§ 171 BGB).

Wenn der Vollmachtgeber dem Bevollmächtigten die Vollmachtsurkunde ausgehändigt hat und dieser die Urkunde einem Dritten vorlegt, dann bleibt die Bevollmächtigung bestehen, bis die Vollmachtsurkunde dem Vollmachtgeber zurückgegeben oder für kraftlos erklärt wird (§ 172 II BGB).

VI. Beurkundung des Grundgeschäfts

57 Das Grundgeschäft (Auftrag, Geschäftsbesorgungsvertrag) setzt in der Regel[61] einen Vertrag, also zwei übereinstimmende Willenserklärungen, voraus. Es bedarf keiner notariellen Beglaubigung oder Beurkundung. Auch für das Grundgeschäft muss der Vollmachtgeber (und der Bevollmächtigte) geschäftsfähig sein.

E. Gestaltung des Inkrafttretens von Vorsorgevollmachten[62]

58 Wird eine gewöhnliche Vollmacht erteilt, soll sie im Regelfall sofort wirksam sein. Der Vollmachtgeber händigt die Vollmachtsurkunde dem Bevollmächtigten aus und dieser kann sofort für den Vollmachtgeber handeln

---

[61] Ausnahme: sog. isolierte Vollmacht; Grüneberg/Ellenberger § 167 Rz. 4; § 168 Rz. 1.

[62] Dazu Bühler BWNotZ 1990, 1; Müller DNotZ 1997, 100.

(§ 164 BGB); so ist es im geschäftlichen Verkehr. Wer eine Vorsorgevollmacht errichtet, will dagegen im Regelfall, dass sie erst verwendet werden kann und verwendet wird, wenn die Hilfsbedürftigkeit eingetreten ist; dies ist jedenfalls dann der Fall, wenn einer familienfremden Person die Vollmacht erteilt wird.

Dieses Ziel ist schwierig zu erreichen. Zu unterscheiden sind die Vollmacht (verkörpert in der Vollmachtsurkunde) und das Innenverhältnis zwischen dem Vollmachtgeber und dem Bevollmächtigten. Entweder eine Vollmacht ist im Rechtsverkehr **verwendungsfähig**, dann ist sie stets und unabwendbar mit Missbrauchsrisiken behaftet; oder sie ist vor Missbrauch geschützt, dann ist sie nicht verwendungsfähig.

I. Aufschiebend bedingte Vollmachten

Die Bevollmächtigung ist eine einseitige empfangsbedürftige Willenserklärung. Die Bevollmächtigung unter einer Bedingung, die in die Vollmachtsurkunde[63] aufgenommen wird, ist grundsätzlich zulässig.[64] Theoretisch scheint das eine gute Lösung zu sein: Der Bevollmächtigte kann vor Eintritt des „Betreuungsfalls" nicht handeln, ab diesem Zeitpunkt – wie gewünscht – schon. Praktisch gesehen schafft aber der, der eine solche *bedingte* Vollmacht erteilt, erhebliche Probleme, so dass davon abzuraten ist.[65] 59

Als Bedingungen werden z.B. vorgeschlagen: Geschäftsunfähigkeit des Vollmachtgebers; Handlungsunfähigkeit; Betreuungsbedürftigkeit; Vorsorgefall. Beispiele für derartige schlechte Formulierungen: „Falls ich einmal betreuungsbedürftig werden sollte, erteile ich ..."; „Für den Fall meiner Geschäftsunfähigkeit[66] erteile ich Frau F ... Vollmacht, mich in allen Angelegenheiten zu vertreten". Teils[67] wird die Auffassung vertreten, schon die Wahl der Überschrift „*Vorsorge*vollmacht" weise die Vollmacht als bedingte Vollmacht (für den Fall des Eintritts des Vorsorgefalls) aus.

Wenn der Bevollmächtigte dann für den Vollmachtgeber handelt, obwohl die Bedingung (noch) nicht eingetreten ist, wird er als Vertreter ohne Vertretungsmacht tätig; wenn der Vollmachtgeber das Geschäft nicht genehmigt, wird es letztlich unwirksam (vgl. §§ 177, 182 BGB).

---

[63] Dass eine Vollmacht auch mündlich erteilt werden kann, bleibt außer Betracht, weil dies für die Fallgruppe der Vorsorgevollmacht ohne praktische Bedeutung ist.

[64] MünchKomm-Schubert BGB § 167 Rz. 6; h.M. und allgemeine Rechtsprechung; anders nur Müller-Freienfels, Die Vertretung beim Rechtsgeschäft, 1955, S. 249.

[65] Schnellenbach/Normann-Scheerer Rn. 162; Dieckmann/Jurgeleit BtPrax 2002, 135/138; Keilbach FamRZ 2003, 969/981.

[66] So etwa Uhlenbruck ZAP Fach 12 S. 85; dagegen Keilbach FamRZ 2003, 969/981.

[67] Kritisch dazu Müller DNotZ 1997, 100/104.

1. Nachweis des Eintritts der Bedingung

60 Wenn der Bevollmächtigte tätig wird, weil er meint, die Bedingung sei eingetreten, wird sein Geschäftspartner in der Regel den Nachweis verlangen, dass die Bedingung eingetreten ist.

Materiellrechtlich ist der Nachweis der Wirksamkeit der Vollmacht nur bei einseitigen Rechtsgeschäften (wie Kündigung, Rücktritt) erforderlich (§ 174 BGB).

Formal ist der Eintritt der Bedingung z.B. nachzuweisen, wenn gegenüber dem **Grundbuchamt** (§ 29 I GBO) oder dem **Handelsregister** (§ 12 II HGB) gehandelt wird. Eine Vollmacht „Für den Fall meiner Geschäftsunfähigkeit …“ ist nicht grundbuchtauglich, weil dem Grundbuchamt die Tatsache der Geschäftsunfähigkeit des Vollmachtgebers im Zeitpunkt der Abgabe der Einigungs-Willenserklärung gem. § 29 GBO durch öffentliche oder öffentlich beglaubigte Urkunden nachgewiesen werden müsste, was schlichtweg unmöglich ist.[68]

Faktisch muss im Rechtsverkehr der Eintritt der Bedingung auch in den sonstigen Fällen nachgewiesen werden, weil sich sonst ein erfahrener Geschäftspartner (Bank, Versicherung, Behörde, Gericht usw.) nicht auf ein Handeln mit dem Bevollmächtigten einlässt.[69] Bedingte Vollmachten mit unscharfer Bedingung sind somit **im Rechtsverkehr fast wertlos.**[70] Von ihnen ist daher abzuraten.[71] Anders ist es bei eindeutig und leicht feststellbaren Bedingungen (Vollmacht gilt ab dem …; Vollmacht gilt ab meinem 80. Geburtstag).

2. Geschäftsunfähigkeit als Bedingung?

61 Dies ist zwar ein dem Gesetz bekannter Begriff (§ 104 Nr. 2 BGB); die Geschäftsunfähigkeit wird aber nicht durch ein Gutachten oder in einem Gerichtsverfahren rechtskräftig oder sonst isoliert verbindlich festgestellt, sondern nur als Vorfrage oder Begründungselement. Wenn der Bevollmächtigte mit der Vollmacht „Für den Fall meiner Geschäftsunfähigkeit …“ zur Bank geht, um Geld vom Konto des Vollmachtgebers abzuheben, wird der Bankbedienstete fragen, woher er denn wissen soll, dass der Vollmachtgeber geschäftsunfähig ist. Er wird einen Nachweis verlangen, der kaum zu erbringen ist. Dann müsste der Vollmachtgeber, vertreten durch den Bevollmächtigten, vor dem Gericht (Amtsgericht, Landgericht) auf Feststellung klagen; das Gericht würde ein Gutachten einholen, ob Geschäftsunfähigkeit

---

[68] OLG Köln FGPrax 2007, 102; Baumann NJW 1996, 2418.

[69] Wolfsteiner NJW 1996, 2417.

[70] Milzer NJW 2003, 1836.

[71] Grüneberg/Götz vor § 1814 Rz. 7.

vorlag. Verschiedene Sachverständige können durchaus zu verschiedenen Ergebnissen kommen. Bei wechselndem psychischem Zustand ist sie für einen bestimmten Tag/Stunde im Nachhinein nicht festzustellen.

Denkbar wäre immerhin, schon in der Vollmacht festzulegen: „Meine Geschäftsunfähigkeit soll der Psychiater Dr. med. XY verbindlich feststellen“; dann wäre durch Vollmacht und Bescheinigung des Psychiaters der Eintritt der Wirksamkeit halbwegs verbindlich festgelegt.

Im Regelfall erfasst die Geschäftsunfähigkeit alle Angelegenheiten. Jedoch ist anerkannt, dass eine nur partielle Geschäftsunfähigkeit in Sonderfällen möglich ist; hier beschränkt sich die Geschäftsunfähigkeit auf einen bestimmten Kreis von Angelegenheiten (z. B. Wohnungsangelegenheiten, Scheidung). Wird als Bedingung für die Wirksamkeit der Vollmacht die Geschäftsunfähigkeit festgelegt und tritt eine nur partielle Geschäftsunfähigkeit ein, ist problematisch und gegebenenfalls Quelle für einen Streit, ob damit die Bedingung für die Vollmacht eingetreten ist oder nicht und welchen Umfang die Vollmacht hat (nur soweit Geschäftsunfähigkeit vorliegt oder unbeschränkt?).[72]

Nach § 1814 BGB kann eine Betreuung auch für einen Geschäftsfähigen angeordnet werden, wenn ein Bedürfnis dafür besteht. Wird das Wirksamwerden nur an die Geschäftsunfähigkeit geknüpft, kann also in diesen Fällen die Betreuung nicht verhindert werden.[73]

Handlungsunfähigkeit als Bedingung ist schon deshalb ungeeignet, weil nicht klar ist, was damit gemeint ist.

Ebenso konfus ist die Anknüpfung an einen „**Vorsorgefall**“ (deshalb sollte auch die Überschrift „Vorsorgevollmacht“ unterbleiben). Wenn der Vollmachtgeber drei Monate nach Amerika reist, ist dann ebenfalls der Vorsorgefall eingetreten?

3. Betreuungsbedürftigkeit als Bedingung?

Die Betreuungsbedürftigkeit zur Bedingung zu erklären, ist ebenfalls fehler- *62*
haft. Hier kann der rein körperliche Verfall gemeint sein (in welcher Intensität?) oder auch, dass das Betreuungsgericht andernfalls eine Betreuung anordnen würde. Wer soll die Betreuungsbedürftigkeit verbindlich bestimmen? Unbrauchbar ist weiterhin: „Vollmacht, falls andernfalls eine Betreuung notwendig werden sollte.“ Es stellt sich die Frage, wer diesen Zeitpunkt verbindlich bestimmt.[74] Teils wird die Auffassung vertreten, das Betreuungsgericht solle ein „**Negativattest**“ erstellen, wenn die Prüfung ergeben

72 Müller DNotZ 1997, 100/106.

73 Vgl. Müller DNotZ 1997, 100/107.

74 Müller DNotZ 1997, 100/107.

hat, dass die Vollmacht wirksam ist und ergeben hat, „dass mit der Vollmacht die aktuell zu regelnden Angelegenheiten des Vollmachtgebers“ durch einen Betreuer erledigt werden können.[75] Der Bevollmächtigte solle das Negativattest zusammen mit der Vollmacht dem Geschäftspartner vorlegen. Ein solcher Beschluss ist aber im FamFG nicht vorgesehen, es fehlt auch eine Kostenregelung im GNotKG. Denkbar wäre er nur als Ablehnung der Betreuerbestellung. Diese Lösung hat u.a. den Nachteil, dass das Betreuungsgericht die „Ablehnung der Bestellung eines Betreuers“ bzw. die „Einstellung des Betreuungsverfahrens“ in der Regel erst nach Anhörung des Betroffenen, Einholung eines Sachverständigengutachtens (§ 280 FamFG) und gegebenenfalls Bestellung eines Verfahrenspflegers beschließen wird;[76] bis dahin vergehen Monate. In der Zwischenzeit wird gegebenenfalls ein vorläufiger Betreuer durch einstweilige Anordnung bestellt.

Weiterer Vorschlag von Notarseite: Das Betreuungsgericht solle eine *Feststellung* treffen, dass die Voraussetzungen für die Bestellung eines Betreuers vorliegen,[77] die dann dem Notar vorgelegt werde. Es ist zu beachten, dass einem Gericht nur vom Gesetzgeber Aufgaben zugewiesen werden können, nicht von Privatpersonen in notariellen oder sonstigen Urkunden; Gerichte können nicht irgendetwas bescheinigen. Ein solcher Beschluss oder Zeugnis ist im FamFG nicht vorgesehen, wird also abgelehnt werden; oder der Antrag wird als Anregung aufgefasst werden, ein Betreuungsverfahren einzuleiten. Wird die Betreuung dann nach den Ermittlungen vom Betreuungsgericht abgelehnt, da eine Vollmacht vorliege, kann der Bevollmächtigte mithilfe von Vollmacht und Ablehnungsbeschluss versuchen, vom Geschäftsverkehr akzeptiert zu werden.

4. Bedingte Vollmacht mit Anknüpfung an ein ärztliches Attest

63 Manche schlagen vor, zu formulieren: „Für den Fall meiner Geschäftsunfähigkeit ...; die Geschäftsfähigkeit soll durch das Attest *eines* Arztes festgestellt werden.“). Dann, so wird behauptet, könne der Bevollmächtigte mit der Vollmacht nebst Arztattest tätig werden. Das ist zweifelhaft.[78] Ohrenärzte, Augenärzte sind wohl nicht gemeint. Sind Hausärzte in Fragen der Geschäftsfähigkeit sachkundig? Im Betreuungsverfahren wäre das zu verneinen. In den Grenzbereichen lässt sich die Geschäftsfähigkeit nicht einmal durch Gutachten von Sachverständigen zweifelsfrei feststellen, schwankt oft innerhalb eines Tages. Im Übrigen taucht hier die Problematik von Gefälligkeitsattesten auf;[79] irgendein Arzt, notfalls im Ausland, findet sich immer.

[75] Bauer/Klie S. 33.

[76] Müller DNotZ 1997, 100/108.

[77] Keilbach FamRZ 2003, 969/981.

[78] Vgl. den Fall OLG Koblenz ZEV 2007, 595.

[79] Wolfsteiner NJW 1996, 2417.

Deshalb nützt es auch nicht viel, den Arzt namentlich zu bestimmen („die Geschäftsfähigkeit soll durch das Attest des Dr. med. … festgestellt werden.“ oder „meines Hausarztes“), hier taucht nämlich die Frage auf, wer bei **Tod oder Verhinderung dieses Arztes** das Bestimmungsrecht hat und weshalb dieser Arzt berechtigt und verpflichtet sein sollte, gutachterlich tätig zu werden. Ist der Patient einwilligungsunfähig, kann er (falls kein Notfall vorliegt) mangels eigener Einwilligung nicht untersucht werden. Hausärzte haben nicht die Ausbildung, Geschäftsunfähigkeit festzustellen. Im Übrigen haftet der Arzt, wenn er fälschlich die Geschäftsunfähigkeit feststellt.

Denkbar wäre aber folgende Bedingung: „Den Eintritt der Wirksamkeit der Vollmacht soll Dr. X feststellen.“ Denn dann wird die Feststellung in das „Belieben“ des Dritten gestellt.

II. Anweisungen über die Aushändigung der Vollmacht an den Notar

Von einigen Notaren wird folgende Konstruktion vorgeschlagen:[80] *64*

a) der Vollmachtgeber errichtet beim Notar die Vollmachtsurkunde;

b) in ihr ist bestimmt, dass die Vollmacht erst in Kraft tritt, wenn der Bevollmächtigte eine Ausfertigung (oder das Original) der Urkunde besitzt (bedingte Vollmacht);

c) der Vollmachtgeber erhält die Vollmachtsurkunde vom Notar nicht ausgehändigt, auch der Bevollmächtigte erhält die Vollmachtsurkunde vorerst nicht;

d) der Vollmachtgeber weist den Notar an (§ 51 II BeurkG), dem Bevollmächtigten erst dann eine Ausfertigung der Vollmachtsurkunde zu erteilen (oder: das Original auszuhändigen), wenn dieser eine ärztliche Bescheinigung über die Geschäftsunfähigkeit des Vollmachtgebers vorlegt. „Der Notar darf dem Bevollmächtigten erst dann eine Ausfertigung der Vollmacht erteilen, wenn ihm durch ärztliches Attest nachgewiesen ist, dass …“.

Andere[81] schlagen folgende Klausel vor:

Die Vollmachtsurkunde soll dem Bevollmächtigten erst zugeleitet werden, wenn dem „Notar eine schriftliche Bestätigung vorliegt, dass bei mir zumindest in den Bereichen der Vermögenssorge und der Gesundheitssorge Betreuungsbedarf besteht. Die Bestätigung muss von meinem Hausarzt … ausgestellt sein.“ Der Notar wird ermächtigt, gegebenenfalls einen Arzt zu benennen, der die entsprechende Feststellung trifft.

---

[80] Bühler BWNotZ 1990, 1.

[81] Kierig/Kretz S. 328.

65 Solche Klauseln haben den **Vorteil,**[82] dass ein Missbrauch vor Eintritt des Vorsorgefalles erschwert wird; für den Rechtsverkehr besteht keine Unklarheit, weil die Vollmachtsurkunde selbst keine Bedingung enthält.

Dem stehen schwerwiegende **Nachteile** gegenüber:

Was ist, wenn der Vorsorgefall erst nach Jahrzehnten eintritt? Wie wird der Informationsfluss Notar – Bevollmächtigter bei Umzug sichergestellt?

Muss sich der Vollmachtgeber von einem Arzt auf seine Geschäftsunfähigkeit untersuchen lassen? Was ist, wenn er sich weigert, den Arzt wechselt? Datenschutzfragen.

Was ist, wenn sich widersprechende ärztliche Atteste vorliegen? Gilt jeder Hausarzt als „Sachverständiger"? Kann der Bevollmächtigte auch Atteste ausländischer Ärzte vorlegen, die vielleicht den Betroffenen nie gesehen haben?

Was geschieht bei einem Widerruf der Aushändigungsanweisung durch den Vollmachtgeber?

Haftung des Notars, wenn er die Vollmacht zu früh aushändigt, weil durch die Weisung ein Vertrag mit ihm zustande kommt?

Wann liegt eine „Abgabe" der Vollmacht vor? § 130 II BGB?[83]

Insgesamt ist von solchen Konstruktionen in der Regel abzuraten.

Ein einfacheres Verfahren besteht darin, dass der Vollmachtgeber dem Notar nur die Erteilung einer einzigen Ausfertigung der Vollmacht gestattet und dass er diese **Vollmachtsausfertigung** dem Bevollmächtigten nicht aushändigt, sondern sie **in seinem Besitz behält**. Solange er dann noch einigermaßen handlungsfähig ist, hat er die Kontrolle darüber, dass der Bevollmächtigte die Vollmachtsausfertigung nicht wegnimmt und infolge dessen die Vollmacht auch nicht benutzen kann.

III. Anweisungen über die Aushändigung der Vollmacht im privaten Bereich

66 Denkbar wäre es, die Vollmacht zu hinterlegen, z. B. bei einem Freund, und dieser soll die Vollmachtsurkunde dem Bevollmächtigten geben, sobald er „den Eindruck" der Notwendigkeit einer Bevollmächtigung hat.

Der Vollmachtgeber könnte die Vollmachtsurkunde erstellen, privat aufbewahren und den Bevollmächtigten nicht davon informieren. Er hofft, dass der Bevollmächtigte die Urkunde bei Eintritt des Vorsorgefalles auffindet

82 Müller DNotZ 1997, 100/110.

83 Dazu Müller DNotZ 1997, 100/110; Weser MittBayNot 1992, 171.

und dann als Bevollmächtigter tätig wird. Hier bestehen allerdings rechtliche Probleme,[84] weil der Vollmachtgeber bei „Abgabe" der Erklärung noch geschäftsfähig sein muss (vgl. § 130 II BGB), erst die nach Abgabe eintretende Geschäftsunfähigkeit ist unschädlich. Bedeutsamer sind die praktischen Probleme:[85] Wird der Bevollmächtigte die Urkunde rechtzeitig finden? Wird er dann tatsächlich tätig werden?

Meines Erachtens sollte niemand damit überrascht werden, dass er Bevollmächtigter geworden ist. Die Angelegenheit sollte mit der als Bevollmächtigten vorgesehenen Person besprochen werden, **der Vollmachtgeber sollte ihm sagen, wo die Vollmachtsurkunde verwahrt ist**[86], dem Bevollmächtigten die Entnahme im Bedarfsfall gestatten[87] bzw. sie gegebenenfalls selbst aushändigen; es bleibt dann nur die Hoffnung, dass alles gut geht. Nimmt der Bevollmächtigte die Urkunde vorzeitig an sich, kann der Vollmachtgeber die Vollmacht noch widerrufen. Wer sich noch besser absichern will, sollte zwei Personen in der Weise bevollmächtigen, dass sie von der Vollmacht nur gemeinsam Gebrauch machen können. Im Übrigen muss der Aufbewahrungsort einer Vorsorgevollmacht bei der Bundesnotarkammer in Berlin registriert werden (Rz. 217), nur bei nicht registrierten Vollmachten kann der Vollmachtgeber geheim halten..

IV. Unbedingte Vollmacht, Aushändigung an den Bevollmächtigten, im Innenverhältnis Vereinbarung der Verwendung

Am besten ist, dem Bevollmächtigten die Vollmachtsurkunde über die im *67*
Außenverhältnis unbedingte Vollmacht sogleich auszuhändigen, im Innenverhältnis aber zu vereinbaren, ab wann der Bevollmächtigte von der Vollmacht Gebrauch machen darf.[88] Hier treten keine Verzögerungen auf, es sind keine medizinischen Gutachten erforderlich. Es besteht natürlich kein Schutz vor Missbrauch, deshalb ist das nur bei nahen Angehörigen als Bevollmächtigten ratsam.

---

84 Bühler BWNotZ 1990, 1/4; dazu MünchKomm-Einsele BGB § 130 Rz. 13.

85 Müller DNotZ 1997, 100/109.

86 Bei Registrierung im zentralen Vorsorgeregister ist der Verwahrort der Vollmacht anzugeben („München") und wird registriert, §1 I Nr.4 VRegV. Der genaue Ort („in der Wohnung, Strasse, Hausnummer, Stockwerk … hinter dem Bücherregel") wird nicht registriert.

87 Dieckmann/Jurgeleit BtPrax 2002, 135/138.

88 Keilbach FamRZ 2003, 969/981; Langenfeld, Vorsorgevollmacht S. 142; Bühler FamRZ 2001, 1592; Müller DNotZ 1997, 111.

In manchen Vollmachtsmustern, z.B. im Formular des Bundesjustizministeriums,[89] steht: „Die Vollmacht ist nur wirksam, solange die bevollmächtigte Person die Vollmachtsurkunde besitzt und bei Vornahme eines Rechtsgeschäfts die *Urkunde im Original vorlegen kann*"; davon ist abzuraten. Wenn der Bevollmächtigte die Urkunde nicht in Besitz hat und dann der Notfall eintritt, muss er wissen, wo die Urkunde ist (Im Schreibtisch? In der Küche? im Büro?), er muss notfalls die ganze Wohnung durchwühlen und vor allem muss er in die Wohnung gelangen (Hat er selbst einen Schlüssel? Braucht er einen Schlüsseldienst?). Die Vorlage der Originalurkunde ist ebenfalls ein Problem: Oft vergehen viele Jahre, bis der Vorsorgefall eintritt; es gibt Umzüge, Scheidungen. Dann findet keiner mehr das Original. Wenn es verloren gegangen ist und beim Vollmachtgeber inzwischen Geschäftsunfähigkeit vorliegt, kann er kein neues Original ausstellen. Bei einer notariell beurkundeten Vollmacht bleit das Original dauerhaft beim Notar, da erhalten die Beteiligten nur beglaubigte Abschriften bzw. Ausfertigungen.

F. Möglicher Inhalt einer Vorsorgevollmacht

I. Generalvollmacht – Spezialvollmacht; nicht vollmachtsfähige Angelegenheiten

68 Generalvollmachten sind Vollmachten für alle Angelegenheiten des Vollmachtgebers, in denen eine Vertretung zulässig ist. Grundsätzlich sind sie in Deutschland zulässig.[90] Umstritten ist, ob eine Generalvollmacht nur dann als wirksam angesehen werden kann, wenn eine Eingrenzung der dem Bevollmächtigten übertragenen Befugnisse erfolgt. Eine Auffassung lehnt dies ab: Das Fehlen einer solchen Konkretisierung lasse nicht darauf schließen, dass sich der Vollmachtgeber des Umfangs der Vollmacht nicht bewusst gewesen ist.[91] Andererseits wurde die Ansicht vertreten,[92] eine Vorsorgevollmacht sei unwirksam, wenn sie nicht erkennen lässt, für welche einzelnen Maßnahmen sie im vermögensrechtlichen Bereich gelten soll. Die Streitfrage lässt sich meines Erachtens nicht generell beantworten; man muss auf die Person des Vollmachtgebers und den Text der Vollmacht abstellen. Zwar kommt es bei der Willenserklärung auf den objektiven Erklärungswert an, weil der Gedanke des Verkehrsschutzes eine Rolle spielt; doch kann im Einzelfall der Text beim Leser Zweifel daran erwecken, ob der Vollmachtgeber wirklich wusste, worauf er sich einlässt.

---

89 Zu finden über google, dann „Bundesjustizministerium Vorsorgevollmacht". Ebenso im Formular von Knittel, Vorsorgevollmacht.

90 MünchKomm-Schubert BGB § 167 Rz. 65; anders teils im Ausland.

91 OLG Düsseldorf FamRZ 1997, 904 (für eine notarielle Vollmacht).

92 LG Krefeld MittRhNotK 1998, 17.

Es empfiehlt sich deshalb, bei einer Generalvollmacht, die für alle Angelegenheiten gelten soll, dies ausreichend klarzustellen.

Auch eine abstrakt formulierte Generalvollmacht („Ich erteile Frau X Generalvollmacht in allen Angelegenheiten“) umfasst nicht die Vertretung in bestimmten Gesundheitsangelegenheiten (Rz. 71), Zwangsbehandlung, für eine freiheitsentziehende Unterbringung (Rz. 84, und für Prozessvertretung, § 51 III ZPO. Diese Befugnisse müssen besonders aufgeführt werden.

Nicht vollmachtsfähig sind bestimmte Angelegenheiten des Familienrechts und des Erbrechts. Die Scheidung einer geschäftsunfähigen Person kann z.B. nur ein gesetzlicher Vertreter, d.h. ein Betreuer, betreiben (§ 125 II FamFG), niemals ein Bevollmächtigter;[93] ebenso den Abschluss eines Ehevertrages (§ 1411 II 1 BGB), Anfechtung der Vaterschaft (§ 1600a I BGB); Erklärung des Erbverzichts (§ 2347 II 2 BGB).[94] *68a*

Manches kann weder ein Betreuer noch ein Bevollmächtigter erledigen, z.B. die Errichtung sowie den Widerruf eines **Testaments**, was beides absolut höchstpersönlich ist (§ 2064 BGB). Ist der Erblasser testierunfähig geworden kann daher niemand mehr testieren. Künftige gesetzliche Erben können sich aber unter einander schon zu Lebzeiten des Erblassers sich über den gesetzlichen Erbteil einigen (§ 311b V BGB).

II. Vertretungsmacht in Vermögensangelegenheiten

Die Vorsorgevollmacht kann sich nach allgemeiner Meinung auf vermögensrechtliche Belange erstrecken. Dies ist in Form einer Spezialvollmacht möglich (die sich zum Beispiel nur auf bestimmte Bankkonten oder nur auf die Verwaltung einer bestimmten Immobilie erstreckt), aber auch in Form einer beschränkten Generalvollmacht („Vertretung in *allen* vermögensrechtlichen Angelegenheiten“);[95] das Wort „Generalvollmacht“ muss nicht verwendet werden, es genügt, dass nach dem Sinn und Text der Vollmacht der Gesamtbereich des rechtsgeschäftlichen Handelns für das Vermögen des Vollmachtgebers erfasst sein soll. *69*

Von der Erteilung von **Generalvollmachten** ist **abzuraten.**[96] Der Bevollmächtigte braucht eine so umfassende Vertretungsmacht im Regelfall nicht (im Notfall muss eben ein Betreuer bestellt werden, dann besteht eine betreuungsgerichtliche Kontrolle). Das Risiko für den Vollmachtgeber wird enorm erhöht (sei es, weil der Bevollmächtigte unredlich oder weil er ein- *70*

---

93 A.A. Horn/Horn wegen § 51 III ZPO.

94 Schnellenbach/Normann-Scheerer Rn. 163.

95 OLG Düsseldorf FamRZ 1997, 904 = NJW-RR 1997, 903.

96 Auch die Berater in den Vereinen, Behörden raten überwiegend davon ab, Hoffmann/Schumacher BtPrax 2002, 191/4.

fach dumm ist). Die in Deutschland üblichen kurzen abstrakten Formulierungen sind für den Laien meist nicht verständlich; er übersieht die Tragweite seiner Erklärung nicht. Er erkennt nicht, dass er mit einer Generalvollmacht für Vermögensangelegenheiten beispielsweise dem Vollmachtgeber folgende Rechte gibt:

Der Bevollmächtigte kann **Bürgschaften** zulasten des Vollmachtgebers eingehen. Er kann mit dem Geld **Wertpapierspekulationsgeschäfte** tätigen und es dabei verlieren. Der Bevollmächtigte kann **Schenkungen** machen und (bei gleichzeitiger Befreiung von § 181 BGB) sogar sich selbst das Vermögen des Vollmachtgebers schenken. Bei notarieller Beglaubigung der Vollmacht kann der Bevollmächtigte den **Grundbesitz** des Vollmachtgebers veräußern oder mit einer Grundschuld belasten zur Absicherung seiner eigenen (!) Schulden.

Würde der Vollmachtgeber ausreichend aufgeklärt, würde er einen solchen Umfang der Vollmacht empört ablehnen.

II. Vertretung in Gesundheitsangelegenheiten und ärztlichen Zwangsmaßnahmen

1. Bedeutung der Aufklärung und Einwilligung des Patienten

71 Eine medizinische Behandlung, die mit Eingriffen in den Körper oder die Persönlichkeitsrechte verbunden ist, ist nur dann nicht rechtswidrig, wenn der Patient wirksam einwilligt (§ 630d BGB). Fehlt die erforderliche Einwilligung, kann in Eilfällen auf die mutmaßliche Einwilligung abgestellt werden (etwa, wenn jemand bei einem Verkehrsunfall schwer verletzt wird, bewusstlos ins Krankenhaus eingeliefert wird und sofortige Behandlung erforderlich ist); § 630d I 4 BGB.

Die Einwilligung ist nur wirksam, wenn der Patient eine angemessene Zeit vorher ausreichend **aufgeklärt** wurde (§§ 630d II, 630e BGB). Zu Beweiszwecken sind die Einwilligung und die Aufklärung in der Patientenakte zu vermerken (§ 630f II BGB). Die Einwilligung wird als geschäftsähnliche Handlung gedeutet,[97] nicht als Willenserklärung aufgefasst. Auf diese Weise wird erreicht, dass sich die Fähigkeit zur Einwilligung nicht nach den Regeln über die Geschäftsfähigkeit richtet, also nicht Volljährigkeit oder Geschäftsfähigkeit voraussetzt, sondern dass unabhängig davon jeder (auch ein Geistesschwacher, Minderjähriger) einwilligen kann, falls er Wesen, Bedeutung und Tragweite der beabsichtigten medizinischen Behandlung einsehen und seinen Willen danach bestimmen kann („natürliche Einsichts- und Steuerungsfähigkeit").

---

97 Grüneberg/Weidenkaff § 630d Rz. 2.

Möglich ist, dass die Einwilligung (oder die Verweigerung der Einwilligung) durch einen gesetzlichen Vertreter **(Betreuer) oder rechtsgeschäftlich bestellten Vertreter (Bevollmächtigter)** erklärt wird (§ 630d I 2 BGB).

Konkrete Einwilligung: Davon spricht man, wenn die bevorstehende Behandlung in den Grundzügen bereits bekannt ist. Hat der Patient wirksam in die unmittelbar bevorstehende Behandlung eingewilligt und dauert die Behandlung längere Zeit, wirkt die Einwilligung bis zum Ende der konkreten Behandlung; es muss also nicht etwa, wenn er während der Behandlung das Bewusstsein verliert und damit nun keine Einwilligungsfähigkeit mehr vorliegt, ein Betreuer oder ein Bevollmächtigter einwilligen,[98] jedenfalls dann nicht, wenn bei Erteilung der Einwilligung der Zustand künftiger Einwilligungsunfähigkeit als möglich voraussehbar ist. Ein Bevollmächtigter oder Betreuer könnte aber die Einwilligung widerrufen, sobald beim Patienten Einwilligungsunfähigkeit eingetreten ist. *72*

Ablehnung der Einwilligung in das künftige **Unterlassen** einer Behandlung, z.B. Ablehnung der künstlichen Ernährung, so dass der Vollmachtgeber stirbt); sie muss ausreichend konkret sein. Der Satz „Ich wünsche keine lebenserhaltenden Maßnahmen“ genügt also solcher nicht.[99]

Abstrakte Einwilligung: Zweifelhaft ist, ob wirksam in eine künftige Behandlung eingewilligt werden kann, die überhaupt noch nicht bekannt und nicht einmal in groben Zügen absehbar ist. Da eine Einwilligung nur dann wirksam ist, wenn der Patient konkret aufgeklärt wurde, wird das zum Teil verneint.[100] Andererseits ist es möglich, dass jemand auf eine Aufklärung verzichtet. Im Übrigen würde in solchen Fällen die Aufklärung des Betreuers bzw. Bevollmächtigten genügen. *73*

2. Zulässigkeit der Vorsorgevollmacht

Ob sich eine Vollmacht auch auf Maßnahmen der Personensorge im engeren Sinn (wie etwa die Einwilligung in eine Heilbehandlung) erstrecken kann, war bis 1999 sehr streitig.[101] Die ablehnende Auffassung besagte, dass nur der Patient selbst oder der Staat berechtigt sei, das Selbstbestimmungsrecht auszuüben. Durch Gesetzesänderung (§ 1904 V a.F. BGB) wurde dann die grundsätzliche Zulässigkeit solcher Vollmachten in Gesundheitsangelegenheiten festgestellt. Die Einwilligung kann somit von einem Bevollmächtigten *74*

---

98 Schwab FS Henrich S. 511/529.

99 BGH MDR 2016, 1087.

100 Bedenken gegen antizipierte Einwilligungen bei Schwab FS Henrich S. 511/530. Anders Röver S. 113.

101 Vgl. OLG Stuttgart BtPrax 1994, 99; OLG Düsseldorf FamRZ 1997, 904; Veit FamRZ 1996,1309/11; Kern MedR 1993,245/9; Meier BtPrax 1994, 190.

erteilt oder versagt werden,[102] er ist an Stelle des Vollmachtgebers aufzuklären (§§ 630d I 2, 630e IV BGB).

3. Voraussetzungen einer wirksamen Vollmacht

a) Allgemeine Voraussetzungen

75 Der Vollmachtgeber muss bei Erteilung der Vollmacht geschäftsfähig sein. Einwilligungsfähigkeit genügt nicht, da die Erteilung einer Vollmacht ein rechtsgeschäftlicher Vorgang ist, selbst wenn sie keine Einwilligung in eine Körperverletzung darstellt. Es ist unschädlich, wenn zum Zeitpunkt der Behandlung die Geschäftsfähigkeit des Vollmachtgebers weggefallen ist. Vgl. Rz. 39ff.

Die Vollmacht darf nicht widerrufen worden sein. Für den **Widerruf** ist in Gesundheitsangelegenheiten nach h. M.[103] keine Geschäftsfähigkeit des Patienten erforderlich, hier genügt Einwilligungsfähigkeit, weil er sonst sein Recht zur Selbstbestimmung nicht verwirklichen könnte. Im Übrigen ist der Streit, wann Einwilligungsfähigkeit und wann Geschäftsfähigkeit vorliegt, ohnehin theoretisch, weil eine tatsächliche Abgrenzung beider „Fähigkeiten“ kaum möglich ist; Auswirkungen hat die Frage nur bei Minderjährigen (vgl. Rz. 41).

b) Schriftlichkeit der Vollmacht

76 Die Vollmacht muss schriftlich erteilt werden (§ 1820 II Nr. 1 und 3 BGB); das bedeutet, dass ein Text vorhanden sein muss, den der Vollmachtgeber eigenhändig unterschrieben hat (§ 126 BGB). Wenn der Vollmachtgeber nicht (mehr) schreiben kann, genügt sein Handzeichen (z. B. drei Kreuze), wobei dieses Handzeichen als vom Aussteller stammend notariell beglaubigt sein muss. Es muss aber nicht der ganze Text (wie bei einem Testament) handschriftlich sein. Es genügt die Unterschrift unter einen mit Maschine geschriebenen Text oder das Unterschreiben eines Formulars, eines Vordrucks. Ein Datum ist nicht vorgeschrieben, aber zweckmäßig.

c) Ausdrücklichkeit

77 Die Einwilligung des Vollmachtgebers ist nur wirksam, wenn die Vollmacht die Maßnahmen der §§ 1829, 1832 BGB *ausdrücklich* umfasst (§ 1820 II BGB), sog. **Konkretisierungsgebot**. Eine Generalvollmacht genügt also nicht, selbst dann nicht, wenn sie erläuternd formuliert „alle denkbaren Handlungen, Willenserklärungen und Maßnahmen, die einer Stellvertretung

[102] Unstreitig, BeckOGKBGB/Walter § 630d Rz. 18.

[103] Keilbach FamRZ 2003, 969.

zugänglich sind" oder zu „ärztlichen Maßnahmen" bevollmächtigt.[104] Der Wortlaut der §§ 1829, 1832 BGB muss nicht unbedingt gewählt werden;[105] Einzelheiten sind umstritten. Das LG Hamburg[106] hat den in einer Vollmacht genannten abstrakten Begriff **„Sorge für meine Gesundheit"** als **unzureichend** angesehen, weil einem Laien der Umfang der von ihm hiermit auf den Bevollmächtigten übertragenen Rechtsbefugnisse in keiner Weise erkennbar gemacht werde (die Bevollmächtigung war somit unwirksam). „Gesundheitssorge" lässt *Schwab*[107] genügen. Teils wird[108] folgende Formulierung vorgeschlagen: „Vollmacht für alle Gesundheitsangelegenheiten, insbesondere für jedwede Einwilligung in eine Untersuchung des Gesundheitszustands, eine Heilbehandlung oder einen ärztlichen Eingriff, und zwar auch für den Fall, dass die begründete Gefahr besteht, dass der Vollmachtgeber aufgrund der Maßnahme stirbt oder einen schweren und länger dauernden gesundheitlichen Schaden erleidet". Meines Erachtens sind diese Klauseln für einen Menschen mit durchschnittlicher Bildung nicht ausreichend klar verständlich, deshalb muss durch Beispiele erläutert werden, auf was sich der Vollmachtgeber einlässt, nämlich dass er einer anderen Person in gewissem Umfang das Recht über sein Leben überträgt.

Man sollte deshalb bildlicher und ausführlicher schreiben:

Vollmacht 78
Ich erteile dem X Vollmacht für alle Angelegenheiten, die meine Gesundheit betreffen. Er kann in alle Untersuchungen bei mir einwilligen, in Heilbehandlungen, in die Einnahme von Medikamenten, in ärztliche Eingriffe, in ärztliche Zwangsbehandlung. Dies alles darf der Bevollmächtigte, auch wenn die Gefahr besteht, dass ich aufgrund der Maßnahme sterbe oder einen schweren und länger dauernden gesundheitlichen Schaden erleide. Beispielsweise kann der Bevollmächtigte in Operationen (auch in Amputationen von Arm oder Bein, von Herzoperationen) einwilligen, auch wenn ich daran sterben kann.

Der Bevollmächtigte kann vom behandelnden Arzt (sowie Klinik, Pflegepersonal) Auskunft über meinen Gesundheitszustand verlangen, Einsicht in meine Krankenakten nehmen, Auskunft über die erforderliche Heilbehandlung verlangen. Alle werden insoweit von der Schweigepflicht entbunden.

Ein Recht zur Vertretung in Fragen der **Sterbehilfe** im weitesten Sinn 79
(z.B. durch Abbruch der künstlichen Ernährung, durch Abstellen von Beatmungsgeräten) ist bei diesem Wortlaut *nicht* inbegriffen, weil die Nichteinwilligung (§ 1829 II BGB) nicht erwähnt ist. Ist das gewollt, müsste hinzugefügt werden: „Der Bevollmächtigte darf eine Einwilligung versagen, z.B.

104 Grüneberg/Götz § 1904 Rz. 26.
105 Schwab FS Henrich S. 511/526.
106 LG Hamburg FamRZ 1999, 1613.
107 Schwab FS Henrich S. 511/526.
108 So früher Knittel § 1904 Rz. 116.

den Abbruch der künstlichen Ernährung und der künstlichen Flüssigkeitszufuhr anordnen, so dass ich sterben werde". „Ich wünsche keine lebenserhaltenden Maßnahmen" ist zu wenig konkret.[109]

Einer gesonderten Klarstellung bedarf es, wenn die Vollmacht auch das Recht umfassen soll, über die Anwendung neuer, noch nicht zugelassener Medikamente und Behandlungsmethoden beim Vollmachtgeber zu entscheiden.

Wenn die Konkretisierung der Vollmacht fehlt, also z.B. *nur* die „Gesundheitssorge genannt ist, ist die „Einwilligung" nicht wirksam; die Vollmacht bliebe also wirksam, doch könnte der Bevollmächtigte mit dieser Vollmacht *in Gesundheitssachen* nichts anfangen. Eine schriftliche Generalvollmacht, der diese Ausdrücklichkeit fehlt, bleibt somit in Vermögensangelegenheiten usw. wirksam; in Gesundheits-, Zwangsbehandlungs- und Freiheitsentziehungssachen kann der Bevollmächtigte damit aber nicht wirksam einwilligen (dann müsste insoweit ein Betreuer bestellt werden).

4. Keine Verdrängung der Rechtsmacht des Vollmachtgebers

80 Die Erteilung der Vollmacht lässt die Einwilligungsfähigkeit des Vollmachtgebers unberührt. Ein Vollmachtgeber kann deshalb, falls bei ihm natürliche Einwilligungsfähigkeit vorliegt, in seine medizinische Behandlung wirksam selbst einwilligen (§ 630d I 1 BGB),[110] auch wenn er eine Vollmacht in Gesundheitssachen erteilt hat. Das kann auch gegen den Willen des Bevollmächtigten erfolgen. Der noch einwilligungsfähige Vollmachtgeber kann die Einwilligung selbst versagen; dann kann der Bevollmächtigte sie nicht ersetzen.

5. Probleme des Arztes

81 Ist der Patient selbst nicht mehr einwilligungsfähig und handelt ein Bevollmächtigter für ihn, muss sich der Arzt davon überzeugen, ob der auftretende „Bevollmächtigte" zur Einwilligung berechtigt ist. Die auftauchenden Probleme sind letztlich nicht befriedigend lösbar.

War die Vollmacht seinerzeit wirksam erteilt worden? Der Arzt wird von seinerzeitiger Geschäftsfähigkeit des Vollmachtgebers ausgehen können, wenn sich aus der Vollmachtsurkunde keine Bedenken ergeben und nichts anderes bekannt ist. Von der Echtheit der Unterschrift kann der Arzt im Regelfall ebenfalls ausgehen. Wird ihm eine Vollmacht vorgelegt, kann es sein, dass ihr Umfang dunkel und unklar ist; hier muss sich der Arzt notfalls rechtlich beraten lassen.

---

[109] BGH MDR 2016, 1087.

[110] Schwab FS Henrich S. 511/525.

Erscheint dem Arzt die derzeitige Einwilligungsfähigkeit zweifelhaft und sind Vollmachtgeber und Bevollmächtigter insoweit verschiedener Meinung, weiß der Arzt nicht, auf wen er abstellen soll.

Nach § 630f II BGB ist der Behandelnde verpflichtet, in der Patientenakte sämtliche aus fachlicher Sicht für die derzeitige und künftige Behandlung wesentlichen Maßnahmen und deren Ergebnisse aufzuzeichnen, insbesondere die Anamnese, Diagnosen, Untersuchungen, Untersuchungsergebnisse, Befunde, Therapien und ihre Wirkungen, Eingriffe und ihre Wirkungen, **Einwilligungen und Aufklärungen**. Arztbriefe sind in die Patientenakte aufzunehmen.

Die Vollmacht kann längst widerrufen sein, oder das zugrunde liegende Rechtsverhältnis und damit die Vollmacht; hier hilft aber § 172 II BGB: Der Vollmachtgeber hat dem Bevollmächtigten die Vollmachtsurkunde ausgehändigt und dieser kann sie dem Arzt vorlegen; es wird fingiert, dass die Vollmacht weiter besteht.

Wenn der Arzt mit der Entscheidung des Bevollmächtigten nicht einverstanden ist, darf er nicht einfach davon abweichen (Ausnahme: Notfälle, Vermeidung erheblicher Gesundheitsgefährdung, § 630d I 4 BGB). Er kann aber das Betreuungsgericht verständigen,[111] das dann prüft, ob eine Genehmigung erteilt wird. Der Arzt muss sich davon überzeugen, dass der Bevollmächtigte eine Genehmigung des Betreuungsgerichts erhalten hat, wenn der Bevollmächtigte in gefährliche Maßnahmen im Sinne von § 1904 I BGB (vgl. Rz. 189) einwilligt. Eine **Genehmigung** des Gerichts ist aber **nicht erforderlich**, wenn zwischen Arzt und Bevollmächtigtem Einigkeit besteht, dass die Erteilung bzw. Nichterteilung der Einwilligung dem mutmaßlichen Willen des Vollmachtgebers entspricht (§ 1829 IV BGB). In der Praxis ist das sehr bedenklich (Rn. 48a), weil die an sich sinnvolle gerichtliche Genehmigung aus Bequemlichkeit leicht umgangen werden kann.

6. Sonderfall: Bluttransfusion bei Zeugen Jehovas

Die Zeugen Jehovas, eine Glaubensgemeinschaft mit rund 165.000 Mitgliedern in Deutschland, lehnen aus religiösen Gründen seit 1944 Bluttransfusionen ab, ebenso die Verwendung von Blutplasma, Blutplättchen, präoperative Eigenblutspende usw.; sie stützen sich auf Bibelstellen (z.B. 1. Buch Mose 9, 4; Apostelgeschichte 15, 29). *82*

Wenn der einwilligungsfähige Patient eine Bluttransfusion ablehnt, ist das zu respektieren, gleichgültig welcher Glaubensgemeinschaft er angehört.

Schwieriger ist die Antwort, wenn der Zeuge Jehovas nicht mehr einwilligungsfähig ist (z.B. weil er bereits bewusstlos ist), also ein Vertreter (Be-

[111] Stolz BtPrax 2004, 99.

treuer oder Gesundheits-Bevollmächtigter) für ihn entscheidet. Zunächst stellt sich die Frage, ob eine vorformulierte Erklärung überhaupt freiwillig zustande gekommen ist; dann, ob der Patient bei der gegenwärtigen Situation daran festhalten will und was dem Arzt zumutbar ist. Das OLG München[112] hat gemeint:

„Mutet ein Zeuge Jehovas einem nicht dieser Glaubensrichtung angehörenden Arzt zu, gegebenenfalls seine Behandlung zu übernehmen, und konfrontiert er ihn hierbei mit seiner eine Bluttransfusion verweigernden Patientenverfügung, kann er nicht davon ausgehen, auch wenn seine Erklärung eindeutig sein sollte, dass der Arzt sich in jedem denkbaren Fall unter Ausschaltung seines ärztlichen Gewissens gleichsam maschinenhaft daran halten und ihn im Falle des Falles auch sterben lassen würde. Demjenigen Zeugen Jehovas, dem ohne jegliche Einschränkung ernsthaft daran gelegen ist, notfalls für seinen Glauben auch zu sterben, und der dies auch demonstrieren will, kann zugemutet werden, sich unter Inanspruchnahme und Mitverantwortung der für seine Glaubensgemeinschaft bestehenden sogenannten Krankenhausverbindungskomitees in die Obhut von Ärzten zu begeben, die sich ohne jeglichen Vorbehalt dem Glaubensimperativ der Zeugen Jehovas beugen und solche Patienten gegebenenfalls auch sterben lassen.“

In einem anderen Fall[113] hatte die Zeugin Jehovas verfügt: „Ich will auf keinen Fall, dass mir Bluttransfusionen (von Vollblut, Konzentrat aus roten Blutkörperchen, von Plasma, weißen Blutkörperchen und Blutplättchen) gegeben werden, selbst wenn Ärzte das zur Erhaltung meines Lebens oder meiner Gesundheit für erforderlich halten.“ Diese Erklärung und die Zugehörigkeit der Patientin zu den Zeugen Jehovas war den Ärzten bekannt. Nachdem Bewusstlosigkeit eingetreten war und die Patientin andernfalls keine Überlebenschance hatte, wurde vom Gericht der Ehemann als Betreuer bestellt, der Bluttransfusionen genehmigte. Das BVerfG entschied viele Jahre später: Die Annahme des Gerichts, dass die Patientin ihre Ablehnung zu derartigen lebenserhaltenden Maßnahmen angesichts der Situation nicht aufrechterhält, war verfassungsrechtlich nicht zu beanstanden; Art. 2 II GG.[114]

7. Bedeutung von Altvollmachten (vor dem 1.1.1999 bzw. vor 1.1.2023 erteilt)

83 Es ist streitig, ob eine (vor 1999 gültige) Vollmacht jetzt noch als gültig zu erachten ist, obwohl sie den jetzigen Vorschriften (§§ 1829 V, 1832 V BGB)

[112] OLG München NJW-RR 2002, 811; dazu Bender MedR 1999, 260. Ablehnend aus Sicht der Zeugen Jehovas Dirksen Gesundheitsrecht (GesR) 2004, 124.

[113] BayObLG FamRZ 1993, 720. Vgl. auch OLG Celle NJW 1995, 792; AG Nettetal FamRZ 1996, 1104 (Genehmigung einer Bluttransfusion bei einem Zeugen Jehovas nach § 1846 a. F. BGB).

[114] BVerfG FamRZ 2002, 312 = NJW 2002, 206.

nicht mehr entspricht. Damals war Schriftform und „Ausdrücklichkeit“ in der Vollmacht nicht Voraussetzung. Es kommt auf den Zeitpunkt an, zu dem von der Vollmacht Gebrauch gemacht wird,[115] die jetzt formunwirksame alte Vollmacht hilft also dem Bevollmächtigten nicht mehr. Wenn der Vollmachtgeber aufgrund seines jetzigen geistigen Zustandes (Wegfall der Geschäftsfähigkeit) nun eine neue formgerechte Vollmacht nicht mehr erteilen kann, muss gegebenenfalls ein Betreuer bestellt werden.

Vor dem 1.1.2023 erteilte Vollmachten sind dagegen weiterhin „gültig“, es treten aber Probleme auf, wenn in der Vollmacht ausdrücklich auf BGB-Bestimmungen Bezug genommen wurde, die aber ab 1.1.2023 völlig geändert wurden; z.B. das Recht zu Schenkungen („wie ein Betreuer“). Denn der Vollmachtgeber wollte damals eine bestimmte Rechtsmacht erteilen, nicht aber eine irgendwann einmal gültige ihm unbekannte Rechtsmacht. Vgl. Rn. 100.

IV. Vertretungsmacht für die freiheitsentziehende Unterbringung und ähnliche Maßnahmen

1. Grundlagen

Man nimmt eine „Unterbringung“ vor, wenn man eine andere Person in ein Altenheim, Pflegeheim, Krankenhaus, psychiatrische Klinik usw. verbringt. Diese Unterbringung kann sein: *84*

a) Offene Unterbringung

Hier wird der Betroffene (mit seinem Einverständnis) beispielsweise in ein Altenheim gebracht, das er jederzeit verlassen kann, wenn er dort nicht bleiben will, notfalls indem er ein Taxi ruft und sich zu Bekannten fahren lässt. Diese Unterbringung ist nicht mit Freiheitsentziehung verbunden. Wer sich so unterbringen lassen will, braucht keine Vorsorgevollmacht zu erteilen; hier genügt es, selbst den Umzug zu organisieren oder organisieren zu lassen. Eine Genehmigung des Betreuungsgerichts ist nicht erforderlich und auch nicht möglich. *85*

b) Geschlossene Unterbringung

Sie ist mit Freiheitsentziehung verbunden (**§ 1831 BGB**), d.h. der Betroffene wird „eingesperrt“, er befindet sich in der geschlossenen Abteilung eines Pflegeheims, Altenheims usw. und kann sie nicht verlassen, wenn er will. *86*

---

115 OLG Zweibrücken FamRZ 2003, 113.

Hier ist eine Genehmigung des Betreuungsgerichts erforderlich, wenn ein Betreuer die Unterbringung vornimmt (§ 1831 II 1 BGB); desgleichen, wenn dies ein Bevollmächtigter durchführt (§ 1831 V BGB).

c) Unterbringungsähnliche Maßnahmen

87 Darunter versteht man Fälle, bei denen eine Person (Vollmachtgeber oder Betreuter) sich in einer Anstalt, einem Heim oder einer sonstigen Einrichtung aufhält, und ihr hierbei durch mechanische Vorrichtungen, Medikamente oder auf andere Weise über einen längeren Zeitraum oder regelmäßig die Freiheit entzogen werden soll **(§ 1831 IV BGB)**. Im Klartext heißt das: Einem pflegbedürftigen Heimbewohner wird die Möglichkeit, wegzulaufen, genommen, indem ein hohes Bettgitter vor sein Pflegebett angebracht ist (so dass er nicht darüber steigen kann, aber auch nicht selbständig auf die Toilette gehen kann), oder er wird „fixiert“ (d. h. angebunden, gefesselt) oder es werden ihm gezielt Medikamente verabreicht, auch heimlich, damit er in einen Dämmerzustand verfällt. Anlass sind Unruhe, Desorientiertheit, Sturzgefahr, Drang zum Entlaufen usw.

Auch hier ist eine **Genehmigung des Betreuungsgerichts** erforderlich, wenn ein Bevollmächtigter die Maßnahme erlaubt (§ 1831 IV, II, V BGB). Auch wenn die Unterbringung als solche schon vom Gericht genehmigt ist, ist zusätzlich eine *gesonderte* betreuungsgerichtliche Genehmigung für die unterbringungsähnlichen Maßnahmen erforderlich.[116]

87a Gleich behandelt wird die **Verbringung** nach **§ 1832 IV BGB**: Kommt eine ärztliche Zwangsmaßnahme (z. B. zwangsweise Amputation eines Beines) und geht der Vollmachtgeber nicht freiwillig in die Klinik, so dass er zwangsweise dorthin verbracht werden muss, dann ist die Einwilligung des Bevollmächtigten und die Genehmigung des Betreuungsgerichts wie bei einer Unterbringung notwendig.

2. Bedeutung der Einwilligung des Vollmachtgebers

88 Freiheitsentziehung stellt eine unerlaubte Handlung (§ 823 BGB) und eine Straftat (§ 239 StGB) dar. Sie ist aber erlaubt, wenn der Betroffene damit einverstanden ist. Diese Einwilligung setzt keine Geschäftsfähigkeit voraus, sondern nur, dass der Betroffene mit natürlichem Willen die Tragweite seiner Einwilligung erfassen kann.

---

[116] BGH NJW-RR 2015, 1347.

3. Generelle Zulässigkeit der Vorsorgevollmacht für die Unterbringung

Ob sich eine Vollmacht auch auf eine geschlossene Unterbringung erstrecken kann, war bis 1999 sehr streitig. Dann wurde § 1906 V a.F. BGB eingefügt und dadurch die grundsätzliche Zulässigkeit solcher Vollmachten in Unterbringungsangelegenheiten festgelegt; die Vollmacht muss aber die Unterbringung ausdrücklich umfassen (§ 1820 II 2 BGB). Ferner muss der Bevollmächtigte eine Genehmigung des Betreuungsgerichts für die Unterbringung (nicht für die Vollmacht) beantragen (§ 1831 II, V BGB). *89*

Der Bevollmächtigte muss eine Vollmacht für die **Aufenthaltsbestimmung** bzw. (notfalls) Personensorge haben. Sollen die freiheitsentziehenden Maßnahmen aus medizinischen Gründen erfolgen, ist zudem der Aufgabenkreis **Gesundheitsfürsorge** erforderlich.[117]

4. Voraussetzungen einer wirksamen Vollmacht

Allgemeine Voraussetzungen; vgl. oben Rz. 39ff. **Schriftlichkeit der Vollmacht;** vgl. oben Rz. 48, 49. *90*

Ausdrücklichkeit. Die Einwilligung des Vollmachtgebers ist nur wirksam, wenn die Vollmacht die Maßnahmen des § 1831 I und IV BGB *ausdrücklich* umfasst (§ 1820 II Nr. 2 BGB), sog. **Konkretisierungsgebot**. Eine Generalvollmacht genügt also nicht,[118] auch wenn sie Klauseln enthält wie „einschließlich der Maßnahmen nach § 1831 BGB; denn der Laie versteht das nicht. Ungenügend sind auch verschlüsselte Formulierungen wie „Der Bevollmächtigte hat das Recht der Aufenthaltsbestimmung“; der Laie kann mit diesem abstrakten juristischen Begriff nichts anfangen.[119]

Es muss deshalb in der Vollmacht ausdrücklich stehen, dass sie den Bevollmächtigten berechtigt, den Vollmachtgeber „einsperren“ zu lassen; dass er den Aufenthalt und die Unterbringung des Vollmachtgebers bestimmen können soll, dass er einwilligen kann, wenn dem Vollmachtgeber die Freiheit durch geschlossene Türen, durch Bettgitter, Bauchgurte oder andere Verrichtungen, durch Medikamente oder in anderer Weise entzogen werden soll; und dass er medizinisch behandelt werden darf. Nur bei einer derart konkreten und für den jeweiligen Vollmachtgeber je nach seinen intellektuellen Fähigkeiten nachvollziehbaren Beschreibung der einzelnen Befugnisse des Bevollmächtigten kann sichergestellt werden, dass er in vollem Umfang die von ihm dem Bevollmächtigten erteilte Vertretungsbefugnis in

---

[117] BeckOGKBGB/Brilla § 1906 Rz. 135.

[118] BeckOGKBGB/Brilla § 1906 Rz. 142.

[119] LG Hamburg FamRZ 1999, 1613.

seinen höchstpersönlichen Angelegenheiten verstanden hat und eine Bevollmächtigung in diesem Umfang auch tatsächlich wünscht.

5. Gebrauchmachen von der Vollmacht

91 Der Bevollmächtigte kann den Vollmachtgeber nicht nach Gutdünken geschlossen unterbringen. Er muss einen gesetzlich anerkannten Grund für die Unterbringung haben (§§ 1831 V, I BGB); nämlich:

- Aufgrund einer psychischen Krankheit oder geistigen oder seelischen Behinderung[120] des Vollmachtgebers besteht die **Gefahr**, dass der Vollmachtgeber **sich selbst tötet** oder sich erheblichen **gesundheitlichen Schaden** zufügt (§ 1831 I Nr. 1 BGB). Vgl. Rz. 197. Oder:
- eine **Untersuchung des Gesundheitszustandes, eine Heilbehandlung** oder ein **ärztlicher Eingriff** ist (zur Abwendung eines drohenden erheblichen gesundheitlichen Schadens) notwendig, kann aber ohne die Unterbringung des Vollmachtgebers nicht durchgeführt werden *und* der Vollmachtgeber kann auf Grund einer psychischen Krankheit oder geistigen oder seelischen Behinderung die Notwendigkeit der Unterbringung nicht erkennen oder nicht nach dieser Einsicht handeln. Vgl. Rz. 198.

Die freiheitsentziehende Unterbringung bedarf der Genehmigung des Betreuungsgerichts (§ 1831 V, II BGB), die der Bevollmächtigte beantragen muss. Soll in der Klinik ein gefährlicher Eingriff (Gesundheitssorge) vorgenommen werden, ist zusätzlich eine Genehmigung nach § 1829 BGB erforderlich.

6. Ausübung von Zwang durch den Bevollmächtigten; Kosten

92 Wenn ein Betreuer den Betreuten in die geschlossene Unterbringung schaffen will und dieser sich wehrt und nicht freiwillig mitfährt, kann der Betreuer die Betreuungsbehörde (angesiedelt bei der Stadt oder dem Landkreis) um Hilfe bitten (die Behörde schaltet dann u. U. die Polizei ein); § 326 I, II FamFG. Der Bevollmächtigte hat diese Möglichkeit ebenfalls (§ 326 I FamFG). Er kann also die Betreuungsbehörde um Hilfe bitten. Zum Betreten der Wohnung ohne Einwilligung des Bewohners vgl. § 326 III FamFG (eine ausdrückliche Anordnung des Betreuungsgerichts ist nötig).

Inwieweit der Bevollmächtigte in den Fällen des § 1831 I BGB berechtigt ist, selbst (oder über Hilfskräfte) Gewalt gegenüber dem Vollmachtgeber auszuüben (bzw. ob er hierzu in der Vorsorgevollmacht ermächtigt werden kann), ist unklar. Teils wird deshalb empfohlen, in die Vollmacht den Satz aufzunehmen: „Ich gestatte dem Bevollmächtigten die Anwendung unmit-

[120] Die Worte „psychisch“ und „seelisch“ wurden hier vom Gesetzgeber nicht gestrichen, anders als bei § 1814 BGB.

telbaren Zwangs in dem Umfang, den er zur Durchsetzung der Maßnahmen für erforderlich hält." Es ist somit nicht mehr notwendig, dass der Bevollmächtigte beim Betreuungsgericht die Anordnung einer Betreuung für die Unterbringung anregt, sich selbst als Betreuer vorschlägt und dadurch der Weg zu Zwangsmaßnahmen frei ist.

Die **Kosten der Behörde** (z.B. für einen Schlüsseldienst bei der Wohnungsöffnung) hat der Bevollmächtigte jedenfalls nicht zu ersetzen; ob sie vom Gericht oder der Behörde zu tragen sind ist umstritten;[121] die Behörde muss sie wohl zahlen und erhält keine Erstattung.[122]

7. Beendigung der Unterbringung

Der Bevollmächtigte hat die Freiheitsentziehung bzw. die unterbringungs- 93
ähnliche Maßnahme zu beenden, wenn die Voraussetzungen dafür (Gefahr für den Vollmachtgeber usw.) weggefallen sind (§ 1831 III, V BGB). Er wird sich hier von den Ärzten und gegebenenfalls vom Betreuungsgericht beraten lassen. Ferner hat das Betreuungsgericht die Pflicht, bei Wegfall der Unterbringungsvoraussetzungen die Unterbringung von Amts wegen zu beenden (§ 330 FamFG), d.h. den Genehmigungsbeschluss (auch ohne Antrag des Bevollmächtigten) aufzuheben. Der Bevollmächtigte hat sich daher in regelmäßigen Abständen davon zu überzeugen, ob die Voraussetzungen für eine freiheitsentziehende Unterbringung noch andauern. Die Anstalt selbst hat kein eigenes Entlassungsrecht.[123]

Der Bevollmächtigte hat die Beendigung der Unterbringung dem Betreuungsgericht mitzuteilen (§ 1831 III 2 BGB).

Der Vollmachtgeber kann jederzeit verlangen, dass überprüft wird, ob er entlassen werden kann. Eine (als endgültig gemeinte) **Entlassung des Vollmachtgebers** aus der Unterbringung verbraucht die Genehmigung des Betreuungsgerichts; wurde die Unterbringung vom Betreuungsgericht daher für eine bestimmte Zeit genehmigt und wird der Vollmachtgeber *vor* Ablauf dieser Frist auf Veranlassung des Bevollmächtigten endgültig (und nicht nur kurzfristig) entlassen, ist die Genehmigung gegenstandslos geworden und vom Betreuungsgericht zur Beseitigung des Rechtsscheins aufzuheben.[124] Dasselbe gilt, wenn der Bevollmächtigte von der Genehmigung von Anfang an keinen Gebrauch macht.

Wenn der Bevollmächtigte den Vollmachtgeber nur **»probeweise« entlässt,** wird dadurch die Genehmigung nicht verbraucht; die probeweise

---

121 Vgl. LG Koblenz FamRZ 2004, 566; LG Limburg BtPrax 1998, 116.

122 BGH FGPrax 2016, 95; LG Karlsruhe FamRZ 2011, 1688, Keidel/Giers § 326 Rz. 2; BeckOGK FamFG/Schmidt-Recla § 326 Rz. 10.

123 A.A. Bienwald/Bienwald § 1831 Rn. 47 (die Einrichtung könne selbst entlassen).

124 BayObLG BtPrax 1995,144.

Entlassung durch den Bevollmächtigten ist im Gesetz allerdings nicht geregelt; ihre Zulässigkeit ist zweifelhaft.[125] Vertretbar ist, wenn der Bevollmächtigte die Unterbringung nur zu gewissen Anlässen kurzfristig (z.B. Teilnahme an einer Hochzeit, Geburtstag) unterbricht. Eine **Beurlaubung** aus der Unterbringung gibt nicht. Für die Bewilligung von Ausgang (und die Bewachung) ist der Bevollmächtigte zuständig, jedoch kann er die Anstalt hierzu ermächtigten.

Wenn der Betreute **eigenmächtig die Anstalt verlässt**, d.h. flieht, besteht die Genehmigung fort, jedenfalls wenn er nach einigen Tagen wieder ergriffen wird.[126] Ist er längere Zeit abwesend muss wegen der möglicherweise neuen psychischen Situation neu geprüft und u.U. genehmigt werden.

8. Bedeutung vor dem 1.1.1999 erteilter Vollmachten

94 Hierfür gelten die Ausführungen unter Rz. 83 entsprechend.

V. Vertretungsmacht in sonstigen Angelegenheiten?

95 Einem Bevollmächtigten kann ausdrücklich oder konkludent die Vollmacht erteilt werden, die **Wohnung** des Vollmachtgebers aufzulösen (d.h., wenn der Vollmachtgeber Mieter ist, den Mietvertrag zu kündigen und das Mietverhältnis abzuwickeln); bei der Kündigung sollte der Bevollmächtigte des Mieters dem Vermieter die schriftliche Vollmacht vorlegen (§ 174 BGB). Ebenso kann eine Vollmacht zur Erledigung von Post und Fernmeldeverkehr erteilt werden; bei Geltung der Vollmacht auch nach dem Tod kann der Bevollmächtigte mit der Regelung der **Bestattung** (auch: Erd- oder Feuerbestattung; Wahl des Friedhofs und es Grabsteins; Abschluss eine Grabpflegevertrages mit einer Gärtnerei) beauftragt werden.

Andere **höchstpersönliche Angelegenheiten,** wie Testamentserrichtung, Abgabe eines Eheversprechens, Eheschließung, Ehescheidung (vgl. § 125 II FamFG), Ausübung der elterlichen Sorge, aktives und passives Wahlrecht, Ablegen der Fahrprüfung,[127] Aussage vor Gericht, kann ein Bevollmächtigter nicht erledigen, selbst wenn die Vollmacht dies ausdrücklich nennen sollte.

---

125 Nach Bienwald/Bienwald § 1831 Rn. 61 ist eine „probeweise" Entlassung eine endgültige Entlassung.

126 Vgl. BayObLG 1970, 197/204.

127 HK-BUR-Bauer § 1896 Rz. 253.

VI. Schenkungen des Bevollmächtigten

1. Wann sind Schenkungen erlaubt?

Ein Betreuer kann nur in geringem Umfang aus dem Vermögen des Betreuten etwas verschenken; wird dieser Umfang überschritten ist seit 2023 eine Schenkung nur mit Genehmigung des Betreuungsgerichts erlaubt (§ 1854 Nr. 8 BGB). Ein **Bevollmächtigter**, dem eine *unbeschränkte* Vollmacht in Vermögensangelegenheiten oder eine *uneingeschränkte* Generalvollmacht erteilt wurde, kann dagegen nach außen hin wirksam in beliebigem Umfang wegschenken.[128] Dessen ist sich ein Vollmachtgeber nicht bewusst, wenn er eine Generalvollmacht erteilt. *96*

Beispiel:[129] B erteilt seiner zweiten Frau eine notarielle Generalvollmacht. Während er im Krankenhaus ist, überträgt die Frau sechs Grundstücks nebst Miethäusern auf ihren Sohn aus erster Ehe, wovon B erst nach Rückkehr aus dem Krankenhaus Kenntnis erlangt. B erklärt, er habe nur die Verwaltung der Häuser während seines Krankenhausaufenthalts sicherstellen wollen, mit Missbrauch nicht gerechnet. – Wenn die Frau mittellos ist, haftet sie faktisch nicht. Wenn der Sohn die Häuser schnell weiterveräußert und den Erlös „in Sicherheit" bringt, hat B sein Vermögen verloren.

Zwar wird der Bevollmächtigte in manchen Fällen hier gegen eine zumindest stillschweigende Abrede im Innenverhältnis verstoßen; das ändert aber in der Regel nichts an der Wirksamkeit der Schenkung. Allenfalls bestünden dann Schadensersatzansprüche gegen den Bevollmächtigten, die zunächst einmal erfolgreich ausprozessiert werden müssten; und dann müsste beim Bevollmächtigten noch pfändbares Vermögen vorhanden sein. Mit fremdem Geld ist man gerne großzügig, weil ein Schenker Ansehen genießt und umschmeichelt wird. Es gibt Fälle, in denen der Bevollmächtigte zur Renovierung der örtlichen Kapelle 5.000 € aus dem Vermögen der Vollmachtgeberin an den Pfarrer verschenkte, 20.000 € als Hochzeitsgeschenk an seine eigene Nichte,[130] dem Pflegepersonal des sozialen Dienstes laufend Trinkgelder von 500 € verteilte, das alles, obwohl kein Millionenvermögen da war.

Von Notaren wird oft empfohlen, das Schenkungsrecht *nicht* auszunehmen: Sonst gebe es Probleme im Grundbuchverkehr, wenn bei der Veräußerung eines Grundstücks der Entgeltlichkeitsnachweis gefordert werde (bei einem zu niedrigen Preis kann eine gemischte Schenkung vorliegen; aber auch Testamentsvollstrecker dürfen nichts verschenken, § 2205 S. 3 BGB, *97*

---

128 BGH NJW 2014, 3021; Renner/Müller Rz. 252; Bühler FamRZ 2001, 1585; Walter, Vorsorgevollmacht S. 109.

129 Geschildert von Meier BtPrax 2002, 184.

130 Sog. Nepotismus.

ohne dass dadurch nennenswerte Grundbuchprobleme auftreten[131]). Auch könnten keine aus steuerlichen Gründen zweckmäßigen Vermögensübertragungen zu Lebzeiten stattfinden.[132] Im Betreuungsrecht ist anerkannt, dass der Betreuer auch dann nichts wegschenken darf, wenn dadurch Steuern gespart werden könnten;[133] es entspricht eher dem Wohl des Betroffenen, dass ihm sein Vermögen bleibt, als dass die Erben möglichst viel Steuern sparen. Das ist wie beim Unterhalt für die alten Eltern: Es entspricht dem Wohl des Erben, dass der Erblasser sehr sparsam lebt, aber nicht dem Wohl des Erblassers.

Ist der Bevollmächtigte vom Vollmachtgeber zusätzlich vom Verbot des Insichgeschäfts befreit worden (Rn. 104), kann der Bevollmächtigte sogar **Vermögen des Vollmachtgebers an sich verschenken**.[134] Bei grobem Undank des beschenkten Bevollmächtigten kommt ein Widerruf der Schenkung in Betracht.[135] Hat die Mutter fünf Kinder und erteilt sie dem Sohn Vollmacht in Vermögensangelegenheiten mit Befreiung von § 181 BGB, kann dieser das wesentliche Vermögen der Mutter an sich schenken und wenn die Mutter 11 Jahre später stirbt, gibt es angesichts § 2325 III BGB **Probleme mit dem Pflichtteil** der vier Geschwister,[136] weil kein Nachlass mehr vorhanden ist. Bevor man ein Recht zur Schenkung beurkundet, müsste geklärt werden, ob der Vollmachtgeber wirklich Derartiges will.

2. Wann sind Schenkungen verboten?

98 Gegen solche Gefährdungen des Vermögens hilft, wenn die Vollmacht *im Außenverhältnis* dahin beschränkt wird, dass **unentgeltliche Geschäfte (Schenkungen) von der Bevollmächtigung ausgenommen** werden;[137] vgl. Musterformular in der Anlage. Diese Einschränkung verringert die Verwendbarkeit der Vollmacht im Außenverhältnis. Überweist der Bevollmächtigte vom Konto des Vollmachtgebers Geldbeträge an das Finanzamt, an Behörden, Gerichte, Pflegeeinrichtungen, Ärzte, Apotheker usw., dann besteht keine Vermutung für eine Schenkung, weil man solchen Stellen nichts schenkt und außerdem einen Bescheid oder eine Rechnung vorlegen kann. Überweist der Bevollmächtigte dagegen an Frau X 10.000 €, dann stellt sich für die Bank die Frage, ob die Vollmacht ausreicht: Denn wenn dies eine

---

131 Vgl. Grüneberg/Weidlich § 2205 Rz. 27.

132 Milzer NJW 2003, 1836/7.

133 BayObLG BtPrax 1996, 183.

134 Renner/Müller Rz. 252.

135 Vgl. BGH NJW 2014, 3021 = FamRZ 2014, 937; dazu Schwab FamRZ 2014, 888.

136 Milzer NJW 2003, 1836/7 weist darauf hin, dass bei Ausklammerung des Schenkungsrechts eine aus pflichtteilsrechtlichen Gesichtspunkten zweckmäßige lebzeitige Vermögensübertragung nicht möglich sei.

137 Th. Zimmermann BWNotZ 1998, 107/112.

Schenkung ist, darf sie die Überweisung nicht ausführen, falls die Vollmacht das Recht zu Schenkungen ausklammerte. Um eine Haftung zu vermeiden, wird die Bank vom Bevollmächtigten nähere Angaben verlangen und im Zweifel die Durchführung der Überweisung ablehnen.

Bei eigenständigen Formulierungen ist zu beachten, dass sie für den Rechtsverkehr ausreichend klar sein müssen.

Auch eine teilweise Unentgeltlichkeit (z. B. Verkauf zu einem besonders günstigen Preis) stellt eine „Unentgeltlichkeit" im Rechtssinne dar (sog. gemischte Schenkung). Das spielt vor allem bei Grundstücksgeschäften eine Rolle: Wird vom Bevollmächtigten (der durch eine notarielle Vollmacht ausgewiesen ist) ein Grundstück des Vollmachtgebers mit notariellem Vertrag zu einem Preis von 50.000 € veräußert, obwohl es in Wirklichkeit 100.000 € wert ist, dann ist für das Grundbuchamt nicht ohne weiteres erkennbar, dass eine Schenkung vorliegt und es wird im Regelfall die Grundbuchumschreibung vornehmen;[138] bei Zweifeln müsste dem Grundbuchamt die Entgeltlichkeit nachgewiesen werden (vgl. § 29 GBO).[139] *99*

Zu beachten ist, dass nur unentgeltliche Geschäfte erfasst sind. Man kann aber in vielen Fällen eine Pseudoentgeltlichkeit herstellen, etwa indem ein Grundstück gegen umfangreich *konstruierte* Pflegeleistungen übertragen wird, die dann hochgerechnet den Grundstückswert erreichen.[140]

3. Klausel: Schenkungsrecht wie ein Betreuer

Teils wurde empfohlen,[141] in die Vollmacht folgende Beschränkung aufzunehmen: „Der Bevollmächtigte kann Schenkungen in dem Rahmen vornehmen, der einem Betreuer rechtlich gestattet ist". Dahinter steckt der Gedanke, dass ohne Vorsorgevollmacht eine Betreuung anzuordnen wäre (vgl. § 1814 II BGB) und der Betreuer dann ebenfalls in *beschränktem Umfang* Schenkungen tätigen dürfte; dies waren „Anstandsschenkungen", solche aus „sittlicher Pflicht" und die nach den „Lebensverhältnissen des Betreuten übliche Schenkungen". *100*

Seit 2023 passt die Klausel nicht mehr, weil jetzt der Betreuer zwar in Vertretung des Betreuten aus dem Vermögen des Betreuten wirksam auch große „Geschenke" machen darf, aber nur mit Genehmigung des Betreuungsgerichts (§ 1854 Nr. 8 BGB). Ob es sich bei der Klausel (wie ein Betreuer")

---

[138] Vgl. die Rechtsprechung zu Grundstücksgeschäften von Testamentsvollstreckern (§ 2205 S. 3 BGB) und Betreuern (§ 1804 S. 1 BGB).

[139] Milzer NJW 2003, 1836/7.

[140] Vgl. Zimmermann, Der Verlust der Erbschaft, 2011, Rz. 219.

[141] So in den Formularen des Bayerischen Staatsministeriums der Justiz; des Bundesjustizministeriums.

um eine statische[142] oder um eine dynamische[143] Verweisung handelte ist unklar und streitig. Das wirkt sich auf **alte Vollmachten (erstellt bis 31.12.2022)** aus. Wenn man sagen würde, jetzt (ab 2023) kann ein Betreuer fast alles verschenken, also bei einer alten Vollmacht auch ein Bevollmächtigter (= dynamische Verweisung), dann würde man gegen den Willen des Vollmachtgebers verstoßen, der sich z.B. 2020 informiert hatte und die Rechte des Bevollmächtigten sehr beschränken wollte; er konnte nicht wissen, ob und wie eine künftige Regelung aussieht. Bei einer dynamischen Verweisung fragt sich fermer, ob der Bevollmächtigte die Genehmigung des Betreuungsgerichts braucht bzw. ob sie überhaupt zulässig wäre (Rn. 102a).

Bei der Klausel „wie ein Betreuer“ in ab 2023 erstellten Vollmachten kann der Bevollmächtigte ohne Genehmigung des Gerichts nur noch in zwei Fällen Schenkungen machen:

a) Angemessene Geschenke

101 „Nach den Lebensverhältnissen des Vollmachtgebers angemessene Geschenke“ sind ihm gestattet (§ 1854 Nr. 8 BGB). Damit sind die Einkommens- und Vermögensverhältnisse des Vollmachtgebers gemeint. Ein Prozentsatz kann nicht angegeben werden. Allerdings gibt es auch sparsame Millionäre. Die früheren Fälle: Grundstücksschenkungen für jahrelange Pflege[144] oder für unbezahlte Mitarbeit im Haus und Geschäft[145] oder an die zweite Ehefrau zwecks Alterssicherung etc.[146] fallen wohl nicht mehr darunter. Sonst kann zu dieser verschwommenen Formulierung nichts festgestellt werden.

b) Übliche Gelegenheitsgeschenke

102 Hier wird auf kulturell übliche Schenksitten abgestellt, etwa zu Weihnachten, Geburtstag und zu bestimmten „Lebenshöhepunkten“ wie Taufe, Firmung/Konfirmation, Hochzeit, ferner auf das übliche Trinkgeld.[147] Es wird sich meist um „kleinere“ Beträge handeln.

c) Genehmigung des Betreuungsgerichts?

102a Größere Geschenke kann der Betreuer mit Genehmigung des Betreuungsgerichts tätigen (§ 1854 Nr. 8 BGB). **Für den Bevollmächtigten ist das**

---

[142] So Grziwotz ZRP 2020, 248.

[143] Dazu tendiert DNotI 1/2023.

[144] BGH WM 1978, 905.

[145] BGH LM § 2330 Nr. 2; BGH WM 1977, 1410; RG JW 1931, 1356; OLG Naumburg FamRZ 2001, 1406 (Schenkung von 200.000 DM an eine Pflegeperson ist keine Pflichtschenkung).

[146] BGH NJW 1984, 2939; OLG Karlsruhe OLGZ 1990, 457.

[147] Holzhauer FamRZ 2000, 1063.

nicht möglich,[148] weil Privatpersonen die Aufgaben des Gerichts nicht nach Belieben erweitern können. Die Klausel „wie ein Betreuer" beschränkt also den Vollmachtgeber, der dann nur noch in den obigen Fällen (Rz. 102, 102a) Schenkungen tätigen darf.

d) Wünsche des Vollmachtgebers

Wenn der Vollmachtgeber *geschäftsfähig* ist, kann er ohnehin selbst wirksam verschenken, was immer er will, auch wenn er eine Vorsorgevollmacht erteilt hat (einen Einwilligungsvorbehalt gibt es bei der Vollmacht nicht). Der *geschäftsunfähige* Vollmachtgeber kann selbst nichts mehr verschenken. Trotzdem kann er natürlich noch Wünsche äußern, auch kann jemand zeitweise verwirrt und zeitweise klar im Kopf sein (d.h. geschäftsfähig). *103*

VII. Recht zu Insichgeschäften (§ 181 BGB)

1. Grundlagen

Ein Vertreter kann im Namen des Vertretenen mit sich im eigenen Namen oder als Vertreter eines Dritten ein Rechtsgeschäft *nicht* vornehmen, es sei denn, dass es ihm gestattet ist oder dass das Rechtsgeschäft ausschließlich in der Erfüllung einer Verbindlichkeit besteht (§ 181 BGB). Damit sollen Interessenkonflikte verhindert werden. Hat der Vollmachtgeber dem Bevollmächtigten Insichgeschäfte gestattet, dann bedeutet das z.B.: Ist der Bevollmächtige selbst Heizölhändler, dann kauft er bei sich das Heizöl für den Vollmachtgeber, dabei wird er kaum den billigsten Preis berechnen. Betreibt er eine Spedition, wird er für den Umzug des Vollmachtgebers ins Altenheim vielleicht kräftig abrechnen. Kauft er die Münzensammlung des verwirrten Vollmachtgebers vor dessen Übersiedlung ins Altenheim, wird er vielleicht zu wenig dafür bezahlen; all das ist menschlich. Hat die Tochter eine Generalvollmacht und nimmt die Mutter (Vollmachtgeberin) zu sich in die Wohnung, um sie zu versorgen und zu pflegen, dann kann sie dafür letztlich abrechnen, so viel sie will (zum Ärger der späteren Erben). Wäre die Tochter „nur" Betreuerin, müsste das Betreuungsgericht einen Ergänzungsbetreuer bestellen, der die Kosten der Pflege mit der Tochter aushandeln könnte. *104*

Die Gerichtspraxis legt die Vorschrift formal und nach dem Wortlaut aus; andere[149] wollen § 181 BGB einschränkend auslegen, nämlich dann nicht anwenden, wenn nach der Natur des Rechtsgeschäfts eine Interessenkollision generell-abstrakt ausgeschlossen ist. Andererseits ist § 181 BGB über

---

148 Müller-Engels DNotZ 2021, 84; dazu auch DNotI 2023/1.

149 BGH NJW 1980, 932.

seinen Wortlaut hinaus auch anzuwenden, wenn der Vertreter einen Unterbevollmächtigten bestellt und dann mit dem Vollmachtgeber, vertreten durch den Unterbevollmächtigten, kontrahiert; denn der Interessenwiderstreit besteht auch hier.[150]

2. Zulässige Insichgeschäfte

105 Nach § 181 BGB sind Insichgeschäfte nur in zwei Fällen zulässig:

a) Gestattung

Wenn der (geschäftsfähige) Vollmachtgeber das Insichgeschäft dem Bevollmächtigten gestattet hat ist es wirksam. Die Gestattung bedarf keiner Form, sie kann ausdrücklich oder stillschweigend erfolgen. Die Annahme einer stillschweigenden Gestattung kann sogar durch Auslegung gewonnen werden.[151] So wird behauptet, dass die Bevollmächtigung des anderen *Ehegatten* in allen Angelegenheiten in der Regel eine Befreiung von § 181 BGB enthalte.[152] Ist die Vollmacht im Außenverhältnis unbeschränkt, im Innenverhältnis aber beschränkt, ist das Geschäft nur dann unter dem Gesichtspunkt des **Missbrauchs der Vertretungsmacht** unwirksam, wenn es für den Vertretenen nachteilig ist.[153]

b) Erfüllung einer Verbindlichkeit

Wenn das Rechtsgeschäft des Vertreters *ausschließlich* in der Erfüllung einer Verbindlichkeit besteht, ist es wirksam. Wenn also der Vollmachtgeber beim Bevollmächtigten ein Darlehen aufgenommen hatte, darf der Bevollmächtigte dieses Darlehen aus dem Vermögen des Vollmachtgebers an sich zurückzuzahlen; wenn der Bevollmächtigte Aufwendungen hatte (z.B. Fahrtkosten), darf er den Betrag vom Konto des Vollmachtgebers abheben.

3. Rechtsfolgen des verbotenen Insichgeschäfts

106 Es ist nicht nichtig, sondern **schwebend unwirksam**. Der Vertretene kann das Geschäft genehmigen, aber nur, wenn er bei Genehmigung geschäftsfähig ist; nach dem Tod des Vollmachtgebers kann der Erbe genehmigen. Denkbar wäre, für den Vollmachtgeber einen Betreuer bestellen zu lassen (§ 1814 BGB); dieser könnte das Insichgeschäft genehmigen.

---

[150] BGH NJW 1991, 692; vgl. MünchKomm-Schubert BGB § 181 Rz. 43.

[151] MünchKomm-Schubert BGB § 181 Rz. 58.

[152] RG Recht 1929 Nr. 1826.

[153] BGH NZG 2021, 239.

4. Ratschlag

Das Insichgeschäft ist grundsätzlich unerlaubt, außer der Vollmachtgeber hat eine (ausdrückliche oder stillschweigende) Befreiung von dieser Vorschrift erteilt. Das kann in der Vollmacht geschehen. Es ist daher zu fragen, ob ein Bedürfnis für eine solche Befreiung besteht; denn man sollte keine Rechtsmacht einräumen, die der Bevollmächtigte voraussichtlich nicht braucht. Das ist *sehr selten* der Fall. Wenn der Bevollmächtigte Lebensmittelhändler ist, könnte er die Lebensmittel für den Vollmachtgeber nicht bei sich kaufen, wenn er nicht von § 181 BGB befreit ist. Andererseits: Bei Befreiung kann der Bevollmächtigte sogar **an sich Schenkungen** machen, das Konto plündern, sich das Haus des Vollmachtgebers schenken. Viele Vollmachtsmuster sehen bedenkenlos eine Befreiung vom Verbot des § 181 BGB vor,[154] weil dies die Rechtsmacht des Bevollmächtigten stärkt. Dass der Vollmachtgeber dadurch gefährdet wird, wird bei der Beratung manchmal nicht erwähnt. Die Befreiung wird abstrakt für die unbekannte Zukunft erteilt, d.h. der Vollmachtgeber weiß nicht, worauf er sich einlässt, welche Geschäfte der Bevollmächtigte einmal mit sich selbst zulasten des Vollmachtgebers vornehmen wird. 107

Deshalb sollte eine Befreiung von § 181 BGB nur in Ausnahmefällen erfolgen und durch ein generelles Verbot verhindert werden, dass durch Auslegung eine angebliche schlüssige Befreiung aus der Urkunde herausgeholt wird.

VIII. Recht zur Erteilung von Untervollmachten

1. Wesen der Unterbevollmächtigung

Erteilt der Vollmachtgeber A dem B Vollmacht (Hauptvollmacht, Vorsorgevollmacht) und der Bevollmächtigte B dann einem Dritten (U) Vollmacht, besteht für U eine Untervollmacht. Die Untervollmacht kann denselben Umfang haben wie die Hauptvollmacht oder einen geringeren Umfang (z.B. der Generalbevollmächtigte erteilt einem Hausverwalter Untervollmacht nur für die Verwaltung einer Immobilie), aber natürlich keinen größeren Umfang. Beim Rechtsgeschäft, das der Unterbevollmächtigte U dann abschließt, handelt U im Namen des Vollmachtgebers A, nicht des B.[155] In einer notariellen Urkunde steht deshalb nur A, vertreten durch U (B wird nicht aufgeführt); sog. **Direktvertretung.** Denkbar wäre aber auch eine Konstruktion, bei der U im Namen des B handelt, die Rechtswirkung dann 108

[154] So Walter ZEV 2003, 452.

[155] BGH NJW-RR 2003, 51 zur Untervollmacht eines Anwalts; Horn/Stichering § 1 56; MünchKomm-Schubert BGB § 167 Rz. 76ff.

durch B durch und zu A geht; sog. **Durchgangsvertretung.**[156] Letztlich kommt es darauf an, ob B gegenüber dem U klarstellt, dass er im Namen des A oder im eigenen Namen handelt.

2. Abgrenzung, Bedürfnis

109 Die Einräumung einer Untervollmacht begründet ein Vertretungsrecht. Sie ist von der Einschaltung von Gehilfen zu unterscheiden: Wenn der Bevollmächtigte einen Makler damit „beauftragt“, einen Gewerbemieter zu suchen, dann liegt keine Erteilung einer Untervollmacht vor. Für die Erteilung von Untervollmachten besteht meines Erachtens selten ein Bedürfnis (anders ist es bei Unternehmen und sehr großen, vielfältig aufgegliederten Vermögen). Wer Wertpapiere verwaltet, sollte sich die letzte Entscheidung selbst vorbehalten; wer einen Wohnblock verwaltet, kann alles durch Gehilfen vorbereiten lassen und sollte die Verantwortung nicht abgeben. Gleichwohl schlagen Notare oft vor, dem Bevollmächtigtem das Recht zu geben, Untervollmachten zu erteilen.[157]

3. Recht zur Unterbevollmächtigung

110 Dieses Recht würde die Stellung des Bevollmächtigten verstärken, den Vollmachtgeber schwächen. Ob ein Bevollmächtigter Untervollmacht erteilen darf, hängt davon ab, ob es ihm im Grundvertrag zwischen dem Vollmachtgeber und dem Bevollmächtigten gestattet ist. Enthält der Grundvertrag keine Regelung, dann kommt es auf die Auslegung der erteilten Vollmacht an. Wesentlich ist, ob der Vollmachtgeber ein besonderes Interesse daran hat, dass der Bevollmächtigte die Angelegenheit persönlich wahrnimmt.[158] Bei der Vorsorgevollmacht steht das **besondere Vertrauen in die Person des Bevollmächtigten** im Vordergrund, so dass im Zweifel ein Recht zur Erteilung von Untervollmachten nicht gewollt ist;[159] weshalb sollte der Vollmachtgeber einem ihm unbekannten, vielleicht problematischen Menschen zu irgendetwas ermächtigen wollen? Das gilt vor allem, wenn die Vollmacht den Bevollmächtigten auch zu Maßnahmen im Rahmen der Gesundheitssorge oder der Unterbringung berechtigt; hier ist die Erteilung von Untervollmachten in der Regel nicht gewollt und daher unzulässig.[160] Im Übrigen kommt es auch auf den Umfang der Vorsorgevollmacht an: Bei einer weit-

[156] Dazu MünchKomm-Schubert BGB § 167 Rz. 77; Müller-Engels/Braun Kap. 2 Rn. 86ff.; Bous RNotZ 2004, 483.

[157] Müller/Renner Rz. 310ff., 315.

[158] MünchKomm-Schubert BGB § 167 Rz. 78 m.w.N.

[159] MünchKomm-Schubert BGB § 167 Rz. 78 m.w.N.

[160] Bühler FamRZ 2001, 1585.

reichenden Generalvollmacht wird man eher eine Befugnis zur Unterbevollmächtigung für einzelne Angelegenheiten annehmen können.

Ein Vertreter kann einen Unterbevollmächtigten nur dann vom Verbot des Selbstkontrahierens befreien, wenn er selbst davon befreit ist.[161]

4. Prozessvollmacht

Das Recht des Bevollmächtigten, einem Rechtsanwalt in den Fällen, in denen Anwaltszwang herrscht (§ 78 ZPO), Prozessvollmacht zu erteilen, aber auch sonst, sollte nicht ausgeschlossen werden, weil sonst eine Betreuung erforderlich ist. Ebenso ist es beim Steuerberater. *111*

5. Ratschlag

Die **Vollmacht sollte sich dazu äußern**, ob der Bevollmächtigte das Recht hat, Untervollmacht zu erteilen, damit keine Auslegungsprobleme auftauchen. In manchen Formularen steht bedenkenlos der Satz: „Der Bevollmächtigte darf Untervollmachten erteilen".[162] Davor ist abzuraten. Eine Rechtsmacht, die ein Bevollmächtigter voraussichtlich nicht braucht, sollte man ihm nicht einräumen. Die Erteilung einer Untervollmacht wirft zusätzliche Haftungsfragen auf,[163] weil nun die Missbrauchsgefahr zusätzlich beim Unterbevollmächtigten besteht. Auch der Widerruf wird schwieriger, weil umstritten ist, ob der Widerruf der Hauptvollmacht automatisch die Untervollmacht zum Erlöschen bringt.[164] Gegebenenfalls muss der Vollmachtgeber die Untervollmacht selbst widerrufen, was auf Schwierigkeiten stößt, wenn er inzwischen geschäftsunfähig ist oder wenn der Name des Unterbevollmächtigten oder seine Anschrift nicht bekannt ist. Deshalb sollte im Regelfall das Recht, Untervollmachten zu erteilen, ausgeschlossen werden (auszunehmen sind Prozessvollmachten; Rn. 111). *112*

IX. Bestellung von Ersatzbevollmächtigten

Die Bestellung eines Ersatzbevollmächtigten hat den Sinn, sicherzustellen, dass auch dann ein Bevollmächtigter vorhanden ist, wenn der Hauptbevollmächtigte stirbt, selbst krank wird, nicht mehr tätig sein mag oder sonst verhindert ist. *113*

---

161 BayObLG BB 1993, 746.

162 So Walter ZEV 2003, 452.

163 Petersen Jura 1999, 401; OLG Köln NJW-RR 1996, 212 (Bauunternehmer/Architekt).

164 Reetz in Beck'sches Notarhandbuch Teil F Rz. 37 meint, dass die Untervollmacht regelmäßig fortbesteht, wenn die Hauptvollmacht erlischt.

1. Bedingte Ernennung im Außenverhältnis (d.h. in der Vollmachtsurkunde)

114 Der Vollmachtgeber kann die Ernennung der Ersatzperson in der Urkunde vornehmen. Die Formulierung scheint ein Problem zu sein. So wird z.B. folgende Formulierung vorgeschlagen: „Für den Fall der *Verhinderung* des Bevollmächtigten X benenne ich als Ersatzbevollmächtigten den Y...". Das ist unklar. (1) Was ist genau Verhinderung? Liegt sie schon vor, wenn der Hauptbevollmächtigte eine zweitägige Bergwanderung unternimmt und das Handy ausgeschaltet hat? Wenn der Grund, also die Verhinderung, weggefallen ist, ist dann X wieder Bevollmächtigter? (2) Es handelt sich um eine **bedingte Vollmacht**. Geht der Ersatzbevollmächtigte mit der Vollmacht zur Bank, um Geld zu überweisen, wird die Bank sich weigern. Wie soll dem Rechtsverkehr (also der Bank) nachgewiesen werden, dass die Bedingung (also die Verhinderung des Hauptbevollmächtigten) eingetreten ist? Denkbar ist, dass der Hauptbevollmächtigte eine Bestätigung ausstellt, dass der Verhinderungsfall eingetreten ist. Aber zum einen liegt es (je nach Wortlaut der Vollmacht) u.U. nicht in seinem Kompetenzbereich, den Eintritt des Verhinderungsfalles festzustellen; zum andern müsste der Hauptbevollmächtigte, falls er sich weigert, auf Abgabe einer entsprechenden Erklärung verklagt werden.

Bei der Bestellung der Ersatzperson „für den Fall des Todes des Bevollmächtigten" tauchen diese Probleme nicht auf; denn der Tod könnte durch eine Sterbeurkunde nachgewiesen werden. Aber diese Ersatzregelung ist lückenhaft. Was gilt, wenn der Hauptbevollmächtigte selbst krank geworden ist oder einfach nichts tut, weil er nicht mehr mag, keine Zeit hat? Dann wäre die Bedingung nicht eingetreten.

2. Beschränkung nur im Innenverhältnis

115 Die notarielle Praxis[165] empfiehlt meist, dass dem Haupt- und dem Ersatzbevollmächtigten **jeweils unbedingte Einzelvollmachten** und dementsprechende Urkunden erteilt werden. Im Innenverhältnis zwischen den beiden Bevollmächtigten und dem Vollmachtgeber wird vereinbart, wer ab wann im Außenverhältnis tätig werden darf. Damit steigt allerdings die Missbrauchsgefahr und es ist kompliziert und teuer.

---

165 Horn/Sticherling § 1 Rn. 35; Müller/Renner Rn. 651; Keilbach DNotZ 2004, 164/170; Bühler BWNotZ 1990, 1/3.

X. Anordnung der Geltung der Vollmacht über den Tod hinaus

1. Wenn der Vollmachtgeber keine Regelung getroffen hat

Grundsätzlich wird (widerlegbar) vermutet, dass das Grundverhältnis (meist Auftrag; §§ 672 S. 1, 675 I BGB) sowie die erteilte Vollmacht trotz Tod des Vollmachtgebers bestehen bleiben (§ 168 S. 1 BGB).[166] Weil dies nur eine Vermutung ist, kommt es letztlich auf die Auslegung des Willens des Vollmachtgebers an, ob die Vollmacht fortbesteht oder nicht (vgl. Rz. 259). Deshalb ist eine Regelung durch den Vollmachtgeber dringend anzuraten. *116*

2. Wenn der Vollmachtgeber eine Regelung getroffen hat

Ordnet der Vollmachtgeber ausdrücklich oder stillschweigend an, „die Vollmacht erlischt mit meinem Tod", dann ist die Wirkung der Vollmacht mit dem Tod beendet. *117*

Ordnet er Fortgeltung an (zur Gefahr einer solchen Regelung vgl. Rz. 263), dann gilt die Vollmacht weiter.

Soll die Vollmacht zu Lebzeiten und noch nach dem Tod gelten, spricht man von einer **transmortalen Vollmacht;** soll sie erst ab dem Tod gelten, wird sie als **postmortale Vollmacht** bezeichnet. Der Unterschied liegt also nur im Wirkungsbeginn. Die Vorsorgevollmacht soll ihrem Wesen nach schon zu Lebzeiten bei Hilfsbedürftigkeit verwendet werden, so dass sie – wenn überhaupt – eine transmortale Vollmacht sein kann.

Eine Vollmacht über den Tod hinaus kann eine eventuelle Nachlasspflegschaft (§§ 1960, 1961 BGB) entbehrlich machen, wenn dann das Bedürfnis fehlt.[167] Auch ein Erbschein kann entbehrlich sein (z. B. wenn nur Bankvermögen, aber kein Grundstück vorhanden ist).[168] Auch die Anordnung einer Testamentsvollstreckung durch den Erblasser kann sich erübrigen, wenn die Aufgaben einem Bevollmächtigten übertragen werden (Rz. 118). Jedoch besteht Missbrauchsgefahr, der man durch Befristungen und Beschränkungen begegnen sollte.

Seit **2023** endet die Wirkung einer *behördlichen* Beglaubigung (Betreuungsbehörde) mit dem Tod des Vollmachtgebers (§ 7 I 2 BtOG). Eine *notarielle* Beglaubigung dagegen wirkt auch ab 2023. Das hat nur Bedeutung, wenn Grundstücke vorhanden sind oder sonst eine öffentliche Beglaubigung für das Grundbuchamt oder Handelsregister erforderlich ist. Sonstige Wirkungen der behördlichen Beglaubigung, z. B. gegenüber Banken, Behörden,

---

166 Weidlich ZEV 2016, 57.

167 KG ZEV 1999, 395.

168 Zimmer ZEV 2013, 307.

Versicherungen oder Ärzten, bleiben erhalten. Ebenso ist es bei Vorsorgevollmachten, die weder von einem Notar noch von Betreuungsbehörde beglaubigt sind, sie sind sowieso gegenüber dem Grundbuchamt nicht brauchbar. Vgl. Rz. 52a.

3. Ernennung des Bevollmächtigten zum Testamentsvollstrecker

118 Die **Erben** (sowie der Testamentsvollstrecker[169]) **können die Vollmacht widerrufen;** eine Testamentsvollstreckung können die Erben nicht widerrufen. Die Erben können einem Dritten (auch einem der Miterben) die Verwaltung des Nachlasses übertragen[170] und eine Vollmacht erteilen, die nur aus wichtigem Grund widerruflich ist und in der sie sich verpflichten, nicht in seine Geschäftsführung einzugreifen (denn grundsätzlich können Vollmachtgeber neben dem Bevollmächtigten handeln). Eine Testamentsvollstreckung dagegen können die Erben selbst nicht anordnen.

Jeder Miterbe kann die Vollmacht für seine Erbquote widerrufen. Der Erblasser kann aber seinem Testament den Miterben zur **Auflage** (§ 2192 BGB) machen, die Vollmacht, die er einem der Miterben zur Verwaltung des Nachlasses über den Todd hinaus erteilte, nicht zu widerrufen.[171]

Eine Vollmacht kann die **Zeitspanne zwischen dem Erbfall und der Erteilung des Erbscheins** absichern, weil ab dem Erbfall die Erben die Vollmacht rechtlich gesehen widerrufen können und ab Erteilung des Erbscheins auch ein Streit, wer Erbe und daher widerrufsberechtigt ist, wenig Aussicht auf Erfolg hat. Wird der Bevollmächtigte zugleich zum Testamentsvollstrecker bestellt (was aber im Testament erfolgen muss), wird dessen Rechtsstellung verstärkt und seine Handlungsfähigkeit zeitlich verlängert.

Die Vollmacht verliert ihre Wirkung nicht dadurch, dass der **Erbschein** erteilt wird. Ist A bevollmächtigt und werden nach dem Tod des Vollmachtgebers A, B und C **Miterben**, dann behält A seine Stellung und er kann (bis zum Widerruf seiner Vollmacht durch B und C) auch über die Miterbenanteile von B und C verfügen, aber natürlich nicht über deren sonstiges Privatvermögen. Lautet der Erbschein dahin, dass A **Alleinerbe** ist, hat A nun eine doppelte Rechtsstellung; sowohl Bevollmächtigter wie Alleinerbe (vgl. Rz. 262).

Liegt eine Vollmacht mit Wirkung über den Tod hinaus vor, zeigt sich bei Testamentseröffnung aber, dass der Vollmachtgeber = Erblasser **eine andere Person zum Testamentsvollstrecker ernannt** hat (meist wurde die Vollmacht oder das Testament vergessen!), dann haben u. U. zwei verschiedene Personen dieselben oder sich teilweise überschneidende Befugnisse; es gibt Streit. Eine postmortale Vollmacht, die r jedenfalls noch nicht widerrufen

---

169 Zimmer NJW 2022, 3392.

170 Zu solchen Verträgen vgl. Welter MittRhNotK 1986, 140.

171 Grüneberg/Weidlich § 2192 Rn. 3.

worden ist, kann grundsätzlich auch im Außenverhältnis selbständig neben der Testamentsvollstreckung stehen und dem Vollmachtnehmer eigenständige, vom Erblasser und nicht vom Testamentsvollstrecker abgeleitete Befugnisse verleihen. Für das Verhältnis der beiden konkurrierenden Machtbefugnisse gibt es **keine festen Regeln**, es kann nur im Einzelfall durch Auslegung ermittelt werden.[172] Im Allgemeinen will keiner, dass mehrere Personen konkurrierende Befugnisse haben. Der Testamentsvollstrecker kann die Vollmacht widerrufen, wenn sein Aufgabenbereich nicht insoweit vom Erblasser beschränkt wurde (§ 2208 BGB).

Die Rechte des Testamentsvollstreckers sind auf den Nachlass beschränkt (vgl. § 2205 S. 1 BGB); überträgt der Erblasser ihm auch andere Aufgaben, z. B. die Totenfürsorge, ist er insoweit nur Bevollmächtigter.

119

Testamentsvollstreckung	**Vollmacht**
Anordnung und Ernennung durch handschriftliches oder notarielles Testament bzw. Erbvertrag (§§ 2197 ff. BGB)	Jede Form ist ausreichend, Schriftform zweckmäßig
Testamentsvollstrecker ist Inhaber eines Amts, er hat den letzten Willen des Erblassers umzusetzen	Bevollmächtigter gilt nach dem Tod des Erblassers als Bevollmächtigter der Erben
Amtsbeginn nicht schon mit dem Tod des Erblassers, sondern erst mit Annahme des Amts (§ 2202 BGB)	Amtsbeginn (bei transmortaler Vollmacht) mit Erteilung und Fortdauer nach dem Tod
Testamentsvollstreckung durch Erben nicht widerruflich	Vollmacht durch Erben widerruflich, ab Annahme des TV-Amts auch durch den Testamentsvollstrecker
Nur Handlungsbefugnis des Testamentsvollstreckers (§ 2205 BGB), keine Befugnis der Erben oder ihren Bevollmächtigtem soweit Überschneidungen vorliegen	Konkurrierende Handlungsbefugnis der Erben und des Bevollmächtigten
Schutz des Nachlasses vor den Erben und den Eigengläubigern der Erben (§ 2214 BGB)	Kein derartiger Schutz
Befugnisse des Testamentsvollstreckers gem. §§ 2205 ff. BGB und Anordnungen des Erblassers (keine Schenkungen; keine weitergehenden Verpflichtungen, § 2206 BGB)	Befugnisse des Bevollmächtigten gemäß eingeräumter Vollmacht (u. U. auch für Schenkungen, Verpflichtungen über den Nachlass hinaus)
Testamentsvollstreckung endet i. d. R. spätestens nach 30 Jahren, § 2210 BGB	Keine gesetzliche Zeitgrenze

172 BGH NJW 2022, 3436; dazu Zimmer NJW 2022, 3392.

120 **Form der Ernennung.** Während die Vollmacht keine bestimmte Form voraussetzt, aber meist schriftlich erfolgt (bei Vorsorgevollmacht ist teils die Schriftform zwingend, § 1820 II BGB), kann die Testamentsvollstreckung nur durch eigenhändiges Testament (handschriftlich geschrieben und unterschrieben; § 2247 BGB) oder Testament zu Niederschrift eines Notars (§§ 2331, 2332 BGB) oder einseitig im Erbvertrag angeordnet werden. Der Testamentsvollstrecker kann vom Erblasser ernannt werden, der Erblasser kann ferner einen Dritten oder das Nachlassgericht beauftragen, einen Testamentsvollstrecker auszuwählen und zu ernennen (§ 2200 BGB).

XI. Bestellung mehrerer Bevollmächtigter

121 Rund 40 % der bei der Bundesnotarkammer registrierten Vollmachten weisen mehrere Bevollmächtigte auf: ca. 26 % zwei Bevollmächtigte, ca. 11 % drei und ca. 2 % sogar mehr als drei Bevollmächtigte.[173]

1. Mehrere Bevollmächtigte mit gleichem Aufgabenkreis

122 Hier muss unterschieden werden, ob die mehreren Bevollmächtigten nur gemeinsam handeln können sollen (**Gesamtvertretung**) oder jeder für sich (**Einzelvertretungsbefugnis**). Oft sollen alle Kinder oder die Kinder mit dem Ehegatten gleichzeitig bevollmächtigt werden, damit sich keiner zurückgesetzt fühlt. Streit ist vorprogrammiert.

a) Einzelvertretungsbefugnis

123 Teils wird vorgeschlagen, mehrere Bevollmächtigte mit Einzelvertretungsbefugnis (im Außenverhältnis) zu bestellen. „Ich bevollmächtige meine Ehefrau … und meinen Sohn …, je *einzeln*, mich in allen Vermögensangelegenheiten … zu vertreten.“

Das hat den Vorteil, dass jeder allein handeln kann und dass die Verhinderung eines Bevollmächtigten keine nennenswerten Probleme bereitet.

Schwerer wiegen die Nachteile: Wenn die beiden Mit-Bevollmächtigten nicht kooperieren, kann der eine die Weisungen des anderen widerrufen. Hat der Versicherungsagent bei der Ehefrau erfolglos versucht, eine überflüssige Versicherung aufzureden, probiert er es beim Sohn, nun vielleicht mit Erfolg. Das Umfeld kann die beiden Bevollmächtigten geschickt gegeneinander ausspielen. Hat der Sohn eine Operation des Vaters erlaubt und besucht die Ehefrau den Vollmachtgeber (Ehemann) im Krankenhaus, kann sie die Erlaubnis widerrufen. Kommt der Sohn anschließend zu Besuch, kann er sie wieder erteilen.

173 Quelle: Jahresberichte 2005 und 2008 der Bundesnotarkammer.

Im Übrigen stellt sich die Frage, **ob der eine Bevollmächtigte die Bevollmächtigung des anderen widerrufen** kann[174] (vgl. Rz. 235). Es muss geregelt werden, dass ein solcher Widerruf nicht zulässig ist. Rechtssicherheit ist auf diese Weise schwer erreichbar.

b) Gesamtvertretung

Hier können die mehreren Bevollmächtigten (im Außenverhältnis) *nur gemeinsam* handeln. Das sichert den Vollmachtgeber, weil einer allein nichts machen kann; werden alle volljährigen Kinder gemeinsam bevollmächtigt, dann wird ferner möglicherweise verhindert, dass sich ein Kind zurückgesetzt fühlt. Die Verwaltung wird aber umständlich, schwerfällig, wenn nur alle gemeinsam handeln können; jede Banküberweisung, selbst über einen Kleinbetrag, braucht dann zwei oder mehr Unterschriften (außer die Bevollmächtigten erteilen sich wechselseitig Untervollmacht). Herrscht Uneinigkeit unter den Bevollmächtigten, blockieren sie sich gegenseitig und es kann nichts mehr geschehen. Hier kann nur geholfen werden, indem das Betreuungsgericht informiert wird, das dann einen Kontrollbetreuer nach § 1820 BGB bestellen kann; dieser Kontrollbetreuer kann hierauf die Vollmacht widerrufen. *124*

Wegen der schwierigen Verwendbarkeit der Vollmacht mit Gesamtvertretung schlägt die **notarielle Praxis** vor, dass die mehreren Bevollmächtigten im Regelfall nach außen jeweils allein vertretungsberechtigt sein sollen.[175] Nur für gewichtige Vertretungsfälle wie Verfügungen über Grundbesitz solle eine Gesamtvertretung angeordnet werden. Im Innenverhältnis könne eine Reihenfolge darüber festgelegt werden, wer von mehreren Bevollmächtigten in erster Linie nach außen auftreten soll.[176]

c) Wechselseitige Bevollmächtigungen

Manchmal bevollmächtigen sich Ehegatten in *einer* Urkunde gegenseitig und erteilen in dieser Urkunde auch einem oder mehreren Kindern eine Vorsorgevollmacht.[177] Das ist unzweckmäßig, weil unklar ist, welche Auswirkungen es hat, wenn der eine Ehegatte die Vollmacht (heimlich) widerruft. *125*

---

174 Das ist i. d. R. nicht zulässig, OLG Karlsruhe NJW-RR 2022, 436.

175 Vgl. Langenfeld, Vorsorgevollmacht S. 77; Walter, Vorsorgevollmacht S. 172; Müller/Renner Rz. 647.

176 Bühler FamRZ 2001, 1585/1597 (Formular).

177 Bühler FamRZ 2001, 1585/1596 (Formular).

2. Mehrere Bevollmächtigte mit verschiedenen Aufgabenkreisen

126 Die Bevollmächtigten können für getrennte Aufgabenbereiche benannt werden, etwa für den Unternehmensbereich, für die Vermögensverwaltung oder für den personalen Bereich. Bei gewichtigen Geschäften (z. B. Grundstücksverfügungen) kann gemeinsames Handeln vorgeschrieben werden.

XII. Vorsorgevollmacht von Unternehmern[178]

127 Ein „Unternehmer" im weitesten Sinn kann durch Krankheit, Alter oder Unfall für längere Zeit ausfallen. Gemeint sind hier Inhaber von Einzelfirmen, Allein-Geschäftsführer (und zugleich Allein-Gesellschafter) von Ein-Personen-GmbH und GmbH & Co KG. In solchen Fällen kann es, wenn die weiteren Voraussetzungen des § 1814 BGB vorliegen (Rn. 1), zur Anordnung einer Betreuung kommen. Folge ist, dass eine möglicherweise ungeeignete Person plötzlich unternehmerische Entscheidungen trifft und dieser Betreuer in zahlreichen Fällen (z. B. bei Kreditaufnahme, selbst bei geringen Beträgen) die Genehmigung des Betreuungsgerichts braucht. Ist eine solche Betreuung unerwünscht, sollte sie (soweit möglich, Rn. 324 ff.) durch eine Vorsorgevollmacht verhindert werden. Diese Vollmacht hat insofern Besonderheiten, als sie sich (auch) auf ein Unternehmen bezieht, so dass größere Haftungsgefahren bestehen (Haftung gegenüber dem wieder genesenen Unternehmer, gegenüber seinen Erben). Außerdem bereitet es Schwierigkeiten, einen persönlich und fachlich geeigneten Bevollmächtigten zu finden.

Langenfeld[179] schlägt die Erteilung einer Generalvollmacht vor. Weiterhin soll eine nur für das Innenverhältnis geltende Handlungsanweisung des Vollmachtgebers an den Bevollmächtigten erfolgen. Darin soll z. B. angeben werden, ob das Unternehmen fortgeführt, veräußert oder liquidiert werden soll. Ferner ist gegebenenfalls ein Prokurist zu bestellen (§ 49 HGB); eine Bestellung unter einer Bedingung ist nicht möglich.

Da der Bevollmächtigte bzw. Prokurist die Einzelfirma verpflichten kann und damit letztlich auch das Privatvermögen ruinieren kann, was nicht erwünscht ist, kann ein Rechtsformwechsel erwogen werden. Das Firmenvermögen wird gegebenenfalls in eine GmbH überführt, Gesellschafter ist der behinderte Unternehmer, vertreten durch den Bevollmächtigten; es wird ein GmbH-Geschäftsführer bestellt.

---

[178] Langenfeld ZEV 2005, 52; Horn/Hölscher § 3; Reymann ZEV 2005, 457 u. 514; 2006, 12; Jocher notar 2014, 3; Zecher ZErb 2009, 316; Schäfer ZHR 2011, 557; Selzener/Baumann RNotZ 2015, 605.

[179] Langenfeld ZEV 2005, 52, mit Formulierungsvorschlägen.

Ist der Unternehmer Mitgesellschafter einer GmbH, ist in einer schriftlichen Generalvollmacht die Erteilung einer Stimmrechtsvollmacht (§ 47 III GmbHG) inbegriffen. Im Einzelfall, wenn eine besondere rechtliche Prüfung des Einzelfalls vorliegt, kann die Tätigkeit des Bevollmächtigten unter das Rechtsdienstleistungsgesetz (RDG) fallen.[180] Da aber die Satzung der GmbH Einschränkungen bezüglich der Vertretung enthalten kann, ist sie zuvor zu überprüfen und gegebenenfalls zu ändern.

Bei bestimmten **Freiberuflern** scheidet eine Weiterführung durch Personen, die die entsprechende formale Qualifikation nicht haben, aus. Bei Rechtsanwälten, Steuerberatern, Wirtschaftsprüfern führt der Eintritt der Geschäftsunfähigkeit usw. zum Widerruf der Zulassung (§ 14 II Nr. 3 BRAO; § 46 II Nr. 7 StBerG; § 20 II Nr. 4 WPO); ähnlich ist es bei Apothekern, Ärzten, Zahnärzten.

XIII. Vollmachten für Bankgeschäfte[181]

Banken und Sparkassen erwarten meist, dass die Vollmacht auf **hauseigenen** *128*
Formularen erteilt wird, dass der Vollmachtgeber also bei der Bank deren Formular unterschreibt, dort zurücklässt und damit eine sog. Außenvollmacht erteilt. Das hat zum einem für die Bank den Vorteil, dass sie standardisiert und damit kostengünstiger arbeiten kann. Ferner holt sich die Bank in den Formularen die für sie günstigste Rechtsstellung heraus (z. B. dass die Vollmacht nicht mit dem Tod des Kontoinhabers erlischt), was aber nicht immer zum Vorteil des Vollmachtgebers ist. Die Bank kann die Verwendung ihres Formulars nicht verlangen,[182] auch nicht die Erteilung in Form der Außenvollmacht. Allerdings kann sie die **Unterschrift** unter sonstigen Vollmachten anzweifeln (Geschäftsfähigkeit, Fälschung), wenn sie weder von einem Notar noch von der Betreuungsbehörde beglaubigt sind, was angesichts der Haftungsgefahr nachvollziehbar ist; dann muss notfalls der Bevollmächtigte gegen die Bank auf Feststellung, dass er vertretungsberechtigt ist (§ 256 ZPO), klagen.[183]

Wird von einer postmortalen Vollmacht Gebrauch gemacht, hat die Bank die ihr erteilten Weisungen grundsätzlich unverzüglich und vorbehaltlos auszuführen, es sei denn, dass der Bevollmächtigte in ersichtlich verdächtiger Weise von der Vollmacht Gebrauch macht. Die Bank ist nicht berechtigt

180 Vgl. Werner ErbR 2022, 674,

181 Dazu Tersteegen NJW 2007, 1717; Zimmermann BKR 2007, 226; Platz, Die Vorsorgevollmacht in der Bank- und Sparkassenpraxis, 2007.

182 Tut sie es trotzdem, haftet sie auf Ersatz der Anwaltskosten, LG Detmold ZEV 2015, 353.

183 Zur Haftung der Bank bei Ablehnung einer Überweisung wegen zweifelhafter Vollmacht vgl. OLG Karlsruhe BKR 2007, 211 = BeckRS 2006, 14652.

oder verpflichtet, die Zustimmung des Erben abzuwarten oder durch Zuwarten den Widerruf der postmortalen Vollmacht zu ermöglichen.[184]

Die einem Ehepartner erteilte „transmortale" Kontovollmacht (d.h. Vollmacht zu Lebzeiten und über den Tod hinaus) berechtigt grundsätzlich weder zu Lebzeiten des Erblassers noch nach seinem Tod zur Umschreibung des Kontos auf den Bevollmächtigten.[185] Denn Kontovollmacht gibt dem Bevollmächtigten, der selbst nicht Mitinhaber eines Oder-Kontos ist, im Allgemeinen nicht das Recht, **das Konto** ohne Beteiligung des Vollmachtgebers **aufzulösen** oder auf eine andere Art und Weise in dessen Vertragsstellung einzugreifen. Im Fall schrieb die Bank das Konto nach dem Tod des Ehemannes auf die bevollmächtigte Witwe um, löste es also auf; Alleinerbe war aber der Sohn. Zulässig wäre es dagegen gewesen, das Konto bestehen zu lassen und lediglich das Guthaben zu überweisen (!).

Nach dem **Geldwäschegesetz** (§ 2 I 1) hat ein Bankinstitut bei Abschluss eines Vertrages zur Begründung einer auf Dauer angelegten Geschäftsbeziehung den Vertragspartner zu identifizieren; deshalb kann die Bank verlangen, dass der Bevollmächtigte bei Eröffnung eines Kontos etc. die Vollmacht und seinen Ausweis vorlegt und kopieren lässt.

Ist nach dem Text der Vollmacht diese bei den jeweiligen Verfügungen im Original vorzulegen, kann der Bevollmächtigte nur mit Schwierigkeiten am Online-Banking teilnehmen und eine EC-Karte auf den Namen des Vollmachtgebers erhalten.

XIV. Verwendung von Formularen

129 Es gibt hunderte von Musterformularen für Vorsorgevollmachten, in Büchern, Broschüren und Zeitschriften sind sie abgedruckt. Manche sind brauchbar, viele sind rechtlich bedenklich,[186] einige sind falsch, viele stammen von anonymen Verfassern mit unbekannter juristischer Qualifikation. Das Problem ist u.a., dass der Laie die Tragweite einer Formulierung nicht erkennen kann, er kann nicht abschätzen, welche Risiken er eingeht. Mit dem Satz „Der Bevollmächtigte ist von § 181 BGB befreit" kann der Laie beispielsweise nichts anfangen. Oft spiegeln die Formulare die private Sicht dessen wider, der das Formular entworfen hat;[187] der Vollmachtgeber aber hat ganz andere Bedürfnisse und (finanzielle) Verhältnisse, ein anderes Umfeld, das Formular passt *für ihn* nicht.

---

184 BGH NJW 1995, 250.

185 BGH NJW-RR 2009, 979 (es ging um 3.874 €); a.A. OLG Hamm NJW/RR 1995, 564.

186 Vgl. Wolfsteiner NJW 1996, 2417; Baumann NJW 2418; Weise NJW 1996, 2418.

187 v. Looz BtPrax 2002, 179.

Jedenfalls ist es bedenklich, durch **Ankreuzen von ja" bzw. „nein"** lebenswichtige Entscheidungen zu treffen oder sein Vermögen völlig anderen Personen anvertrauen zu dürfen. Bei Testamenten ist die handschriftliche Form zwingend, bei Vorsorgevollmachten begnügt sich der Staat mit Formlosigkeit, nur um die Zahl der Betreuung und damit die Kosten zu verringern.

G. Der Bevollmächtigte und seine Rechtsstellung

I. Geeignete Bevollmächtigte

Das Hauptproblem bei der Vorsorgevollmacht ist, einen geeigneten Bevoll- *130*
mächtigten zu finden. Die öffentliche Propaganda für die Vorsorgevollmacht streift diese Frage nur. Die Erteilung einer Vollmacht hat Risiken zur Folge, die nicht vollständig beseitigt werden können; ein Risiko kann nicht ausgeschlossen werden. Unterschlagung von Wertgegenständen, fehlende Qualifikation, Untätigkeit kommen durchaus vor. Ist der Bevollmächtigte mittellos oder kommt er in wirtschaftliche Schwierigkeiten, ist die Gefahr, dass er sich „vorübergehend" am Vermögen des Vollmachtgebers bedient, groß.

Der ausgewählte Bevollmächtigte sollte **ausreichend Zeit** für seine Tätigkeit haben, in der Nähe wohnen, ausreichende Kenntnisse der wirtschaftlichen und rechtlichen Probleme, die er bewältigen soll, das Vertrauen des Vollmachtgebers und ein Alter haben, das vermuten lässt, dass er die Arbeit noch längere Zeit durchführen kann.[188] In der Regel kommen nur Personen in Frage, die man schon längere Zeit genauer kennt, die man deshalb für vertrauenswürdig hält, die ihre eigenen Angelegenheiten regeln können. Privatpersonen, die sich als Bevollmächtigte aufdrängen, sind mit Vorsicht zu behandeln. Um zu verhindern, dass die ausgewählte Person später die Tätigkeit empört ablehnt, sollte man sich zuerst erkundigen, ob überhaupt Bereitschaft dazu besteht. Dabei sollte, insbesondere wenn es um Vermögensverwaltung geht, auch die **Frage der Vergütung** angesprochen werden.

Eine besondere Schwierigkeit ergibt sich daraus, dass die Vorsorgevoll- *131*
macht oft erst **nach Jahren aktuell** wird. Man verfasst als 60-jähriger eine Vollmacht und setzt B ein; nach 25 Jahren tritt der Betreuungsfall ein, nun ist B weggezogen oder bereits gestorben, das frühere enge Vertrauensverhältnis ist entfallen. Setzt einer seine **Lebensgefährtin** ein, trennt man sich dann und tritt nach einigen Jahren der Vorsorgefall ein, bleibt die Vollmacht bestehen und die Verlassene kann nun finanzielle Verfügungen vornehmen. Der Vollmachtgeber hätte die Vollmacht widerrufen müssen und gegebe-

---

188 Klie/Bauer FPR 2004, 671.

nenfalls die Vollmachtsurkunde zurückfordern sollen; daran denkt man natürlich nicht.

132 Wird ein **naher Angehöriger**, z.B. eines von mehreren Kindern, bestellt, fühlen sich die anderen Angehörigen möglicherweise übergangen; hier muss der ausgewählte Bevollmächtigte den sich daraus ergebenden familiären Problemen gewachsen sein, darf nicht überfordert werden.

Wird ein Berufsträger zum Bevollmächtigten bestellt, z.B. ein Rechtsanwalt, muss die Frage der Vergütung ausreichend geklärt werden. Aber auch einem Angehörigen kann oft nicht zugemutet werden, jahrelang umfangreich tätig zu werden, ohne irgendwie vergütet zu werden.

133 Die **Sicht des Bevollmächtigten** wird oft nicht thematisiert. Liegt keine Vergütungsvereinbarung vor, also „nur" ein Auftrag, soll er jahrelang verantwortungsvoll tätig sein, sich mit den misstrauischen Angehörigen streiten, um den Ersatz seiner Auslagen kämpfen müssen (die Erben verlangen später die Vorlage von Belegen für jede Kleinigkeit), bekommt keine Vergütung, haftet aber selbst für leichte Fahrlässigkeit. Zum Ausgleich kann er allerdings jederzeit (aber nicht zur „Unzeit") die weitere Tätigkeit ablehnen, **sein „Amt" niederlegen**. Dann kommt es zur Anordnung einer Betreuung, wenn die Voraussetzungen des § 1814 BGB vorliegen.

II. Ungeeignet: Die in § 1816 VI BGB genannten Personen

134 Aus § 1814 III 2 BGB folgt, dass eine Betreuung trotz Vorsorgevollmacht auch dann erforderlich sein kann, wenn zwar eine Vorsorgevollmacht vorliegt, der Bevollmächtigte aber zu den in § 1816 VI BGB bezeichneten Personen gehört. Das sind alle Personen, die zu einem Träger von Einrichtungen oder Diensten, der in der Versorgung des Volljährigen (d.h. des Vollmachtgebers) tätig ist, in einem Abhängigkeitsverhältnis oder in einer anderen engen Beziehung steht; ausgenommen ist der Fall, dass „im Einzelfall die konkrete Gefahr einer Interessenkollision nicht besteht".

Die Vorschrift soll mögliche **Interessenkonflikte** vermeiden. Der Angestellte des Heims steht in einer Konfliktsituation: Nimmt er die Interessen des Vollmachtgebers energisch gegenüber der Altenheimleitung wahr, macht er sich dort zumindest unbeliebt bzw. wird bei passender Gelegenheit gekündigt. Duldet er Missstände, verstößt er gegen die Interessen des Vollmachtgebers.

Beispiel: V hatte seiner Tochter B früher einmal eine Vorsorgevollmacht erteilt. Dann zieht V in ein Altenheim, das von der Caritas betrieben wird. Die B ist dort im Büro angestellt. Später wird V betreuungsbedürftig (§ 1814 I BGB). Das hat zwei Auswirkungen: Die Vollmacht kann die Betreuung nicht verhindern. Die B darf vom Betreuungsgericht nicht umfassend zur Betreuerin bestellt werden (§ 1816 VI BGB). Es wird also eine andere Person zum Betreuer bestellt.

Es gibt folgende Möglichkeiten, das Problem zu lösen: (1) Die B kündigt bei der Caritas und arbeitet woanders. Dann hindert ihre Vollmacht die Anordnung einer Betreuung. (2) Die B nimmt ihren Vater V aus dem Caritas-Altenheim und bringt ihn in das Heim eines anderen Heimträgers.

§ 1816 VI BGB erklärt **solche Vollmachten nicht für unwirksam,**[189] ein *135* Fall des § 134 BGB liegt nicht vor. Wenn nun trotz Vollmacht ein Betreuer bestellt wird, dann bestehen zwei Vertretungsverhältnisse nebeneinander: Der Betreuer ist gesetzlicher Vertreter (§ 1823 BGB), der Bevollmächtigte rechtsgeschäftlicher Vertreter. Diese Konkurrenz ist problematisch. Sie ist dadurch zu lösen, dass der Betreuer nur für die Vertretung gegenüber dem Heim etc. bestellt wird, der Bevollmächtigte z. B. für die Vermögensverwaltung aber weiterhin Vertreter bleibt. Erscheint das unzweckmäßig und wird der Betreuer mit vollem Aufgabenkreis bestellt, kann er von der Bevollmächtigten verlangen, dass sie von der Vollmacht keinen Gebrauch macht, also keine konkurrierenden Geschäfte vornimmt und zur Absicherung die Herausgabe der Vollmachtsurkunde verlangen (eine solche **Suspendierung** könnte seit 2023 auch das Betreuungsgericht beschließen, § 1820 IV BGB). Der Betreuer kann die **Vollmacht** aber **nicht ohne weiteres widerrufen,** weil sie wieder zum Tragen kommt, wenn die Bevollmächtigte beispielsweise ihren Arbeitsplatz ändert und nun z. B. beim Finanzamt arbeitet. Dann ist die Betreuung aufzuheben, weil sie nicht mehr erforderlich ist. Die Bevollmächtigte kann dann ihre Rechte wieder ausüben. Ein Widerruf der Vollmacht bedürfte (seit 2023) ferner der **Genehmigung des Betreuungsgerichts** (§ 1820 V 2 BGB).

Ob eine **juristische Person** (oder eine BGB-Gesellschaft) dergestalt zur *135a* **Bevollmächtigten** bestellt werden kann, dass dadurch eine Betreuung ausscheidet, ist zweifelhaft, weil die Gleichwertigkeit mit der Betreuung (§ 1814 III Nr. 1 BGB: „gleichermaßen“) fehlt. Nach § 19 II BtOG sind Berufsbetreuer „natürliche Personen“; in Widerspruch dazu können Betreuungsvereine (eV) zu Betreuern bestellt werden. Für Vermögensverwaltung dürfte es zulässig sein, aber nicht für die sonstigen personenrechtlichen Angelegenheiten wie Gesundheitssorge, Unterbringung, Sterbehilfe.[190] Man hat „Ver-

[189] Siegel/Kraus DNotZ 2022, 906.

[190] Walter S. 61. A. A. Bienwald/Reh § 1820 Rn. 10: juristische Person kann allseits Bevollmächtigte sein, ausgenommen nur § 51 III ZPO.

trauen“ zu einer bestimmten natürlichen Person, aber nicht zu einer GmbH, AG, KG usw.; hier können die Eigentümer der Gesellschaft und Bezugspersonen dauernd wechseln, ein enger Bezug scheidet aus.[191]

III. Erteilung einer Vollmacht an den Betreuer

136 Ist die Betreuung nur für einen Teil der Angelegenheiten angeordnet worden (z.B. nur für die Gesundheitsangelegenheiten), kann der Betreute für den anderen Teil (z.B. die Vermögensangelegenheiten) dem Betreuer oder einer anderen Person Vollmacht erteilen, *wenn* er noch geschäftsfähig ist. Umstritten ist hingegen, ob der Betreute, für den kein Einwilligungsvorbehalt (§ 1825 BGB) besteht, bei Geschäftsfähigkeit auch *seinem* Betreuer Vollmacht erteilen kann und zwar für Bereiche, für die die Betreuung angeordnet wurde. Soweit sich der **Aufgabenkreis als Betreuer und der Umfang der Vollmacht decken**, müsste an sich die Betreuung als überflüssig vom Betreuungsgericht aufgehoben bzw. eingeschränkt werden. Bis zur Aufhebung hat die Vertretungsperson eine doppelte Kompetenz: Sie kann sowohl als Betreuer wie als Bevollmächtigter handeln.

Teils[192] wird die Auffassung vertreten, eine solche Vollmachtserteilung sei wegen der **Möglichkeit, Genehmigungserfordernisse zu umgehen**, unzulässig. Zumindest unterliege der Bevollmächtigte in diesen Fällen denselben Genehmigungserfordernissen wie ein Betreuer. Denn dem Schutzbedürfnis des Betroffenen könne nur durch die Annahme einer Beschränkung auch der rechtsgeschäftlich erteilten Vollmacht auf den Umfang der Betreuerberechtigung ausreichend Rechnung getragen werden.

Die h.M.[193] hält eine Vollmachtserteilung für zulässig, weil sich aus dem Gesetz nichts Gegenteiliges entnehmen lässt; wieso auch sollte der *geschäftsfähige* Betroffene jedem Dritten Vollmacht erteilen dürfen, aber gerade seinem Betreuer nicht.

Handelt die Vertretungsperson dann *als Bevollmächtigter*, unterliegt sie nach h.M.[194] nicht mehr den Schranken eines Betreuers. Beispiele: Als Betreuer kann er u.U. nur mit Genehmigung des Betreuungsgerichts über gesperrte Konten verfügen, als Bevollmächtigter braucht er keine Genehmigung; als Betreuer kann er nur mit Genehmigung des Betreuungsgerichts ein Grundstück veräußern (§ 1850 Nr. 1 BGB), als Bevollmächtigter mit

---

191 A.A. Lipp/Spalckhaver, Handbuch, § 11 Rz. 33 (eine juP könne uneingeschränkt Bevollmächtigter sein).

192 BT-Drucks. 11/4528 S. 135; OLG Köln FamRZ 2000, 1525 = NJW-RR 2001, 652.

193 MüKoBGB/Schneider § 1902 Rz. 10; Knittel § 1902 Rz. 39.

194 MüKoBGB/Schneider § 1902 Rz. 10; a.A. OLG Köln FamRZ 2000, 1525. Offen gelassen OLG Köln FamRZ 1997, 1424.

notarieller Vollmacht ist dies ohne Genehmigung möglich. Vor allen der Grundstücksfall kommt vor: Dem Notar ist die Betreuung nicht bekannt, ein Zentralregister für Betreuungen gibt es nicht; der Bevollmächtigte legt dem Notar eine notarielle Vollmacht vor, der Notar wird beurkunden, das Grundbuchamt wird die Rechtsänderung eintragen. Später taucht dann die Frage auf, ob der Betreute bei Vollmachtserteilung überhaupt noch geschäftsfähig war.

IV. Betreuungsvereine als Bevollmächtigte?

Eine Vollmacht kann sowohl einer natürlichen wie einer juristischen Person *137* erteilt werden. Deshalb kann man einem Betreuungsverein e.V. Vorsorgevollmacht erteilen. Die Frage ist lediglich, ob der Verein sich dann als Bevollmächtigter betätigen kann oder ob das Rechtsdienstleistungsgesetz (RDG) entgegensteht (Rn. 143) sowie das Honorar.

V. Einzelfragen zur Rechtsmacht des Bevollmächtigten

1. Vertretung im Prozess, z.B. im Zivilprozess[195]

Prozessfähig ist, wer geschäftsfähig ist (§ 51 I ZPO). Ist jemand nicht ge- *138* schäftsfähig, dann muss er durch einen gesetzlichen Vertreter vertreten werden, z.B. durch einen Betreuer mit einem entsprechenden Aufgabenkreis (§ 1823 BGB). Ein Bevollmächtigter genügt an sich nicht, da er kein *gesetzlicher* Vertreter ist. Deshalb wurde 2005 der § 51 III ZPO angefügt, der ab 2023 an die Reform angepasst wurde: Hat eine nicht prozessfähige Partei, die eine volljährige natürliche Person ist (= Vollmachtgeber), wirksam eine andere natürliche Person (= Bevollmächtigter) *schriftlich* mit ihrer gerichtlichen Vertretung bevollmächtigt, so steht diese Person einem gesetzlichen Vertreter gleich.

Weitere Voraussetzung ist, dass „die Bevollmächtigung geeignet ist, gemäß § 1814 III 2 Nr. 1 BGB die Erforderlichkeit einer Betreuung entfallen zu lassen". Der Satz soll sicherstellen, dass nur Fälle erfasst werden, in denen der Bevollmächtigte auch geeignet ist, die Vertretung des Betroffenen gleichermaßen wie ein Betreuer zu besorgen. Das ist eine missglückte Regelung,[196] denn es kann im Rahmen eines Zivilprozesses bei Prüfung der Wirksamkeit der Vollmacht nicht ernstlich geprüft werden, ob die Vertretung durch den Bevollmächtigten ebenso gut besorgt werden kann wie durch einen Betreuer. Kann der Bevollmächtigte handeln, besteht für die

---

195 Dazu Sachsen Gessaphe FS Bienwald S. 273ff.

196 Sonnenfeld FamRZ 2005, 941.

Bestellung eines Prozesspflegers durch das Prozessgericht nach § 57 ZPO kein Anlass.[197]

Hat der Vollmachtgeber in der Vorsorgevollmacht die Vertretung in gerichtlichen Verfahren ausgeschlossen (z. B. weil er im Formular „nein“ angekreuzt hat), steht einer Prozessführung die Prozessunfähigkeit des Betroffenen entgegen, solange für ihn nicht ein Betreuer bestellt wird, der ihn gerichtlich vertritt; in den Fällen des § 57 ZPO kann außerdem vom Prozessgericht ein Prozesspfleger bestellt werden. Ein Bedürfnis für eine Betreuung besteht aber erst, wenn ein Prozess bevorsteht; eine vorsorgliche Betreuerbestellung („es könnte ja sein …“) gibt es nicht.[198]

2. Vertretung in der Zwangsvollstreckung

139 Im Rahmen der Zwangsvollstreckung hat der Schuldner u. U. **die Auskunft** über den Bestand seines Vermögens oder den Bestand eines Nachlasses abzugeben und **eidesstattlich zu versichern** (§ 807 ZPO). Ist der Schuldner nicht geschäftsfähig, dann muss er durch einen gesetzlichen Vertreter (z. B. Betreuer) vertreten werden. Im Rahmen von § 51 III ZPO kann deshalb **auch der Bevollmächtigte** des Schuldners die **eidesstattliche Versicherung** abgeben,[199] es muss dazu kein Betreuer bestellt werden. Der Gerichtsvollzieher muss sich bei der Vollstreckung vergewissern, dass der Schuldner prozessfähig ist, was in der Regel durch Augenschein und Gespräch erfolgt. Ferner darf gegen den Bevollmächtigten des Schuldners keine Zwangshaft verhängt werden.[200]

3. Vertretung bei Annahme und Ausschlagung der Erbschaft

140 Hat der Vollmachtgeber eine Erbschaft gemacht, kann der Bevollmächtigte die **Erbschaft annehmen** (§§ 1942 ff. BGB), wenn seine Vollmacht so weit reicht; das ist der Fall, wenn ihm die Vertretung in Vermögensangelegenheiten übertragen ist.

Das Ausschlagungsrecht selbst ist zwar nicht übertragbar, der ausschlagende Erbe kann sich aber vertreten lassen, die Erklärung ist nicht höchstpersönlich. Deshalb kann der Bevollmächtigte die **Erbschaft ausschlagen,**[201] falls die Vollmacht dies beinhaltet; allerdings nicht aufgrund transmortaler

---

[197] OLG Koblenz BeckRS 2016, 11806.

[198] BGH NJW-RR 2015, 836 = FamRZ 2015, 1016.

[199] BGH NJW 2022, 393 (für Auskunftsvollstreckung, § 888 ZPO); BGH NJW 2020, 1143 (für Vermögensauskunft); Zimmermann DGVZ 2010, 221.

[200] BGH NJW 2022, 393.

[201] Zimmer ZEV 2013, 307; Grüneberg/Weidlich § 1945 Rz. 4; a. A. OLG Zweibrücken NJW-RR 2008, 239. Kritisch dazu Schmidt ZNotP 2008, 301. Vgl. Keim ZErb 2008, 260.

Vollmacht.[202] Der Bevollmächtige braucht dazu keine Genehmigung des Betreuungsgerichts (anders als der Betreuer, § 1851 Nr. 1 BGB). Die Vollmacht muss zumindest öffentlich beglaubigt sein (§ 1945 III BGB), also vom Notar oder u. U. von der Betreuungsbehörde. Für die Ausschlagungsfrist (in der Regel sechs Wochen) kommt es auf den Zeitpunkt an, in dem der Bevollmächtigte des jetzt geschäftsunfähigen Vollmachtgebers vom Anfall und vom Grund der Berufung Kenntnis erlangt (§ 1944 II BGB).

Problematisch ist die Ausschlagung durch den Bevollmächtigten, wenn dieser **dadurch selbst Erbe wird**[203] und die Erbschaft nicht überschuldet ist; wenn die Vollmacht diesen konkreten Fall nicht ausdrücklich nennt (etwa bei einer Generalvollmacht) wird man wegen der **Interessenkollision** eine diesbezügliche immanente Beschränkung der Vertretungsmacht annehmen müssen.

4. Vertretung bei der Abgabe der eidesstattlichen Versicherung im Erbscheinsverfahren

Wird der Vollmachtgeber Erbe und benötigt er einen Erbschein (§ 2353 *141*
BGB), kann die Erbschaft durch einen Bevollmächtigten angenommen werden; der Erbscheinsantrag kann ebenfalls durch einen Bevollmächtigten gestellt werden (vgl. § 10 FamFG). Der antragstellende Erbe hat in der Regel gegenüber dem Nachlassgericht die Richtigkeit seiner Angaben (z. B. über die Verwandtschaftsverhältnisse, die Nichtexistenz weiterer Testamente) eidesstattlich zu versichern (§ 352 III FamFG). Für Kinder als Erben geben die Eltern diese Versicherung ab, für geschäftsfähige oder geschäftsunfähige Betreute der Betreuer (mit entsprechendem Aufgabenkreis, § 1823 BGB). Dabei kann sich der Erbe nach jetziger Auffassung[204] durch einen Bevollmächtigten vertreten lassen, nach OLG Celle merkwürdigerweise als „eigene" Erklärung (sowas sieht § 352 III FamFG nicht vor!) und nicht als „Vertreter". Dagegen spricht an sich,[205] dass es sich um eine **Wissenserklärung** handelt,[206] um die Kundgabe des Wissens des Erben, worin es keine Vertretung gibt. Folge aber wäre, dass bei einem Erben, der nicht geschäftsfähig ist, die Erklärung seines Vorsorgebevollmächtigten nicht genügt, es müsste ein Betreuer bestellt werden mit der Aufgabe „Abgabe der eidesstattlichen Versicherung im Erbscheinsverfahren …". Aber das ist eine Fiktion, denn der Betreuer hat so wenig Wissen wie ein Bevollmächtigter. § 352 III 4 FamFG gestattet dem Nachlassgericht, die Versicherung zu er-

202 Müller DNotZ 2008, 385; a. A. Zimmer ZEV 2008, 194.

203 Dazu Zimmer ZEV 2013, 307.

204 OLG Bremen FGPrax 2022, 277; OLG Celle NJW-RR 2018, 1031.

205 BayObLGZ 1961, 4; 1967, 247.

206 Dieckmann/Jurgeleit BtPrax 2002, 135/40.

lassen, „wenn es sie nicht für erforderlich erachtet“. Das kann der Fall sein, wenn der geistige Verfall des Erben durch eine ärztliche Bescheinigung glaubhaft gemacht wird (so dass er selbst kein eigenes Wissen mehr versichern kann) und entweder der Bevollmächtigte eine eidesstattliche Versicherung abgibt[207] oder wenn diese überhaupt erlassen wird, weil nach Sachlage auch ein Betreuer keine weiteren Erkenntnisse gewinnen könnte.

5. Bankgeschäfte

142 Das Girovertragsverhältnis zwischen einer Bank und ihrem Kunden ist ein Geschäftsbesorgungsvertrag mit dienstvertraglichen Elementen. Es begründet für die Vertragsparteien ein ganzes Bündel von Rechten und Pflichten, zu denen unter anderem auch die Pflicht der Bank gehört, für ihren Kunden ein Girokonto zu führen, in das seine Forderungen und Verbindlichkeiten eingestellt und in regelmäßigen zeitlichen Abständen saldiert werden. Ein Haben-Saldo des Kunden stellt eine Forderung aus unregelmäßiger Verwahrung i.S. des § 700 BGB i.V. mit §§ 488ff. BGB dar.[208] Daraus ergibt sich der Anspruch auf Rückzahlung. Eine Vollmacht bzgl. der Vermögensangelegenheiten des Vollmachtgebers berechtigt den Bevollmächtigten auch dann zu einer Verfügung über ein **Bankkonto** des Vollmachtgebers, wenn keine gesonderte „Bankvollmacht“ auf dem Bankformular erteilt worden ist. Muss der Bevollmächtigte deshalb einen Anwalt einschalten, hat die Bank die Anwaltskosten zu ersetzen, wenn keine Bedenken gegen die Wirksamkeit der Vollmacht vorgetragen wurden.[209] Die Vollmacht über den Tod hinaus berechtigt zwar zur Abhebung, aber nicht zur „Löschung“ des Kontos.[210]

6. Sonstige Fälle

142a a) Eine Vorsorgevollmacht kann auch für **digitale Angelegenheiten** erteilt werden; die gewöhnliche *Vermögens*vollmacht erstreckt sich nicht auf alle diese Dinge. Betroffen sind z.B. alle im Internet gespeicherten Daten, wie etwa E-Mails, Blogs, Fotos und Videos. Auch sämtliche Vertragsbeziehungen des Erblassers im Internet und die Online-Abwicklung von Vertragsmodalitäten zählen zum digitalen Nachlass.[211] Oft werden diese Daten nach einiger Zeit, wenn der Nutzer nicht mehr aktiv war, ohnehin gelöscht.

b) **Widerruf wechselbezüglicher Verfügungen** im gemeinschaftlichen Testament von Ehegatten (§§ 2271 I, 2296 II BGB). Hat ein Ehegatte eine Vorsorgevollmacht (z.B. an den Sohn) erteilt und ist der Vollmachtgeber

---

[207] Vgl. Litzenburger ZEV 2004, 450; Zimmer ZEV 2013, 307; LG Bonn Rpfleger 1985, 299.

[208] BGH NJW-RR 2009, 979.

[209] LG Detmold ZEV 2015, 353.

[210] BGH NJW-RR 2009, 979; Bredemeyer ZEV 2016, 65.

[211] Einzelheiten bei Steiner/Holzer ZEV 2015, 262.

dann dement geworden, fragt sich ob der Bevollmächtigte die wechselbezügliche Verfügung widerrufen kann (was u. U. ihm nützt). Der Widerruf in notarieller Form ist gegenüber dem anderen Ehepartner zu erklären und muss diesem *zugehen*. Ist der andere Ehepartner geschäftsunfähig ist der Zugang ein Problem; denn da er inzwischen testierunfähig ist **kann er selbst nicht mehr reagieren**, z. B. selbst kein neues Testament mehr errichten. Für den privaten Bereich hat der Bevollmächtigte keine Empfangszuständigkeit für Willenserklärungen. Der Zugang an einen Bevollmächtigten genügt daher nicht, auch wenn er „Postvollmacht" hat,[212] es ist ein Betreuer zu bestellen.[213]

c) **Der Rücktritt vom Erbvertrag** kann bei Geschäftsunfähigkeit des anderen Vertragschließenden grds. wirksam gegenüber dessen Vorsorgebevollmächtigtem erfolgen.[214] es geht um die Vertretung bei der Entgegennahme einer Willenserklärung. Hier geht es um eine Vertretung im Wissen.

d) **Die Regelung des Umgangsrechts des Vollmachtgebers** (Beispiel: Der Sohn als Bevollmächtigter weist das Pflegeheim, in dem die Mutter, also die Vollmachtgeberin, ist, an, seine Schwester nicht zur Mutter vorzulassen). Dieses Recht hat der Bevollmächtigte nur, wenn ihm es *ausdrücklich* in der Vollmacht übertragen wurde.[215] Das kommt vor, wenn Geschwister miteinander verfeindet sind. Dabei sind aber die Einschränkungen des Grundgesetzes (Schutz der Familie, der Ehe) zu beachten, so dass Ehegatten niemals ausgeschlossen werden können. Ein Betreuer hätte das Umgangsrecht nur, wenn es ihm im Gerichtsbeschluss *ausdrücklich* eingeräumt wurde (§ 1815 II Nr. 4 BGB).

7. Konkurrenz mit einem Testamentsvollstrecker

Hat der Betroffenen dem A eine Vorsorgevollmacht mit Wirkung über den Tod hinaus erteilt, in seinem Testament aber Testamentsvollstreckung angeordnet und den B zum Testamentsvollstrecker bestellt, sind grundsätzlich A und B zur Verwaltung des Nachlasses berechtigt (vgl. § 2205 BGB). Der Testamentsvollstrecker kann die Vollmacht widerrufen. Im Übrigen ist es eine Auslegungsfrage,[216] ob die Vollmacht nur Gegenstände betreffen soll, die nicht unter die Testamentsvollstreckung fallen oder ob die Testamentsvollstreckung ohnehin als nach § 2208 I BGB beschränkt anzusehen ist.

---

212 OLG Karlsruhe NJW-RR 2015, 1031.

213 Vgl. Zimmer ZEV 2013, 307; nach Mensch ZEV 2016, 423 soll eine Generalvollmacht eines Bevollmächtigten genügen; das berücksichtigt den Schutz des Betroffenen nicht.

214 BGH ZEV 2021, 245 (Anm. Reimann).

215 Vgl. BGH FamRZ 2014, 937; Schwab FamRZ 2014, 888.

216 OLG München ZEV 2012, 376; FamRZ 2013, 402; OLG Frankfurt ZEV 2012, 377; MünchKomm-Zimmermann Rz. 15 vor § 2197 BGB.

VI. Rechtsdienstleistungsgesetz

1. Grundlagen

143 Das Tätigwerden aufgrund von Vollmachten kann in bestimmten Fällen gegen das Rechtsdienstleistungsgesetz (RDG), das ab 1.7.2008 das Rechtsberatungsgesetz (RBerG) abgelöst hat, verstoßen. Das RDG enthält keine spezielle Vorschrift für Vorsorgevollmachten,[217] obwohl das ursprünglich geplant war.

Zum Auftreten vor *Gericht* sind nur Anwälte vertretungsbefugt, soweit Anwaltszwang besteht (§ 78 ZPO; § 10 FamFG). Anderen Personen fehlt die Postulationsfähigkeit, sie können also nicht vor Gericht auftreten. In anderen Fällen (meist beim Amtsgericht, Sozialgericht, Verwaltungsgericht) besteht kein Anwaltszwang; inwieweit Nichtanwälte dann vor Gericht auftreten können, ergibt sich u.a. aus §§ 78 ZPO, 10 FamFG.

143a Das RDG regelt die Befugnis, *außergerichtliche* **Rechtsdienstleistungen** zu erbringen (§ 1 I RDG), aber nicht abschließend (§ 1 II RDG). Gesetzeszweck ist der Schutz des Rechtssuchenden vor unqualifizierter Beratung, der Schutz der Rechtsordnung und natürlich auch der Schutz der Anwälte vor Konkurrenz. Die Definition, was eine Rechtsdienstleistung ist, bringt § 2 I RDG: Rechtsdienstleistung im Sinne des RDG ist jede Tätigkeit in **konkreten fremden Angelegenheiten**, sobald sie nach der Verkehrsanschauung oder der erkennbaren Erwartung des Rechtssuchenden eine **besondere rechtliche Prüfung des Einzelfalls** erfordert. BGH:[218] Rechtsdienstleistung ist jede konkrete Subsumtion eines Sachverhalts unter die maßgeblichen rechtlichen Bestimmungen, die über eine bloß schematische Anwendung von Rechtsnormen ohne weitere rechtliche Prüfung hinausgeht; ob es sich um eine einfache oder schwierige Rechtsfrage handelt, ist dabei unerheblich.

143b Im Übrigen muss man unterscheiden zwischen

- dem Grundverhältnis zwischen Vollmachtgeber und dem Bevollmächtigten (Auftrag; Geschäftsbesorgungsvertrag usw.);
- der Vollmacht selbst;
- dem Geschäft, das der Bevollmächtigte aufgrund der Vollmacht abschließt.

---

[217] BR-Drucks. 623/06 S. 84: Bei den im Familien- und Freundeskreis erteilen Vorsorgevollmachten sei die Tätigkeit auch dann, wenn sie unentgeltliche Rechtsdienstleistungen enthält, zulässig (so der Entwurf). Vgl. ferner BT-Drucks. 16/3655 S. 42. Zimmermann BtPrax 2001, 192.

[218] BGH NJW-RR 2016, 1056 (Versicherungsmakler als Schadensregulierer).

2. Zur Rechtsdienstleistung berechtigte Personen

a) Rechtsanwälte, Notare

Ohne besondere Erlaubnis dürfen bestimmte Berufsträger, wie z.B. Rechtsanwälte und Notare, als Rechtsdienstleister tätig werden. *144*

b) Gerichtlich eingesetzte Personen

Ferner dürfen bestimmte behördlich eingesetzte Personen, wie z.B. vom Betreuungsgericht eingesetzte Betreuer, vom Nachlassgericht eingesetzte Nachlasspfleger, tätig werden (§ 8 I Nr. 1 RDG). Bevollmächtigte fallen nicht darunter, weil sie vom Vollmachtgeber eingesetzt werden, nicht vom Gericht. Es kann deshalb zweckmäßig sein, wenn sich ein Bevollmächtigter vom Betreuungsgericht als Betreuer einsetzen lässt. *144a*

c) Betreuungsbehörden

Die Betreuungsbehörden haben die Aufklärung und Beratung über Vollmachten und Betreuungsverfügungen zu fördern (§ 5 I BtOG); in diesem Rahmen ist ihnen die Rechtsberatung erlaubt. *144b*

d) Betreuungsvereine

Die Betreuungsvereine dürfen Bevollmächtigte beraten (§ 15 I Nr. 1 BtOG), über Vorsorgevollmachten informieren, Personen bei der Errichtung einer Vorsorgevollmacht beraten (§ 15 III BtOG). Dies ist erlaubte Rechtsberatung. *144c*

3. Erlaubnisfreie Tätigkeiten

a) Erlaubte Rechts-Nebenleistungen des Bevollmächtigten

Erlaubt sind Rechtsdienstleistungen im Zusammenhang mit einer anderen beruflichen oder gesetzlich geregelten Tätigkeit, wenn sie als Nebenleistungen zum Berufs- oder Tätigkeitsbild oder zur vollständigen Erfüllung der mit der Haupttätigkeit verbundenen gesetzlichen oder vertraglichen Pflichten gehören (§ 5 I 1 RDG). Ob eine Nebenleistung vorliegt, ist nach ihrem Inhalt, Umfang und sachlichen Zusammenhang mit der Haupttätigkeit unter Berücksichtigung der Rechtskenntnisse zu beurteilen, die für die Haupttätigkeit erforderlich sind (§ 5 I 2 RDG). Die neuere Rechtsprechung hat den Begriff der Rechtsangelegenheiten eingeschränkt, weil das ganze Leben rechtlich durchtränkt ist; wer einen Passanten fragt, wann der nächste Stadt-Bus fährt, stellt eine Rechtsfrage, weil die Abfahrtszeiten rechtlich geregelt *145* sind. Die Suche nach Erben ist deshalb keine Besorgung von Rechtsangelegenheiten.[219]

Als Beispiele erlaubter Tätigkeiten nennt § 5 II RDG dann u.a. die **Testamentsvollstreckung**[220] und die **Haus- und Wohnungsverwaltung**. Bei einer Testamentsvollstreckung können enorme Rechtsprobleme auftreten. Ein Hausverwalter ist ein spezieller Teil-Vermögensverwalter. Zu seinen Aufgaben gehört z.B. die Vermietung von Wohnungen im Mietshaus des Vollmachtgebers, Einziehung von Mietforderungen, Erheben von Räumungsklagen, Beauftragung von Handwerkern für die Renovierung der Immobilie, Beauftragung von Steuerberatern, Einstellen eines Hausmeisters, Abschluss eines Hausverwaltervertrages.

145a Zur Geschäftsbesorgung aufgrund einer **Vorsorgevollmacht** führt die **Gesetzesbegründung**[221] aus: „Von einer Regelung zur Geschäftsbesorgung durch Bevollmächtigte im Vorsorgefall wurde ... abgesehen. Wird die **Vorsorgevollmacht**, wie dies zur Vermeidung von aufwändigen Betreuungsverfahren erwünscht ist, aufgrund eines engen Vertrauensverhältnisses **im Familien- oder Freundeskreis** erteilt, so ist die unentgeltliche Tätigkeit des Vorsorgebevollmächtigten künftig auch dann, wenn sie Rechtsdienstleistungen enthält, nach § 6 RDG zulässig, ohne dass es einer besonderen gesetzlichen Regelung bedarf. Soweit darüber hinaus die Geschäftsbesorgung aufgrund einer Vorsorgevollmacht als berufliche, entgeltliche Tätigkeit ausgeübt werden soll, sind stets die Grenzen des RDG zu beachten, wonach Rechtsdienstleistungen im Zusammenhang mit einer Geschäftsbesorgung nur als Nebenleistung erbracht werden dürfen (§ 5 Abs. 1 RDG). Diese Grenze ist jedenfalls überschritten, wenn absehbar ist, dass beim Eintritt des Vorsorgefalls umfangreiche rechtliche Prüfungen und Tätigkeiten erforderlich werden, oder wenn der Vollmachtgeber zum Ausdruck bringt, dass er mit der Bevollmächtigung gerade auch die rechtlich fundierte Prüfung und Erledigung seiner Angelegenheit im Vorsorgefall erreichen will. Allerdings können gerade bei der Bevollmächtigung von Personen außerhalb eines besonderen Vertrauensverhältnisses wegen der fehlenden Kontrolle und Aufsicht über den Bevollmächtigten auch dann erhebliche Gefahren für den Vollmachtgeber bestehen, wenn der Vorsorgebevollmächtigte von vornherein keine Rechtsdienstleistungen erbringen, sondern höchstpersönliche Angelegenheiten des Vollmachtgebers erledigen und dessen Vermögen verwalten soll. Wenn vor diesem Hintergrund eine Begrenzung der entgeltlichen oder geschäftsmäßigen Geschäftsbesorgung von Vorsorgebevollmächtigen durch den Gesetzgeber erforderlich werden sollte, wäre zu prüfen, ob hierfür das

219 BVerfG NJW 2002, 3531.

220 In Anlehnung an BGH NJW 2005, 969; anders vor Inkrafttreten des RDG OLG Hamm NJW-RR 2005, 291; OLG Düsseldorf NJW-RR 2002, 280.

221 BT-Drucks. 16/3655 S. 42.

RDG der richtige Standort sein kann, oder ob nicht vielmehr sondergesetzliche Regelungen getroffen werden müssen. Der Gesetzeszweck des RDG, den Bürger vor unqualifizierten Rechtsdienstleistungen zu schützen, deckt sich allenfalls ansatzweise mit dem im Betreuungsrecht maßgeblichen Zweck, den Vollmachtgeber vor missbräuchlicher Ausübung der erteilten Vollmacht zu schützen."

Inwieweit bei der Tätigkeit eines Vorsorgebevollmächtigten die Rechtsdienstleistung eine Nebenleistung darstellt, hängt somit vom **Einzelfall** ab. Jedenfalls dann, wenn damit eine berufliche Tätigkeit ausgeübt werden soll, wird die Rechtsdienstleistung keine Nebenleistung darstellen.[222]

b) Keine fremde Angelegenheit für den Bevollmächtigten

Liegt keine erlaubte Nebenleistung vor (Rn. 145), kommt es darauf an, ob vom Bevollmächtigten überhaupt eine Tätigkeit in konkreten *fremden* Angelegenheiten durchgeführt wird, die eine *besondere rechtliche Prüfung des Einzelfalls* erfordert (§ 2 I RDG). Erlaubnispflichtig ist nur die Besorgung fremder Rechtsangelegenheiten. Tritt jemand nach außen erkennbar in einer Rechtssache als Beauftragter auf, liegt die Besorgung einer fremden Rechtsangelegenheit vor.[223] Wenn aber die erwachsenen Kinder (z.B. mittels Vorsorgevollmacht) die Angelegenheiten ihrer Eltern besorgen (und in ähnlichen Fällen verwandtschaftlicher und sonstiger enger Beziehungen zwischen Vollmachtgeber und Bevollmächtigtem), dann kann es sich um die Besorgung *eigener* Angelegenheiten des Bevollmächtigten handeln, falls der Bevollmächtigte aufgrund der engen Beziehung ein eigenes Interesse an der Erledigung der Rechtsangelegenheit des Dritten hat,[224] für ihn aus sittlichen Gründen tätig wird. *145b*

Rechtsangelegenheiten eines Ehegatten sind für den anderen Ehegatten daher jedenfalls dann nicht „fremd" im Sinne des RDG, wenn ihre Besorgung auf der Pflicht zur ehelichen Beistandsleistung beruht (§ 1353 BGB).[225] Die Tätigkeit für den anderen Ehegatten aufgrund einer Vorsorgevollmacht fällt daher nicht unter das RDG. So wird es auch sein, wenn volljährige Kinder für ihre Eltern oder Großeltern tätig werden. Auch im Übrigen ist deshalb die rechtsbesorgende Tätigkeit von nahen Verwandten im Rahmen einer Vorsorgevollmacht meines Erachtens nicht erlaubnispflichtig, auch

---

222 Ebenso Sauer RNotZ 2009, 79/95.

223 BayObLG NStZ 1985, 224; Esser RNotZ 2005, 69.

224 BGH AnwBl 1964, 52; Sauer RNotZ 2009, 79/93; Bühler FamRZ 2001, 1585/1595; vgl. Reymann ZEV 2006, 12/15; a.A. bei nur persönlicher Beziehung BayObLG NStZ 1985, 33. Abweichend Grunewald/Römermann RDG § 2 Rz. 18; Lipp/Spalckhaver, Handbuch, § 9 Rz. 10.

225 BGH NJW 2001, 3541.

wenn außerhalb der Vermögensverwaltung gehandelt wird (Gesundheitssorge, Unterbringung usw.[226]).

c) Keine besondere rechtliche Prüfung des Einzelfalls

145c Falls im konkreten Fall der Bevollmächtigung eine fremde Angelegenheit besorgt wird, etwa außerhalb enger verwandtschaftlicher Verhältnisse, und es sich nicht nur um eine Nebenleistung handelt, ist zu fragen, ob eine besondere **rechtliche Prüfung eines Einzelfalls** vorliegt. Was man darunter zu verstehen hat, ist unklar. Die Besorgung von **wirtschaftlichen Angelegenheiten** ist jedenfalls erlaubt, weil hier nicht die rechtliche Prüfung im Vordergrund steht; das sind z. B. kaufmännische Hilfstätigkeiten, Buchführung, Einkaufen. Das gleiche gilt für einfache **Vermögensverwaltung**, die sich auf Spareinlagen und ähnliches beschränkt. Die Hausverwaltung und die Testamentsvollstreckung nennt § 5 II Nr. 2 RDG ausdrücklich als erlaubt, obwohl hier komplizierte rechtliche Fragen auftauchen können, die selbst einem Rechtsanwalt Schwierigkeiten bereiten.

Die Abgrenzung ist schwierig, weil vieles im Leben rechtlichen Bezug hat. Man wird verlangen müssen, dass die rechtlichen Belange beim Geschäft ein nicht ganz unerhebliches Gewicht haben und dass der Bevollmächtigte in Übereinstimmung mit dem Vollmachtgeber **in erster Linie eine rechtliche Gestaltung** anstrebt.[227] Wer z. B. aufgrund einer Vollmacht für die Nachbarin Lebensmittel und Zeitungen einkauft, den Spengler anruft und die Wäsche in die Reinigung bringt, handelt nicht rechtlich orientiert, so dass dies erlaubnisfrei ist. Den Abschluss eines Heimvertrags dagegen wird man z. B. als Besorgung einer Rechtsangelegenheit auffassen müssen, ebenso die Genehmigung in Gesundheits- und Unterbringungsfällen (§§ 1829, 1831 BGB).[228]

Ratschlag: Wer außerhalb enger verwandtschaftlicher Verhältnisse als Bevollmächtigter tätig werden will und soweit es sich nicht nur um eine genehmigungsfreie Nebenleistung handelt, kann das Problem lösen, wenn in die Vollmacht der Satz aufgenommen wird: „Soweit für den Bevollmächtigten in einer konkreten Angelegenheit eine rechtliche Einzelfallprüfung notwendig ist, wird der Bevollmächtigte damit einen Rechtsanwalt beauftragen“.[229]

---

226 Vgl. Ahrens BtPrax 2005, 163.

227 Vgl. BGH NJW 2000, 2108; NJW 1995, 3122.

228 Sauer RNotZ 2009, 79/94; a. A. Müller/Renner Rz. 276.

229 Lipp/Spalckhaver, Handbuch, § 15 Rz. 96; Müller/Renner Rz. 278.

d) Unentgeltliche Rechtsdienstleistungen

Unentgeltliche Rechtsdienstleistungen sind erlaubt (§ 6 I RDG). Das frühere Kriterium lautete „Geschäftsmäßigkeit" der Rechtsberatung. Das BVerfG[230] hatte dazu ausgeführt: Was unter dem Begriff der unerlaubten „geschäftsmäßigen Rechtsberatung" i. S. d. RBerG zu verstehen ist, bedarf angesichts der generalklauselartigen Umschreibung der Abklärung im Einzelfall. Dabei sind der Schutz der Rechtssuchenden und andererseits die Freiheitsrechte des Einzelnen zu berücksichtigen. Veränderungen in der Lebenswirklichkeit ist Rechnung zu tragen. Deshalb verstieß ein pensionierter Richter, der unentgeltlich weil karitativ Rechtsbesorgung betrieb, nicht gegen das frühere RBerG.[231] Dem hat **§ 6 II RDG** Rechnung getragen: Wer *unentgeltliche* Rechtsdienstleistungen außerhalb familiärer, nachbarschaftlicher oder ähnlich enger persönlicher Beziehungen erbringt, muss sicherstellen, dass die Rechtsdienstleistung durch eine Person, der die entgeltliche Erbringung dieser Rechtsdienstleistung erlaubt ist, durch eine Person mit Befähigung zum Richteramt oder unter Anleitung einer solchen Person erfolgt. *145d*

e) Ergebnis

Die Tätigkeit als Vorsorgebevollmächtigter verstößt nicht gegen das RDG, *145e*
wenn der Bevollmächtigte im Rahmen familiärer, nachbarschaftlicher oder ähnlich enger persönlicher Beziehungen und *ohne Vergütung* tätig wird. Außerhalb der engen persönlichen Beziehung ist unentgeltliche Rechtsbesorgung nur durch Volljuristen erlaubt. Auslagenersatz ist zulässig, auch angemessen pauschaliert. Mittelbare Vermögensvorteile (etwa umfangreiche Geschenke) stellen ebenfalls eine Honorierung dar.[232] Zweifelhaft ist, ob die erbrechtliche Zuwendung als entgeltlich zu bewerten ist;[233] man wird auf die Ausgestaltung im Einzelfall abstellen müssen.

Entgeltliche Tätigkeit ist nur im Rahmen von Rn. 144, 145, 145b, 145c erlaubt, also z. B. als bezahlter Hausverwalter, als Rechtsanwalt oder Notar. Wer als honorierter Bevollmächtigter für mehrere Personen außerhalb des persönlichen Kreises tätig werden will, muss somit Rechtsanwalt oder Notar sein. Eine (Neben-)Tätigkeit von Betreuern oder sonstigen Privatpersonen als Bevollmächtigte für mehrere Personen ist also insoweit bedenklich, als die Rechtstätigkeit im Vordergrund steht. Insgesamt ist aber zu beachten, dass die Vorsorgevollmacht installiert wurde, um Betreuungen überflüssig zu machen (§ 1814 III Nr. 1 BGB); dieses Ziel kann nicht auf dem Umweg

230 BVerfG NJW 2004, 2662.
231 BVerfG NJW 2004, 2662.
232 Grunewald/Römermann/Müller RDG § 6 Rz. 7 bis 13.
233 Bejaht von Sauer RNotZ 2009, 79/95.

über das RDG zunichte gemacht werden.[234] Was Betreuer und Bevollmächtigte machen ist in erster Linie nicht rechtliche Tätigkeit, obwohl beides Vertreter des Betroffenen sind.

4. Keine Möglichkeit, eine Erlaubnis zu erlangen

146 Eine Erlaubnis, als Berufsbevollmächtigter Rechtsangelegenheiten von betreuungsbedürftigen Personen mittels Vorsorgebevollmächtigten wahrzunehmen, kann einer Person nicht erlaubt werden, weil das RDG keinen solchen Tatbestand enthält;[235] vgl. § 10 RDG. Einem selbständigen Berufsbetreuer kann somit keine Erlaubnis erteilt werden, *rechtliche* Angelegenheiten familienfremder Dritter aufgrund von Vorsorgevollmachten zu besorgen.[236]

5. Rechtsfolgen eines Verstoßes gegen das RDG

a) Grundverhältnis

147 Das Grundverhältnis zwischen dem Vollmachtgeber und dem Bevollmächtigten (z.B. der Auftrag, der Geschäftsbesorgungsvertrag) ist bei Verstoß gegen das RDG wegen § 134 BGB nichtig.[237] Ob eine Teilnichtigkeit zur Nichtigkeit des ganzen Vertrages führt, hängt nach § 139 BGB vom Einzelfall ab. Beispiel: Generalvollmacht, die die Gesundheitssorge und auch die (nach dem RDG zulässige) Verwaltung eines Hauses beinhaltet; hier wird der Geschäftsbesorgungsvertrag bezüglich der Hausverwaltung wirksam bleiben, weil ein anderer Wille des Vollmachtgebers nicht anzunehmen ist.

b) Vollmacht

147a Die erteilte Vollmacht ist meines Erachtens nicht nach § 134 BGB nichtig, weil der Vollmachtgeber mit ihrer einseitigen Erteilung *eigene* Rechtsangelegenheiten besorgt.[238] Nach dem Abstraktionsprinzip ist eine Vollmacht grundsätzlich unabhängig vom Grundgeschäft; die Nichtigkeit des Grundgeschäfts lässt die Wirksamkeit der Vollmacht grundsätzlich unberührt.[239] Doch stehen Grundgeschäft und Vollmacht nicht isoliert nebeneinander; wenn Grundgeschäft und Vollmacht ein einheitliches Geschäft bilden, kann

---

234 Lipp/Spalckhaver, Handbuch, § 9 Rz. 77.

235 So schon zum RBerG Rennen/Calibe, RBerG, 3. Aufl., Art. 1 § 1 Rz. 71ff.

236 OLG Saarbrücken FamRZ 2003, 1044.

237 BGH NJW 2001, 70; NJW 2002, 66; NJW 2002, 2325; NJW 2004, 840; Reymann ZEV 2006, 12; Grunewald/Römermann RDG § 3 Rz. 5; Ahrens BtPrax 2005, 163; Sauer RNotZ 2009, 79/95.

238 Bühler FamRZ 2001, 1585/1594; Ganter WM 2001, 195; a.A. KG NJW-RR 2007, 1089.

239 Grüneberg/Ellenberger, BGB, § 167 Rz. 4 mit weiteren Nachw.

sich **die Nichtigkeit des Grundgeschäfts auf die Vollmacht erstrecken** (vgl. § 139 BGB).[240] Bei Vollmachten, die erteilt wurden, um zweifelhafte Geldanlagemodelle durchzuführen, z.B. Vollstreckungsunterwerfung zur Absicherung eines Darlehens, hat allerdings die Rechtsprechung immer Nichtigkeit des umfassenden Geschäftsbesorgungsvertrags und auch der Vollmacht angenommen,[241] um den hereingelegten Geldanleger zu schützen. Das ist auf die Vorsorgevollmacht nur bedingt zu übertragen, weil hier die Schutzrichtung eine andere ist.

c) Geschäfte des Bevollmächtigten

Sollte die Vollmacht nichtig sein,[242] sind möglicherweise auch die **Geschäfte** des unzulässig tätig gewordenen Bevollmächtigten (Rechtsbesorgers; z.B. seine Einwilligung, seine Verträge), der in diesem Falle nur ein Vertreter ohne Vertretungsmacht war, unwirksam. Möglicherweise haftet der Bevollmächtigte dann selbst (§ 179 BGB). Hat sich der Bevollmächtigte allerdings unter **Vorlage der Vollmacht** ausgewiesen, helfen dem Geschäftsgegner die §§ 172, 173 BGB: einem gutgläubigen Dritten kann später die Unwirksamkeit der Vollmacht nicht entgegengehalten werden, wenn ihm damals die Urkunde vorgelegt wurde.[243] Das gilt auch dann, wenn die Vollmacht von Anfang an nicht wirksam erteilt war.[244] *147b*

d) Ordnungswidrigkeit

Fällt die Tätigkeit aufgrund der Vorsorgevollmacht im konkreten Fall unter das RDG, liegt beim Bevollmächtigten eine **Ordnungswidrigkeit** vor, wenn er tätig wird; ihm kann von der zuständigen Behörde (Staatsanwaltschaft) eine Geldbuße bis 5000 € auferlegt werden (§ 20 RDG). *147c*

VII. Gesetz über das Kreditwesen

Fraglich ist, ob Vorsorgebevollmächtigte, die ein **größeres Wertpapiervermögen** für einen Vollmachtgeber verwalten, hierzu eine Genehmigung der BAFin (Bundesanstalt für Finanzdienstleistungsaufsicht, Bonn) nach § 32 KWG (Gesetz über das Kreditwesen) bedürfen. Wer das Wertpapierdepot einer anderen Person verwaltet, indem er aufgrund eigener Recherchen oder *148*

---

240 BGH NJW 1985, 730; BGH ZIP 1987, 1455; Ganter WM 2001, 195; Grüneberg/Ellenberger, BGB, § 139 Rz. 7; Müller/Renner Rz. 278.

241 BGH BB 2005, 1701; NJW 2004, 841.

242 BGH NJW 2003, 2091; BGH NJW 1988, 697. Diese Entscheidungen betreffen aber keine Vorsorgevollmachten.

243 BGH NJW 2005, 668; WM 2000, 1247/50; OLG Düsseldorf WM 2005, 881.

244 Ganter WM 2001, 195/6.

aufgrund Beratung durch eine Bank festverzinsliche Wertpapiere, Aktien, Investmentanteile usw. kauft und verkauft, Zinsen und Dividenden wiederanlegt, ist nach früherem Wortgebrauch „Vermögensverwalter"; heute nennt man das einen „Finanzportfolioverwalter". Er erbringt „Finanzdienstleistungen". Wertpapiere; Aktien; Zertifikate, die Wertpapiere vertreten; Schuldverschreibungen; Investmentanteile usw. sind „Finanzinstrumente" (§ 1 XI KWG). Finanzdienstleistungsinstitute sind Unternehmen, die Finanzdienstleistungen für andere gewerbsmäßig oder in einem Umfang erbringen, der einen in kaufmännischer Weise eingerichteten Geschäftsbetrieb erfordert, und die keine Kreditinstitute sind (§ 1 Abs. 1a KWG).

Wer im Inland gewerbsmäßig oder in einem Umfang, der einen in kaufmännischer Weise eingerichteten Geschäftsbetrieb erfordert, Finanzdienstleistungen erbringen will, bedarf der schriftlichen Erlaubnis der BAFin (§ 32 KWG). Fehlt Gewerbsmäßigkeit kommt es auf die Frage an, ob ein in kaufmännischer Weise eingerichteter Geschäftsbetrieb erforderlich ist; das bejaht die BAFin[245] schon dann, wenn die Summe der verwalteten Gelder 500.000 € übersteigt oder mehr als drei Portfolios verwaltet werden. Auch in solchen Fällen ist **keine Erlaubnis** erforderlich, wenn bestimmte Freiberufler (z.B. **Anwälte**) als Verwalter tätig werden (§ 2 VI S. 1 Nr. 10 KWG). In den sonstigen Fällen ist wesentlich, ob der Verwalter einen eigenen Entscheidungsspielraum bei den Anlageentscheidungen hat; er ist gegeben, wenn die konkrete Anlageentscheidung im eigenen Ermessen des Verwalters liegt (was wohl dann nicht der Fall ist, wenn mit ihm im Geschäftsbesorgungsvertrag, der der Vollmachtserteilung zugrunde liegt, genaue Anlagerichtlinien vereinbart wurden). Weiterhin kann eine Freistellung von der Erlaubnispflicht in Frage kommen (§ 2 IV KWG). Sollte eine (vorherige) Erlaubnis für den Verwalter erforderlich sein, entstehen für ihn erhebliche Kosten.

VIII. Beamte als Bevollmächtigte

149 Wird ein Beamter, Angestellter oder Arbeiter im öffentlichen Dienst *unentgeltlich* als Betreuer tätig, hat er dies seiner Dienststelle anzuzeigen (§ 100 BBG; § 42 I BRRG). Bei *entgeltlicher* Tätigkeit besteht eine Pflicht, für die Nebentätigkeit zuvor eine Genehmigung der Dienststelle einzuholen (§ 99 BBG). Für Vorsorgebevollmächtigte fehlte eine ausdrückliche Regelung, so dass gegebenenfalls eine Pflicht besteht, eine Genehmigung einzuholen, wenn eine Nebentätigkeit vorliegt.

---

[245] Schr. v. 21.7.2004 – Q 34 – 71.30 (20515) – wr.

IX. Nachteile für den Bevollmächtigten im Erbfalle?

Eine letztwillige Verfügung ist nicht schon deswegen wegen Sittenwidrigkeit (§ 138 I BGB) nichtig, weil der Erblasser eine Person, der er umfassende **Vorsorgevollmacht** erteilt hat, zum Alleinerben oder Vermächtnisnehmer einsetzt.[246] Auch § 14 HeimG ist nicht analog anwendbar.[247] Ein **Berufsbetreuer** kann zwar vom Betreuten nicht zum Erben eingesetzt werden (§ 30 I 2 BtOG). Geschieht es trotzdem, ist die Erbeinsetzung wirksam, der Erwerb der Erbschaft wird nicht berührt[248] und hat nur berufsrechtliche Nachteile, d.h., er wird u.U. nicht mehr bestellt; für Vorsorgebevollmächtigte gilt dies nicht; ebenso nicht für nichtberufsmäßige Betreuer. *150*

H. Das Rechtsverhältnis zwischen dem Vorsorgebevollmächtigten und dem Vollmachtgeber

I. Das Grundverhältnis (Innenverhältnis)

Drei Rechtsverhältnisse sind zu unterscheiden: *151*

- Bevollmächtigter – Vollmachtgeber (sog. Innenverhältnis)
- Bevollmächtigter – Dritter (sog. Außenverhältnis)
- Vollmachtgeber – Dritter.

Die Vollmacht ist abstrakt; sie ist also auch dann wirksam, wenn das Grundverhältnis aus irgendwelchen Gründen nichtig ist. Ausnahmsweise kann aber die Nichtigkeit des Grundverhältnisses die Vollmacht ergreifen.[249]

Der Vollmacht liegt (fast) immer ein Grundverhältnis zwischen dem Vollmachtgeber und dem Bevollmächtigten zugrunde, selbst wenn sich die Beteiligten dessen nicht bewusst sind. In der Beratungspraxis wird dieses Thema von den Mandanten deshalb kaum angesprochen. Wenn ich meinem Nachbarn eine Vollmacht ausstelle mit der Bitte, ein Paket bei der Post abzuholen, liegt als Grundverhältnis ein Auftrag vor. Wer eine Vollmacht erteilt, sollte mit dem Bevollmächtigten das schuldrechtliche Grundverhältnis (auch Innenverhältnis genannt) *schriftlich regeln,* falls es um Vermögensangelegenheiten geht und das Vermögen eine gewisse Größenordnung erreicht

---

246 BayObLG FamRZ 2003, 713 = Rpfleger 2003, 130 = FGPrax 2003, 34.

247 BayObLG FamRZ 2003, 713.

248 Leipold ZEV 2021, 485; Zimmermann ZErb 2021, 418.

249 BGH NJW 2002, 66: Ist der Geschäftsbesorgungsvertrag zur Abwicklung eines Grundstückserwerbs im Bauträgermodell wegen Verstoßes gegen das Rechtsberatungsgesetz nichtig, so erstreckt sich die Nichtigkeit auch auf die dem Treuhänder dazu erteilte Vollmacht.

hat, wenngleich die Schriftform keine Wirksamkeitsvoraussetzung ist. Diese Vereinbarung ist nicht für den Geschäftspartner des Bevollmächtigten bestimmt (sie sollte daher nicht in die Vollmachtsurkunde aufgenommen werden, wie dies manche Notare tun); die Bank, der die Vollmacht vorgelegt wird, geht es schließlich nichts an, wie hoch beispielsweise die Vergütung des Bevollmächtigten ist.

Wünsche des Vollmachtgebers. Bei jedem Grundverhältnis gilt für medizinische Maßnahmen wegen § 1827 VI BGB der § 1827 I bis III BGB:

Liegt eine **Patientenverfügung** vor, hat der Bevollmächtigte jeweils zu prüfen, ob die dortigen Festlegungen des Vollmachtgebers auf die aktuelle Lebens- und Behandlungssituation zutreffen. Wenn ja, muss der Bevollmächtigte dies gegenüber Ärzten und Pflegepersonen aussprechen und auf die Beachtung zu dringen (§ 1827 I, VI BGB).

Liegt keine Patientenverfügung vor oder ist sie nicht einschlägig, Hat der Bevollmächtigte die Behandlungswünsche oder den mutmaßlichen Willen des Vollmachtgebers festzustellen und auf dieser Grundlage über die Frage der Einwilligung zu entscheiden. Der mutmaßliche Wille ist aufgrund *konkreter* Anhaltspunkte zu ermitteln, z.B. frühere Äußerungen, ethische oder religiöse Überzeugungen oder persönlicher Wertvorstellungen (§ 1827 II, VI BGB).

Das alles unabhängig von Art und Stadium der Erkrankung (§ 1827 III, VI BGB).

1. In Frage kommende Grundverhältnisse

152 **a) Gefälligkeitsverhältnis des täglichen Lebens;**[250] hier liegen Unentgeltlichkeit, Uneigennützigkeit beim Bevollmächtigten und fehlender Rechtsbindungswille vor. Maßgeblich ist nach Ansicht des BGH[251] insoweit, wie sich dem objektiven Beobachter nach Treu und Glauben unter Berücksichtigung der Umstände des Einzelfalls mit Rücksicht auf die Verkehrssitte das Handeln des Leistenden darstellt. Eine vertragliche Bindung wird insbesondere dann zu bejahen sein, wenn erkennbar ist, dass für den Leistungsempfänger wesentliche Interessen wirtschaftlicher Art auf dem Spiel stehen und er sich auf die Leistungszusage verlässt. Einen fehlenden Rechtsbindungswillen kann man bei der Vorsorgevollmacht kaum annehmen, vor allem nicht, wenn es sich um eine längerdauernde verantwortungsvolle Tätigkeit des Bevollmächtigten für den Vollmachtgeber handelt. Bei einem Gefälligkeitsverhältnis besteht **kein Anspruch auf Rechnungslegung oder Aus-**

---

[250] Vgl. Horn/Lindenau/Arweiler § 11 Rn. 35ff.

[251] BGH NJW 2015, 2880 (Fahrt zu Sportveranstaltungen); BGH NJW 1956, 1313.

kunft, allenfalls nach Treu und Glauben (§ 242 BGB).[252] Wer aus Gefälligkeit gehandelt hat, der soll später nicht verpflichtet sein, Auskunft über frühere Vorgänge zu erteilen oder abzurechnen.

b) Auftrag. Wenn der Bevollmächtigte mit Rechtsbindungswillen, aber *unentgeltlich* tätig wird, handelt es sich um einen Auftrag (§ 662 BGB).[253]

c) Geschäftsbesorgungsvertrag. Wenn Entgeltlichkeit vereinbart wird, liegt ein Geschäftsbesorgungsvertrag vor (§ 675 BGB); so ist es z. B., wenn ein familienfremder Rechtsanwalt oder Steuerberater „beauftragt" wird. Auch ein Vermögensverwaltungsvertrag ist denkbar. Jedenfalls ist aber i. d. R. kein Vertrag nach § 1413 BGB anzunehmen.[254]

d) Dienstvertrag (§§ 611 ff. BGB), wenn es nicht um Vermögensbelange geht, aber eine Vergütung bezahlt werden soll.

e) Familiäre Verbundenheit. Wenn der Ehegatte, ein volljähriges Kind oder Eltern bevollmächtigt werden, scheint wegen § 1353 I 2 BGB bzw. § 1618a BGB ein Grundverhältnis entbehrlich. Eine Pflicht zur Wahrnehmung aller Angelegenheiten des Betroffenen nach außen, etwa die vollständige Vermögensverwaltung, lässt sich aber daraus nicht herleiten; es ist also auch in diesen Fällen ein Grundverhältnis erforderlich.[255]

2. Keine Verdrängung der Rechtsmacht des Vollmachtgebers

Die Erteilung der Vollmacht lässt die Geschäftsfähigkeit und das Handlungsrecht des Vollmachtgebers unberührt; er kann konkurrierende Geschäfte tätigen und so das Wirken des Bevollmächtigten empfindlich stören; ein Einwilligungsvorbehalt wie bei Betreuungen (§ 1825 BGB) ist hier nicht möglich. *153*

3. Folgen eines Verstoßes gegen die übernommenen Pflichten

Verstößt der Bevollmächtigte gegen die im Innenverhältnis getroffenen Vereinbarungen oder gegen gesetzliche Pflichten und entsteht dem Vollmachtgeber dadurch ein Schaden, dann haftet der Bevollmächtigte dem Vollmachtgeber aus positiver Verletzung (z. B.) des Vermögensverwaltungsvertrages (§ 280 BGB). Der Vollmachtgeber kann wegen seines reduzierten geistigen Zustandes dies meist nicht erkennen und nicht mehr selbst klagen; der Schadensersatz kann in solchen Fällen von einem vom Betreuungsge- *154*

---

252 BGH NJW 2000, 3199; BGH NJW 1986, 1870; OLG Köln ZEV 2013, 339; dazu Sarres ZEV 2013, 312; OLG Celle ZEV 2023, 330.

253 OLG Brandenburg ZEV 2013, 341; OLG Schleswig BeckRS 2014, 12054; Horn ZEV 2016, 373.

254 BGH NJW 1986, 1870.

255 Walter, Vorsorgevollmacht S. 113; Sauer RNotZ 2009, 79.

richt eingesetzten Betreuer, der die Vollmacht (mit Genehmigung des Betreuungsgerichts) widerrufen hat (§ 1820 V BGB), geltend gemacht werden; im Übrigen nach dem Tod des Vollmachtgebers von dessen Erben.

I. Auftrag als Grundverhältnis; Zustandekommen

155 Der Auftrag (§ 662 BGB) ist ein vertragliches Schuldverhältnis und kommt nach den allgemeinen rechtsgeschäftlichen Regeln durch Angebot und Annahme zustande. Dies kann auch stillschweigend geschehen. Schriftform ist nicht erforderlich. Für den Fall, dass **ein Ehegatte dem anderen** eine Vollmacht erteilt und später eine Abrechnung fordert, hat der BGH[256] aber die Ansicht vertreten, dass an die Feststellung eines Verwaltungsvertrags *zwischen Ehegatten* „keine geringen Anforderungen" gestellt werden dürfen und das Vorliegen eines Rechtsbindungswillens bezweifelt; eher liege ein Gefälligkeitsverhältnis vor.

1. Durchführung des Auftrags, Auskünfte, Abrechnung

156 Im Regelfall muss der Bevollmächtigte die übernommenen Angelegenheiten persönlich erledigen (darf aber Gehilfen einschalten); er darf im Zweifel die Ausführung des Auftrags nicht einem Dritten übertragen (§ 664 I 1 BGB), also keine Untervollmacht erteilen. Was der Bevollmächtigte aus der Geschäftsbesorgung erlangt, hat er dem Vollmachtgeber herauszugeben (§ 667 BGB). Falls dem Bevollmächtigten Weisungen vom Vollmachtgeber erteilt wurden, ist er zwar daran gebunden, darf aber davon abweichen, „wenn er den Umständen nach annehmen darf, dass der Auftraggeber bei Kenntnis der Sachlage die Abweichung billigen würde" (§ 665 S. 1 BGB).

Soweit im Innenverhältnis nichts anderes vereinbart ist, hat der Vollmachtgeber gegen den Bevollmächtigten insbesondere folgende Ansprüche:

- **Information** des Vollmachtgebers (§ 665 S. 2 BGB).
- Der Bevollmächtigte hat dem Vollmachtgeber laufend die erforderlichen Informationen geben, auf konkrete Anfrage ferner **Auskünfte** (§ 666 BGB). Es genügt das allgemeine Interesse des Vollmachtgebers, die Tätigkeit des Bevollmächtigten zu kontrollieren.[257]
- Nach Beendigung des Auftrags, also spätestens nach dem Ableben des Vollmachtgebers, hat der Bevollmächtigte (dann gegenüber den Erben) Rechenschaft abzulegen (§§ 666, 259 BGB), also eine **Abrechnung der**

[256] BGH NJW 2000, 3199; ähnlich OLG Düsseldorf ZEV 2007, 184 (nichteheliche Lebensgemeinschaft); OLG Naumburg BeckRS 2008, 11185 (Großmutter/Enkel). Das soll bedenklich sein meint Horn ZEV 2016, 373; Horn/Lindenau/Arweiler § 11 Rn. 39.

[257] BGH NJW 2012, 58 (Auftrag, eine Ferienwohnung zu vermieten); Sarres ZEV 2013, 312.

Einnahmen und Ausgaben vorzunehmen und Rechnungen sowie Belege vorzulegen. Die Vorlage allein der Kontoauszüge genügt nicht, wenn sich daraus nichts über die Verwendung des abgehobenen Geldes ergibt. Unter Angehörigen wird diese Abrechnung häufig unterlassen, was dann (spätestens nach dem Tod) zu Misstrauen und Ärger führt.

Das Auskunftsverlangen **verjährt** innerhalb der dreijährigen Frist ab Verlangen (§§ 195, 199 I BGB). Der Anspruch auf Rechnungslegung (Rechenschaft) verjährt mit dreijähriger Frist ab Beendigung des Auftrags[258] und bezieht sich dann auf die Zeitspanne ab Beginn der Tätigkeit als Bevollmächtigter.[259]

Demgegenüber wird der Bevollmächtigte meist einwenden, der Vollmachtgeber habe ihm die Abrechnung stillschweigend erlassen (§ 397 BGB), was er zu beweisen hat, und sich auf Treu und Glauben berufen, wenn jahrelang keine Abrechnung vom ihm verlangt wurde. Deshalb ist es wichtig, dass (auch unter Familienangehörigen) **im Innenverhältnis schriftlich vereinbart** wird, dass zu Beginn der Tätigkeit ein Vermögensverzeichnis erstellt wird und alle Belege aufzubewahren sind.

Ein Vollmachtgeber (Mutter) darf vom Bevollmächtigten (Sohn) einen schonenden Gebrauch von den sich aus der umfassenden Vollmacht ergebenden rechtlichen Befugnissen unter bestmöglicher Wahrung seiner personellen Autonomie erwarten.[260]

1. Kündigung durch den Bevollmächtigten

Der Beauftragte (Bevollmächtigte) kann den Auftrag jederzeit kündigen *157*
(§ 671 I BGB), damit erlischt die Vollmacht (§ 168 S. 1 BGB). Die Kündigung ist eine einseitige empfangsbedürftige Willenserklärung, für die § 130 I BGB gilt. Die Abgabe der Kündigung gegenüber dem Vollmachtgeber ist **nicht wirksam, wenn dieser geschäftsunfähig** ist (§ 131 I BGB). Der Bevollmächtigte muss in diesem Fall also zunächst beim Betreuungsgericht anregen, dass ein Betreuer als gesetzlicher Vertreter für den Vollmachtgeber bestellt wird, erst diesem gegenüber kann er den Auftrag bzw. Geschäftsbesorgungsvertrag kündigen.

Der Bevollmächtigte kann ferner **einseitig auf die Vollmacht verzichten,**[261] was von der Kündigung des Auftrags bzw. Geschäftsbesorgungsvertrags zu unterscheiden ist; oder **einfach nicht (mehr) tätig werden.**

---

[258] BGH NJW 2012, 58.

[259] Horn ZEV 2016, 373.

[260] BGH NJW 2014, 3021 = FamRZ 2014, 937 (Schenkungswiderruf) mit Anm. Schwab FamRZ 2014, 888.

[261] Soergel/Leptien BGB § 168 Rz. 5; Walter, Vorsorgevollmacht S. 121.

Der Vollmachtgeber ist dann in einer schwierigen Lage. Hat der Betroffene keinen Ersatzbevollmächtigten bestellt oder findet er keinen neuen Bevollmächtigten oder kann er diesen wegen zwischenzeitlich eingetretener Geschäftsunfähigkeit nicht mehr wirksam bevollmächtigen, kommt es u.U. zur Bestellung eines Betreuers.

33. Kündigung durch den Vollmachtgeber

158 Der Auftraggeber (Vollmachtgeber) kann den Auftrag jederzeit kündigen (§ 671 I BGB). Das setzt voraus, dass er geschäftsfähig ist; andernfalls müsste das Betreuungsgericht einen Betreuer bestellen (§ 1814 III BGB), der dann den Auftrag mit Genehmigung des Betreuungsgerichts (§ 1820 V 2 BGB) kündigen kann, falls ihm diese Aufgabe im Bestellungsbeschluss zugewiesen ist. Mit Kündigung erlischt auch die Vollmacht (§ 168 S. 1 BGB).

4. Vergütung des Bevollmächtigten[262]

159 Ist das Grundverhältnis ein **Auftrag**, dann besteht Unentgeltlichkeit (§ 662 BGB), der Beauftragte (Bevollmächtigte) hat **keinen Anspruch auf Vergütung** für seine Tätigkeit. Die Vergütungsfrage wird im familiären Bereich häufig nicht angesprochen. Eine Tätigkeit ohne Vergütung kann man bei Ehegatten annehmen. Bei volljährigen Kindern ist es schon anders. Die Eltern erwarten, dass ihr Kind die Tätigkeit als Bevollmächtigter unentgeltlich wahrnimmt, was in der Regel nur gerechtfertigt ist, wenn es sich um das einzige Kind handelt und um Einzeltätigkeiten (etwa Gesundheitsangelegenheiten, Unterbringung). Sind mehrere Kinder vorhanden und ist die Tätigkeit zeitaufwendig (etwa bei laufender Verwaltung von Immobilien) ist es nicht angemessen, dass sich einer jahrelang unentgeltlich abrackert, damit die anderen Geschwister mehr erben.[263] Aber auch dann kann nichts verlangt werden, wenn es nicht **vereinbart** ist. Vgl. Rz. 171.

5. Erbrechtlicher Ausgleich nach § 2057a BGB

160 Ein Abkömmling, der „in anderer Weise“ in besonderem Maße dazu beigetragen hat, dass das Vermögen des Erblassers erhalten oder vermehrt wurde, kann nach dem Erbfall bei der Auseinandersetzung eine Ausgleichung unter den Abkömmlingen verlangen, die mit ihm als gesetzliche Erben zur Erbfolge gelangen (§ 2057a I BGB). Fraglich ist, wieweit dies faktisch zu einer Honorierung für den Vorsorgebevollmächtigten führt.

---

262 Zimmermann FamRZ 2013, 1535.

263 A. Langenfeld, Vorsorgevollmacht S. 129.

Beispiel: Wenn der Vater stirbt, die Witwe W (in Zugewinngemeinschaft) und drei Kinder (A, B, C) hinterlässt, aber kein Testament, dann erbt die Witwe ½ (§§ 1931, 1371 BGB), jedes Kind 1/6 (§ 1924 BGB). Unterstellt man einen Reinnachlass von 1.000.000 € und einen Ausgleichsbetrag für A von 30.000 € wegen seiner besonderen Leistungen als Vorsorgebevollmächtigter, dann wird gerechnet:

Witwe 500.000. Auf die drei Kinder entfallen 500.000; davon werden die 30.000 Ausgleichsbetrag *abgezogen*, so dass jedes Kind 156.666 bekommt, A zusätzlich 30.000. Ergebnis: Witwe 500.000; A 186.666; B 156.666; C 156.666.

Diese Regelung betrifft nur Abkömmlinge und nur *gesetzliche* Erbfolge; liegt ein Testament vor, könnte sie nur über § 2052 BGB zur Anwendung kommen, was selten der Fall ist. Sollte § 2057a BGB einschlägig sein, stellen sich weitere Fragen: Liegt bei einer jahrelangen Tätigkeit als Vorsorgebevollmächtigter ein Beitrag „in besonderem Maß" vor? Wenn ein umfangreiches Immobilienvermögen vorhanden war und die Kosten für einen gewerblichen Hausverwalter langjährig erspart wurden, hat der Bevollmächtigte das Vermögen erhalten bzw. vermehrt. Die wesentliche Schwierigkeit ist, dass § 2057a III BGB nur eine Ausgleichung nach Billigkeitsgesichtspunkten vorsieht. Kriterien sind Umfang und Dauer der Leistungen, Umfang der Vermögenserhaltung, Umfang des Nachlasses.[264] Das heißt also, dass der Bevollmächtigte im Beispiel keineswegs mit dem Betrag rechnen kann, den ein gewerbsmäßiger Immobilienverwalter in Rechnung gestellt hätte.

6. Aufwendungsersatz

Dazu gehören z.B. Fahrtkosten, Telefonkosten. Darauf besteht ein An- *161*
spruch (§§ 662, 670 BGB), sogar ein Vorschussanspruch (§ 669 BGB). Zeitverlust wird aber nicht ersetzt. Der Anspruch verjährt in drei Jahren (§§ 195, 199 BGB).

7. Haftung des Bevollmächtigten

Der Bevollmächtigte haftet dem Vollmachtgeber (§ 280 BGB), obwohl er *162*
unentgeltlich tätig war. Haftungsmaßstab ist Vorsatz oder Fahrlässigkeit (§ 276 BGB). Eine Beschränkung der Haftung auf *grobe* Fahrlässigkeit ergibt sich aus dem Gesetz nicht, könnte aber vereinbart werden. Werden die Erben des Vollmachtgebers tätig, dann können zwar einzelne Miterben gegen den Bevollmächtigten klagen, aber nur auf Leistung (Zahlung) an die „Erbengemeinschaft" (§ 2039 BGB).

Aus dem Auftrag (§ 667 BGB) kann auf **Herausgabe der Kontoauszüge** und sonstigen Belege der Vermögensverwaltung geklagt werden (die Auszü-

---

264 Juris-Praxiskommentar BGB – Erbrecht (Kerscher), § 2057a Rn. 67.

ge für die letzten 10 Jahre können auch kostenpflichtig von der Bank angefordert werden).

Wenn der Bevollmächtigte unerlaubt Geld des Vollmachtgebers in höheren Beträgen (z.B. 10.000 €) auf sein eigenes Konto **überweist oder für sich bar abhebt**, kommt Veruntreuung nach § 266 StGB in Frage und somit ein Schadensersatzanspruch nach § 823 II BGB. In der Praxis behauptet der Bevollmächtigte gegenüber den Erben, der Vollmachtgeber habe ihm das **Geld geschenkt** bzw. die Überweisung angeordnet. Das (unwirksame) mündliche Schenkungsversprechen ist zwar durch den Vollzug geheilt (§ 518 II BGB). Aber die Schenkung als Rechtsgrund hat der Beschenkte (d.h. der Bevollmächtigte) zu beweisen, weil der Erbe des Vollmachtgebers eine negative Tatsache (Nichtschenkung) nicht beweisen kann. Dazu der **BGH**:[265] „Wer gestützt auf eine **Bankvollmacht** Beträge vom Konto des Vollmachtgebers abgehoben hat, trägt im Rückforderungsprozess die Beweislast für die Behauptung, mit der Abhebung ein formnichtiges Schenkungsversprechen des Vollmachtgebers mit dessen Willen vollzogen zu haben.“ Mangels Schenkung können die Erben den Bevollmächtigten auf Rückzahlung verklagen (§ 812 I 1 BGB).

Behauptet der Bevollmächtigte, vom laufend abgehobenen Geld **Einkäufe für den Vollmachtgeber** getätigt zu haben, kommt es auf Höhe und Häufigkeit der Beträge an, ob es glaubhaft ist; jedenfalls hat er die Darlegungs- und Beweislast.[266] Notfalls kann das Gericht die angemessenen Beträge schätzen,[267] wenn der Betroffene tatsächlich verpflegt wurde. Dem Bevollmächtigten ist zu raten, Kassenzettel und Belege aufzubewahren und sich regelmäßig Quittungen unterschreiben zu lassen. Oft behaupten die Bevollmächtigten, das Geld für die **Pflegetätigkeit** genommen zu haben. Wird eine Vereinbarung mit dem Vollmachtgeber vorgetragen, kommt es auf die Geschäftsfähigkeit des Vollmachtgebers beim Abschluss des Pflegevertrages sowie darauf an, ob er tatsächlich gepflegt wurde. Andernfalls ist kein zivilrechtlicher Rechtsgrund vorhanden.

Nimmt der Bevollmächtigte dem Vollmachtgeber Geld oder Wertgegenstände unerlaubt aus der Wohnung weg, liegt eine Unterschlagung vor (§ 246 StGB), Folge ist ebenfalls ein Schadensersatzanspruch nach § 823 II BGB. Auch hier wird meist Schenkung behauptet. Die Beweislast für eine Schenkung hat der Bevollmächtigte.

Die Verjährungsfrist der Ansprüche nach §§ 812, 823 II BGB beträgt grundsätzlich drei Jahre (§§ 195, 199 I BGB) ab Jahresende. Bei Ansprüchen aus unerlaubter Handlung kann sich noch nach Ablauf der Verjährungsfrist ein Anspruch aus § 852 BGB ergeben.

---

265 BGH ZEV 2007, 182.

266 Horn/Schabel NJW 2012, 3473.

267 OLG Brandenburg RNotZ 2014, 374 = ZEV 2015, 17.

III. Geschäftsbesorgungsvertrag als Grundverhältnis

1. Zustandekommen

Der Geschäftsbesorgungsvertrag (§ 675 I BGB) ist ein Dienst- oder Werk- *163*
oder typengemischter Vertrag und kommt nach den allgemeinen rechtsgeschäftlichen Regeln durch Angebot und Annahme zustande. Dies kann auch *stillschweigend* geschehen. Schriftform ist nicht erforderlich, aber dringend zu empfehlen.

Das Typische ist einerseits, dass (im Gegensatz zum Auftrag) eine **Vergütungspflicht** besteht, andererseits die Tätigkeit des Bevollmächtigten einen Vermögensbezug aufweisen muss. Ist der Bevollmächtigte *nur* für Gesundheitsangelegenheiten und Unterbringung zuständig und erhält er dafür eine Vergütung, liegt ein Dienstvertrag vor (§§ 611 ff. BGB) vor, kein Geschäftsbesorgungsvertrag.

2. Durchführung der Geschäftsbesorgung

Der Bevollmächtigte muss die übernommenen Angelegenheiten nicht unbe- *164*
dingt persönlich erledigen; er darf im Zweifel die Ausführung des Auftrags einem Dritten übertragen (denn § 664 ist in § 675 BGB nicht für anwendbar erklärt). Im Übrigen gelten die Regelungen des Auftragsrechts entsprechend. Was der Bevollmächtigte aus der Geschäftsbesorgung erlangt, hat er dem Vollmachtgeber herauszugeben (§ 667 BGB). Falls dem Bevollmächtigten Weisungen vom Vollmachtgeber erteilt wurden, ist er zwar daran gebunden, darf aber davon abweichen, „wenn er den Umständen nach annehmen darf, dass der Auftraggeber bei Kenntnis der Sachlage die Abweichung billigen würde" (§ 665 S. 1 BGB). Ändert der Vollmachtgeber später, nachdem der Fürsorgefall eingetreten ist, seine Weisungen, ist dies für den Bevollmächtigten nur bedeutsam, wenn der Vollmachtgeber noch geschäftsfähig ist. Es ist das Risiko des Bevollmächtigten, die Frage der Geschäftsfähigkeit richtig zu beurteilen.

Wenig passen auf die Vorsorgevollmacht die §§ 665 S. 2, 666 BGB (laufende bzw. spezielle **Informationen des Vollmachtgebers**), § 666 BGB (auf konkrete Anfragen des Vollmachtgebers sind **Auskünfte** zu erteilen), weil eben der Vollmachtgeber die Informationen nicht mehr verstehen kann, die Auskünfte nicht mehr fordern kann. Nach Beendigung des Auftrags, also spätestens nach dem Ableben des Vollmachtgebers, hat der Bevollmächtigte (dann gegenüber den Erben) **Rechenschaft abzulegen** (§§ 666, 259 BGB), also eine Abrechnung der Einnahmen und Ausgaben vorzunehmen und Rechnungen sowie Belege vorzulegen.

Die Kontrolltätigkeiten kann der Vollmachtgeber wegen seines geschwächten geistigen Zustandes nicht mehr ausüben. Die **Kontrolle** könnte durch einen vom Betreuungsgericht bestellten Betreuer durchgeführt werden (§ 1820 III BGB), nach dem Tod des Vollmachtgebers durch dessen Erben; zu Lebzeiten durch einen zweiten Bevollmächtigten, falls der Vollmachtgeber mit den Beteiligten entsprechende Vereinbarungen getroffen hat.

3. Vereinbarungen über die Durchführung der Geschäftsbesorgung

165 Die gesetzlichen Regelungen über die Geschäftsbesorgung sind unzureichend und passen für die Vorsorgevollmacht kaum. Wenn schon eine Vergütung zu zahlen ist, wie etwa bei der Beauftragung von Berufsträgern (Rechtsanwälten, Steuerberatern), dann sollten die Rechte und Pflichten daher eingehend besprochen und geregelt werden; die Vereinbarung sollte schriftlich festgehalten werden.

166 **Getrennte Urkunden.** Das Grundverhältnis regelt nur das Innenverhältnis zwischen Vollmachtgeber und Bevollmächtigtem. Die Vollmachtsurkunde dagegen zeigt, welche Vertretungsmacht der Bevollmächtigte nach außen hat. Wird beispielsweise dem Bevollmächtigten eine Generalvollmacht erteilt, im Innenverhältnis aber bestimmt, dass der Bevollmächtigte nichts verschenken darf, sind seine Schenkungen gleichwohl wirksam, verpflichten ihn aber zum Schadensersatz (was wertlos ist, wenn der Bevollmächtigte faktisch nicht haftet, weil er ohne Vermögen ist). Vereinbarungen im Innenverhältnis schützen den Vollmachtgeber letztlich also nur beschränkt. Wird andererseits die Beschränkung in das Außenverhältnis getragen, also nur eine beschränkte Vollmacht erteilt („Der Bevollmächtigte ist zu Schenkungen nicht berechtigt“), ist der Vollmachtgeber besser geschützt, weil die Bank nun das Wertpapierdepot nicht auf die Ehefrau des Vollmachtgebers übertragen wird. Eine solche **beschränkte Vollmacht** gefällt aber weder dem Bevollmächtigten (sie stört seine Reputation) noch den Personen, mit denen der Bevollmächtigte in Geschäftskontakt tritt (sie haben das Problem, zu erkennen, ob der Bevollmächtigte noch im Rahmen seiner Vollmacht handelt).

Werden ausführliche Vereinbarungen über das Grundverhältnis und Vollmacht in dieselbe Urkunde hineingemischt, wie in manchen Notarformularen, erlangt der Geschäftspartner, z.B. die Bank, Kenntnisse, die ihn nichts angehen, wie z.B. was über die Vergütung geregelt ist. Da der Geschäftsgegner in solchen Fällen automatisch das Grundverhältnis mitbekommt, ist er häufig verunsichert: Er kann rechtlich nicht zwischen beschränkter Vollmacht und Schranken im Innenverhältnis unterscheiden und wird deshalb in manchen Fällen die Ausführung, da zu riskant, ablehnen.

Da klar sein sollte, was gewollt ist, sollten die Vollmacht und der Vertrag über das Grundverhältnis nicht in derselben Urkunde enthalten sein, sondern getrennt.[268]

a) Gesundheitssorge, Unterbringung, privater Bereich

Wie viel Geld ist für den Unterhalt des Vollmachtgebers monatlich aufzu- *167*
wenden? Pflegesituation (welche Pflegedienste sollen beauftragt werden, welches Altenheim ausgewählt werden usw.).

b) Verwaltung größerer Vermögen im Allgemeinen

Hier können folgende Aspekte regelungsbedürftig sein, wobei eine Orien- *168*
tierung an den gesetzlichen Pflichten eines Betreuers zweckmäßig ist:

- Das **Anfangsvermögen**, das der Bevollmächtigte zur Verwaltung übernimmt, ist zu **verzeichnen.** Zur Hilfestellung sollte der Vollmachtgeber festhalten, bei welchen Banken und Versicherungen Werte liegen, wo sich seine Grundstücke befinden.
- Die laufende Verwaltung ist vom Bevollmächtigten zu dokumentieren; eine **Buchführung** hat zu erfolgen, Sammlung von Kontoauszügen, Depotaufstellungen, Verträgen, Rechnungen und Belegen. Diese Unterlagen müssen zeitlich unbefristet aufbewahrt werden und sind nach dem Tod des Vollmachtgebers dessen Erben auszuhändigen.
- Jährlich hat durch den Bevollmächtigten bis 31.3. des Folgejahres eine **Vermögensaufstellung** zum 31.12. und eine Abrechnung der Einnahmen und Ausgaben zu erfolgen nach denselben Grundsätzen wie bei der Betreuung.
- Bei Verwaltung von Wertpapiervermögen sind **Anlagerichtlinien** (vgl. Rz. 170) zu vereinbaren; bei anderen Vermögensgruppen wie Immobilien, Betrieben kommen Verwaltungsrichtlinien in Betracht. Dadurch wird das Ermessen des Bevollmächtigten eingeschränkt, was seine Haftung einerseits verringert,[269] aber andererseits verstärkt, wenn er gegen diese Richtlinien verstoßen hat.
- Verbot oder Erlaubnis zu **Schenkungen,** Verbot oder Erlaubnis zu Vermögensübertragungen (z.B. aus steuerlichen Gründen); Verbot oder Erlaubnis der Unterbevollmächtigung; Verbot oder Erlaubnis zu Insichgeschäften (§ 181 BGB).
- **Vergütung** des Bevollmächtigten (Rz. 171).

---

[268] A. Langenfeld, Vorsorgevollmacht S. 119; anders Keilbach DNotZ 2004, 164.

[269] Walter, Vorsorgevollmacht S. 114.

- Art des Ersatzes von **Aufwendungen** (Rz. 177).
- **Haftungsfragen:** Soll die Haftung des Bevollmächtigten auf Vorsatz beschränkt werden (§ 276 III BGB) oder auf Vorsatz und *grobe* Fahrlässigkeit (§ 276 I BGB) oder bleibt es bei Grundregel, wonach für Vorsatz und auch für *leichte* Fahrlässigkeit gehaftet wird?
- **Haftpflichtversicherungen**: Sind sie vom Bevollmächtigten abzuschließen? Wer bezahlt die Prämien?
- **Kündigungsfragen** (Fristen, Kündigungsgründe); der Vollmachtgeber sollte jederzeit und ohne Grund kündigen können.
- Fortgeltung oder keine **Fortgeltung der Vollmacht nach dem Tod** des Vollmachtgebers; vgl. Rz. 259.
- **Pflichten bei Beendigung der Tätigkeit** (Herausgabe aller Unterlagen, Erstellung eines Schluss-Vermögensverzeichnisses, Schlussbericht).
- Regelung des Verhältnisses von zwei Bevollmächtigten untereinander (Rz. 121).

c) Verwaltung größerer Geld- und Wertpapiervermögen[270]

169 Der Verwalter ist aufgrund des Vertrags berechtigt und verpflichtet, fortlaufend über das Vermögen des Vollmachtgebers zu disponieren, d.h. ohne Einholung von Weisungen im Einzelfall tätig zu werden und selbständig Anlageentscheidungen zu treffen (zum KWG vgl. Rz. 148). Ob der Verwalter dabei freies Ermessen hat oder nicht, richtet sich danach, ob die Vertragsparteien **Anlagerichtlinien** vereinbart haben. Ist letzteres der Fall, so muss sich der Verwalter bei seinen Entscheidungen im Rahmen der Richtlinien halten. Andernfalls ist er dem Kunden wegen positiver Verletzung des Vermögensverwaltungsvertrages (§ 280 BGB) schadensersatzpflichtig.[271] Anlagerichtlinien haben somit den Sinn, den Ermessensspielraum des Vermögensverwalters einzuschränken und ihn bei seiner Tätigkeit an die Vorgaben des Vollmachtgebers zu binden; das erleichtert, den Vermögensverwalter in Haftung zu nehmen und verhindert u.U. einen allzu großen Vermögensverlust beim Vollmachtgeber.

170 Solche **Anlagerichtlinien** bei der Verwaltung eines Wertpapierdepots betreffen z.B. folgende Punkte:

- Wieviel % des Wertpapiervermögens dürfen in Aktien, wieviel in festverzinslichen Wertpapieren angelegt werden? Der Zins liegt derzeit bei wenig über 0%. Aktienkurse unterliegen stärkeren Schwankungen; der

---

[270] Sog. Asset-Management; dazu Benicke, Wertpapiervermögensverwaltung, 2006, der auf die Gefahr der Übervorteilung des Kunden durch den gewerblichen Verwalter hinweist.

[271] BGH NJW 1998, 449 = BGHZ 137, 69.

deutsche Aktienindex DAX hatte z.B. in den letzten 20 Jahren Schwankungen zwischen 2.200 und 16.000 Punkten. Hier bestehen die Chancen für Kursgewinne und die Risiken für Vermögensverluste. Auch angebliche Sachkenner können die Zukunft nicht voraussagen.

- Darf eine Anlage in ausländischen Wertpapieren erfolgen?[272] Hier steigt das Risiko erheblich. Zum Kursrisiko kommt hinzu das Risiko der Währungsschwankung, Doppelbesteuerung der Erträge und kostenträchtige Steuererstattungsverfahren, unter Umständen Doppelbesteuerung hinsichtlich der Erbschaftsteuer im Falle des Todes des Vollmachtgebers, die fehlenden Informationen über das Wertpapier aus dem Ausland, das politische Risiko, Devisenausfuhrverbote usw.
- Ist die Anlage in nicht börsennotierten Aktien erlaubt? (Keinesfalls!).
- Kredit darf maximal bis …aufgenommen werden (Kreditaufnahme führt zu einer „Hebelwirkung“: Das Verlustrisiko steigt enorm, die Gewinnchance steigt ein wenig).
- Risikostreuung: Nur maximal 5 % des Wertpapiervermögens darf in ein einziges Wertpapier investiert werden. Wer sein ganzes Vermögen in ein einziges Wertpapier investiert, kann alles verlieren, wenn diese Gesellschaft insolvent wird oder der Kurs zusammenbricht.[273]

Je öfter der Bevollmächtigte den Depotbestand „umschlägt“, also kauft und verkauft, umso mehr verdient die Bank an **Provisionen** und umso mehr schrumpft das Vermögen, wenn die Umschichtungen ohne finanziellen Erfolg waren. Das kann erhebliche Beträge ausmachen. Ebenso ist es bei Depotgebühren. Dafür gibt es einen von Bank zu Bank verschiedenen Tarif, der aber schon bei etwas größerem Vermögen verhandelbar ist. Es kommt deshalb vor, dass Bank und Bevollmächtigter vereinbaren, dass zwar dem Vollmachtgeber auf den Abrechnungen die üblichen Bankprovisionen und Depotgebühren in Rechnung gestellt werden, ein Teil davon aber an den Bevollmächtigten bezahlt wird (sog. Kickback; Retrozession); das ist der Teil, den der geistig gesunde und geschäftstüchtige Kunde selbst heraushandeln könnte. Nach Ansicht des BGH[274] ist die Bank verpflichtet, dies dem Kunden (= Vollmachtgeber) zu offenbaren; andernfalls bestehen Schadensersatzpflichten.

---

[272] Argentinien zahlte Ausländern für seine Staatsanleihen ab 2001 keine Zinsen mehr und wollte vom Kapital nur noch 30 % zurückzahlen. Andere Länder enteigneten ausländische Aktionäre, so die Türkei bei Bankaktionären (Demir-Bank). Probleme aufgrund des Ukraine-Krieges 2022.

[273] Die Aktie Deutsche Telekom hatte 2000 einen Höchstkurs von 103, im Jahre 2003 war der Kurs auf 9 € gefallen. Zahlreiche Aktien des „Neuen Marktes“ erlebten von 2000 bis 2003 Kursverluste von 99 %. Bankaktien erlitten bis Herbst 2008 Kursverluste von 90 % und mehr, teils trat Insolvenz ein (Lehman Brothers).

[274] BGH ZIP 2001, 230.

4. Vergütung und Ersatz von Auslagen[275]

a) Vereinbarungen über die Vergütung des Bevollmächtigten

171 Ist das Grundverhältnis ein Geschäftsbesorgungsvertrag, dann gilt für die Vergütung das, was vereinbart ist. Ist nichts vereinbart, gilt § 612 BGB bzw. § 632 BGB: Im Zweifel ist die „übliche“ Vergütung zu zahlen.[276] Wird nur vereinbart, dass der Bevollmächtigte die „übliche“ oder eine „angemessene“ Vergütung erhält, dann ist zumindest klargestellt, dass er nicht umsonst arbeiten soll; zur Höhe ist es wenig hilfreich. Denn es gibt keinen Tarif dafür, was ein Bevollmächtigter üblicherweise verlangen kann, so dass ein Prozess (vgl. § 315 III 2 BGB) kaum verhindert werden kann.

Wird eine Vergütung vereinbart, ist hinsichtlich der Höhe zu berücksichtigen, dass sie grundsätzlich der Einkommensteuerpflicht unterliegt.

Man könnte an folgende Gesichtspunkte anknüpfen:

aa) Anknüpfung an die Betreuervergütung?

172 Man kann vereinbaren, dass der Bevollmächtigte dieselbe Vergütung vom Vollmachtgeber erhält, wie wenn er ehrenamtlicher Betreuer einer vermögenden Person oder berufsmäßiger Betreuer einer vermögenden Person wäre. Das wäre damit zu rechtfertigen, dass die Vorsorgevollmacht der Verhinderung einer Betreuung dient und die Arbeit als Bevollmächtigter sich nicht wesentlich von der als Betreuer unterscheidet.

Für den ehrenamtlichen Betreuer einer **vermögenden Person** bestimmt § 1876 I 2 BGB, dass ihm das Gericht eine „angemessene“ Vergütung bewilligen kann, soweit der Umfang oder die Schwierigkeit der Angelegenheiten dies rechtfertigen. Tarife für die Höhe gibt es nicht. Die Vergütung des ehrenamtlichen Betreuers höher sein als die Vergütung eines vergleichbaren Berufsbetreuers,[277] obwohl er keine Kosten für Bürobetrieb und Angestellte hat. Unter diese Fallgruppe würde beispielsweise ein Verwandter fallen, der Bevollmächtigter eines vermögenden Angehörigen ist. Da diese Anknüpfung zu unbestimmt ist, sollte sie nicht gewählt werden.

Für den **berufsmäßigen Betreuer** (z.B. einen Rechtsanwalt, Steuerberater, Vermögensverwalter, also **Betreuer der Gruppe C**) eines **vermögenden Betreuten** bestimmt § 7 I VBVG, dass er nach Fallpauschalen (und nicht seinem Stundenaufwand!) abrechnen muss. Angewandt auf einen **Bevollmächtigten – C –** hieße das:

---

[275] Horn/Schons § 9 Rn. 12ff.; Zimmermann FamRZ 2013, 1535.

[276] A. A. Chr.Bienwald FPR 2012, 28: ohne Vereinbarung sei nichts zu bezahlen.

[277] OLG Karlsruhe NJW-RR 2007, 1084; OLG Köln NJOZ 2008, 3698; OLG München NJOZ 2009, 516; LG München II FamRZ 2008, 1118; a. A. BayObLG FamRZ 2004, 1138.

	Wenn der Vollmachtgeber seinen gewöhnlichen Aufenthalt in einem **Heim** hat: Vergütung:	Wenn der Vollmachtgeber seinen gewöhnlichen Aufenthalt *nicht* in einem Heim hat, sondern z.B. in seiner **Wohnung**: Vergütung:
In den ersten drei Monaten der Tätigkeit aufgrund der Vollmacht	327 € je Monat	486 € je Monat
Im 4., 5., 6. Monat	257 € je Monat	339 € je Monat
Im 7. Bis 12. Monat	229 € je Monat	312 € je Monat
13. bis 24. Monat	149 € je Monat	257 € je Monat
Ab 25. Monat	127 € je Monat	211 € je Monat

Eine Vereinigung von Rechtsanwälten, die ihre Dienste als Bevollmächtigte anboten, warb 2010 mit Stundensätzen von 100 bis 300 € (+ 19 % USt. und Auslagenersatz).[278] Jedenfalls sind die Honorare, die Berufsträger verlangen, nicht gering. Ob dies angemessen ist, hängt vom Umfang der zu leistenden Arbeit ab. Wenn der Bevollmächtigte nicht m selben Ort wohnt, hat die Beauftragung ohnehin kaum einen Sinn.

Für **Rechtsanwälte als Vorsorgebevollmächtigte** enthält das Gesetz (RVG) keine Regelung (auch RVG VV 2300, Geschäftsgebühr, ist nicht einschlägig); die Tätigkeit ist nicht anwaltstypisch. Der Rechtsanwalt ist auf einen Gebührenvereinbarung mit dem Vollmachtgeber angewiesen (vgl. § 34 RVG). Rechtsanwälte wollen meist nach dem Streitwert (d.h. nach dem Vermögen des Vollmachtgebers) abrechnen.

bb) Tatsächlicher Zeitaufwand

Man kann vereinbaren, dass pro Stunde ein bestimmter Betrag als Vergütung zu zahlen ist. Hier ergeben sich mehrere Probleme: *173*

- Wie kann der Zeitaufwand später gegebenenfalls nachgewiesen werden? Der Bevollmächtigte sollte Stundenlisten führen mit Tätigkeitshinweis: 3.1.20.. Besprechung mit Maler X wegen ... 1 Stunde.
- Es besteht die Gefahr von Zeitschinderei.
- Wie hoch soll der Stundensatz sein?

Im privaten Bereich kann man hier an das VBVG anknüpfen (§ 3 VBVG). Wer dagegen beispielsweise einen Steuerberater zum Bevollmächtigten bestellt, nimmt stillschweigend in Kauf, dass dieser nach der Steuerberaterge-

[278] Kurze FamRZ 2010, 835 = ZErb 2011, 300.

bührenverordnung (StBGebV) abrechnet. Dort gibt es Wertgebühren, Betrags(rahmen)gebühren und Zeitgebühren. Die Zeitgebühr des Steuerberaters beträgt 30 bis 75 € je angefangene halbe Stunde, also rund 60 bis 150 € je Stunde (§ 13 StBGebV).

cc) *Pauschale Vergütung nach Prozentsätzen des Vermögens*

174 Die Tätigkeit als Bevollmächtigter besteht in den Fällen, um die es hier geht, im Wesentlichen in der Vermögensverwaltung. Deshalb könnte man an die Vergütung anderer Vermögensverwalter anknüpfen:

Bei der Vergütung von **Nachlasspflegern** vermögender Nachlässe wurde *früher* häufig von Prozentsätzen des Bruttovermögens (= Aktivvermögen, also ohne Schuldenabzug) ausgegangen; das passt nicht, weil es sich um einmalige Zahlungen handelt, der Bevollmächtigte aber dauerhaft, jahrelang, tätig wird. Die neuere Rechtsprechung gestattet nur noch eine Stundenabrechnung (ca. 60 bis 130 € je Stunde).

Auch **Testamentsvollstrecker** betreiben im Wesentlichen Vermögensverwaltung, sie erhalten eine „angemessene" Vergütung (§ 2221 BGB). Wie das zu bestimmten ist, ist höchst umstritten.[279] Der Deutsche Notarverein schlug im Jahre 2000 eine sog. Neue Rheinische Tabelle[280] vor, die von folgenden Werten ausgeht: Vergütungsgrundbetrag:

– bis 250.000 €	4 % des Bruttonachlasswerts
– bis 500.000 €	3 %
– bis 2.500.000 €	2,5 %
– bis 5. Millionen €	2,0 %
– über 5 Millionen €	1,5 %,

Dazu kommen die **Umsatzsteuer** und der Ersatz der Auslagen. Für bestimmte Tätigkeiten werden **Zuschläge** berechnet. Da kommt dann schnell eine Gesamtvergütung von ca. 15 % des Nachlasses heraus. Bei Dauervollstreckung (wie es bei Verwaltung aufgrund von Vorsorgevollmachten der Fall wäre) werden zusätzlich pro Jahr 0,33 bis 0,5 % des in diesem Jahr gegebenen Nachlassbruttowerts oder (wenn höher) 2–4 % des jährlichen Nachlassbruttoertrags in Rechnung gestellt.

---

[279] Vgl. Zimmermann, Die Testamentsvollstreckung, Rz. 695 ff.
[280] Abgedruckt ZEV 2000, 181.

dd) *Pauschale Vergütung nach den Vergütungssätzen vergleichbarer Berufsgruppen*

Besteht die Verwaltungstätigkeit im Wesentlichen in der Verwaltung von Häusern und Eigentumswohnungen, empfiehlt sich, die Vergütungen von Immobilienverwaltungsfirmen zur Grundlage zu machen (Grundbetrag pro Wohnungseinheit, Prozentsatz der Bruttomieteinnahme). Investmentgesellschaften, die in Investmentfonds angelegte Aktien und Anleihen verwalten, berechnen meist jährlich 0,8 % bis 1,4 % des Vermögens. *175*

Auch die Vergütungssätze für Zwangsverwalter können herangezogen werden (§ 18 ZwVwV: 10 % der Mieteinnahme).

ee) *Pauschale*

Am wenigsten Streit entsteht, wenn eine allgemeine Pauschalvergütung pro Monat vereinbart wird.[281] Das Problem ist nur, wie sie der Höhe nach bemessen werden soll. *175a*

ff) *Im privaten Bereich: erbrechtliche Belohnung*

Im privaten Bereich kommt in Frage, dass der Bevollmächtigte für seine Tätigkeit zwar keine Vergütung erhält, aber vereinbart wird, dass er durch eine entsprechende Erbeinsetzung oder ein Vermächtnis entschädigt wird. Da Testamente jederzeit widerrufen werden können, ist dies eine unsichere Abrede. Helfen würde ein Erbvertrag; auch hier besteht die Gefahr, dass der Nachlass durch Schenkungen ausgehöhlt wird (§ 2287 BGB). Denkbar ist, die erbvertragliche Zuwendung unter die auflösende Bedingung der Nichterfüllung der Verpflichtungen als Bevollmächtigter zu stellen. *176*

b) Aufwendungsersatz

Macht der Beauftragte (Bevollmächtigte) zum Zwecke der Ausführung des Auftrags Aufwendungen (Fahrtkosten usw.), die er den Umständen nach für erforderlich halten darf, ist der Auftraggeber (Vollmachtgeber) zum Ersatz verpflichtet (§§ 670, 675 BGB). Es besteht ein Vorschussanspruch, § 669 BGB. Werden die Auslagen nicht sogleich dem Vermögen des Vollmachtgebers entnommen, sondern erst später, besteht ein Verzinsungsanspruch mit 4 % (§§ 246, 256 BGB). *177*

Regelungsbedürftig ist, zu welchen Preisen Fahrtkosten abzurechnen sind, wenn der Bevollmächtigte mit seinem eigenen Pkw fährt (im Zweifel wenden die Gerichte hier die Sätze des Justizvergütungs- und Entschädi-

[281] Sauer RNotZ 2009, 79/91; Langenfeld S. 131.

gungsgesetzes – § 5 JVEG – an; 0,35 bis 0,42 € je km). Denkbar ist auch eine Pauschalierung der Auslagen.

Ist der Bevollmächtigte Rechtsanwalt und ist seine Vergütung pauschal vereinbart worden, fragt sich, ob Anwaltsleistungen für notwendige Prozesse in der Vergütung inbegriffen sind; im Zweifel wird das nicht der Fall sein (vgl. § 1877 III BGB), sie sind dann als Aufwendung zu den Tarifen des RVG zu erstatten. Ebenso ist es, wenn ein Steuerberater Bevollmächtigter ist und für den Vollmachtgeber Steuererklärungen anfertigt.

5. Kündigung durch den Bevollmächtigten

178 § 671 ist in § 675 BGB nicht für anwendbar erklärt; somit kann der Beauftragte (Bevollmächtigte) den Auftrag nicht jederzeit kündigen (§ 671 I BGB). Falls ihm das Recht zusteht, ohne Einhaltung einer Kündigungsfrist zu kündigen, gilt wegen § 675 I der § 671 II BGB.

6. Kündigung durch den Vollmachtgeber

179 Der Auftraggeber (Vollmachtgeber) kann den Auftrag jederzeit kündigen, wenn nichts anderes vereinbart ist. Damit erlischt auch die Vollmacht (§ 168 S. 1 BGB).

I. Genehmigungen des Betreuungsgerichts

I. Gesundheitsangelegenheiten, Zwangsmaßnahmen (§§ 1829, 1831, 1832 BGB)

1. Grundlagen

180 a) Einwilligung des Vollmachtgebers. Die ärztliche Behandlung ist nur zulässig, wenn der Patient darin einwilligt (§ 630 d BGB), ausdrücklich oder stillschweigend. Denkbar ist ferner, dass eine mutmaßliche Einwilligung des Patienten vorliegt, so wenn jemand nach einem Unfall bewusstlos in eine Klinik eingeliefert wird. Hier darf, falls medizinisch erforderlich, sofort behandelt werden, es müssen nicht vorher Betreuer, Gesundheitsbevollmächtigte oder Gerichte eingeschaltet werden (§ 630d I 4 BGB). Deshalb kann auch ein Patient, der eine medizinische Vorsorgevollmacht erteilt hat, sie bei sich führt und in die Klinik eingeliefert wird, gegebenenfalls ohne Einwilligung des Bevollmächtigten behandelt werden. Ist die Vollmacht der Klinik nicht bekannt, ist dies selbstverständlich (hier hilft die mutmaßliche Einwilligung). Wenn eine Vollmacht beim zentralen **Vorsorgeregister** der Bundesnotarkammer in Berlin registriert ist, kann dies nützen, weil **seit 2023** nicht nur die Betreuungs- und Beschwerdegerichte, sondern u. U. auch

Ärzte ein **Zugriffsrecht auf das Register** haben. Behandelt der Arzt den Patienten zunächst auf der Basis der von ihm vermuteten mutmaßlichen Einwilligung, dann entfällt die Vermutung, sobald ein Betreuer bestellt ist oder ein Bevollmächtigter auftritt.[282]

b) **Rechte des Ehegatten:** Seit 2023 gibt § 1358 BGB dem Ehegatten das Recht, in bestimmte Angelegenheiten der Gesundheitssorge in Vertretung des anderen Ehegatten für ihn einzuwilligen, wenn dieser aufgrund Bewusstlosigkeit oder Krankheit seine Gesundheitsangelegenheiten nicht selbst besorgen kann. Eine jemand erteilte Vorsorgevollmacht mit demselben Aufgabenkreis ist aber vorrangig.[283] Einzelheiten vgl. Rn. 362 aff. *181*

c) **Rechte der sonstigen Angehörigen.** Den anderen nahen Angehörigen des Patienten (Eltern, erwachsene Kinder, Geschwister usw.) gibt die Verwandtschaft kein *Recht*, den Patienten in Fragen der Einwilligung zu vertreten. Ein Vertretungsrecht besteht also nur, wenn der Angehörige vom Gericht zum Betreuer bestellt wurde (§ 1814 BGB) oder wenn ihm vom Patienten eine schriftliche oder mündliche Vollmacht in Gesundheitsangelegenheiten erteilt wurde.

d) **Aufklärung.** Die Einwilligung des Bevollmächtigten ist nur wirksam, wenn er vom Arzt eine angemessene Zeit vorher aufgeklärt wurde (§ 630e II Nr. 2 BGB). *182*

e) **Rechte des Vollmachtgebers.** Der Vollmachtgeber kann nicht wirksam anordnen, dass eine betreuungsgerichtliche Genehmigung nicht erforderlich ist, weil die §§ 1829, 1831, 1832 BGB zwingendes Recht enthalten.[284] Ist einem Bevollmächtigten eine Vollmacht in Gesundheitsangelegenheiten erteilt worden, dann kann er den Vollmachtgeber vertreten, soweit der Vollmachtgeber selbst nicht mehr einwilligungsfähig ist. Die Vollmacht verdrängt die eigene Entscheidungsbefugnis des noch einwilligungsfähigen Patienten *nicht*; kann er sich selbst noch artikulieren, geht sein Wille vor. *183*

Der Bevollmächtigte muss zwar in allen Fällen den Willen und die Wünsche des Vollmachtgebers bei seiner Entscheidung einbeziehen; *gebunden* ist er aber daran (aus dem Innenverhältnis: Auftrag, Geschäftsbesorgung) nur, wenn sie vom Vollmachtgeber im Zustand der Geschäftsfähigkeit geäußert wurden, z.B. in einer Patientenverfügung, die nicht widerrufen wurde, was jederzeit (aber nur in einwilligungsfähigem Zustand) und formfrei geschehen kann;[285] auch bei einer erheblichen nachträglichen Änderung der Sachlage besteht keine Bindung, wenn anzunehmen ist, dass in einem solchen

282 Vgl. BGH FamRZ 2003, 748.

283 Siegel/Kraus DNotZ 2022, 906.

284 Irreführend daher der Satz „Eventuelle gerichtliche Genehmigungsvorbehalte sollen für ihn nicht gelten", den Uhlenbruck ZAP Fach 122 S. 85 (10.3.1999) vorschlug.

285 Knittel § 1904 Rz. 40 und 118; BGH FamRZ 2003, 748 zur Betreuung.

Fall keine Bindung gewollt ist (vgl. § 1827 II, VI BGB). Der Bevollmächtigte muss im Innenverhältnis zum Wohl des Patienten handeln; im Außenverhältnis schlägt das aber nicht durch: Der Arzt kann nicht sagen, die Erklärung des Bevollmächtigten ist unwirksam, weil sie gegen das „Wohl des Patienten“ verstößt. Einen medizinisch nicht indizierten Behandlungswunsch des Bevollmächtigten darf der Arzt aber nicht befolgen.

184 f) **Zwangsmaßnahmen beim Vollmachtgeber.** Muss er behandelt werden, weigert sich aber, zum Arzt oder in die Klinik mitzugehen, stellt sich die Frage des Zwangs: Kann der Vollmachtgeber zwangsweise vom Bevollmächtigten zum Arzt gefahren werden, damit er dort eine Spritze bekommt oder operiert wird und dann wieder heimgehen kann? Für Bevollmächtigte gilt dieselbe Regelung wie für Betreuer (§ 1832 V BGB). Für Betreuer hat der BGH[286] die Ansicht vertreten, eine *ambulante* medizinische Behandlung gegen den natürlichen Willen des einwilligungsfähigen Betreuten (Zwangsbehandlung) sei mangels Rechtsgrundlage nicht zulässig; der Betroffene darf also nicht mit Gewalt in die Arztpraxis gebracht werden, damit er einen Depotspritze erhält, um anschließend wieder nachhause gebracht werden, weil das gesetzlich nicht geregelt ist. Nur in einem Krankenaus ist eine solche Behandlung zulässig (Rn. 184a).

184a g) Für die *stationäre* Zwangsbehandlung (d.h. in einem Krankenhaus) gilt jetzt folgende Rechtslage (§ 1832 BGB):[287] **Willigt** der Betroffene in die ärztliche Maßnahme ein, kann sie im Rahmen von §§ 630a ff. BGB durchgeführt werden. **Willigt er in die Zwangsmaßnahme nicht ein,** kann der Bevollmächtigte als Vertreter des Vollmachtgebers (eine ausreichend konkrete schriftliche Vollmacht unterstellt) für ihn in die ärztliche Maßnahme einwilligen, wenn die sieben Voraussetzungen des § 1832 I BGB vorliegen und das **Betreuungsgericht die Einwilligung genehmigt**; im Verfahren muss der Betroffene vom Richter persönlich angehört werden (§ 319 FamFG); ein Gutachten ist einzuholen (§§ 321 I 5, 329 III FamFG), wobei in der Regel ein anderer bzw. neuer Gutachter zu bestellen ist; ein Verfahrenspfleger muss bestellt werden (§ 312 S. 3 FamFG); der Genehmigungsbeschluss muss einen bestimmten Inhalt haben (§ 323 II FamFG) und ist zu befristen (§ 329 I 2 FamFG).

h) Die *sieben Voraussetzungen*, die kumulativ vorliegen müssen, sind:

(1) die ärztliche Zwangsmaßnahme (meist Amputation von Gliedern) ist notwendig, um einen drohenden erheblichen gesundheitlichen Schaden vom Vollmachtgeber abzuwenden.

---

[286] BGH FamRZ 2001, 149 (ambulante Zwangsbehandlung); BGH NJW 2006, 1277 (stationäre Zwangsbehandlung).

[287] Zimmermann NJW 2014, 2479; Dodegge NJW 2013, 1265.

(2) Der Vollmachtgeber kann auf Grund einer psychischen Krankheit oder einer geistigen oder seelischen Behinderung die Notwendigkeit der ärztlichen Maßnahme nicht erkennen oder nicht nach dieser Einsicht handeln.

(3) Die ärztliche Zwangsmaßnahme der Patientenverfügung bzw. dem mutmaßlichen Willen des Vollmachtgebers (§ 1827 BGB) entspricht.

(4) Es wurde zuvor (vom Arzt und vom Bevollmächtigten) versucht, den Vollmachtgeber von der Notwendigkeit der ärztlichen Maßnahme zu überzeugen (Überzeugungsversuch),

(5) Der drohende erhebliche gesundheitliche Schaden kann durch keine andere dem Vollmachtgeber weniger belastende Maßnahme abgewendet werden.

(6) Der zu erwartende Nutzen der ärztlichen Zwangsmaßnahme überwiegt die zu erwartenden Beeinträchtigungen deutlich (Verhältnismäßigkeit).

(7) Die Maßnahme wird im Rahmen eines stationären Aufenthalts in einem Krankenhaus mit Nachbehandlungsmöglichkeit durchgeführt.

i) Voraussetzung ist ferner, dass der Vollmachtgeber selbst *einwilligungsunfähig* ist (denn sonst entscheidet nur er allein). Eine **geschlossene Unterbringung** (die der Genehmigung bedarf) ist zusätzlich erforderlich und nur unter den Voraussetzungen des § 1931 BGB zulässig; für nicht untergebrachte Personen gibt es also keine Zwangsbehandlung.[288]

j) Die **Durchsetzung des Zwangs** ist schwierig; die Betreuungsbehörde darf bei Zuführung zur Unterbringung auch einem Bevollmächtigten helfen (§ 326 I FamFG). Die Behörde darf die Polizei einschalten, der Bevollmächtigte darf das unmittelbar nicht, er kann sich nur an die Behörde wenden

Zum **Abbruch der Ernährung (Sterbehilfe)** vgl. Rz. 213.

2. Genehmigung des Betreuungsgerichts

Eine Genehmigung des Betreuungsgerichts ist **nicht erforderlich, wenn sich Arzt und Bevollmächtigter einig sind,** dass die ärztliche Maßnahme (Untersuchung, Heilbehandlung, Einwilligung in den ärztlicher Eingriff bzw. Nichteinwilligung) dem Willen des Vollmachtgebers entspricht, also mit der Patientenverfügung in Einklang ist bzw., wenn eine solche Verfügung fehlt, dem mutmaßlichen Willen des Patienten entspricht (§ 1829 IV BGB); vgl. Rz. 190. Nur, wenn bei gefährlichen Maßnahmen der Arzt behandeln will, der Bevollmächtigte aber nicht, oder umgekehrt, ist eine Genehmigung des Gerichts erforderlich. Bei Zwangsbehandlung einer untergebrachten Person ist immer eine Genehmigung erforderlich. *185*

[288] BGH NJW 2014, 3301; NJW 2014, 2497.

Die Einwilligung des Vollmachtgebers ist nur wirksam, wenn die Genehmigung des Gerichts vorliegt (sog. Außengenehmigung[289]). Der Arzt handelt somit rechtswidrig, wenn zwar der Bevollmächtigte ihm die Einwilligung zur erforderlichen Maßnahme erteilt hat, die erforderliche betreuungsgerichtliche Genehmigung aber nicht existiert. Es ist deshalb zweckmäßig, dass sich der Arzt die Genehmigung des Gerichts vorlegen lässt.

186

Vollmachtgeber ist noch selbst einwilligungsfähig	Vollmachtgeber ist selbst nicht mehr einwilligungsfähig	
Vollmachtgeber (Patient) entscheidet selbst, willigt selbst in seine Behandlung ein oder auch nicht	ärztliche Maßnahme ungefährlich	ärztliche Maßnahme gefährlich
Meinung des Bevollmächtigten belanglos	Einwilligung des Bevollmächtigten notw. Keine Genehmigung des Betreuungsgerichts notw.	Einwilligung des Bevollmächtigten notw. Genehmigung des Betreuungsgerichts notw.
Einwilligung des Patienten entbehrlich, wenn Rechtfertigungsgründe vorliegen (mutmaßliche Einwilligung), § 630 d I 4 BGB	Einwilligung des Bevollmächtigten entbehrlich, wenn Rechtfertigungsgründe vorliegen (mutmaßliche Einwilligung), § 630 d I 4 BGB	Einwilligung des Bevollmächtigten entbehrlich, wenn Rechtfertigungsgründe vorliegen. **Genehmigung** des Betreuungsgerichts **entbehrlich** bei § 1829 I 2 sowie nach § 1829 IV; Rz. 190

187 Die **Genehmigung ist erforderlich**: Für eine Einwilligung des Bevollmächtigten in eine Untersuchung des Gesundheitszustandes, eine Heilbehandlung oder einen ärztlichen Eingriff, *wenn* die begründete Gefahr besteht, dass der Vollmachtgeber (Betreute) aufgrund der Maßnahme stirbt oder einen schweren und länger dauernden gesundheitlichen Schaden erleidet (§ 1829 I BGB); das ist eine medizinische Wahrscheinlichkeitsfrage. Der Vollmachtgeber kann in der Vollmacht nichts Abweichendes bestimmen, da § 1829 BGB zwingendes Recht ist; allenfalls käme eine Behandlung im Ausland in Betracht, falls dort keine Genehmigungserfordernisse bestehen.

Es handelt sich also um folgende Fälle:

a) Medizinische Maßnahmen:

188 *Untersuchungen* durch Ärzte und sonstigen Personen wie Krankenschwestern, Heilpraktiker.

[289] OLG Frankfurt NJW 1998, 2747.

Heilbehandlung. Darunter fallen alle Maßnahmen (von Ärzten, Heilpraktikern, sog. Heilern und sonstigen Personen) zur Verbesserung des Gesundheitszustandes, z.B. Operationen, Spritzen, Verabreichung von Medikamenten, Krankengymnastik, auch sog. alternative Behandlungen wie Eigenurineinspritzung. Bloße Ratschläge („Nicht Rauchen") sind keine Behandlung. Das Unterlassen einer Behandlung fällt ebenfalls unter § 1829 BGB, wie § 1829 II BGB zeigt. Vgl. dazu Rz. 213.

Ärztliche Eingriffe. Darunter fällt alles, was nicht Heilbehandlung ist, aber doch in den Körper des Patienten eingreift, z.B. kosmetische Operationen, Schwangerschaftsabbruch, Organspende.

b) Ärztliche Maßnahme mit Gefahrenpotential

Nur wenn die „begründete" Gefahr besteht, dass der Vollmachtgeber durch die Maßnahme bestimmte Schäden erleidet: 189

Begründete Gefahr, dass er an der Behandlung oder deren Folgen *stirbt.* Damit ist eine gewisse Wahrscheinlichkeit gemeint, ohne dass genaue Prozentsätze angegeben werden können. Unabhängig vom Gesundheitszustand des Patienten gibt es Operationen, die stets besondere Risiken mit sich bringen. Hierzu zählen alle Risikooperationen oder -behandlungen wie z.B. Herzverpflanzung, Angiographie, Kobaltbestrahlung, Bandscheibenoperation, Aortenstenose etc.[290] Oder

Gefahr eines schweren und längerdauernden gesundheitlichen (körperlichen oder psychischen) *Schadens.* Manche Untersuchungen sind ungefährlich, wie Abtasten des Körpers, Abhören, Blutdruckmessung, Röntgenaufnahmen, Ultraschalluntersuchung, Computer-Tomographie, Blutentnahme, Harnkatheter. Nur die Gefahr *schwerer* Schäden fällt unter § 1829 BGB, nicht geringere zu erwartende Schäden. Zusätzlich muss es sich um einen **länger dauernden gesundheitlichen Schaden** handeln. Ein vorübergehender Schmerz, z.B. nach der Operation oder der Zahnextraktion, fällt nicht unter § 1829 BGB. Wann der Schaden *länger dauert,* kann nicht ohne weiteres gesagt werden; diskutiert wird eine Dauer von einem Jahr und mehr; doch können auch kürzere Zeitspannen ausreichen.

Andere Untersuchungen können im Einzelfall (je nach Alter, Krankheits- und Schwächezustand des Patienten) oder generell gefährlich sein, wie Entnahme von Hirnflüssigkeit, Voll-Narkose, Herzkatheter, gefäßchirurgische Eingriffe an den großen (arteriellen) Gefäßen; Operationen am Gehirn, am Rückenmark, am offenen Brustkorb; Transplantationen von unpaaren Organen (Herz, Leber) und Knochenmark; radikale Eingriffe und Behandlungsmaßnahmen bei fortgeschrittenen Krebserkrankungen; systematische

[290] Schreiner FamRZ 1991, 1014.

Chemotherapie/Bestrahlung; u. U. die Entfernung von inneren Organen oder Organteilen; intravasale Diagnostik mit Ausnahme einfacher Rechtsherzkatheteruntersuchungen; interventionelle Radiologie; Behandlung mit in Deutschland nicht zugelassenen Medikamenten.

190 3. Entbehrlichkeit einer Genehmigung des Betreuungsgerichts

Die Genehmigung des Betreuungsgerichts ist entbehrlich,

- wenn **mit dem Aufschub** der ärztlichen Maßnahme **Gefahr** verbunden ist, also sofort gehandelt werden muss (§ 1829 I 2 BGB); oder
- wenn der noch selbst einwilligungsfähige Patient (Vollmachtgeber) in die Maßnahme **einwilligt**; oder
- wenn die Maßnahme nicht im angegebenen Sinn gefährlich ist; oder
- wenn zwischen dem Bevollmächtigen und dem behandelnden Arzt **Einvernehmen** darüber besteht, dass die Erteilung, die Nichterteilung oder der Widerruf der Einwilligung dem „Willen“ des Vollmachtgebers entspricht (§ 1829 IV BGB); ob letzteres der Fall ist, ergibt sich aus einer Patientenverfügung oder dem mutmaßlichen Willen (!) des Vollmachtgebers, § 1827 BGB. Diesen mutmaßlichen Willen kann man kaum eindeutig feststellen, es handelt sich um eine Fiktion.

4. Das Genehmigungsverfahren des Betreuungsgerichts

a) Antrag, Verfahren

191 Jeder kann die Genehmigung beim Betreuungsgericht anregen, z. B. der Bevollmächtigte, der Arzt. Örtlich zuständig ist das Betreuungsgericht (dort der Richter, nicht der Rechtspfleger; § 15 Nr. 4 RPflG), wo die Betreuung anhängig ist, sonst das Gericht des Aufenthaltsortes (§ 272 FamFG). Der Vollmachtgeber (Betroffene) ist im Verfahren voll verfahrensfähig, auch wenn er geschäftsunfähig ist (§ 275 FamFG). Dem Vollmachtgeber ist vom Gericht gegebenenfalls ein Verfahrenspfleger zu bestellen (§ 276 FamFG). Das Betreuungsgericht hat sodann aufzuklären, ob die Vollmacht überhaupt wirksam ist (seinerzeitige Geschäftsfähigkeit des Vollmachtgebers; Konkretisierung der Vollmacht) und ob der Vollmachtgeber bezüglich der konkreten Behandlung tatsächlich einwilligungsunfähig ist, ferner ob die sonstigen Voraussetzungen des § 1829 BGB (Gefährlichkeit der medizinischen Maßnahme usw.) vorliegen und die Maßnahme seinen mutmaßlichen Wünschen entspricht.

Ferner ist aufzuklären, ob zwischen dem Bevollmächtigtem und dem Arzt wirklich unterschiedliche Auffassungen bestehen (denn andernfalls ist keine Genehmigung des Richters erforderlich; § 1829 IV BGB, oben Rz. 190). Der Vollmachtgeber ist zu diesem Zweck vom Richter persönlich anzuhören (§ 298 I 1 FamFG); der Arzt kann als Zeuge vernommen werden. Zur Klärung der medizinischen Fragen ist ein Sachverständigengutachten einzuholen, wobei Sachverständiger und ausführender Arzt personenverschieden sein *sollen* (§ 298 III 2 FamFG), damit finanzielle Interessen möglichst außer Betracht bleiben; ein ärztliches Zeugnis genügt nicht.[291] Das Gutachten muss dem Vollmachtgeber vollständig und rechtzeitig vor der Entscheidung zugeleitet werden,[292] auch wenn er bewusstlos ist oder das Gutachten nicht verstehen kann. Es ist eine Frage des Einzelfalls, ob der Sachverständige den Betroffenen persönlich untersuchen muss (im Regelfall wird es notwendig sein). Die engsten Familienangehörigen oder eine dem Vollmachtgeber nahestehende Person *sollen* angehört werden (§ 298 I 2, 3 FamFG).

Für die Fälle des **Ernährungsabbruchs (Sterbehilfe)**, § 1829 II BGB, bestimmt § 298 II FamFG, dass ein Verfahrenspfleger bestellt werden *muss.*

b) Genehmigung der Einwilligung des Bevollmächtigten

Die Maßnahme sollte möglichst genau bezeichnet werden; eine Befristung *192*
der Genehmigung ist zulässig und oft zweckmäßig. Der Beschluss ist dem Bevollmächtigten und (auch) dem Vollmachtgeber bekanntzumachen (§ 41 FamFG). Zu den Gerichtsgebühren und -auslagen vgl. Rz. 299. Wirksam wird der Beschluss schon mit der Bekanntmachung an den Bevollmächtigten (§§ 40 I, 287 FamFG); ab jetzt darf der Arzt tätig werden. Ist der Bevollmächtigte nicht erreichbar oder Gefahr im Verzug, kann sofortige Wirksamkeit nach § 287 II FamFG angeordnet werden. Auch wenn das Betreuungsgericht eine ärztliche Maßnahme genehmigt hat, ist der Bevollmächtigte nicht verpflichtet, die entsprechende Behandlung (Operation usw.) durchführen zu lassen, er kann es sich anders überlegen. Die **Unterbringungsgenehmigung** des Betreuungsgerichts nach § 1831 BGB beinhaltet nicht die **Genehmigung in gefährliche medizinische Behandlungen** nach § 1829 I BGB (u. U. ist eine doppelte Genehmigung erforderlich).

In den Fällen des **Ernährungsabbruchs (Sterbehilfe)**, § 1829 II BGB, bestimmt § 287 III FamFG, dass der Beschluss des Gerichts erst zwei Wochen nach der Bekanntgabe an den Bevollmächtigten und an den Verfahrenspfleger wirksam wird, auf diese Weise kann noch (z. B. vom Verfahrenspfleger) Beschwerde eingelegt werden.

---

291 OLG Hamm FGPrax 1997, 64.

292 BayObLG BtPrax 1993, 208.

c) Ablehnung der Genehmigung

193 Die Ablehnung erfolgt z. B. wenn die Behandlung keine Erfolgsaussicht hat[293] oder wenn die Vorteile in keinem vernünftigen Verhältnis zum Risiko stehen. Die Ablehnung erwächst nicht in Rechtskraft. Ändern sich die Verhältnisse, kann eine neue Genehmigung beantragt und erteilt werden. Wird die Genehmigung abgelehnt, weil die Behandlung überhaupt nicht genehmigungsbedürftig ist (z. B. keine schweren Folgen; Konsens Arzt/Bevollmächtigter), sog. **Negativattest**, kann der Bevollmächtigte selbst entscheiden und einwilligen. Wird abgelehnt, weil der Vollmachtgeber noch einwilligungsfähig ist, kann dieser (allein) selbst entscheiden. Dem Bevollmächtigten selbst dürfen bei Ablehnung keine Kosten oder Auslagen (z. B. Sachverständigenhonorar) auferlegt werden (§ 81 FamFG).

d) Rechtsmittel

194 Der Vollmachtgeber kann die Genehmigung des Betreuungsgerichts (oder deren Ablehnung) mit der Beschwerde (§§ 58 ff. FamFG) anfechten. Der Bevollmächtigte kann die Beschwerde im Namen des Vollmachtgebers einlegen (§ 303 IV FamFG). Der Arzt, Sachverständige, das Krankenhaus und sonstige Dritte haben kein Beschwerderecht, wohl aber der Verfahrenspfleger.

II. Freiheitsentziehende Unterbringung (§ 1831 BGB)

1. Grundlagen

195 Eine „Unterbringung" liegt vor, wenn eine andere Person (der Vollmachtgeber) in ein Altenheim, Pflegeheim, Krankenhaus, psychiatrische Klinik usw. verbracht wird. Kann der Vollmachtgeber das Altenheim jederzeit verlassen, liegt eine „offene" Unterbringung vor, die nicht genehmigungsfähig oder -pflichtig ist. Ist die Unterbringung mit Freiheitsentziehung verbunden, d. h. der Betroffene wird „eingesperrt" und kann des Heim nicht verlassen, wenn er will, liegt eine geschlossene Unterbringung vor, die der Genehmigung des Gerichts bedarf (§ 1831 II BGB), wenn der Bevollmächtigte eingewilligt hat (§ 1831 V BGB).

Die geschlossene Unterbringung in der Anstalt nach dem **Landes-PsychKG** wegen Selbstgefährdung (z. B. Selbstmordgefahr) oder Gefährdung Dritter hat mit § 1831 BGB nichts zu tun. Sie wird vom Richter angeordnet. Durch eine Vorsorgevollmacht kann sie nicht verhindert werden; im Falle einer PsychKG-Unterbringung hat der Vorsorgebevollmächtigte keine Zuständigkeit. Aber die Vorsorgevollmacht ist auch bei einer PsychKG-

---

[293] LG Berlin FamRZ 1993, 599.

Unterbringung weiterhin von Bedeutung, z.B. für Vermögensangelegenheiten und Genehmigung ärztlicher Maßnahmen.

Liegt keine Vorsorgevollmacht mit einem entsprechenden Aufgabenkreis vor, dann kann der Ehegatte im Rahmen des **Ehegattennotvertretungsrechts** freiheitsentziehende Maßnahmen beim bewusstlosen Ehegatten anordnen (§ 1358 VI mit § 1831 IV, II BGB), allerdings beschränkt auf sechs Wochen (§ 1358 I Nr. 3 BGB).

2. Genehmigungsfälle

Der Bevollmächtigte kann den Vollmachtgeber nicht nach Gutdünken ge- *196*
schlossen unterbringen. Er muss einen gesetzlich anerkannten Grund für die Unterbringung haben (§ 1831 V, I BGB), er muss zum Wohl des Vollmachtgebers handeln. Auch ein *geschäftsfähiger* Vollmachtgeber kann vom Bevollmächtigten aufgrund der Vollmacht untergebracht werden; doch muss dann feststehen, dass der Vollmachtgeber aufgrund seiner Krankheit seinen Willen nicht frei bestimmen kann.[294]

a) Gefahr gesundheitlicher Schäden

Aufgrund einer *psychischen* Krankheit oder geistigen oder seelischen Behin- *197*
derung des Vollmachtgebers muss die **Gefahr** bestehen, dass der Vollmachtgeber **sich selbst tötet** oder erheblichen **gesundheitlichen Schaden** zufügt (§ 1906 I Nr. 1 BGB). Hat die Selbstgefährdung andere Ursachen, rechtfertigt sie keine Unterbringung nach § 1831 BGB, denn der Staat ist nicht dazu berufen, seine Bürger zu „bessern“.[295] Der in *freier* Willensbestimmung vorgenommene Selbstmordversuch rechtfertigt daher keine anschließende Unterbringung. **Eine „akute, unmittelbar bevorstehende Gefahr“ für den Betroffenen muss nicht bestehen. Notwendig ist eine ernstliche und konkrete Gefahr für Leib und Leben des Betroffenen. Dies setzt objektivierbare und konkrete Anhaltspunkte für den Eintritt eines erheblichen Gesundheitsschadens voraus.**[296]

Hauptfälle: Bei altersverwirrten Personen besteht die Gefahr, dass sie erfrieren und verhungern, weil sie ziellos umherirren; Gefahr des Überfahrenwerdens; krankheitsbedingte Verweigerung der Nahrungsaufnahme; Nichteinnahme notwendiger Medikamente;[297] die Wohnung wird als Müllhaufen verwendet, so dass sich Ratten ansammeln und Gesundheitsgefahr besteht; Ablehnung einer notwendigen Behandlung. Ungenügend ist, dass ein Ver-

---

294 BayObLG FamRZ 1998, 1327; OLG Düsseldorf FamRZ 1995,118; beide zur Betreuung. Vgl. § 1896 Ia BGB.

295 BayObLG FamRZ 1993, 600.

296 BGH FamRZ 2022, 1648 zur Betreuung.

297 OLG Hamm NJW 1976, 378.

mögensschaden droht (der krankhafte Verschwender erhält einen Einwilligungsvorbehalt, wird aber nicht eingesperrt). Oder:

b) Untersuchung des Gesundheitszustandes, Heilbehandlung

198 Eine **Untersuchung des Gesundheitszustandes, eine Heilbehandlung** oder ein **ärztlicher Eingriff** ist notwendig, kann aber ohne die geschlossene Unterbringung des Vollmachtgebers nicht durchgeführt werden *und* der Vollmachtgeber kann aufgrund einer *psychischen* **Krankheit oder geistigen oder seelischen Behinderung** die Notwendigkeit der Unterbringung nicht erkennen oder nicht nach dieser Einsicht handeln.

Darunter fallen z.B. erforderliche Diabetes-Einstellung bei insoweit uneinsichtigen psychisch Kranken, Einnahme von Medikamenten während eines schizophrenen Schubs. Das Gesetz unterscheidet bei § 1831 BGB nicht zwischen der Krankheit, die Ursache der „Betreuung" ist (sog. Anlasskrankheit, z.B. Schizophrenie), und sonstigen Krankheiten (sog. Begleitkrankheiten, z.B. Magenkrebs). *Notwendig* ist die Unterbringung nach Nr. 2 nur dann, wenn die ärztlichen Maßnahmen ohne geschlossene Unterbringung nicht durchführbar sind (also nicht ambulant) und wenn die Möglichkeit eines Erfolgs (Heilbehandlung) besteht. Steht fest, dass kein Erfolg zu erzielen ist, muss die freiheitsentziehende Unterbringung unterbleiben.

Die psychische Erkrankung muss vorliegen; fehlt sie, darf keine Unterbringung erfolgen, auch wenn eine medizinische Behandlung dringend erforderlich wäre; sog. „Freiheit zur Krankheit". Ursache der Gesundheitsgefahr, die dem „Betreuten" droht, muss seine Unfähigkeit zur Einsicht oder seine Unfähigkeit zum Handeln sein (z.B. Schwachsinn oder übersteigerte Angst vor ungefährlichen Eingriffen).

Nur wenn der Betroffene anschließend ärztlich behandelt werden darf, kann er zuvor nach Nr. 2 untergebracht werden; notwendig ist deshalb bei Nr. 2, dass der Bevollmächtigte die Gesundheitssorge hat. Noch selbst einwilligungsfähige Personen können daher nicht nach § 1831 I Nr. 2 BGB untergebracht werden. Soll in der Klinik ein gefährlicher Eingriff vorgenommen werden, ist u.U. zusätzlich eine Genehmigung nach § 1829 BGB erforderlich.

c) Unterbringungsähnliche Maßnahmen

199 Die Genehmigung ist auch für **unterbringungsähnliche Maßnahmen** erforderlich (§ 1831 IV, V, II BGB). Darunter fallen vor allem das Anbringen eines Bettgitters,[298] so dass der Patient nicht aus dem Bett steigen und stür-

[298] BGH FamRZ 2012, 1372; AG Brandenburg NJW-RR 2022, 655.

zen oder weglaufen kann; die Fesselung („Fixierung"[299]) mit Gurten an den Beinen und am Becken; Leibgürtel zur Fixierung; Therapietisch am Rollstuhl. Das regelmäßige Verschließen der Eingangstür während der Nachtstunden kann eine unterbringungsähnliche Maßnahme darstellen, wenn der Betroffene weder einen Schlüssel erhält noch ein Pförtner das jederzeitige Verlassen der Einrichtung ermöglicht.[300] Vgl. Rz. 87.

Wenn bereits eine allgemeine Unterbringung nach § 1831 I BGB genehmigt ist, ist (entgegen dem Wortlaut von § 1831 IV BGB) eine weitere Genehmigung erforderlich, wenn nun der Betroffene mit Bauchgurten gefesselt werden soll,[301] weil dies schwere zusätzliche Grundrechtseingriffe sind. Zum Umfang einer Vorsorgevollmacht sagt der BGH:[302] Der in der Vorsorgevollmacht verwendete Begriff der „Unterbringungsregelungen" kann auch die Vertretung durch den Bevollmächtigten bei den im Zusammenhang mit dem Heimaufenthalt stehenden weiteren unterbringungsähnlichen (freiheitsentziehenden) Maßnahmen erfassen.

d) Freiheitsentziehung (geschlossenes Altenheim)

Sie liegt vor, wenn der Betroffene *gegen* seinen natürlichen Willen am Ver- *200*
lassen eines bestimmten räumlichen Bereichs gehindert wird. Die Maßnahme muss ferner auf eine gewisse Dauer angelegt sein; eine feste Zeitgrenze gibt es nicht (ab *einem* Tag beginnt die Frage problematisch zu werden). Die Bezeichnung der Einrichtung spielt keine Rolle; halboffene (das gibt es im Rechtssinne nicht) oder offene Anstalten können darunter fallen, wenn z.B. der Betreute durch einen Pförtner am Verlassen des Gebäudes gehindert wird. Solche „Einrichtungen" sind z.B. Pflegeheime, Krankenhäuser. Wenn der Betroffene dagegen mit der Verbringung in das geschlossene heim einverstanden ist, ist keine Genehmigung erforderlich oder möglich (Rz. 204).

e) Wohl des Vollmachtgebers

Nur **zum Wohl des Vollmachtgebers** darf die Unterbringung erfolgen. Die *201*
Interessen Dritter allein genügen bei § 1831 BGB nicht (für die Unterbringung nach dem Landes PsychKG können sie ausreichen). Eine Unterbringung durch den Bevollmächtigten darf also nicht *ausschließlich* zu dem Zweck erfolgen, zu verhindern, dass der Vollmachtgeber andere Personen belästigt oder Straftaten begeht oder das Vermögen Anderer schädigt.

---

299 LG Stuttgart BeckRS 2021, 48267 zu den Voraussetzungen.

300 BGH NJW 2015, 865.

301 BayObLG FamRZ 1994, 721; OLG Düsseldorf FamRZ 1995, 118; Knittel § 1906 Rz. 44.

302 BGH FamRZ 2012, 969 mit abl. Anm Böhm; streitig.

f) Erforderlichkeitsgrundsatz

202 Der **Erforderlichkeitsgrundsatz** ist zu beachten („solange … erforderlich"), § 1831 BGB. Deshalb darf eine Unterbringung nicht erfolgen, wenn der Vollmachtgeber freiwillig bereit ist, sich einer Heilbehandlung zu unterziehen oder wenn weniger einschneidende Behandlungen zur Verfügung stehen (teilstationäre, ambulante Behandlung).

3. Unterbringung ohne vorherige Genehmigung des Betreuungsgerichts

Sie ist in folgenden Fällen ausnahmsweise zulässig:

a) Eilfälle

203 Eine freiheitsentziehende Unterbringung durch den Bevollmächtigten ist ohne vorherige Genehmigung des Betreuungsgerichts zulässig, wenn mit einem **Aufschub der Unterbringung Gefahr** für das Wohl des Vollmachtgebers verbunden ist (§ 1831 II 2 BGB), wenn also nicht mehrere Tage bis zur Genehmigung gewartet werden kann. Freilich ist das in der Praxis nur bei freiheitsentziehenden Maßnahmen wie Bauchgurten, Bettgitter (§ 1831 IV BGB) durchsetzbar, weil hier der Patient schon in der Klinik ist. Der Bevollmächtigte bzw. die Anstalt haben sodann unverzüglich (schnellstmöglich) das Betreuungsgericht zu verständigen, damit **nachträglich genehmigt** wird. Das Betreuungsgericht leitet dann ein Verfahren nach §§ 312 ff. FamFG ein. Das Verfahren der vorherigen Genehmigung unterscheidet sich nicht von dem der nachträglichen Genehmigung; für die Entscheidung ist der Richter zuständig (Art. 104 GG). Sieht das Betreuungsgericht die Voraussetzungen des § 1831 BGB als nicht gegeben an, wird die Genehmigung abgelehnt.

b) Einwilligung des Vollmachtgebers

204 Jeder Einwilligungsfähige darf, wenn er einwilligt, ohne Genehmigung des Betreuungsgerichts freiheitsentziehend untergebracht werden,[303] muss aber dann jederzeit entlassen werden, wenn er die Einwilligung zurückzieht. Doch kann der Bevollmächtigte ohne Genehmigung des Betreuungsgerichts wegen der drohenden Gefahr vorübergehend die Fortdauer der Unterbringung (telefonisch) anordnen; die Genehmigung ist unverzüglich nachzuholen (§ 1831 II 2 BGB). Formularmäßig im Heimaufnahmeantrag erklärte Einwilligungen sind nicht ausreichend.

[303] BayObLG FamRZ 1996, 1375.

Die Verbringung des willenlosen oder einverstandenen Vollmachtgebers durch den Bevollmächtigten in ein anderes Land (z.B. von Bayern nach Tschechien, wo die Altersheime viel billiger sind) kann **erbrechtliche Konsequenzen** haben: Denn das Pflichtteilsrecht ist in den einzelnen Ländern sehr unterschiedlich und für das im Todesfall des Vollmachtgebers anzuwendende Erbrecht kommt es auf den letzten gewöhnlichen Aufenthalt des Erblassers an (Art. 4 EuErbVO), wobei objektive und subjektive Momente wesentlich sind.[304] Das Erbrecht kann auf diese Weise unter Umständen manipuliert werden.

c) Familienpflege

Unterbringungsähnliche Maßnahmen sind nur genehmigungspflichtig, wenn sich der Betroffene in einem Krankenhaus, Heim oder sonstigen Einrichtung aufhält (§ 1831 IV BGB). Genehmigungsfrei sind daher Maßnahmen wie Bettgitter, Fixierung, Ruhigstellung mit Medikamenten, wenn der Vollmachtgeber in seiner eigenen Wohnung gepflegt wird oder in der Wohnung von Angehörigen, weil dies keine „sonstige Einrichtung" ist.[305] Das zeitweilige Einschließen in der eigenen Wohnung wird dagegen teilweise als genehmigungspflichtige Unterbringung (§ 1831 I BGB) aufgefasst.[306] *205*

d) Genehmigungsfreie Maßnahmen

Wenn der Betroffene tatsächlich am Verlassen des Aufenthaltsorts nicht gehindert wird, fehlt eine Freiheitsentziehung; § 1831 BGB ist dann nicht einschlägig. Denn die persönliche Willensfreiheit wird durch § 1831 I, IV BGB nicht geschützt.[307] **Elektronische Melder** (Personenortungsanlagen) sind nicht nach § 1831 IV BGB genehmigungspflichtig, weil sie den Betroffenen nicht unmittelbar am Weggehen hindern;[308] ebenso nicht die Überwachung der Ausgänge mit Fernsehkameras; oder wenn das Personal *nur* durch Bitten, Überreden, Zureden oder Versprechungen den „Betreuten" am Verlassen hindert;[309] oder eine Sitzwache am Bett.[310] *206*

Wenn Maßnahmen *nur* die Sicherung des Betroffenen vor Verletzungen bezwecken (z.B. der an beiden Beinen Amputierte erhält ein Bettgitter, da-

---

304 OLG München FGPrax 2017, 134, OLG München FGPrax 2022, 231

305 BayObLG FamRZ 2003, 325; Bienwald/Bienwald § 1831 Rn. 94.

306 LG Hamburg FamRZ 1994, 1619; AG Tempelhof-Kreuzberg BtPrax 1998, 194.

307 OLG Hamm FGPrax 1997, 64.

308 OLG Brandenburg FamRZ 2006, 1481; AG Meissen FamRZ 2007, 1911; AG Coesfeld FamRZ 2008, 304; Feuerabend BtPrax 1999, 93; a.A. AG Bielefeld BtPrax 1996, 232; LG Ulm NJW-RR 2009, 225.

309 OLG Hamm FGPrax 1997, 64/65.

310 OLG Hamm FamRZ 1993, 1490; a.A. OLG Frankfurt FamRZ 1994, 992.

mit er bei unruhigem Schlaf nicht herausfällt; der bewusstlose Patient), ist § 1831 IV BGB nicht einschlägig. Maßnahmen, die nicht „über einen längeren Zeitraum“ oder „regelmäßig“ getroffen werden, fallen nicht unter § 1831 IV BGB: z.B. Festhalten ein paar Minuten, damit der Patient nicht stürzt.

4. Das Genehmigungsverfahren des Betreuungsgerichts

a) Antrag, Verfahren

207 Dafür gelten §§ 312ff. FamFG. Ein förmlicher Genehmigungsantrag ist nicht erforderlich; der Bevollmächtigte kann den Antrag stellen, aber auch die Klinik, das Altenheim; jedenfalls muss der Bevollmächtigte die Unterbringung beabsichtigen. Sachlich zuständig ist das Betreuungsgericht (Richter). Örtlich zuständig ist das Betreuungsgericht, in dessen Bezirk der Vollmachtgeber zu der Zeit, zu der das Gericht mit der Angelegenheit befasst wird, seinen gewöhnlichen Aufenthalt hat (§ 313 FamFG). Im Verfahren ist der Vollmachtgeber unbeschränkt verfahrensfähig (§ 316 FamFG), auch wenn er geisteskrank/geschäftsunfähig ist.

Vor einer Unterbringungsmaßnahme hat der Betreuungsrichter den Vollmachtgeber **anzuhören** (§ 319 FamFG). Im Verfahren ist zu klären, ob die Vollmacht wirksam ist (Geschäftsfähigkeit des Vollmachtgebers bei Erteilung; Schriftform und Konkretisierung der Vollmacht, vgl. § 1820 II Nr. 2 BGB). Dem Vollmachtgeber ist ein **Verfahrenspfleger** zu bestellen, soweit dies zur Wahrnehmung seiner Interessen erforderlich ist (§ 317 FamFG). Nahe Angehörige, eine vom Betroffenen benannte Vertrauensperson, der Leiter der Anstalt sowie die Betreuungsbehörde *können* vom Gericht beteiligt werden (§ 315 IV FamFG), müssen aber nicht reagieren. Ferner ist das **Gutachten** eines Psychiaters einzuholen, der den Betroffenen persönlich zu untersuchen und zu befragen hat.

Bei Genehmigung unterbringungsähnlicher Maßnahmen gemäß § 1831 IV BGB (z.B. Bettgitter) genügt demgegenüber ein **ärztliches Zeugnis** (§ 321 II FamFG). Weigert sich der Vollmachtgeber, zur Anhörung oder beim Gutachter zu erscheinen oder ist er trotz ausreichender Bemühungen nicht anzutreffen, kann das Betreuungsgericht die **Vorführung** anordnen.

b) Genehmigung der Einwilligung des Bevollmächtigten

208 Die Unterbringung darf vom Betreuungsgericht nur für höchstens ein Jahr genehmigt werden, ausnahmsweise auch für die Dauer von zwei Jahren (§ 329 I FamFG). Eine **Verlängerung der Unterbringung** ist möglich, wenn die Voraussetzungen weiterhin vorliegen (§ 329 II FamFG). Fallen die Voraussetzungen für eine Unterbringung dagegen weg, hat das Betreuungsgericht (Amtsgericht) die Unterbringung aufzuheben (§ 330 FamFG), gegebenenfalls auch schon vor Ablauf der Jahresfrist.

Im Beschluss ist die Unterbringungsmaßnahme näher zu bezeichnen, z. B. „Unterbringung in der geschlossenen Abteilung eines Altenheims" (§ 323 FamFG). Bei unterbringungsähnlichen Maßnahmen (§ 1831 IV BGB) ist die genehmigte Maßnahme („Festbinden mit Bauchgurt am Bett von ... bis ... Uhr") zu nennen; unzweckmäßig ist es dabei, unklare Begriffe (zur „Nachtzeit"; „bei Bedarf") zu verwenden. Das Betreuungsgericht kann die Genehmigung z. B. des Anbindens des Betreuten im Bett mit der Einschränkung „nur nach ausdrücklicher Anordnung des behandelnden Arztes" versehen.[311] Die Kosten der Unterbringung (Anstaltskosten) muss der Betroffene selbst zahlen, außer die Krankenkasse, Beihilfe, Sozialhilfe usw. treten ein.

Die Entscheidung über die Unterbringung wird zwar erst mit Rechtskraft wirksam, doch ordnet das Betreuungsgericht im Regelfall die **sofortige Wirksamkeit** an (§ 324 II FamFG), so dass der Betroffene sofort untergebracht werden kann und nicht erst die Beschwerdefrist abgewartet werden muss.

c) Eilfälle

Wenn die Unterbringung eilt, kann das Betreuungsgericht von der Durchführung des (zeitaufwendigen) gewöhnlichen Verfahrens zunächst absehen und stattdessen mit einer **einstweiligen Anordnung** eine vorläufige freiheitsentziehende Unterbringungsmaßnahme des Bevollmächtigten genehmigen (§§ 331, 332 FamFG); sie darf nur sechs Wochen dauern; in Ausnahmefällen kann auf eine Gesamtdauer von bis zu drei Monaten verlängert werden (§ 333 FamFG). Dabei muss gründlich geprüft werden, ob wirklich Gründe für die Annahme bestehen, dass mit dem Aufschub Gefahr verbunden ist.[312] *209*

d) Ablehnung der Genehmigung

Wird ein Unterbringungsantrag abgelehnt und hatte der Betroffene z. B. Anwaltskosten zur Verteidigung aufgewandt, können diese Kosten dem Verfahrensveranlasser auferlegt werden, wenn diesen ein grobes Verschulden an der Einleitung des Verfahrens trifft (§ 81 IV FamFG). *210*

e) Auswahl des Heims etc.

Die Entscheidung des Betreuungsgerichts ist grundsätzlich dem Betroffenen und dem in § 315 FamFG genannten Personen- und Behördenkreis bekannt zu geben (§ 41 FamFG). Die Durchführung der Unterbringung ist Sache des Bevollmächtigten, nicht des Betreuungsgerichts, das ja nur die Einwilli- *211*

---

311 BayObLG FamRZ 1993, 600

312 BVerfG FamRZ 1998, 895.

gung des Bevollmächtigten genehmigt hat. Deshalb ist die **Auswahl des Heims** Sache des Bevollmächtigten,[313] der Name des Altenheims wird im Beschluss nicht genannt. Das Betreuungsgericht kann auch nicht eine Verlegung von dem einen Heim in ein anderes anordnen oder verbieten (das ist Sache des Bevollmächtigten). Ein Heim ist nicht in allen Fällen verpflichtet, dem Bewohner Hüftschutzhosen (Protektorhosen) anzulegen, durch die die Gefahr eines Knochenbruchs bei einem Sturz gemindert würden.[314]

5. Rechtsmittel

212 Gegen die Genehmigung steht dem Betroffenen die befristete Beschwerde zu (§§ 58ff. FamFG; Frist zwei Wochen bzw. ein Monat). Beschwerdeberechtigt ist immer der Vollmachtgeber (§ 59 I FamFG) sowie der in § 335 FamFG genannte Personen- bzw. Behördenkreis, also z.B. Ehegatten, Eltern, Kinder, Vertrauensperson, Leiter der Anstalt. Jedoch ist das Beschwerderecht beschränkt, weil es nur besteht, wenn der Beschwerdeführer schon in erster Instanz beteiligt worden ist und wenn das Beschwerdegericht annimmt, dass die Beschwerde im Interesse des Betroffenen liegt. Der Bevollmächtigte hat aus *eigenem* Recht kein Beschwerderecht; wenn der Vollmachtgeber zur Beschwerde bevollmächtigt hat, ist es anders.

III. Genehmigungserfordernis in den Fällen der Sterbehilfe, § 1829 I, II BGB

213 Wird der Betroffene (Vollmachtgeber) z.B. über eine PEG-Sonde (d.h. einen Schlauch, der in den Magen geführt wird) künstlich ernährt und ist mit ihm aufgrund eines Gehirnschadens usw. eine Kontaktaufnahme nicht möglich, dann fragt sich, ob der Bevollmächtigte in Gesundheitsangelegenheiten berechtigt ist, gegenüber Ärzten und Pflegern die Einstellung der künstlichen Ernährung anzuordnen mit der Folge, dass der Vollmachtgeber stirbt.

Die Regelung in § 1829 BGB richtet sich in erster Linie an den Betreuer eines Betroffenen, gelten wegen § 1829 V BGB aber auch für einen Bevollmächtigten.

„Gesundheitsmaßnahmen" bedürfen der Einwilligung des Betroffenen. Ist er dazu nicht mehr in der Lage, kann die Zustimmung von einem Betreuer oder Bevollmächtigten erteilt, widerrufen oder verweigert werden. Der Bevollmächtigte kann in Gesundheitsmaßnahmen im Sinne von § 1829 I 1 oder II BGB nur (z.B. in den Abbruch der Ernährung) einwilligen, nicht einwilligen oder die Einwilligung widerrufen, wenn die **Voll-**

[313] BayObLG FamRZ 1994, 320.

[314] BGH NJW 2005, 1937 = FamRZ 2005, 1074.

macht diese Maßnahmen ausdrücklich umfasst und schriftlich erteilt ist (§ 1820 II Nr. 1 BGB).

Die Nichteinwilligung oder der Widerruf der Einwilligung des *Bevollmächtigten* in eine Untersuchung des Gesundheitszustands, eine Heilbehandlung oder einen ärztlichen Eingriff bedarf grundsätzlich der **Genehmigung des Betreuungsgerichts**, wenn die Maßnahme medizinisch angezeigt ist und die begründete Gefahr besteht, dass der Betreute aufgrund des Unterbleibens oder des Abbruchs der Maßnahme **stirbt** oder einen schweren und länger dauernden gesundheitlichen Schaden erleidet (§ 1829 II BGB). Der „Eingriff" ist z. B. der Schnitt in den Bauch und das Einführen der Ernährungssonde in den Magen. Wird die Maßnahme unterlassen oder abgebrochen, d. h. die Zufuhr von Ernährungsmitteln eingestellt, stirbt der Patient (d. h. der Vollmachtgeber). Eine **aktive Sterbehilfe** kann der Vollmachtgeber vom Bevollmächtigten nicht verlangen.[315]

Die Genehmigung nach § 1829 I, II BGB ist vom Gericht zu erteilen, wenn die Einwilligung, die Nichteinwilligung oder der Widerruf der Einwilligung dem Willen des Vollmachtgebers (bzw. Betreuten) entspricht (§ 1829 III BGB).

Aber: Eine **Genehmigung** des Gerichts nach § 1829 I, II BGB ist **nicht erforderlich**, wenn zwischen Bevollmächtigtem und behandelndem Arzt **Einvernehmen** darüber besteht, dass die Erteilung, die Nichterteilung oder der Widerruf der Einwilligung dem nach § 1827 BGB festgestellten Willen des Vollmachtgebers entspricht (§ 1829 IV BGB), also entweder der Niederlegung in einer Patientenverfügung oder dem *mutmaßlichen* Willen. Vgl. Rz. 399, 407.

Somit sind folgende **Differenzierungen**[316] erforderlich:

(1) **Es fehlt eine Patientenverfügung:** Der Bevollmächtigte hat die Behandlungswünsche oder den mutmaßlichen Willen des Vollmachtgebers festzustellen und auf dieser Grundlage zu entscheiden, ob er in eine ärztliche Maßnahme einwilligt oder sie untersagt. Aus der Lebensauffassung des Patienten (die doch letztlich keiner kennt) oder aus Äußerungen (z. B. bei einer Unterhaltung, beim Fernsehen) wird also etwas hergeleitet (vgl. Rz. 407). Sind sich Arzt und Bevollmächtigter einig, ist keine Genehmigung des Betreuungsgerichts erforderlich (Missbrauchsgefahr!).

(2) Wie vor, aber Arzt und Bevollmächtigter sind sich *nicht einig*: Eine Genehmigung des Betreuungsgerichts ist erforderlich.

(3) **Eine einschlägige Patientenverfügung liegt vor** (sie muss schriftlich und konkret sein); Arzt und Bevollmächtigter sind sich einig. Es ist keine

---

315 Jürgens/Loer § 1827 Rn. 9.

316 Vgl. Müller-Engels/Braun Kap. 2 Rn. 298 ff.

Genehmigung des Betreuungsgerichts erforderlich. Sind sich Arzt und Bevollmächtigter nicht einig, ist eine Genehmigung des Betreuungsgerichts erforderlich. Zu prüfen ist, ob ein **Widerruf** vorliegt; was man in gesunden Tagen leichtfertig niederschrieb („ich will keine Apparatemedizin“) wird oft nicht mehr aufrechterhalten, wenn die Situation eingetreten ist.

(4) **Eine nicht einschlägige Patientenverfügung** liegt vor (ihre Festlegungen treffen also nicht auf die aktuelle Lebens- und Behandlungssituation des Vollmachtgebers zu): Der mutmaßliche Wille ist aufgrund konkreter Anhaltspunkte ermitteln. Sind sich Arzt und Bevollmächtigter einig, ist keine Genehmigung erforderlich, andernfalls schon.

Das Genehmigungsverfahren des Gerichts läuft ab wie oben Rz. 191, 192 beschrieben, wobei §§ 287 III, 298 FamFG (Anhörung des Betroffenen und der sonstigen Beteiligten) zu beachten sind (Rz. 419, 420).

IV. Keine sonstigen Kompetenzen des Betreuungsgerichts

214 Betreuer brauchen in vielen weiteren Fällen **Genehmigungen des Betreuungsgerichts**, so in einer Flut vermögensrechtlicher Angelegenheiten (z.B. §§ 1848ff. BGB), bei Wohnungskündigung (§ 1833 BGB) usw. (Rz. 12). Betreuer sind in bestimmten Rechtsfragen an Weisungen des Gerichts gebunden, haben Berichte zu erstellen, Abrechnungen und Vermögensaufstellungen zu erstellen. Ihre Vergütung wird vom Gericht festgesetzt; der Beschluss ist ein Vollstreckungstitel (§ 86 FamFG). Alle **diese Regelungen gelten nicht für den Bevollmächtigten**. Der Vollmachtgeber kann in seiner Vollmacht auch nicht entsprechende Aufgaben des Betreuungsgerichts begründen, weil die Aufgaben des Betreuungsgerichts gesetzlich festgelegt sind und vom Bürger nicht in seinem Interesse erweitert werden können.

Mittelbar allerdings kann der Bürger solche Aufgaben des Betreuungsgerichts begründen, indem er seine **Vollmacht auf bestimmte Bereiche beschränkt** (z.B. auf Gesundheit, Unterbringung und das Bankkonto), dann ist für die Restaufgaben (z.B. die Grundstücke) eine Betreuung anzuordnen.

J. Aufbewahrung und Hinterlegung der Vollmachtsurkunde

Der Wert der Vorsorgevollmacht steigt, wenn sie gegebenenfalls schnell aufgefunden wird. Die Vorsorgevollmacht kann letztlich nur dann eine Betreuung vermeiden, wenn das zuständige Gericht *vor* der Bestellung eines Betreuers Kenntnis von der Vollmacht erlangt; wird sie nachträglich aufgefunden, bleibt nur noch, die Betreuung aufzuheben.

I. Beliebige Aufbewahrung, Ablieferungspflicht

Man kann die Vollmachtsurkunde selbst aufbewahren, sie dem Bevollmächtigten geben, sie bei Verwandten etc., Rechtsanwalt, Steuerberater, Notar hinterlegen. Der Besitzer einer Vorsorgevollmacht hat das Betreuungsgericht über ein solches Schriftstück zu informieren (§ 1820 I 1 BGB), aber erst, wenn er von der Einleitung eines Betreuungsverfahrens Kenntnis erlangt. Das Gericht kann die Vorlage einer *Abschrift* verlangen (§ 1820 I 2 BGB). Die Ablieferung dieser Photokopie kann durch Androhung und Verhängung von Zwangsgeld durchgesetzt werden, weil § 285 FamFG nicht nur die Betreuungsverfügung nennt, sondern auch die Vollmacht. Der Dritte kann auch als Zeuge im Betreuungsverfahren vorgeladen werden mit der Auflage, die Vollmacht mitzubringen (§ 30 I FamFG; § 378 ZPO). Das *Original* kann das Betreuungsgericht ohnehin nicht behalten, weil der Bevollmächtigte es zum Nachweis seiner Vertretungsmacht selbst benötigt; bei der notariellen Vollmacht bleibt das Original in den Akten des Notars (§ 45 BeurkG). *215*

II. Hinterlegung beim Betreuungsgericht

In einigen Bundesländern konnte früher ein Vollmachtgeber eine Abschrift der Vorsorgevollmacht *gebührenfrei* beim örtlich zuständigen Betreuungsgericht hinterlegen. Seit Einführung der *gebührenpflichtigen* Registrierung bei der Bundesnotarkammer in Berlin sind die entsprechenden landesrechtlichen Regelungen aufgehoben worden. *216*

III. Registrierung bei der Bundesnotarkammer in Berlin[317]

Bei der Bundesnotarkammer, Körperschaft des öffentlichen Rechts, Berlin, Kronenstr. 42, ist in den Jahren 2003/2005 ein zentrales Vorsorgeregister eingerichtet worden (§ 78a BNotO); Einzelheiten regelt die Vorsorgeregister-Verordnung, VRegV (Anhang). Dort können Vorsorgevollmachten registriert werden, sowohl privat errichtete wie auch öffentlich (z.B. durch den Notar oder die Betreuungsbehörde) beglaubigte oder notariell beurkundete Vorsorgevollmachten. Ende 2021 waren über 5,3 Millionen Vorsorgeurkunden registriert. 82 % der Eintragungsanträge kommen von Notaren, 5 % von Rechtsanwälten, 7 % von Privatpersonen. Man kann im Internet unter www.vorsorgeregister.de die Datei aufrufen und dort auf den Link „Zur Registrierung“ klicken. Dann kann man selbst[318] (oder der Notar, Rechtsanwalt, Betreuungsverein usw.) unmittelbar die Daten der Vorsorge- *217*

---

[317] Dazu Görk DNotZ 2005, 87; FPR 2007, 82.

[318] Quelle Jahresbericht 2021 der Bundesnotarkammer.

vollmacht eingeben. Vor Bestätigung der Eingabe wird mitgeteilt, welche Kosten die Eintragung auslöst. Die Reihenfolge ist also: Eintragungsantrag – Zahlung der Eintragungsgebühr – Eintragung – Bestätigung der Eintragung.

Alternativ kann man aus dem Internet die entsprechenden Formulare mit weiteren Verfahrenshinweisen herunterladen, ausdrucken und der Bundesnotarkammer die Daten der Vorsorgevollmacht per Post oder Fax übersenden.

Eine Vollmacht ist natürlich auch dann wirksam, wenn sie nicht registriert ist. Auch eine registrierte Vollmacht kann vom Vollmachtgeber jederzeit widerrufen werden; den Widerruf kann er (gebührenpflichtig) bei der Bundesnotarkammer registrieren lassen; das ist aber nicht Voraussetzung der Wirkung des Widerrufs.

1. Eintragungsantrag

218 Den Eintragungsantrag kann nur der Vollmachtgeber stellen, nicht der Bevollmächtigte. Ein Notar, welcher die Vollmacht beurkundet oder beglaubigt hat, *soll* den Vollmachtgeber auf die Möglichkeit der Registrierung bei der Bundesnotarkammer in Berlin hinweisen (§ 20a BeurkG, der den Hinweis aber nur bei *beurkundeten* Vollmachten anregt), darf die Anmeldung aber nur vornehmen, wenn der Vollmachtgeber zustimmt (Verschwiegenheitspflicht). Der Eintragungsantrag *muss* lediglich die Daten des Vollmachtgebers enthalten (§ 2 I VRegV); das Formular verlangt ferner die Angabe des Datums der Vorsorgevollmacht. Der **Text der Vollmacht wird** bei der Bundesnotarkammer **nicht gespeichert**.

Angaben über Daten zur Person des Bevollmächtigten (Name, Geburtsdatum, Anschrift, Telefonnummer usw.); Aufbewahrungsort der Vollmachtsurkunde und Angaben, zur Erledigung welcher Angelegenheiten die Vollmacht erteilt wurde, *müssen* nicht eingetragen werden (§ 2 VRegV), doch ist dies sinnvoll. Entgegen § 2 VRegV verlangt das Formular die Angabe der Personalien des Bevollmächtigten; ein Teil der Eintragungen enthalten den Namen des Bevollmächtigten aber nicht. Wer den Namen des Bevollmächtigten zwar eintragen lassen will, dessen Geburtsdatum aber nicht kennt, kann eine Eintragung ohne dieses Datum durchführen lassen. Der häufigste Fehler beim Antrag ist, dass der Anmelder den Geburtsort des Vollmachtgebers nicht angibt, weil er nicht ganz genau weiß, wo er geboren ist, denn die Geburtsurkunde ist nicht zur Hand. Ausländische Adressangaben sind oft mangelhaft.

Die Bundesnotarkammer prüft nicht, ob die Vollmacht wirksam ist; auch nicht, ob die mit dem Antrag übermittelten Daten zutreffen (§ 2 III VRegV).

2. Inhalt der Eintragung

Eingetragen werden (§ 1 VRegV) *219*

- Daten zur Person des Vollmachtgebers (Familienname, Vorname, Geschlecht, Geburtsdatum, Geburtsort zur eindeutigen Identifikation,[319] genaue Anschrift, aber nicht die Telefonnummer). Email-Adresse.
- Datum der Errichtung der Vollmachtsurkunde.
- Aufbewahrungs*ort* der Vollmachtsurkunde.
- Angaben, zur Erledigung welcher Angelegenheiten die Vollmacht erteilt wurde (§ 1 I Nr. 5 VRegV).
- besondere Anordnungen oder Wünsche im Rahmen von § 1 I Nr. 6 VRegV. Dazu gehören Betreuungsverfügungen und Patientenverfügungen; vgl. § 10 VRegV.
- u. U. Daten des Bevollmächtigten (Familienname, Vorname, genaue Anschrift; nicht Geburtsort, nicht unbedingt Geburtstag und Telefonnummer). Das Geburtsdatum hilft bei der Auffindung des Bevollmächtigten im Falle eines Umzuges; denn mit dem Geburtsdatum können Anfragen des Betreuungsgerichts beim Einwohnermeldeamt beschleunigt bearbeitet werden.

Der Datenschutz bereitet Probleme bei der Speicherung der **Daten zur Person des Bevollmächtigten** (Name, Geburtsdatum, Anschrift, Telefonnummer usw.). (1) Der Vollmachtgeber kann darauf verzichten, diese Daten anzumelden. (2) Er kann eine schriftliche Erklärung des Bevollmächtigten beifügen, wonach der Bevollmächtigte in die Speicherung der Daten zu seiner Person einwilligt. Auch dann erhält der Bevollmächtigte vom Vorsorgeregister einmalig ein Schreiben über die Eintragung seiner Daten. (3) Meldet der Vollmachtgeber die Daten des Bevollmächtigten ohne dessen schriftliche Zustimmung an, verständigt die Bundesnotarkammer nach Eingang des Eintragungsantrags den Bevollmächtigten ebenfalls über die über ihn gespeicherten Daten; die Daten des Bevollmächtigten werden eingetragen; der Bevollmächtigte kann aber jederzeit die Löschung seiner personenbezogenen Daten aus dem Register verlangen (§ 4 Satz 2 VRegV). Eine Zustimmung des Bevollmächtigten zu seiner Eintragung ist also nicht notwendig; reagiert er auf die Verständigung durch das Register nicht, dann bleibt er eingetragen. *220*

In vielen Eintragungsanträgen wird angegeben, dass auch eine **Betreuungsverfügung** besteht; in der Mehrzahl besteht zudem eine **Patientenverfügung**.

[319] Zweckmäßig nach der Bezeichnung im Personalausweis.

221 **Probleme: (1) Nicht eingetragen** wird der **Text der Vollmacht.** Das Vorsorgeregister ist nur ein elektronisches Register, das Kenndaten speichert, die Vollmacht wird bei der Bundesnotarkammer nicht in Papierform hinterlegt. Deshalb kann in Eilfällen die Registrierung der Vollmacht die Anordnung einer Betreuung durch einstweilige Anordnung nicht verhindern, wenn erst der Text der Vollmacht beschafft werden muss und die Daten des Vollmachtgebers fehlen. Auch muss bezahlt werden, erst dann wird registriert (§ 3 I VRegV). **(2) Nur der Aufbewahrungs***ort* der Vollmacht wird registriert. Unterstellt, das sind Ort, Straße und Hausnummer des Vollmachtgebers. Wie kommt der Bevollmächtigte, wenn er keinen Schlüssel hat, in die Wohnung rein? Und in welcher Schublade usw. ist die Vollmacht?

222 Der **Widerruf der Vollmacht** kann dem Zentralen Vorsorgeregister (als Änderung der Eintragung) gemeldet werden; doch muss dies nicht geschehen. Ist der **Vollmachtgeber verstorben,** muss dies dem Register nicht gemeldet werden; die Löschung einer Eintragung wegen Ablebens ist im Übrigen gebührenpflichtig. 110 Jahre nach der Geburt des Vollmachtgebers wird sowieso alles gelöscht (§ 5 IV VRegV).

3. Bestätigungsschreiben

223 Nach Abschluss der Eintragung erhält der Vollmachtgeber mit der Post ein **Bestätigungsschreiben.** Auch der Bevollmächtigte wird verständigt, gleichgültig ob er seiner Eintragung schriftlich zustimmte oder nicht.

4. Auskunft aus dem Register

224 Die Betreuungsgerichte und, falls bei Ablehnung der Betreuungsanordnung ein Beschwerdeverfahren beim Beschwerdegericht anhängig ist, das Beschwerdegericht, erhalten Auskunft aus dem Register auf **elektronisches, schriftliches oder telefonisches Ersuchen** (§ 6 VRegV). Diese Anfrage ist zu jeder Zeit und dadurch selbst in Eilfällen möglich. **Auskunftsberechtigt** sind Amtsgerichte/Betreuungsgerichte, Landgerichte/Beschwerdegerichte sowie (ab 2023) auch Ärzte, falls die Bundesnotarkammer zuvor Festlegungen zum Datenschutz/Datensicherheit getroffen hat (§ 6 n.F. VRegV). Es kann nicht sein, dass jeder Arzt nach Belieben aus Neugier anfragt. Jährlich erfolgen über 200.000 Anfragen. Andere Stellen sind *nicht auskunftsberechtigt,* darunter fallen vor allem Kliniken usw.; sie können nur beim Amtsgericht ein Betreuungsverfahren anregen, das AG erholt dann die Auskunft und lehnt z.B. wegen der Vollmacht die Betreuung ab. Eine Anregung löst für den Arzt keine Gerichtskosten aus.

5. Gebühr für die Eintragung

Die **Gebühr für die Eintragung** beträgt in der Regel 26,00 € (Einzelheiten vgl. VRegGebS = ZVR-GebS; Anhang). Die Änderung von Eintragungen ist grundsätzlich ebenfalls gebührenpflichtig. Wenn der Anwalt oder Notar für seinen Mandanten die Registrierungsgebühr zahlt, kann dies als „durchlaufender Posten“ an den Mandanten weitergegeben werden. Für die Weiterreichung dieses Postens ist keine Umsatzsteuer zu erheben und zu zahlen (§ 10 I 6 UStG). Der Notar etc. kann aber auch beantragen, dass die Gebühren unmittelbar beim Vollmachtgeber erhoben werden sollen; dann wird dem Vollmachtgeber eine Vorschussanforderung übersandt. Eingetragen wird dann erst, wenn bezahlt ist (§ 3 I VRegV). *225*

6. Institutionelle Nutzer

Für **institutionelle Nutzer** gelten Besonderheiten (z. B. Gebührenermäßigungen, § 4 ZVR-GebS). Es handelt sich insbesondere um Notare, Rechtsanwälte, Betreuungsvereine und Betreuungsbehörden. Auch wenn sie die Vollmacht anmelden, ist Gebührenschuldner allein der Vollmachtgeber, nicht der institutionelle Nutzer (§ 2 I ZVR-GebS). *226*

K. Der Widerruf der Vorsorgevollmacht

I. Widerrufliche Vollmachten

Der Vollmachtgeber kann seine Vollmacht jederzeit – ohne Angabe von Gründen – widerrufen, auch wenn das Grundverhältnis (Auftrag, Geschäftsbesorgung) fortbesteht (§ 168 S. 2 BGB). Ein wichtiger Grund oder überhaupt ein Grund ist nicht erforderlich. Hat Frau F ihrem Neffen Vollmacht erteilt, kann sie die Vollmacht widerrufen, weil sie ihn einfach nicht mehr als Bevollmächtigten haben will, aus welchen Gedanken auch immer. Hat sie einem Rechtsanwalt Vollmacht erteilt, kann sie ebenfalls z. B. aus nichtigem Anlass die Vollmacht widerrufen. *227*

Da der Widerruf eine Willenserklärung ist, muss der **Vollmachtgeber** beim Widerruf **geschäftsfähig** sein.[320] Unbeachtlich ist es daher z. B., wenn der inzwischen geschäftsunfähige Betreute später schlicht die Meinung äußert, „ich will von X nicht mehr vertreten werden“.[321] Für den vermögensrechtlichen Teil der Vollmacht ist dies unstreitig; für den **nichtvermögensrechtlichen Teil** (Gesundheitssorge, Unterbringung) wird teilweise[322] be-

[320] BayObLG FamRZ 2002, 1220; dazu Horn NJW 2023, 970.

[321] BGH FamRZ 2016, 704 = FGPrax 2016, 127.

[322] Müller-Engels/Braun Kap. 2 Rn. 516; Renner ZNotP 2004, 388/9; Walter, Vorsorgevollmacht S. 232.

hauptet, für den Widerruf genüge natürliche Einsichtsfähigkeit, da der hohe Stellenwert des Selbstbestimmungsrechts dies gebiete. Systematisch ist dies aber nicht gerechtfertigt. Im Übrigen handelt es sich um ein Pseudoproblem, denn dass jemand zwar „geschäftsunfähig" ist, aber andererseits erkennen kann, was „Widerruf einer Vollmacht" bedeutet, ist kaum vorstellbar. Ferner verdrängt der Wille des Bevollmächtigten den Willen des Vollmachtgebers sowieso nicht, wenn dieser noch einsichts- und einwilligungsfähig ist, so dass also bei Gesundheitssorge der einwilligungsfähige Patient seinen Willen durchsetzen kann. Bei der zwangsweisen Unterbringung wird man das anders sehen müssen, sonst wäre sie gegen den Willen des Betroffenen nicht durchführbar, weil im Sträuben ein Widerruf der Vollmacht gesehen werden müsste.

228 Nach **Eintritt der Geschäftsunfähigkeit** ist der Vollmachtgeber nicht mehr zu einem wirksamen Widerruf in der Lage (vgl. §§ 104 Nr. 1, 105 I BGB);[323] nun kann nur noch ein Kontrollbetreuer widerrufen (Rz. 237), oder eine Voll-Betreuer, dem diese Aufgabe übertragen wurde (Rz. 237), ab 2023 nur mit Genehmigung des Gerichts (§ 1820 V 2 BGB), oder eine Person, der der Vollmachtgeber in geschäftsfähigem Zustand das Widerrufsrecht eingeräumt hatte (Rz. 293).

Oft ist unklar, ob der Vollmachtgeber bei Widerruf der Vollmacht geschäftsfähig war oder nicht. Bestreitet der Bevollmächtigte die Wirksamkeit des Widerrufs, da der Vollmachtgeber schon geschäftsunfähig gewesen sei, dann kann prozessiert werden. Wer sich auf Geschäftsunfähigkeit beruft, trägt die Beweislast dafür,[324] weil Geschäftsfähigkeit der Regelfall ist. Der Eintritt der Geschäftsunfähigkeit ist ein schleichender Vorgang (abgesehen von Unfällen); bei Unaufklärbarkeit gilt der Vollmachtgeber beim Widerruf als geschäftsfähig. Dem Widerruf folgt oft die Neuerteilung einer Vollmacht zugunsten einer anderen Person, z. B. einer Pflegerin, wobei dann ein anderer Notar als bei der Beurkundung der ersten Vollmacht beauftragt wird. Dann steigt die Gefahr des **Missbrauchs der neuen Vollmacht**.[325]

Die Frage kann auch vor dem Betreuungsgericht geklärt werden, denn nur eine nicht widerrufene Vollmacht macht eine Betreuung überflüssig (§ 1814 III Nr. 1 BGB).

Eine spätere Patientenverfügung kann einen Widerruf der früheren Vorsorgevollmacht beinhalten; das ist eine Frage der Auslegung.

---

323 BayObLG FamRZ 2002, 1220; Müller-Engels/Braun Kap. 2 Rn. 516.

324 BGH NJW 2016, 1514; BayObLG Rpfleger 1982, 286; MünchKomm-Schmitt BGB § 104 Rn. 21.

325 Erfahrungsbericht aus Polizeisicht bei Mau ZErb 2023,1; Sander ZErb 2023, 121.

II. Unwiderrufliche Vollmachten

1. Allgemeines

Fraglich ist, ob der Widerruf einer Vollmacht ausgeschlossen werden kann; grundsätzlich ist das möglich.[326] Da andernfalls der Vollmachtgeber völlig der Fremdbestimmung des Bevollmächtigten unterworfen würde, wird überwiegend angenommen, dass die Widerruflichkeit nur dann wirksam ausgeschlossen oder beschränkt werden kann, wenn dies in demjenigen Rechtsverhältnis eine rechtfertigende Grundlage findet, zu dessen Durchführung die Vollmacht erteilt wurde.[327] Bei einer Spezialvollmacht im *ausschließlichen* Interesse des Bevollmächtigten ist die Vereinbarung der Unwiderruflichkeit möglich[328] (wenn ich jemandem hundert € schulde, kann ich ihn unwiderruflich bevollmächtigen, diesen Betrag von meinem Konto abzuheben). Bei Vorsorgevollmachten liegt keine solche Interessenlage vor. Bei einer Generalvollmacht wird angenommen, dass der Ausschluss der Widerruflichkeit wegen Sittenwidrigkeit (§ 138 BGB) nicht zulässig ist. *229*

Erst recht ist streitig, ob eine Vollmacht mit Wirkung ab dem Tod oder über den Tod hinaus als unwiderrufliche Vollmacht erteilt werden kann. Bei einer **Vorsorgevollmacht** ist ein Ausschluss der Widerruflichkeit unzulässig, weil die Vollmacht im ausschließlichen Interesse des Vollmachtgebers erteilt wird.[329] Bejaht man eine solche Interessenlage im konkreten Einzelfall, also eine wirksam angeordnete Unwiderruflichkeit, ist der Widerruf durch die Erben (wie auch durch den Vollmachtgeber, Testamentsvollstrecker) trotzdem zulässig, wenn ein *wichtiger Grund* hierfür vorliegt.

<table>
<tr><th>Generalvollmacht</th><th colspan="2">Spezialvollmacht</th></tr>
<tr><td>= Vollmacht für alle Rechtsgeschäfte</td><td colspan="2">= Vollmacht nur für einzelne Rechtsgeschäfte, z.B. als Bankvollmacht</td></tr>
<tr><td>nur widerruflich zulässig</td><td>In Ausnahmefällen unwiderruflich zulässig</td><td>Grundsätzlich widerruflich</td></tr>
<tr><td>Widerruf auch ohne Grund möglich</td><td>Auch dann aber Widerruf aus wichtigem Grund möglich</td><td>Widerruf daher auch ohne Grund</td></tr>
</table>

Der Ausschluss der Widerruflichkeit kann nach einer Meinung durch einseitiges Rechtsgeschäft des Vollmachtgebers erfolgen,[330] nach zutreffen-

---

326 BGH NJW 1988, 2603.

327 MünchKomm-Schubert BGB § 168 Rn. 20; Horn/Burandt/Auf der Horst § 14 Rn. 3.

328 BGH NJW-RR 1991, 439.

329 Grüneberg/Götz Rn. 7 vor § 1814; Horn/Burandt/Auf der Horst § 14 Rn. 3.

330 MünchKomm-Schubert BGB § 168 Rz. 21; Walter, Vorsorgevollmacht S. 174.

der anderer Ansicht[331] nur durch vertragliche Vereinbarung zwischen Vollmachtgeber und Bevollmächtigtem.

Einesteils könnte im Text der Vollmachtsurkunde festgehalten werden „Diese Vollmacht ist unwiderruflich“; zum anderen könnte im Grundverhältnis (Auftrag, Geschäftsbesorgung) vereinbart werden, dass der Vollmachtgeber die Vollmacht nicht (oder nur mit Fristen) widerrufen kann.

2. Vorsorgevollmacht

230 Zweifelhaft scheint zu sein, ob unwiderrufliche Vollmachten im Bereich der Vorsorgevollmacht zulässig sind. Notare beurkunden manchmal „unwiderrufliche Vorsorgevollmachten“. Dadurch werde dem Bevollmächtigten eine besonders starke Stellung eingeräumt, ein späterer Betreuer könne die Vollmacht dann nicht widerrufen, der (geschäftsfähige) Vollmachtgeber würde sich selbst vor einem unüberlegten Widerruf schützen. Tatsächlich schwächt er sich aber selbst, weil er bei Vertrauensverlust nicht widerrufen könnte. Dem Geschäftsgegner hilft die Unwiderruflichkeit, weil er auf die einmal in Augenschein genommene Vollmacht künftig vertrauen könnte (vgl. §§ 171, 172 BGB). Die Unwiderruflichkeit nützt letztlich nur dem Bevollmächtigten, einen Bedarf dafür gibt es nicht. Die Vorsorgevollmacht wird zum Wohle des Betroffenen erteilt, um eine Betreuung zu verhindern, und nicht, um eine Machtstellung für einen Bevollmächtigten zu schaffen oder der Bank zu nützen; sie dient gerade nicht nur den Interessen des Bevollmächtigten. Eine Betreuung kann jederzeit aufgehoben werden, wenn das Bedürfnis weggefallen ist; die Vorsorgevollmacht dagegen würde zementiert. Aus diesen Gründen kann meines Erachtens eine **Vorsorgevollmacht nicht in unwiderruflicher Form** erteilt werden;[332] erst recht gilt das, wenn es sich um eine Generalvollmacht handelt.

III. Widerruf nur aus wichtigem Grund?

231 Eine unwiderruflich erteilte Vollmacht, der *keine* Kausalvereinbarung zugrunde liegt (sog. **isolierte Vollmacht**), was sehr selten der Fall ist, ist durch den Vollmachtgeber trotzdem frei widerruflich.[333] Wegen ihrer Bedeutung für den Vollmachtgeber aber liegt der Vorsorgevollmacht immer ein Grundverhältnis (Auftrag, Geschäftsbesorgung) zugrunde (ausgenommen u.U. zwischen Ehegatten).

---

331 RGZ 62, 335/337; Müller-Engels/Braun Kap. 2 Rn. 518; Grüneberg/Ellenberger § 168 nz 6.

332 Langenfeld, Vorsorgevollmacht S. 55; Walter, Vorsorgevollmacht S. 174ff.; Müller-Engels/Braun Kap. 2 Rn. 519; Grüneberg/Götz Rn. 7 vor § 1814.

333 BGH NJW 1988, 2603 (Verwaltung ua von Teileigentum).

Im allgemeinen Vollmachtsrecht wird eine Unwiderruflichkeit nur anerkannt, wenn der Zweck der Vollmacht die Unwiderruflichkeit verlangt, etwa weil die Vollmacht im Interesse des Bevollmächtigten erteilt wird,[334] beispielsweise weil sie diesen sichern soll;[335] oder wenn dem Bauträger Vollmacht zur Umwandlung von Gemeinschaftseigentum in Sondereigentum erteilt wird;[336] Vollmacht zum Abschluss eines Kreditvertrags;[337] Vollmacht zur Stimmrechtausübung.[338] Das sind punktuelle Vorgänge; in solchen Fällen wären auch bei der Vorsorgevollmacht Teile der Vollmacht grundsätzlich unwiderruflich. Gleichwohl kann auch eine solche Vollmacht *aus wichtigem Grund* jederzeit widerrufen werden;[339] dies gilt auch für die Vorsorgevollmacht. Zur Begründung wird teils darauf hingewiesen, dass andernfalls die Privatautonomie tangiert sei, teils auf § 138 I BGB.[340] Die Widerruflichkeit nützt allerdings dem hilfsbedürftigen Vollmachtgeber wenig, wenn er inzwischen geschäftsunfähig geworden ist, weil der Widerruf Geschäftsfähigkeit voraussetzt.

Der Widerruf einer Vorsorgevollmacht ist also im Regelfall auch dann zulässig, wenn sie (z.B. aus Leichtsinn) „unwiderruflich“ erteilt ist. Einen Grund dafür braucht der Widerrufende nicht, schon gar keinen „wichtigen“ Grund. Allerdings muss der Vollmachtgeber beim Widerruf geschäftsfähig sein.

IV. Durchführung des Widerrufs der Vollmacht

Widerruf durch den Vollmachtgeber. Die Innenvollmacht (also die dem Bevollmächtigten gegenüber erklärte Vollmacht, § 167 I BGB) erlischt, wenn der Vollmachtgeber (bzw. eine zum Widerruf berechtigte Person) den Widerruf gegenüber dem Bevollmächtigten erklärt. Es handelt sich um eine einseitige empfangsbedürftige Willenserklärung. Eine Form ist nicht vorgeschrieben, so dass auch eine mündliche Erklärung genügt. Wegen des Nachweises ist aber Schriftform empfehlenswert. Der Widerruf wird wirksam mit Zugang. Damit ergeben sich Probleme, wenn ein Zugang nicht möglich ist, weil der **Bevollmächtigte unbekannten Aufenthalts** ist, untergetaucht ist usw. Hier bleibt nur, dass zum einen möglichst vielen denkbaren Geschäftspartnern (Banken, Mieter, Vermieter, Versicherungen usw.) der Widerruf mitgeteilt wird, so dass sie sich nicht mehr auf Gutgläubigkeit beru- *232*

334 BGH NJW-RR 1991, 441 (Verhandlungsvollmacht über Adelsnamens-Vermarktung).

335 RGZ 53, 419; Grüneberg/Ellenberger § 168 Rz. 6.

336 BayObLG NJW-RR 2002, 443.

337 OLG Karlsruhe WM 2001, 356.

338 KG GmbHR 1999, 714.

339 BGH WM 1969, 1009; WM 1085, 646; OLG Stuttgart MittBayNot 1997, 370.

340 Walter, Vorsorgevollmacht S. 184/185.

fen können, wenn der Bevollmächtigte unter Vorlage der Vollmachtsurkunde weiterhin tätig werden will (§§ 173, 172 II BGB); im Übrigen bleibt die **Kraftloserklärung der Vollmachtsurkunde** (§ 176 BGB), wofür das Amtsgericht zuständig ist.

Aber auch wenn der Bevollmächtigte erreichbar ist, ihm also der Widerruf zugeht, sollten alle denkbaren Geschäftspartner vom Widerruf verständigt werden, damit ein Missbrauch der Vollmacht verhindert wird.

Die Außenvollmacht (also die durch Erklärung gegenüber dem Dritten erteilte Vollmacht) kann zwar ebenfalls gegenüber dem Bevollmächtigen widerrufen werden; wegen § 170 BGB bleibt sie dem Dritten gegenüber in Kraft, bis dem Dritten (z. B. der Bank) das Erlöschen angezeigt wird. Deshalb ist auch in diesen Fällen eine Verständigung der Dritten angebracht.

Ein „Formular“ für den Widerruf einer Vorsorgevollmacht hat *Keilbach*[341] veröffentlicht. Es genügt jedoch der Satz: „Hiermit widerrufe ich die Vollmacht, die ich am ....Herrn/Frau erteilt habe.“

Zum **Widerruf durch den Betreuer** vgl. Rz. 237.

233 Die Meldung eines Vollmachtswiderrufs an das **Zentrale Vorsorgeregister** als Änderung der Eintragung (§ 5 I VRegV) ist zwar möglich und zweckmäßig. Sie führt aber nicht zwingend zur Vermeidung von Missbräuchen, da Auskünfte ausdrücklich nur für die Vermeidung von Betreuungsverfahren *an Betreuungsgerichte* sowie Beschwerdegerichte sowie u. U. an Ärzte gegeben werden; also z. B. nicht an Banken. Das Zentrale Vorsorgeregister dient ausdrücklich nicht der Schaffung von Rechtsscheintatbeständen im Sinne von §§ 170 – 172 BGB. Folge des Widerrufs ist, dass gegebenenfalls eine Betreuung einzurichten ist.

V. Widerruf bei Untervollmacht

234 Ob bei einer Vorsorgevollmacht der Bevollmächtigte eine **Untervollmacht**[342] **erteilen darf** hängt vom Wortlaut der Vollmacht ab; steht dort nichts, ist das durch Auslegung zu ermitteln. Wer dem V eine Vollmacht wegen des besonderen Vertrauens ausstellt will im Zweifel kein Tätigwerden eines Unterbevollmächtigten.[343] Andererseits will der Vollmachtgeber natürlich, dass der Bevollmächtigte einem Rechtsanwalt Vollmacht erteilen kann.

Wenn der Vollmachtgeber (X) dem B Vollmacht erteilt und B dem U Untervollmacht, dann kann man das so verstehen, dass U als Bevollmächtigter

---

341 Keilbach DNotZ 2004, 751.

342 Dazu Schüller RNotZ 2014, 585.

343 MünchKomm-Schubert BGB § 167 Rn. 78.

des X auftritt oder als Bevollmächtigter des B. Erteilt X dem B eine Generalvollmacht als Vorsorgevollmacht und gibt B dem Immobilienverwalter U eine Untervollmacht, kann U Mietverträge für die Immobilien des V schließen, in denen er als Vertreter des X auftaucht und B nicht genannt wird. Es ist **umstritten, ob der Widerruf der Hauptvollmacht automatisch die Untervollmacht zum Erlöschen bringt;**[344] meines Erachtens ist es zu bejahen. Deshalb muss der Vollmachtgeber die Untervollmacht vorsorglich selbst widerrufen. Das wirft Probleme auf, wenn unbekannt ist, wem B Untervollmachten erteilt hat.

VI. Widerruf der Vollmacht durch den anderen Bevollmächtigten

Wenn der Vollmachtgeber mehreren Personen eine Vorsorgevollmacht erteilt hat, kann dies so geschehen, dass sie *nur gemeinsam* handeln können oder dergestalt, dass *jeder allein handeln* kann. Im letzteren Fall fragt sich, ob der eine Bevollmächtigte die Bevollmächtigung des anderen widerrufen kann. Solche Widerrufe kommen vor, entweder weil tatsächlich ein Bevollmächtigter Fehler bei der Vermögensverwaltung macht, oder aber missbräuchlich (etwa aus Verärgerung). *235*

Beispiel: Die Mutter hat ihrer Tochter und ihrem Sohn Vollmacht zur Einzelvertretung erteilt; dann tritt der Vorsorgefall ein. Es kommt zu Streitigkeiten zwischen den Geschwistern. Die Tochter widerruft die Vollmacht, die die Mutter dem Sohn erteilt hat, mit einem Brief an den Bruder; am anderen Tag bestreitet der Sohn den Zugang des Briefs und widerruft die Vollmacht, die die Mutter der Tochter erteilt hatte. Es liegt ein Wettlauf der Widerrufe vor. Welcher Widerruf ist wirksam?

Das Problem stellt sich nicht, *236*

- wenn mehrere Bevollmächtigte nur Gesamtvertretungsbefugnis haben;
- bei mehreren Bevollmächtigten mit Einzelvertretungsbefugnis, aber getrennten Aufgabenkreisen;
- wenn in der Vollmacht der Vollmachtgeber ausdrücklich als Einschränkung festgehalten hat, dass kein Bevollmächtigter die Vollmacht eines anderen Bevollmächtigten widerrufen kann.[345]

[344] MünchKomm-Schubert BGB § 167 Rn. 84: ob die Untervollmacht zugleich mit der Hauptvollmacht erlischt, ist Auslegungsfrage; nach Reetz in Beck'sches Notarhandbuch Teil F Rz. 37, besteht die Untervollmacht regelmäßig fort, wenn die Hauptvollmacht erlischt. Umstritten.

[345] OLG Karlsruhe NJW-RR 2022, 436 und FamRZ 2010, 1762; Bühler BWNotZ 1990, 1/3; Sauer RNotZ 2009, 79/87.

Auch ohne eine solche ausdrückliche Beschränkung kann m. E. der eine Bevollmächtigte die Vollmacht, die dem anderen Bevollmächtigten vom Vollmachtgeber erteilt wurde, **nicht widerrufen**. Die beiden Bevollmächtigten stehen auf gleicher Stufe; ihnen ist vom Vollmachtgeber daher eine beschränkte Rechtsmacht eingeräumt, obwohl jeder Einzelvertretungsmacht hat. Die Erweiterung dieser Rechtsmacht, von der Mitherrschaft zur Alleinherrschaft, ist **vom stillschweigenden Umfang der Vollmacht nicht gedeckt und also unwirksam.**[346] Gibt der eine Bevollmächtigte einem Handwerker einen Auftrag, kann der andere Bevollmächtigte widerrufen; das zeigt die vom Vollmachtgeber gewollte Beschränktheit. Glaubt der eine Bevollmächtigte, dass der andere nicht soll handeln können, ist er darauf angewiesen, das Betreuungsgericht zu informieren, das dann einen Kontrollbetreuer nach § 1820 III BGB bestellen kann; dieser Kontrollbetreuer kann dann die Vollmacht widerrufen.[347]

VII. Widerruf der Vorsorgevollmacht durch einen Betreuer

1. Allgemeines

237 Ist der Vollmachtgeber geschäftsunfähig geworden, kann er die von ihm erteilte Vollmacht nicht mehr widerrufen. Er kann aber in Bezug auf den Widerruf von einem vom Betreuungsgericht bestellten Betreuer vertreten werden (§ 1823 BGB). Ein Regelbetreuer oder Kontrollbetreuer kann nur bestellt werden, wenn die Voraussetzungen des § 1814 BGB vorliegen, also u. a. eine Krankheit bzw. Behinderung, die mit hinreichender Sicherheit feststehen muss, eine bloße Verdachtsdiagnose reicht also nicht aus.[348] Neben der **Betreuungsbedürftigkeit** (subjektive Unfähigkeit des Betroffenen, einzelne Angelegenheiten selbst zu regeln) muss ein **konkreter Bedarf** für die Bestellung eines Betreuers bestehen.[349]

Nach § 1814 II BGB darf ferner **gegen den freien Willen** eines Volljährigen ein Betreuer nicht bestellt werden; Gegensatz ist der **„unfreie Wille“** (das ist der Wille, der von seiner psychischen Krankheit beeinflusst ist). Die Annahme eines freien Willens setzt dabei Einsichts- und Handlungsfähigkeit voraus. Der Betroffene muss mithin in der Lage sein, im Grundsatz die für und wider eine Betreuerbestellung sprechenden Gesichtspunkte zu erkennen und gegeneinander abzuwägen, sowie nach der gewonnenen Erkenntnis zu handeln, also die sich daraus ergebenden Schlüsse in Bezug auf die Einrichtung einer Betreuung umzusetzen. Das krankheitsbedingte Feh-

---

346 Differenzierend Müller-Engels/Braun Kap. 2 Rn. 523 ff.

347 OLG Karlsruhe NJW-RR 2022, 436 und FamRZ 2010, 1762.

348 BGH NJW-RR 2012, 964.

349 BGH NJW-RR 2016, 387.

len eines solchen freien Willens hat das Gericht mit Hilfe eines **Sachverständigen** festzustellen,[350] wenn Zweifel bestehen. Für die Feststellung der Erkrankung sowie den Ausschluss des freien Willens ist also ein Gutachten zwingend erforderlich, für die Frage der Geschäftsfähigkeit bei der seinerzeitigen Erteilung der Vollmacht dagegen nicht zwingend.

2. Rechtslage bis 2022 *237a*

Wurde ausdrücklich ein **Kontrollbetreuer** (= Vollmachtsbetreuer) vom Gericht bestellt,[351] enthielt dies nach Auffassung des BGH[352] nicht stillschweigend[353] die Befugnis, die Vollmacht zu widerrufen; diese Befugnis bedurfte vielmehr einer besonderen Zuweisung als eigenständiger Aufgabenkreis. Zuständig für die Kontrollbetreuerbestellung war zwar der Rechtspfleger (§ 15 I RPflG), doch neigte der BGH[354] zur Annahme einer Richterzuständigkeit. Eine Kontrollbetreuung durfte jedoch wie jede andere Betreuung nur dann angeordnet werden, wenn sie erforderlich war. Dass der Vollmachtgeber auf Grund seiner Erkrankung nicht mehr selbst in der Lage ist, den Bevollmächtigten zu überwachen, genügte nicht.

a) Wurde vom Richter ein **Regelbetreuer** für „alle“ Aufgaben bestellt *237b* (das wart z.B. der Fall, wenn bereits feststand, dass die Vollmacht zu widerrufen ist[355] und diese Person daher dann als gesetzlicher Vertreter tätig werden muss), dann wurde vom BGH ebenfalls verlangt, dass (bis 2022) der bei der Bestellung zum Voll-Betreuer festgelegte Aufgabenkreis den Widerruf der Vollmacht ausdrücklich nennt.[356] Ein Voll-Betreuer, der auch den Aufgabenkreis „Widerruf der Vollmacht …“ ausdrücklich zugewiesen erhalten hat, konnte deshalb die Vollmacht widerrufen. Andere Formulierungen, die das Widerrufsrecht *stillschweigend* beinhalten; beispielsweise der Aufgabenkreis „Geltendmachung von Rechten gegenüber dem Bevollmächtigten“.[357] genügten nicht mehr.

---

350 BGH NJW 2016, 1514; BGH NJW-RR 2016, 579.

351 Zu den Voraussetzungen vgl. Kurze NJW 2007, 2220.

352 BGH NJW 2015, 3657 = FamRZ 2015, 2163; Nedden-Boeger FamRZ 2014, 1589; a.A. wegen der Gesetzesbegründung in BT-Drucks. 11/4528 S. 226 die früher h.M.: BGH NJW 2012, 2885; BGH NJW 2014, 785; BayObLG FamRZ 1994, 1550; OLG Köln OLG-Rspr 2001, 91; KG FamRZ 2007, 1041.

353 Bestelmeyer FamRZ 2015, 550; so die früher h.M.

354 BGH NJW 2015, 3572.

355 BayObLG FamRZ 2003, 1219.

356 BGH NJW 2015, 3557; OLG Köln RNotZ 2001, 345; KG FGPrax 2007, 118 und NJW 2009, 1425.

357 BayObLG FamRZ 1994, 1550.

237c b) **Voraussetzungen** bis 2022. Der Aufgabenkreis „Vollmachtswiderruf" durfte einem Kontroll- oder Regelbetreuer „nur dann übertragen werden, wenn das Festhalten an der erteilten Vorsorgevollmacht eine künftige Verletzung des Wohls des Betroffenen mit hinreichender Wahrscheinlichkeit und in erheblicher Schwere befürchten lässt und mildere Maßnahmen nicht zur Abwehr eines Schadens für den Betroffenen geeignet erscheinen".[358] Das „Wohl" des Betreuten ist ab 2023 nicht relevant; § 1821 II BGB. Die Ausübung der Kontroll- und Steuerungsmöglichkeiten ist als geringerer Grundrechtseingriff grundsätzlich vorrangig vor einer Ermächtigung zum Vollmachtwiderruf.[359] Im Verfahren der Bestellung eines Betreuers mit der eventuellen Aufgabe des Vollmachtswiderrufs ist der Betroffenen ein **Verfahrenspfleger** zu bestellen.[360]

238 c) Der Widerruf der Vollmacht durch den mit diesem Aufgabenkreis betrauten Betreuer führte und führt zum **Erlöschen der Vollmacht,** was **nicht mehr rückgängig gemacht** werden kann,[361] wenn der Vollmachtgeber inzwischen geschäftsunfähig ist und also keine neue Vollmacht mehr erteilen kann. Der Betreuer kann seinen Vollmachtswiderruf nicht „zurücknehmen", auch nicht dem bisherigen Bevollmächtigten die (General-)Vollmacht im früheren Umfang neu erteilen, weil die Betreuerstellung nicht durch eine Generalvollmacht zur Gänze übertragbar ist; allenfalls Vollmachten für Einzeltätigkeiten sind denkbar. Auch das Betreuungsgericht kann keine neuen Vollmachten erteilen. Der Kontrollbetreuer (bzw. allgemeine Betreuer) kann nach dem Widerruf der Vollmacht keinen neuen Bevollmächtigten bestellen. Da nach dem Widerruf der Vollmacht durch einen Kontrollbetreuer der Vollmachtgeber **ohne Vertreter dasteht,** muss ihm nun ein Betreuer bestellt werden, etwa indem die Aufgaben des bisherigen Kontrollbetreuers entsprechend erweitert werden. Da der Widerruf der Vollmacht diese unumkehrbaren Auswirkungen hat und selbst bei Aufhebung der Betreuung fortbesteht, war beim Widerruf große Vorsicht angebracht.

3. Rechtslage ab 2023

238a a) **Allgemeines.** Das Betreuungsgericht bestellt einen **Kontrollbetreuer,** wenn dies erforderlich ist, weil (aa) der Vollmachtgeber aufgrund einer Krankheit oder Behinderung nicht mehr in der Lage ist, seine Rechte gegenüber dem Bevollmächtigten auszuüben und (bb) aufgrund **konkreter** Anhaltspunkte davon auszugehen ist, dass der Bevollmächtigte die Angelegenheiten des Vollmachtgebers nicht entsprechend der Vereinbarung oder dem

---

358 BGH NJW 2015, 3572 = FamRZ 2015, 1702; BGH NJW 2012, 2885.

359 BGH NJW-RR 2016, 385; BGH NJW 2015, 3572 = FamRZ 2015, 1702.

360 BGH NJW 2014, 785.

361 BGH NJW 2015, 3572; KG NJW 2009, 1425.

erklärten oder mutmaßlichen Willen des Vollmachtgebers besorgt (§ 1820 III BGB).

Zusätzlich darf die Kontrollbetreuung gegen den **freien** (!) Willen des Betroffenen nicht angeordnet werden (§ 1814 II BGB),[362] d.h. ein Gutachter muss feststellen, dass die Weigerung des Betroffenen krankheitsbeeinflusst, also unfrei, ist.

Dass der Vollmachtgeber seinen Bevollmächtigen nicht mehr überwachen kann, genügt allein noch nicht;[363] es müssen **tatsächliche Anhaltspunkte für den Verdacht** der „Unredlichkeit" vorliegen. Dass das Vermögen des Betreuten (sehr) groß ist, genügt nicht; da hätte der Vollmachtgeber selbst Vorsorge treffen können, z.B. durch Bestellung von zwei gemeinsam handelnden Bevollmächtigten.

b) Sowohl ein allgemeiner Betreuer (§ 1814 I BGB) wie ein Kontrollbetreuer (§ 1814 III BGB) kann u.U. eine Vollmacht, die der Betreute bzw. Vollmachtgeber ausgestellt hatte, widerrufen, ohne dass das Kündigungsrecht im Aufgabenkreis **ausdrücklich** genannt werden muss (das folgt aus der Nichtnennung des Vollmachtswiderrufes in § 1820 II BGB); anders früher der BGH (Rn. 237a). Für die Bestellung eines Kontrollbetreuers ist jetzt der Richter zuständig (§ 15 I S. 1 Nr. 1 RPflG).

Zusätzlich bedarf der Widerruf der (vorherigen) **Genehmigung des Betreuungsgerichts,** was einen dringend notwendigen Widerruf enorm verzögert und oft ins Leere laufen lassen wird. Denn die Genehmigung wird erst mit Rechtskraft wirksam (§ 40 II FamFG), also **frühestens nach zwei Wochen (§ 63 II Nr. 2 FamFG).** Das Gericht kann den vollständigen Widerruf der Vollmacht genehmigen oder für einen abtrennbaren **Teil der Vollmacht,** z.B. ohne die Wirkung nach dem Tod des Vollmachtgebers. Zugleich kann das Betreuungsgericht anordnen, dass die Vollmachtsurkunde vom Bevollmächtigten an den Betreuer (nicht: an das Gericht) herauszugeben ist (§ 1820 V 2 BGB). Der Betreuer muss von der Genehmigung keinen Gebrauch machen.

Rechtsmittel. Die Bestellung eines Kontrollbetreuers ist für den Bevollmächtigten nicht aus **eigenem** Recht anfechtbar. Wenn ihn die Vollmacht dazu ermächtigt, kann der Bevollmächtigte aber als Vertreter namens des Vollmachtgebers Beschwerde einlegen.[364] Die Erteilung der Genehmigung allein ist für den Bevollmächtigten noch nicht mit Beschwerde angreifbar.

c) **Widerrufsvoraussetzungen**: Der allgemeine Betreuer bzw. (nur) Kontrollbetreuer darf eine Vollmacht oder einen **Teil einer Vollmacht**, die „den *239*

[362] BGH FamRZ 2019, 1355.

[363] BGH FamRZ 2020, 629.

[364] Bienwald/Reh § 1820 Rn. 129.

Bevollmächtigten zu Maßnahmen der **Personensorge oder** zu Maßnahmen **in wesentlichen Bereichen der Vermögenssorge** ermächtigt, nur widerrufen, wenn das Festhalten an der Vollmacht eine künftige Verletzung der Person oder des Vermögens des Betreuten mit **hinreichender Wahrscheinlichkeit** und in **erheblicher** Schwere befürchten lässt und **mildere Maßnahmen** nicht zur Abwehr eines Schadens für den Betreuten geeignet erscheinen.“ (§ 1820 V 1 BGB).

Die Vorschrift enthält zahlreiche schwammige Formulierungen.[365] Was sind „wesentliche“ Bereiche[366] (Widerruf möglich) bzw. „unwesentliche“ Bereiche (kein Widerruf möglich)? Wann liegt eine „erhebliche Schwere“ vor? Wieviel darf ein Bevollmächtigter monatlich unterschlagen haben, damit das erfüllt ist?

Dass ein Betreuer (bzw. Kontrollbetreuer) die Vollmacht nur widerrufen kann, wenn ein „wichtiger Grund“ vorliegt[367] ist in dieser Allgemeinheit daher nicht richtig.[368]

Im Innenverhältnis (meist Auftrag, Geschäftsbesorgung) kann der Betreuer die Vollmacht nur widerrufen, wenn der im Innenverhältnis evtl. vereinbarte Widerrufsgrund vorliegt. Im Außenverhältnis kann der Betreuer die Vollmacht bei Vorliegen der Voraussetzungen von § 1820 V BGB widerrufen,[369] allerdings ab 2023 nur mit vorheriger Genehmigung des Betreuungsgerichts. Der Vollmachtgeber selbst kann die Vollmacht und den Auftrag grundsätzlich ohne Grund jederzeit widerrufen (Rz. 231), in diese Rechtsstellung rückt der Betreuer aber nicht mehr vollständig ein.[370] So ist es z. B. auch bei Schenkungen.

Eine andere Sicht würde auch die Interessen des Betreuten gefährden: Steht der Bevollmächtigte im Verdacht von Untreue, Unterschlagungen usw. und widerruft der Betreuer unter Vorlage der Genehmigung, dann könnte der Bevollmächtigte dies zurückweisen mit der Begründung, **ein Grund i. S. v. § 1820 V BGB fehle**, man möge ihm doch die Unterschlagung usw. zunächst einmal nachweisen. Letztlich erfolgt die Prüfung des „Grundes“ aber bei der Frage, ob das Betreuungsgericht dem Betreuer den Widerruf der Vollmacht genehmigt; dagegen ist allerdings die Beschwerde gegeben.

---

[365] Über Abgrenzungsprobleme vgl. Müller-Engels FamRZ 2021, 645.

[366] Auch eine Bank-Kontovollmacht, a. A. Jürgens/Loer § 1820 Rn. 12,

[367] Nedden-Boeger FamRZ 2014, 1589; Das KG NJW 2009, 1425 dagegen verlangt keinen „wichtigen Grund“; ebenso BVerfG FamRZ 2008, 2260.

[368] BayObLG FamRZ 1994, 1550 meint, dass die Vollmacht nur äußerstenfalls widerrufen werden könne; BT-Drucks. 11/4528 S. 226: „gegebenenfalls“.

[369] BGH NJW 2015, 3572; a. A. Nedden-Boeger FamRZ 2014, 1589; FamRZ 2015, 554.

[370] BGH NJW 2015, 3572.

Hat der Vollmachtgeber eine **„unwiderrufliche" Vollmacht** erteilt, ist dies in der Regel eine nichtige Einschränkung, so dass der Kontrollbetreuer eine solche Vollmacht ebenfalls (nach Genehmigung des Gerichts) widerrufen kann. Wenn im Grundverhältnis eine **Kündigungsfrist** vereinbart ist, gilt sie zum Schutz des Vollmachtgebers und wegen der Wichtigkeit des Kündigungsgrundes nicht, wenn der Betreuer mit Genehmigung kündigt.

d) Ein Betreuer steht unter der **Aufsicht des Betreuungsgerichts** (§ 1862 BGB). Das Gericht muss ein Einschreiten gegen den Kontrollbetreuer prüfen, wenn dieser gemäß § 666 BGB bestehende Ansprüche nicht durchsetzt, z. B. die Vollmacht nicht widerruft. Denn das Gericht kann die Vollmacht selbst nur ausnahmsweise kündigen (dazu Rn. 241). Allerdings besteht ein Freiraum für die Entschließung des Kontrollbetreuers, weil der Betreuer sein Amt selbständig ausübt.[371] Trotz Genehmigung des Widerrufs kann sich der Betreuer daher mit milderen Maßnahmen begnügen und von einer Kündigung Abstand nehmen. *239a*

Widerruft der Betreuer allerdings *pflichtwidrig* die Vollmacht nicht, haftet er für Schäden, die der Bevollmächtigte verursacht (§ 1826 BGB).

e) Der Widerruf ist ein **einseitiges Rechtsgeschäft**,[372] deshalb muss der kündigende Betreuer dem Bevollmächtigten die Genehmigung des Betreuungsgerichts mit seiner Kündigung vorlegen, § 1858 I BGB. Für die Geschäfte, die der Bevollmächtigte bisher tätigte, ist ein Ergänzungsbetreuer zu bestellen (bzw. der Aufgabenkreis des Betreuers zu erweitern). *240*

VIII. Widerruf der Vollmacht durch das Betreuungsgericht

1. Gerichtliche Eilmaßnahmen

In eiligen Fällen kann noch ein Betreuer durch **einstweilige Anordnung** bestellt werden (§§ 300, 301 FamFG), der dann die Vollmacht (mit Genehmigung des Betreuungsgerichts, ebenfalls durch einstweilige Anordnung) widerruft. *241*

Nach § 1867 BGB (früher: § 1846 BGB) kann das **Betreuungsgericht** selbst die im Interesse des Vollmachtgebers erforderlichen Maßnahmen treffen; dazu gehört auch der Widerruf einer Vollmacht.[373] Voraussetzung ist ein „dringender Fall" sowie, dass ein Betreuer noch nicht bestellt ist. Zuständig ist der Richter (§§ 3, 15 RPflG).

---

371 BayObLG FamRZ 1992, 108; 1994, 1550.

372 MüKoBGB/Kroll-Ludwigs 1831 a.F. Rn. 3.

373 Jürgens/Loer § 1820 Rn. 15.

2. Suspendierung der Vollmacht[374]

241a Der Bevollmächtigte kann vom Gericht anlässlich der Prüfung, ob ein Kontrollbetreuer zu bestellen ist, aufgefordert werden, bestimmte Auskünfte zu erteilen und Rechnung zu legen (mildestes Mittel). Anstatt den Widerruf der Vollmacht zu genehmigen, kann das Betreuungsgericht auch (als mildes Mittel) anordnen, dass der Bevollmächtigte die ihm erteilte Vollmacht nicht ausüben *darf*, falls (aa) die *dringende* Gefahr besteht, dass der Bevollmächtigte nicht den *Wünschen* des Vollmachtgebers entsprechend handelt und dadurch die Person des Vollmachtgebers oder dessen Vermögen erheblich gefährdet oder (bb) wenn schon ein Betreuer bestellt ist, der Bevollmächtigte den Betreuer bei der der Wahrnehmung seiner Aufgaben behindert (§ 1820 IV 1 BGB; die Gefahr einer Behinderung genügt nicht). Zweck der Regelung ist, vorerst zu verhindern, dass eine Vorsorgevollmacht durch einen Widerruf dauernd beseitigt wird.

Eine *teilweise* Suspendierung gibt es bei Abs. IV nicht, im Gegensatz zu Abs. 5, der einen teilweisen Widerruf der Vollmacht gestattet. Im Beschluss kann angeordnet werden, dass die Vollmachtsurkunde an den Betreuer herauszugeben ist (Vollstreckung nach § 86 Nr. 1 FamFG; nach a. A. gem. § 35 FamFG); wenn die Voraussetzungen nicht mehr vorliegen, ist die Anordnung wieder aufzuheben und die Vollmacht zurückzugeben.

Ob die zeitweise Suspendierung faktisch einem **zeitweisen Widerruf** durch das Gericht gleichkommt ist umstritten. Meines Erachtens hat die Anordnung des Gerichts (Beschluss), dass der Bevollmächtigte die „Vollmacht nicht ausüben darf", nur Einfluss auf das **Innenverhältnis**,[375] wie Wortlaut zeigt. Im **Außenverhältnis** bleibt die Vollmacht wirksam. Wenn der Bevollmächtigte trotzdem aufgrund der Vollmacht tätig wird, z. B. weil die Geschäftsgegner keine Vorlage der Urkunde mehr verlangen, haftet der Bevollmächtigte dem Vollmachtgeber auf Schadensersatz. Es liegt also kein befristeter Widerruf der Vollmacht vor, wenn etwas anderes gewollt gewesen wäre, hätte die Einfügung des Wortes „befristet" in Abs. V genügt. Deshalb ist die Suspendierung der Vollmacht wenig sinnvoll.

Für **die der Verwaltung entzogenen Aufgaben** ist (vorübergehend) ein **Betreuer zu bestellen.** Die Suspendierung der Vollmacht hilft wenig, wenn der Bevollmächtigte die Vollmachtsurkunde nicht zurückgibt („habe ich verloren") oder der Verkehr sich mit Kopien (z. B. notariell beglaubigt) oder keine Vorlage der Vollmacht verlangt.

---

[374] Dazu Böhm FamRZ 2022, 1253; Spernaht MittBayNot 2021, 425; Renner NotBZ 2022, 1517.

[375] Jürgens/Loer § 1820 Rn. 11, Kurze FamRZ 2021, 1934; a. A. Böhm FamRZ 2022, 1253.

Der Vollmachtgeber bzw. der Bevollmächtigte im Namen des Vollmachtgebers[376] kann gegen des Ausübungsverbot (Beschluss) **Beschwerde** einlegen (§§ 58 ff. FamFG); denn es handelt sich nicht nur um eine Zwischenentscheidung.

IX. Kündigung des Grundverhältnisses

Die Bestellung des Betreuers allein verändert das Rechtsverhältnis (Auftrag, *242*
Geschäftsbesorgungsvertrag) zwischen dem Betreuten (Vollmachtgeber) und dem Bevollmächtigten nicht. Die Rechte und Befugnisse, die der Betreute selbst hat und wahrnehmen könnte, stehen nunmehr (jedenfalls teilweise) dem Betreuer zu.[377] Ein Auftrag kann jederzeit gemäß § 671 I BGB gekündigt werden, ein Geschäftsbesorgungsvertrag kann nach § 675 I BGB nach den zugrunde liegenden Regeln des Dienst- oder Werkvertrages (vgl. §§ 627, 649 BGB) beendet werden. Soweit anderes wirksam vereinbart ist, ist auch der Betreuer bei der Kündigung des Grundverhältnisses hieran gebunden.[378]

Wenn die Kündigung des Grundverhältnisses automatisch zum Erlöschen der Vollmacht führt (§ 168 S. 1 BGB), dann bedarf auch diese Kündigung der Genehmigung des Betreuungsgerichts (vgl. § 1820 V BGB).

X. Die Rückgabe der Vollmachtsurkunde

1. Bedeutung der Urkunde

Wenn der Vollmachtgeber dem Bevollmächtigten eine Vollmachtsurkunde *243*
ausgehändigt hat (also ein Schriftstück) und der Bevollmächtigte sie einem Dritten (z.B. der Bank) vorlegt, wird das ebenso behandelt, wie wenn der Vollmachtgeber den Dritten unmittelbar davon verständigt hätte, dass er einen anderen bevollmächtigt hat (§ 171 BGB). Die Vertretungsmacht bleibt bestehen, bis die Vollmachtsurkunde dem Vollmachtgeber zurückgegeben oder für kraftlos erklärt wird (§ 172 II BGB). Etwas anderes gilt nur dann, wenn der Dritte weiß, dass die Vertretungsmacht erloschen ist (§ 173 BGB), weil ihm beispielsweise der Widerruf vom Vollmachtgeber (oder dessen Betreuer) mitgeteilt wurde.

---

376 Nicht im eigenen Namen, BGH FamRZ 2015, 249; Sternal/Giers § § 303 Rn. 11.

377 OLG Stuttgart FamRZ 1995, 427 = FGPrax 1995, 87.

378 BGH NJW 2015, 3572.

2. Rückgabe der Urkunde bei einem Bevollmächtigten

244 Nach dem Erlöschen der Vollmacht (z.B. durch Widerruf) hat der Bevollmächtigte die Vollmachtsurkunde (Urschrift und eventuelle Ausfertigungen; nicht: Fotokopien) dem Vollmachtgeber zurückzugeben (§ 175 BGB). Dasselbe gilt, wenn die Vollmacht von vornherein unwirksam war.[379] Damit soll der Vollmachtgeber verhindern können, dass die Rechtsscheinhaftung des § 172 I BGB weiter besteht. Wenn aber die Vollmachtsurkunde auch andere Erklärungen enthält (z.B. eine Patientenverfügung), kann nur die Rückgabe zwecks Streichung der Vollmacht verlangt werden, die Urkunde mit dem Rest-Inhalt ist dann wieder an den Bevollmächtigten zurückzugeben.

3. Rückgabe der Urkunde bei mehreren Bevollmächtigten

245 Wurde die Vollmacht mehreren Personen gegenüber erteilt (z.B. beiden volljährigen Kindern), besteht der Rückgabeanspruch nur, wenn alle Vollmachten erloschen sind. Wurde sie nur gegenüber einem Bevollmächtigten widerrufen, kann der Vollmachtgeber nur verlangen, dass ihm die Urkunde vorgelegt wird, damit er einen einschränkenden Geltungsvermerk darauf anbringt.[380]

4. Vollmacht und Grundgeschäft in einer Urkunde

246 Hier kann der Vollmachtgeber nur verlangen, dass ihm die Urkunde ausgehändigt wird, damit er die die Vollmacht betreffenden Teile streicht;[381] dann ist die Urkunde, die nunmehr nur noch die Teile betreffend das Grundgeschäft enthält, wieder zurückzugeben, weil sie im Zweifel im Eigentum des Bevollmächtigten steht.

5. Verständigung vom Widerruf

247 Bei der Bankvollmacht auf Vordrucken der Bank/Sparkasse ist es in der Regel so, dass sie vom Vollmachtgeber gegenüber der Bank erklärt wird. Die Urschrift der Vollmacht ist dann in den Akten der Bank. Die Vertretungsmacht bleibt bestehen, bis die Kundgebung in derselben Weise, wie sie erfolgt ist, widerrufen wird (§ 171 II BGB); der Widerruf hat also hier (zusätzlich) durch Mitteilung an die Bank zu erfolge.

379 MünchKomm-Schubert BGB § 175 Rn. 3.

380 BGH NJW 1990, 507; MünchKomm-Schubert BGB § 175 Rn. 2; Waldner/Mehler MittBayNot 1999, 261/264.

381 MünchKomm-Schubert BGB § 175 Rn. 2.

6. Anordnung des Betreuungsgerichts bei Suspendierung bzw. Widerruf

Bei einer **Suspendierung** der Vollmacht (Rn. 240) durch Beschluss des Betreuungsgerichts (1820 IV BGB) kann das Gericht anordnen, dass die Vollmachtsurkunde an den Betreuer herauszugeben ist. Die Vollstreckung erfolgt nach § 86 I Nr. 1 FamFG.[382] *247a*

Hat das Betreuungsgericht den **Widerruf** einer Vollmacht durch den Betreuer bzw. Kontrollbetreuer genehmigt, kann es die Herausgabe der Vollmachtsurkunde an den Betreuer anordnen (§ 1820 V 3 BGB), natürlich erst, wenn der Betreuer von den Genehmigung Gebrauch gemacht hat. **Vollstreckung: § 86 FamFG.**

7. Kraftloserklärung

Kann die Vollmachtsurkunde nicht erlangt werden, z. B. weil sie (angeblich) unauffindbar oder verloren ist, besteht die Gefahr des Missbrauchs durch den Bevollmächtigten, wenn der Dritte vom Widerruf nichts weiß. Deshalb kann eine Vollmacht in einem komplizierten Verfahren für kraftlos erklärt werden (§ 176 BGB); der Antrag ist beim Amtsgericht zu stellen. Der Kraftloserklärungsbeschluss (§ 38 FamFG) wird dann im **elektronischen Bundesanzeiger**[383] veröffentlicht; die Kosten muss zunächst der Antragsteller tragen. Ist in die Vollmacht leichtsinnigerweise der Satz aufgenommen worden, die Vollmacht sei unwiderruflich, ist eine solche Kraftloserklärung nicht zulässig (§ 176 III BGB); der Vollmachtgeber müsste dem Amtsgericht darlegen, dass er einen wichtigen Grund für den Widerruf hat und hiermit widerruft, erst dann könnte die Kraftloserklärung durchgeführt werden. *248*

L. Sonstige Fälle des Erlöschens der Vollmacht

I. Befristung

Denkbar wäre, die Vollmacht zu befristen („Diese Vollmacht gilt 5 Jahre ab heute“). Das ist aber selten zweckmäßig, weil der Vollmachtgeber – bei Bedarf – nach Zeitablauf eine neue Vollmacht erteilen muss, wozu er (falls er dann geschäftsunfähig ist) rechtlich nicht mehr in der Lage ist. Es kommt dann doch zur Betreuung. *249*

---

382 Bienwald/Reh/Bienwald § 1820 Rn. 100.

383 Unter „eBundesanzeiger“ findet man im Internet solche Beschlüsse.

II. Bedingung

250 Die Vollmacht könnte unter eine Bedingung gestellt werden.

Vorgeschlagen wird in der Literatur z. B.: „für den Fall meiner Geschäftsunfähigkeit"; „für den Fall meiner Handlungsunfähigkeit"…. („Diese Vollmacht gilt nur so lange, bis ich ins Altenheim umziehe"). Zum einen können die Erlöschenstatbestände selten klar genug herausgearbeitet werden (Was ist, wenn der Vollmachtgeber ins *Pflege*heim umzieht? Was ist, wenn er zwangsweise eingewiesen wird?); zum andern sind diese Vollmachten im Rechtsverkehr unbrauchbar (wie soll die Bank, der die Vollmacht vorgelegt wird, verbindlich feststellen können, dass der Erlöschenstatbestand eingetreten ist (soll sie im Beispiel in die Wohnung fahren und fragen, ob der Vollmachtgeber in ein Pflegeheim umgezogen ist?).

III. Verzicht des Bevollmächtigten

251 Ein Vollmachtgeber muss den X nicht fragen, wenn er eine Vollmacht ausstellt, in der er dem X Vollmacht erteilt. Der Bevollmächtigte kann **einseitig auf die Vollmacht verzichten,**[384] eine Zustimmung des Vollmachtgebers hierzu ist nicht erforderlich. Jedenfalls dann, wenn das Grundverhältnis ein Auftrag ist, braucht der Bevollmächtigte für den Verzicht keinen Grund, erst recht keinen wichtigen Grund. Der Benannte kann auch nichts tun. **Bloße Untätigkeit** des Bevollmächtigten führt nicht zum Erlöschen der Vollmacht; es bleibt nur, eine Betreuung anzuordnen. Wenn Angehörige oder Bekannte gefragt werden, ob sie als Bevollmächtigte genannt werden dürfen, sind sie meist nicht begeistert. Die Frage der Vergütung wird fast nie angesprochen. Dass nach einiger Zeit der Bevollmächtigte seine Arbeit einstellt oder sich -ohne Rücksprache mit dem Vollmachtgeber – selbst eine Vergütung bewilligt ist nachvollziehbar, aber nicht rechtens.

IV. Bestellung eines Betreuers

252 Wird für den Vollmachtgeber ein Betreuer bestellt (z. B. weil die Vollmacht dem Betreuungsgericht (trotz Anfrage beim Vorsorgeregister, § 285 FamFG) unbekannt war oder dort falsch behandelt wurde oder die Vollmacht deckt nicht alles ab), dann erlischt die Vollmacht dadurch nicht. Der Betroffene hat nun **zwei Vertreter**: Einen gesetzlichen (Betreuer) und einen rechtsgeschäftlich bestellten (Bevollmächtigten). Der eine verdrängt den anderen nicht automatisch. Doppelverpflichtungen sind möglich. Das Problem löst sich, indem entweder das Betreuungsgericht die Betreuung aufhebt (§ 1870 BGB), oder (falls dies nicht geschieht) der Bevollmächtigte auf sein

[384] MünchKomm-Schubert BGB § 168 Rn. 35; Walter, Vorsorgevollmacht S. 121.

„Amt" bzw. ein Tätigwerden verzichtet, andernfalls die Vollmacht vom Gerichts suspendiert wird (§ 1820 IV BGB) oder der Betreuer die Vollmacht widerruft (was er nur mit Genehmigung des Betreuungsgerichts tun kann, § 1820 V BGB).

V. Geschäftsunfähigkeit des Bevollmächtigten

Ist der Vertreter geschäftsunfähig, ist seine Vertretungshandlung nichtig und *253* kann dem Vollmachtgeber nicht zugerechnet werden; das folgt aus §§ 165, 104, 105, 131 I BGB.[385] Ist der Bevollmächtigte dagegen beschränkt geschäftsfähig, ist sein Handeln wirksam (§ 165 BGB).

VI. Wegfall des Vertrauensverhältnisses?

Die Besonderheit der Vorsorgevollmacht ist u. a., dass sie in der Regel erst *254* nach einigen oder vielen Jahren akut wird und eine Dauer-Vollmacht ist. Man setzt einen Bevollmächtigten im geschäftsfähigen Zustand ein, sichert aber irgendwie (Rn. 58ff.) ab, dass sie erst bei Eintritt des Vorsorgefalles (z. B. der Hinfälligkeit, Pflegebedürftigkeit, Betreuungsbedürftigkeit, Geschäftsunfähigkeit) verwendet wird. Bis dahin kann aber eine andere Situation bezüglich der Struktur des Vermögens und vor allem bezüglich des Vertrauensverhältnisses zum Bevollmächtigten eingetreten sein, so dass man heute eine andere Person bevollmächtigen würde oder lieber eine gesetzliche Betreuung hätte.

Die typischen Fälle sind: Einsetzen des Ehegatten oder Lebensgefährten, nach einigen Jahren scheitert die Ehe, man hat einen anderen Lebensgefährten; Einsetzen von erwachsenen Kindern, die inzwischen im Ausland wohnen oder zu „Problemkindern" geworden sind.

Im Erbrecht ist diese Fallgruppe bekannt: Setzt jemand seinen Ehegatten als Erben ein und wird die Ehe geschieden, dann ist das Testament unwirksam (§ 2077 BGB), ohne dass es eines Testamentswiderrufs bedarf. Aber schon die Erbeinsetzung des Lebensgefährten bleibt trotz anschließender Trennung bestehen;[386] hier mutet man dem Erblasser zu, dass er, sobald die Freundin ausgezogen ist, sein Testament hervorholt und ändert.

Im Vollmachtsrecht fehlen Bestimmungen; daraus folgt, dass in allen diesen Fällen ein Widerruf der Vollmacht notwendig ist, sonst **bleibt die Bevollmächtigung bestehen.**

---

[385] Soergel/Leptien BGB § 165 Rz. 1.

[386] BayObLG FamRZ 1983, 1226; OLG Celle FamRZ 2004, 310; Grüneberg/Weidlich § 2077 Rz. 2.

VII. Tod des Bevollmächtigten

255 Mit dem Tod des Beauftragten (Bevollmächtigten) erlischt *im Zweifel* der Auftrag (§ 673 S. 1 BGB). Ebenso ist es, wenn das Grundverhältnis ein Geschäftsbesorgungsvertrag ist (§ 675 BGB). Folge des Erlöschens des Grundverhältnisses ist, dass auch die Vollmacht erlischt (§ 168 S. 1 BGB).

Der **Erbe des Bevollmächtigten** hat den Tod dem Vollmachtgeber unverzüglich anzuzeigen und in Eilfällen („wenn mit dem Aufschub Gefahr verbunden ist") die Geschäfte fortzuführen, bis der Vollmachtgeber anderweit Fürsorge treffen kann (§ 673 S. 2 BGB). Wenn der Vollmachtgeber geschäftsunfähig ist, kann er keinen neuen Bevollmächtigten bestellen. Hat er schon früher einen Ersatzbevollmächtigten für den Fall des Wegfalls des Bevollmächtigten bestimmt, tritt dieser nun sein Amt an. Fehlt eine solche Vorsorge, bleibt nur, dass das Betreuungsgericht einen Betreuer bestellt; einen neuen Bevollmächtigten kann das Gericht nicht bestellen, weil es dafür keine gesetzliche Grundlage gibt (eine Regelung wie bei der Testamentsvollstreckung, § 2200 BGB, fehlt).

Auch die Pflichten zur Herausgabe des Vermögens, die Rechenschaftspflicht und die Informationspflichten des Bevollmächtigten (§ 666 BGB) gehen auf die Erben über.

Da es sich bei § 672 BGB um eine Auslegungsregel handelt, kann die Auslegung ergeben, dass im konkreten Einzelfall das Auftragsverhältnis nicht erlischt, nämlich dann, wenn ausnahmsweise das persönliche Vertrauensverhältnis für die Erteilung des Auftrags nicht von Bedeutung war; oder wenn der Vollmachtgeber ausdrücklich angeordnet hat, dass z. B. beim Tod des Bevollmächtigten dessen Abkömmling das „Amt" fortführen soll. Wer beispielsweise einem Rechtsanwalt eine auf die Vermögensverwaltung beschränkte Vorsorgevollmacht erteilt hat, wird manchmal im Zweifel die Übernahme des Amts durch den Kanzleinachfolger wollen.

VIII. Insolvenz des Vollmachtgebers

256 Eine vom Vollmachtgeber (Insolvenzschuldner) erteilte Vollmacht, die sich auf das zur Insolvenzmasse gehörende Vermögen bezieht (z. B. auf Bankguthaben, Grundstücke), erlischt durch die Eröffnung des Insolvenzverfahrens (§ 117 I InsO). Die Vollmacht gilt aber weiter für die Angelegenheiten, die nicht das Vermögen betreffen (also z. B. Gesundheitssorge und Unterbringung). Eine nach der InsO erloschene Vollmacht lebt wohl nicht mehr automatisch auf, wenn das Insolvenzverfahren abgeschlossen ist, wie der Wortlaut des § 117 I InsO zeigt.[387]

[387] HK-InsO/Marotzke § 117 Rn. 1; OLG Karlsruhe ZInsO 2005, 151.

IX. Insolvenz des Bevollmächtigten

Die Insolvenz des Bevollmächtigten führt nicht automatisch zum Erlöschen der Vollmacht, die ihm erteilt wurde. Bei einer Vollmacht, die sich auf die Vermögensverwaltung bezieht, ist aber nun das Vermögen des Vollmachtgebers faktisch höchst gefährdet. Deshalb rechtfertigt die Insolvenz die Kündigung des Grundverhältnisses, welches dann zum Erlöschen der Vollmacht (§ 168 BGB) führt.[388] *257*

X. Missbrauch der Vollmacht

Der Missbrauch der Vollmacht allein lässt die Vollmacht nicht erlöschen. *258* Vgl. Rz. 271 ff.

M. Der Tod des Vollmachtgebers

I. Gilt die Vollmacht über den Tod des Vollmachtgebers hinaus?

Das Fortgelten der Vollmacht bestimmt sich nach dem ihrer Erteilung zugrunde liegenden Rechtsverhältnis (§ 168 S. 1 BGB). Ein Auftrag erlischt grundsätzlich nicht (§§ 672, 675 BGB). Ob die vom Vollmachtgeber erteilte Vorsorgevollmacht mit dem Tod des Vollmachtgebers erlischt, oder über den Tod hinaus weitergilt, hängt vom Willen des Vollmachtgebers ab: *259*

1. Wenn der Vollmachtgeber eine Regelung getroffen hat

Ordnet der Vollmachtgeber ausdrücklich an, „die Vollmacht erlischt mit meinem Tod", dann ist die Wirkung der Vollmacht mit dem Tod beendet. Ordnet er Fortgeltung an, dann gilt die Vollmacht weiter. Soll die Vollmacht zu Lebzeiten und noch nach dem Tod gelten, spricht man von einer **transmortalen Vollmacht;** soll sie erst ab dem Tod gelten, wird sie als **postmortale Vollmacht** bezeichnet. Der Unterschied liegt also nur im Wirkungsbeginn. Die Vorsorgevollmacht soll ihrem Wesen nach schon zu Lebzeiten bei Hilfsbedürftigkeit verwendet werden, so dass sie – wenn überhaupt – eine transmortale Vollmacht sein kann. Auch in diesem Fall muss sie keine Testamentsform haben. Wer allerdings eine Vollmacht ausdrücklich „zur Vermeidung einer Betreuung ausstellt" will im Zweifel keine Fortgeltung nach seinem Tod. *260*

---

[388] Vgl. MünchKomm-Schubert BGB § 168 Rn. 8.

2. Wenn der Vollmachtgeber keine Regelung getroffen hat

261 a) Gefälligkeitsverhältnis. Ist die Vollmacht ausnahmsweise unabhängig von einen Grundverhältnis erteilt (sog. **isolierte Vollmacht**[389]), z.B. bei einer kleinen **Gefälligkeit** (Beispiel: eine Zeitung kaufen, Blumen im Urlaub gießen), dann ist § 168 S. 1 BGB nicht anwendbar.[390] Die Vollmacht endet in einem solchen Fall mit Erledigung des Geschäfts, mit Zeitablauf. Auch bei der isolierten Vollmacht sind Verzicht und Widerruf möglich. Ein fehlendes rechtliches Grundverhältnis ist aber bei der Vorsorgevollmacht wegen ihrer gewollten Dauerwirkung, ihrer Tragweite für Freiheit, Gesundheit und Vermögen des Vollmachtgebers nicht denkbar, allenfalls zwischen Ehegatten.

b) **Auftrag, Geschäftsbesorgung**. In diesen Fällen endet die Vollmacht gemäß dem durch **Auslegung** des Auftrags bzw. Geschäftsbesorgungsvertrages zu gewinnenden Willen des Vollmachtgebers,[391] im Zweifel mit dem Tod des Bevollmächtigten,[392] aber nicht mit dem Tod des Vollmachtgebers.

c) Bleibt das der Vollmacht zugrunde liegende **Rechtsverhältnis** (Grundverhältnis) trotz des Todes erhalten, gilt die Vollmacht *im Zweifel* fort. So ist es im Regelfall, wenn Grundverhältnis ein Auftrag oder ein Geschäftsbesorgungsvertrag ist (§ 672 S. 1 BGB); es handelt sich aber nur um eine Auslegungsregel.

Beispiele: (1) Frau V hat ihrem Neffen N allgemein Vollmacht (keine „Altersvorsorgevollmacht"!) erteilt; die Frage der Weitergeltung nach dem Tod ist nicht geregelt worden. Da N keine Vergütung erhält, ist Grundverhältnis wohl ein Auftrag (§ 662 BGB: „unentgeltlich"), weshalb trotz des Todes der Tante der Auftrag nicht erlischt (§ 672 S. 1 BGB). Folge ist, dass (im Zweifel) auch die Vollmacht fortbesteht.

(2) Herr V hat seinem Rechtsanwalt R Vollmacht erteilt, gegen Vergütung sein Vermögen für ihn zu verwalten; die Frage der Weitergeltung nach dem Tod ist nicht geregelt worden. Da R eine Vergütung erhält, ist Grundverhältnis ein Geschäftsbesorgungsvertrag, weshalb trotz des Todes des Vollmachtgebers V der Geschäftsbesorgungsvertrag nicht erlischt (§§ 675 I, 672 S. 1 BGB). Folge ist, dass auch die Vollmacht fortbesteht.[393]

d) **Anderer Wille des Vollmachtgebers**. Diese Regelungen gelten aber nur, wenn kein anderer Wille kundgetan wurde oder anzunehmen ist. Es kann daher je nach Sachlage ein abweichender Wille des Vollmachtgebers

389 Zulässig, BGH NJW 1988, 2603.

390 Müller-Engels/Braun Kap.2 Rn. 99.

391 OLG München NJW 2014, 3166; Soergel/Leptien § 168 Rn. 18 meint, sie ende „gemäß ihrer besonderen Natur oder den Umständen ihrer Erteilung".

392 Soergel/Leptien § 168 Rn. 18.

393 RG JW 1929, 1647 für einen die Vermögensverwaltung betreffenden Geschäftsbesorgungsvertrag; Soergel/Leptien § 168 Rz. 29.

anzunehmen sein. Das OLG Hamm[394] hat eine **Fortgeltung einer sog.** ***Alters*****vorsorgevollmacht abgelehnt**: Eine Altersvorsorgevollmacht, die nichts zur Fortgeltung nach dem Tod enthielt, deren zugrunde liegendes Auftragsverhältnis darauf zugeschnitten ist, dem Bevollmächtigten für den Fall der Betreuungsbedürftigkeit des Vollmachtgebers eine rechtsgeschäftliche Vertretungsmacht einzuräumen, die uneingeschränkt der gesetzlichen Vertretungsmacht eines für alle Angelegenheiten des Betreuten bestellten Betreuers entspricht, erlischt mit dem Tode des Vollmachtgebers auch für den Bereich der Vermögensverwaltung. Denn eine Altersvorsorgevollmacht ist *ihrem Inhalt nach* in der Regel auf die *Dauer der Betreuungsbedürftigkeit* beschränkt, eine Fortgeltung der Vollmacht über den Tod des Vollmachtgebers hinaus läge außerhalb des Zwecks der Vollmacht. Ähnlich das OLG München:[395] Bei einer Altersvorsorgevollmacht (Überschrift!), die für den Fall der Betreuungsbedürftigkeit den Umfang der Vertretungsmacht festlegt, ist davon auszugehen, dass sie mit dem Tod des Vollmachtgebers auch für den Bereich der Vermögensverwaltung erlischt.

e) Dasselbe gilt bei anderen **Vorsorgevollmachten**, bei denen für den Fall der Betreuungsbedürftigkeit eine rechtsgeschäftliche *Vertretungsmacht entsprechend dem Umfang der Vertretungsmacht eines Betreuers* eingeräumt wird: Mit dem Tod des Vollmachtgebers erlischt die Vollmacht auch für den Bereich der Vermögensverwaltung, z.B. für Grundbucherklärungen.[396] Der Fehler ist jeweils die falsche Überschrift „Altersvorsorgevollmacht", statt „Vollmacht" und dass nicht ausdrücklich in der Vollmacht der Satz stand: „Diese Vollmacht erlischt *nicht* mit meinem Tod."

II. Rechtsstellung des Bevollmächtigten nach dem Tod des Vollmachtgebers

Gilt die Vollmacht nach dem Tod des Vollmachtgebers weiter, dann „vertritt" der Bevollmächtigte nun die **Erben**[397] (selbst wenn noch kein Erbschein erteilt wurde und sie noch nicht feststehen) und kann alles tun, was der Erblasser hätte tun können, was nicht höchstpersönlich ist (Stellvertretungsverbote im Familien- und Erbrecht), was durch den Umfang seiner Vollmacht gedeckt ist sowie durch das Verbot des Vollmachtsmissbrauchs nicht untersagt ist. Natürlich kann der vom Erblasser eingesetzte Bevoll- *262*

[394] OLG Hamm FamRZ 2003, 324 = NJW-RR 2003, 800; Walter, Vorsorgevollmacht S. 121; MünchKomm-Schubert BGB § 168 Rn. 45.

[395] OLG München NJW 2014, 3166 = ZEV 2014, 615. Kritisch dazu Müller-Engels/Braun Kap.2 Rn. 99.

[396] OLG München ZEV 2014, 615; a.A. Zimmer ZEV 2014, 617.

[397] BGH FamRZ 1983, 476/7; OLG Hamburg DNotZ 1967, 31; MünchKomm-Schubert BGB § 168 Rn. 30.

mächtigte die Erben allenfalls hinsichtlich des **Nachlasses** vertreten, nicht auch hinsichtlich ihres **Privatvermögens.**[398] Sind die Erben minderjährig, braucht der Bevollmächtigte weder die Zustimmung eines Vormunds noch die Genehmigung des Familien-/Betreuungsgerichts,[399] weil er seine Rechtsmacht von Vollmachtgeber herleitet. Der Bevollmächtigte muss nach außen erkennbar werden lassen, dass er nicht für sich, sondern für die Erben handelt (wegen §§ 177, 179 BGB). Der Bevollmächtigte kann nach h. M.[400] aufgrund der (notariell beurkundeten) Vollmacht sogar über Nachlassgrundstücke verfügen, ohne Beschränkung durch Nacherbschaft oder Testamentsvollstreckung sowie ohne Genehmigung des Betreuungsgerichts (wenn Betreute als Erben beteiligt sind). Die gegebenenfalls bestehende Vermutung, dass die erteilte Vollmacht über den Tod hinaus fortbesteht, gilt auch gegenüber dem Grundbuchamt.[401]

Der Bevollmächtigt darf, wenn er von § 181 BGB befreit ist (wie meist bei Bankvollmachten), auch zu seinen Gunsten verfügen, d. h. für sich Geld abheben. Wenn es vom Umfang der Vollmacht gedeckt ist, darf er unentgeltlich verfügen (d. h. **verschenken**; wirksam, wenn ein vom Erblasser herrührender Rechtsgrund bestand, andernfalls durch die Erben kondizierbar[402]).

Beim **Grundbuchamt** gibt es Probleme mit transmortalen Vollmachten, wenn der Bevollmächtigte Erbe des Erblassers geworden ist, also eine Doppelstellung hat; das GBA verlangt dann manchmal einen Erbschein. Nach Ansicht des OLG Hamm erlischt eine transmortale Vollmacht wegen Konfusion (Zusammenfallen von Vollmachtgeber und Bevollmächtigtem), wenn der Bevollmächtigte den Erblasser *allein* beerbt;[403] deshalb sei ein Erbschein notwendig. Anders das OLG Schleswig:[404] auch dann sei kein Erbnachweis nach § 35 GBO (z. B. ein Erbschein) notwendig, wenn der Bevollmächtigte Allein- oder Miterbe ist.

Wurde die Vorsorgevollmacht **ab 2023 von der Betreuungsbehörde beglaubigt**, dann endet seit 2023 die Wirkung der Beglaubigung der Vollmacht mit dem Tod des Vollmachtgebers (§§ 7 I 2, 34 BtOG). Die sonstigen Wirkungen der Vollmacht, z. B. gegenüber Banken, bleiben aber bestehen. Wenn

---

398 RG 106, 185; BGH FamRZ 1983, 477; OLG Frankfurt ZEV 2012, 377; Weidlich ZEV 2016, 57; a. A. Reithmann BB 1984, 197.

399 RG 88, 345; 106, 185; Staudinger/Dutta BGB Rn. 109 vor § 2197.

400 RG 88, 345; RG 106, 185; zur Streitfrage vgl. Rehmann BB 1987, 123.

401 OLG Köln OLGZ 1969, 304; KG MDR 1971, 661.

402 OLG OLG Frankfurt/M. MittBayNot 2016, 401. Dazu Sagmeister ZEV 2015, 648; Müller-Engels/Braun Kap.2 Rn. 121.

403 OLG Hamm DNotZ 2013, 689; zutreffend a. A. LG Bremen Rpfleger 1993, 235; Mensch ZEV 2016, 423; Keim DNotZ 2013, 692.

404 OLG Schleswig FGPrax 2014, 206 = FamRZ 2015, 1062.

dagegen die Vollmacht vor oder ab 2023 von einem **Notar** beglaubigt oder beurkundet wurde, ist sie auch ab 2023 zum Nachweis gegenüber dem Grundbuchamt tauglich. Dadurch werden die Geschäfte der Notare gefördert.

Wenn die Erben unbekannt sind, aber der Nachlass von einem Bevollmächtigten zuverlässig verwaltet wird, kann die Anordnung einer **Nachlasspflegschaft** (§ 1960, 1961 BGB) entbehrlich sein;[405] allerdings nicht, wenn auch die Erben zu ermitteln sind. Der Nachlasspfleger kann die Vollmacht widerrufen, aber nur mit Genehmigung des Nachlassgerichts (§§ 1885, 1888 I, 1820 V 2 BGB)..

III. Missbrauch der Vollmacht ab dem Todesfall

Einzelheiten zum Missbrauch vgl. Rz. 271 ff. Zweifelhaft ist, ob bei einer *263* Vollmacht über den Tod hinaus bei der Beurteilung der Frage, ob (nach dem Tod) ein Missbrauch vorliegt, *allein* auf die Interessen der Erben (die nicht zwingend identisch mit den Interessen des Erblassers sind) abgestellt werden darf.[406] Dafür spricht, dass der Bevollmächtigte nunmehr die Erben vertritt, also ihre Interessen wahren und sie daher informieren müsste. Die h. M. nimmt ein Fortwirken der Interessen des Erblassers an, will diese daher ebenfalls berücksichtigen.[407]

Letzteres trifft zu, weil andernfalls die Funktion der Vollmacht über den Tod hinaus, die kontinuierliche Weiterführung der Verwaltung sicherzustellen, gefährdet würde. Ist unklar, wer Erbe ist, nach wessen Interessen und Weisungen sollte sich dann der Bevollmächtigte richten? Muss er sie zuerst ermitteln oder die Einschaltung eines Nachlasspflegers (§ 1960 BGB) veranlassen und kann bis dahin nicht gehandelt werden? Das wäre nicht der Sinn einer Vollmacht über den Tod hinaus.

Den Geschäftsgegner treffen keine besonderen zusätzlichen Prüfungspflichten nur deshalb, weil eine „Vorsorgevollmacht" vorliegt.[408] Die Bank ist nicht berechtigt oder verpflichtet, die Zustimmung des Erben abzuwarten oder durch Zuwarten den Widerruf der postmortalen Vollmacht zu ermöglichen.[409]

---

405 OLG München NJW 2010, 2364; dazu Everts NJW 2010, 2318; kritisch Müller-Engels/Braun Kap 2 Rn. 107.

406 Finger NJW 1969, 1624; Medicus Bürgerliches Recht Rn. 399.

407 BGH NJW 1969, 1246/7; FamRZ 1995, 693/5; Walter, Vorsorgevollmacht S. 126.

408 Walter, Vorsorgevollmacht S. 165.

409 BGH NJW 1995, 250.

IV. Widerruf der Vollmacht durch die Erben

1. Unkenntnis der Erben

264 Der oder die Erben wissen oft nichts von der Existenz einer Vollmacht über den Tod hinaus. Fraglich ist deshalb, ob der Verhandlungspartner des Bevollmächtigten (z. B. Bank) verpflichtet ist, den Erben einen Hinweis auf die Vollmacht zu geben, damit sie sie noch rechtzeitig widerrufen können. Nach Meinung des BGH[410] besteht keine solche Pflicht; das laufe dem Zweck der post-/transmortalen Vollmacht zuwider, die Kontinuität der Verwaltung nach dem Todesfall sicherzustellen. Die Zustimmung der Erben braucht der Bevollmächtigte nicht;[411] er muss sich vor seinem Verwaltungshandeln nicht bei ihnen rückversichern, obwohl der Geschäftsherr (früher Erblasser, jetzt Erbe) gewechselt hat.

2. Widerrufsvoraussetzungen

265 Der Bevollmächtigte verdrängt den Vollmachtgeber nicht; die Erben können also selbst handeln. Sie sind nur insofern geschützt, als die Vertretungsmacht vom Bevollmächtigten nicht missbraucht werden darf.[412] Auch können die Erben ab dem Erbfall die Vollmacht widerrufen, und zwar nach den Regeln des der Vollmacht zugrunde liegenden Rechtsgeschäfts (§ 168 BGB); wenn also im Geschäftsbesorgungsvertrag bestimmte Widerrufsvoraussetzungen oder -fristen vereinbart sind, müssen diese eingehalten werden; wurde die Vollmacht leichtsinnigerweise „unwiderruflich“ erteilt, müssten die Erben einen wichtigen Grund für den Widerruf haben.[413] Der Widerruf ist auch schon vor Erteilung eines Erbscheins möglich, weil die Gesamtrechtsnachfolge (§ 1922 BGB) unabhängig von der Erteilung eines Erbscheins eintritt.

Der Widerruf erfolgt durch einseitige empfangsbedürftige Willenserklärung gegenüber dem Bevollmächtigten oder (bei einer Außenvollmacht) dem Geschäftspartner, dem gegen über die Vertretung stattfinden soll (§§ 168 S. 3, 167 I BGB); liegen, wie bei Bankvollmacht, schriftliche Vollmachten vor, muss zur Sicherheit gegenüber der Bank widerrufen werden (§§ 170, 171 II BGB; zur Vollmachtsurkunde vgl. §§ 172 II, 173 BGB). Das Problem liegt darin, dass die Erben von der Vollmacht meist keine Kenntnis haben, auch ist die Erbfolge oft zunächst unklar, weil Vorhandensein und

---

410 BGH NJW 1995, 250 = ZEV 1995, 187 (dazu Bredemeyer ZEV 2016, 65); NJW 1969, 1245; MünchKomm-Schubert BGB § 168 Rn. 60; Soergel/Leptien § 168 Rn. 31; Bedenken bei Schultz NJW 1995, 3345 und Krampe ZEV 1995, 189; Medicus Bürgerliches Recht Rn. 399 nimmt eine Pflicht des Bevollmächtigten zur Rückfrage an.

411 BGH NJW 1969, 1245; BGH NJW 1995, 250.

412 BGH NJW 1962, 1718; 1969, 1247.

413 MünchKomm-Schubert BGB § 168 Rn. 29.

Inhalt des Testaments ungewiss sind. Faktisch ist ein Widerruf der Vollmacht deshalb meist erst nach längerer Zeit möglich; er kann aber auch gegenüber der Bank sofort „ins Blaue hinein" erfolgen.

3. Widerruf bei Erbengemeinschaft

Bei ungeteilter Erbengemeinschaft kann jeder einzelne Miterbe die Vollmacht für sich dergestalt widerrufen, dass der Bevollmächtigte nur noch die anderen Miterben (die nicht widerrufen haben) vertreten kann;[414] widerruft ein Miterbe, vertritt der Bevollmächtigte nur noch die anderen Miterben und auf der Vollmachtsurkunde ist deshalb ein einschränkender Vermerk einzutragen.[415] Allerdings erfahren die Erben oft erst zu spät von der Existenz einer solchen Vollmacht; mangels Erklärungsbewusstsein können sie die Vollmacht nicht widerrufen, wenn sie davon nicht einmal eine Ahnung haben. *266*

4. Widerruf, wenn der Bevollmächtigte Miterbe oder Alleinerbe ist

Ist der Bevollmächtigte zugleich Miterbe des Vollmachtgebers tauchen keine anders gelagerten Probleme auf. Ist der Bevollmächtigte Alleinerbe, fragt sich, ob jemand als Alleinerbe Vollmachtgeber und zugleich sein eigener Bevollmächtigter sein kann; nach Ansicht des OLG Hamm erlischt eine transmortale Vollmacht wegen Konfusion, wenn der Bevollmächtigte den Erblasser *allein* beerbt.[416] Das ist zweifelhaft (vgl. Rn. 262), zutreffend ist, dass die dem Generalbevollmächtigten über den Tod hinaus erteilte Vollmacht nicht dadurch erlischt, dass er Alleinerbe (oder Vorerbe) wird.[417] *267*

V. Widerruf der Vollmacht durch Testamentsvollstrecker

Hatte der Erblasser eine Vollmacht über den Tod hinaus erteilt und zugleich (vorher oder nachher) im Testament/Erbvertrag einen Testamentsvollstrecker bestellt, dann kann der Testamentsvollstrecker in Ausübung seines Verwaltungsrechts (§ 2205 BGB) die Vollmacht ebenfalls widerrufen,[418] allerdings erst ab Annahme des Amts (die Erteilung eines Testamentsvollstrecker-Zeugnisses ist nicht Voraussetzung) und ab Kenntnis von der Vollmacht. Bis dahin stehen beide Regelungen nebeneinander, was zu Konkur- *268*

---

414 BGH NJW 1969, 1245/6; MünchKomm-Schubert BGB § 168 Rn. 54; Soergel/Leptien § 168 Rn. 35; Werkmüller ZEV 2000, 305/6; a. A. Madaus ZEV 2004, 448, der meint, dass wegen § 2038 I 1 BGB der Widerruf den Miterben nur gemeinschaftlich zustehe.

415 BGH NJW 1990, 507.

416 OLG Hamm DNotZ 2013, 689; a. A. LG Bremen Rpfleger 1993, 235.

417 LG Bremen Rpfleger 1993, 225.

418 Soergel/Leptien § 168 Rz. 35 unter Hinweis auf RG HansRGZ 1933 B 325.

renzproblemen führen kann.[419] Einen Nutzen hat die Vollmacht allerdings für die Zeit vom Todesfall bis zur Erteilung des Testamentsvollstreckerzeugnisses, zumindest bis zur Annahme des Testamentsvollstrecker-Amts; ferner für die Zeit ab Erlöschen des Amts.

VI. Welche Regelung soll man treffen?

269 Vorteile der Vollmacht über den Tod hinaus: Die Zeitspanne zwischen Todesfall und Erteilung des Erbscheins, in der es schwierig ist, für den Nachlass zu handeln (z.B. das Geld für die Beerdigung vom Nachlasskonto zu zahlen), kann dadurch überbrückt werden. Vorteile hat auch der Geschäftspartner, z.B. die Bank. Deshalb sehen die Musterformulare der Banken meist eine Fortgeltung der Vollmacht über den Tod des Kontoinhabers hinaus vor, weil dies für die Bank praktisch ist. Weiß die Bank nicht, dass der Vollmachtgeber gestorben ist, wird sie allerdings geschützt, solange der Bevollmächtigte die Original-Vollmachtsurkunde vorlegen kann (vgl. §§ 172 II, 173 BGB).

270 **Nachteile**: Die Gefahr des Missbrauchs ist besonders groß.

Beispiel: E hatte 2001 seiner damaligen Lebensgefährtin F Bankvollmacht für den Todesfall erteilt; später trennte er sich von ihr. In seinen letzten Lebensjahren lebte er mit einer anderen Frau zusammen, die er durch Testament zu seiner Alleinerbin einsetzte. An die Vollmacht dachte er nicht mehr. 2016 starb E. Zwei Tage danach räumte F unter Vorlage der Vollmacht und einer Sterbeurkunde sämtliche Konten des E ab (80.000 €). Die Erbin erstritt dann ein Urteil gegen F auf Rückzahlung dieses Betrages (§ 812 BGB); die Vollstreckung war erfolglos, das Geld war „weg“.[420]

Die Erben wissen oft nichts von der Vollmacht, da kann der Bevollmächtigte noch schnell abheben, wenn die Bank vom Tod des Vollmachtgebers nichts weiß. Vor Erteilung des Erbscheins können die Erben die Vollmacht faktisch nicht widerrufen, weil sich der Bevollmächtigte dagegen vor dem Prozessgericht erfolgreich zur Wehr setzen könnte mit der Begründung, die Erbenstellung stehe noch nicht fest, die Widerrufenden seien nicht widerrufsberechtigt. Die Vollmacht über den Tod hinaus ist daher nur in Ausnahmefällen zu empfehlen, etwa wenn der Bevollmächtigte zugleich Alleinerbe wird, weil er dann u.U. keinen Erbschein braucht; oder wenn kaum Vermögen vorhanden ist.

[419] Vgl. BGH NJW 2022, 3436; OLG München FamRZ 2012, 1004; Strobel ZEV 2020, 449 und 589; Zimmermann ZEV 2021, 141; Müller-Engels/Braun Kap. 2 Rn. 117ff.

[420] Fall BGH NJW 1995, 250. Eine Haftung der Bank wurde verneint. Der Fehler lag bei E, der den Widerruf der Vollmacht vergessen hatte.

N. Der Missbrauch der Vollmacht

I. Überschreitung der Vertretungsmacht

Überschreitet der Bevollmächtigte die in der Vollmachtsurkunde[421] gezogene Grenze, dann handelt er ohne Vertretungsmacht. Die Wirksamkeit des Vertrags hängt von der Genehmigung des Vollmachtgebers ab (§ 177 I BGB). Wird sie versagt, wird der Vollmachtgeber nicht verpflichtet. Schickt A den B zur Bank, ausgestattet mit einer Vollmacht, wonach B vom Konto des A 1000 € abheben darf, gibt ihm die Bank aber auf seinen Wunsch 3000 €, dann wird A nur in Höhe von 1000 € verpflichtet; die Bank muss die restlichen 2000 € wieder dem Konto gutschreiben. *271*

II. Nichtbeachtung der im Innenverhältnis gezogenen Grenzen

Hält sich der Bevollmächtigte an die in der Vollmacht (Außenverhältnis) gezogene Grenze, verstößt er aber gegen ausdrückliche oder stillschweigende Beschränkungen, die im Grundverhältnis (Innenverhältnis) vereinbart oder ihm angewiesen wurden, dann missbraucht er die Vollmacht. Die Vertretung ist wirksam; dies folgt aus der Abstraktheit der Vollmacht. Schickt V den B zur Bank, ausgestattet mit einer Generalvollmacht, und weist ihn an, 1000 € abzuheben, hebt aber B 3000 € ab, dann ist die Bank befreit und es ist das Problem des leichtsinnigen V, ob er von B Ersatz erlangt. *272*

Das Missbrauchsrisiko trägt grundsätzlich der Vollmachtgeber. Ausnahmen:

- Kollusion: Wirken der Vertreter und der Geschäftsgegner bewusst zum Nachteil des Vertretenen zusammen, ist die Absprache und das Geschäft wegen Sittenwidrigkeit nichtig (§ 138 BGB). Beispiel: Der Bevollmächtigte kauft einen Gegenstand und vereinbart, dass ein um 10 % höherer Preis in Rechnung gestellt wird und der Geschäftsgegner diesen Aufschlag auf ein ausländisches Tarnkonto des Vertreters überweist.[422]
- Evidenz: Für den Geschäftsgegner offensichtlicher Missbrauch (Fallgruppe § 242 BGB).

Die Missbrauchsgefahr ist bei der Vorsorgevollmacht besonders groß, weil der Vollmachtgeber wegen seiner Hilflosigkeit den Bevollmächtigten nicht mehr kontrollieren kann und weil der Bevollmächtigte dies erkennt. Das Risiko des Bevollmächtigten, entdeckt zu werden, ist gering.

---

[421] Vgl. Horn/Schabel NJW 2012, 3473.

[422] BGH NJW 1989, 26/27.

III. Ansprüche des Vollmachtgebers bei Missbrauch

273 a) **Ansprüche gegen den Bevollmächtigten.** Hier kommt es darauf an, wie das Innenverhältnis beschaffen war; denn bei einem Gefälligkeitsverhältnis bestehen kaum Pflichten zur Auskunft und Rechnungslegung, bei Auftrag bzw. Geschäftsbesorgung dagegen schon. In Frage kommt eine Klage in 1. Stufe auf Auskunft sowie in 2. Stufe auf Zahlung (Stufenklage, § 254 ZPO). Ist der Vollmachtgeber von einer Erbengemeinschaft beerbt worden kann jeder einzelne Miterbe klagen (§ 2039 BGB), aber nur auf Leistung an die „Erbengemeinschaft". Die Ansprüche sind wertlos sind, wenn der Bevollmächtigte mittellos ist.

Die **Angehörigen des Vollmachtgebers,** z.B. die volljährigen Kinder, haben zu Lebzeiten des Vollmachtgebers in der Regel keine eigenen Ansprüche gegen den Bevollmächtigten. Wenn sie Verdacht schöpfen und z.B. feststellen wollen, ob der Vollmachtgeber sein Haus schon verkauft hat, bekommen sie i.d.R. vom Grundbuchamt keine Auskunft (vgl. § 12 GBO), weil sie nicht „Berechtigte" sind. Beschaffen sie sich die Information anderweitig und wollen sie den Verbleib des Geldes erkunden, werden sie vom (neuen) Bevollmächtigten abgeblockt, der Vollmachtgeber ist inzwischen oft dement. Nach dem Tod zeigt sich, dass das Geld in bar vom Vollmachtgeber abgehoben wurde, aber es ist nicht mehr da.[423]

Die **Darlegungs- und Beweislast** dafür, dass der Bevollmächtigte die aus der Geschäftsführung erlangten Beträge bestimmungsgemäß verwendet hat, hat der Bevollmächtigte.[424] Anders ist es, wenn der Vollmachtgeber jahrelang keine Abrechnung verlangt hatte.[425]

b) **Ansprüche gegen den Geschäftsgegner** (in der Praxis sind das meistens Banken): Es kommt auf den Einzelfall an, wann sich der Bank der Verdacht aufdrängen muss, dass ein Bevollmächtigter seine Vollmacht missbraucht. Der BGH[426] meint: Wird von einer postmortalen Vollmacht Gebrauch gemacht, hat die Bank die ihr erteilten Weisungen grundsätzlich unverzüglich und vorbehaltlos auszuführen, es sei denn, dass der Bevollmächtigte in ersichtlich verdächtiger Weise von der Vollmacht Gebrauch macht. Der Vollmachtgeber sei nur dann geschützt, wenn der Vertreter von seiner Vertretungsmacht dergestalt Gebrauch gemacht hat, dass beim Vertragspartner begründete Zweifel entstehen mussten, ob nicht ein Treueverstoß des Vertreters gegenüber dem Vertretenen vorliege. Notwendig ist da-

---

423 Vgl. Mau ZErb 2023,1; Sander ZErb 2023, 121.

424 BGH NJW-RR 2004, 927; NJW-RR 2008, 1373.

425 OLG Hamm BeckRS 2012, 18422; OLG Düsseldorf FamRZ 1999, 1423.

426 BGH NJW 1995, 250 (die Bevollmächtigte hatte nach dem Tod des einstigen Lebensgefährten auf Grund der Vollmacht 155.000 DM abgehoben); BGH NJW 1994, 2082; BGH NJW-RR 1992, 1135.

bei eine **objektive Evidenz des Missbrauchs, die massive Verdachtsmomente voraussetzt.** Dass der Bevollmächtigte, gedeckt durch die Vollmacht, Vermögenswerte auf sein eigenes Konto überträgt genügt als Verdacht nicht.[427]

Die Bank ist nicht berechtigt oder verpflichtet, die Zustimmung des Erben abzuwarten oder durch Zuwarten den Widerruf der postmortalen Vollmacht zu ermöglichen.

c) Beim *einfachen* **Missbrauch** bestehen Ansprüche aus § 280 BGB/§ 826 BGB gegen den Bevollmächtigten, aber keine Ansprüche gegen den Geschäftsgegner.

Sicherung der Ansprüche gegen den Bevollmächtigten durch Arrest, §§ 916ff. ZPO: Ein Arrestgrund besteht, wenn davon auszugehen ist, dass ein Bevollmächtigter die ihm von der Erblasserin erteilte Vollmacht zum eigenen Vorteil missbraucht, indem er einen erheblichen Betrag ohne erkennbaren Auftrag auf sein eigenes Konto überweist, ohne dabei die Vermögensinteressen der Erblasserin wahrzunehmen.[428] Im Fall hatte der Bevollmächtigte (ein Neffe) kurz vor dem Tod der Vollmachtgeberin 135.000 € auf sein eigenes Konto überwiesen, was dem Erben nach dem Tod auffiel.

d) Bei **Kollusion** zwischen Bevollmächtigtem und Geschäftsgegner ist das Rechtsgeschäft nichtig (§ 138 BGB); es bestehen also Ansprüche gegen den Bevollmächtigten und zusätzlich gegen den Geschäftsgegner.

e) Bei für den Geschäftsgegner *offensichtlichen* **Missbrauch** ist die Rechtsfolge umstritten:[429] Nach einer Ansicht ist das Geschäft wirksam, der Vertretene hat jedoch den Einwand unzulässiger Rechtsausübung nach § 242 BGB, wobei aber der Geschäftsgegner dem Vollmachtgeber mangelhafte Kontrollmaßnahmen entgegenhalten kann. Nach der a.A. gilt §§ 177ff. BGB analog, der Bevollmächtigte gilt als Vertreter ohne Vertretungsmacht, das Geschäft belastete den Vollmachtgeber nicht. Auch danach bestehen zusätzlich Ansprüche gegen den Geschäftsgegner.

f) Bei Nichtigkeit eines Vertrages oder bei einem Gefälligkeitsverhältnis: § 812 BGB.[430]

g) **Verjährung**: 3 Jahre (§§ 195, 199 BGB), bei unerlaubter Handlung 10 Jahre (§ 852 BGB).

h) Strafrechtlich kommt eine **Anzeige gegen den Bevollmächtigten wegen Untreue** (§ 266 StGB) in Betracht.[431]

---

427 BGH NJW 1995, 250.

428 OLG Hamm ZEV 2016, 280.

429 Dazu MünchKomm-Schramm BGB § 164 Rn. 106ff.

430 Dazu Kroiß/Horn/Solomon, Nachfolgerecht, F Rz. 91ff. (Horn).

431 OLG Hamm ZEV 2016, 280.

IV. Möglichkeiten, Missbrauch zu verhindern

274 Eine Vollmacht sollte „verkehrsfähig“ sein, also im Rechtsverkehr tauglich. Es ist nicht möglich, eine Vollmacht so zu gestalten, dass sie voll verkehrstauglich ist, aber Missbrauch verhindert wird. Entweder sie ist maximal verkehrstauglich (wie eine uneingeschränkte Generalvollmacht), dann lädt sie zum Missbrauch geradezu ein. Oder sie ist mit Sicherheitsmechanismen versehen, dann kann sie oftmals nur schwer verwendet werden. Es kommt auf den Einzelfall an, wo eine brauchbare, mittlere Lösung liegt. Oft wird von Absicherungen abgeraten mit der Begründung, man solle doch **Vertrauen** haben, es werde schon alles gut gehen usw. Die gerichtliche Erfahrung zeigt, dass nicht wenige ihr Vermögen durch Vertrauen auf andere Leute verloren haben.

1. Mehrere Bevollmächtigte mit Gesamtvertretung

275 Solche Fälle kommen vor, wenn der Vater oder die Mutter ihre beiden Kinder zu Bevollmächtigten bestellen (von mehr als zwei Bevollmächtigten ist abzuraten), weil sie kein Kind „bevorzugen“ wollen. Wenn in der Vollmachtsurkunde angeordnet ist, dass die beiden Bevollmächtigten nur gemeinsam handeln können, ist die Gefahr, dass *einer* allein die Vollmacht missbrauchen kann, nicht vorhanden; die Gefahr, dass sich beide zwecks Missbrauch zusammentun, ist geringer. Im Geschäftsleben trifft man dies an bei Banken, wo in vielen Fällen nur zwei Bankangestellte gemeinsam handeln können, auch bei sog. Und – Bankkonten (der Überweisungsauftrag muss von A und B gemeinsam unterschrieben sein; anders bei den häufigeren Oder-Konten: Hier kann A oder B allein handeln).

Nachteile im Rechtsverkehr können auftreten: Schnelles Handeln ist oft nicht möglich (aber wie oft muss schon schnell gehandelt werden, wenn eine alte Frau vertreten wird, die in einer Mietswohnung wohnt und von ihrer Rente lebt? Allenfalls in Gesundheits- oder Unterbringungssituationen). Die Verwaltung ist kompliziert, wenn der eine Bevollmächtigte in München, der andere in Berlin lebt. Ein weiterer Nachteil ist, dass sich die beiden Bevollmächtigten gegenseitig blockieren können, wenn sie nicht miteinander auskommen und dann nichts geschieht. Stehen keine Angehörigen zur Verfügung, ist es oft schwierig, eine zweite Vertrauensperson zu finden (die kostenlos arbeitet).

Eine Gesamtvertretung ist z.B. sinnvoll, wenn sie auf besondere, wichtige Geschäfte (wie Grundstücksverfügungen) beschränkt ist.

2. Erteilung mehrerer Spezialvollmachten

Der Vollmachtgeber kann die Vertretung aufspalten: Er kann dem A eine Vollmacht für das Vermögen erteilen, dem B für die Gesundheitssorge, die Unterbringung und alle anderen Angelegenheiten. Oder dem A für das Grundstücksvermögen, dem B für alle sonstigen Angelegenheiten. Oder dem A für die Bank X und dem B für die Bank Y. 276

3. Beschränkung der Vollmacht im Außenverhältnis

a) Beschränkte Generalvollmacht

Je stärker die Vollmacht im Außenverhältnis (d.h. im Text der Vollmachtsurkunde) beschränkt ist, desto weniger Missbrauch kann der Bevollmächtigte treiben. Umgekehrt wird der Bevollmächtigte in seiner Bewegungsfreiheit eingeschränkt, er kann dann auf nicht vorhergesehene Situationen nicht reagieren. So wird gelegentlich vorgeschlagen, anzuordnen: „Der Bevollmächtigte darf nur … € (bestimmter Betrag) monatlich vom Bankkonto abheben". Hier besteht das Problem darin, dass bei zu vielen Einschränkungen die Vollmacht inhaltlich überfrachtet wird, die Akzeptanz für den Rechtsverkehr schrumpft. Sinnvoller sind folgende Regelungen: „Der Bevollmächtigte (Sohn der Vollmachtgeberin) bedarf zu Verfügungen über den Grundbesitz der schriftlichen **Zustimmung seiner Geschwister** X und Y." Denn wenn bei so wichtigen Geschäften die anderen Geschwister nicht eingebunden sind, wird Streit darüber entstehen, ob der höchstmögliche Preis erzielt wurde, ob wirklich die teure Einschaltung eines Maklers notwendig war, weshalb die Kosten der Müllbeseitigung nicht dem Käufer aufgebürdet wurden usw. 277

b) Bindung an die Rechtsstellung eines Betreuers?

Teils wird folgende Formulierung empfohlen: „Der Bevollmächtigte hat dieselben Rechte, die ein vom Gericht bestellter Betreuer hätte." Das hätte zur Folge, dass die §§ 1814ff. BGB sinngemäß zur Anwendung kommen. Bei einer Vollmacht vor 2023 (also vor der Reform) dürfte der Bevollmächtige z.B. das Geld nur „mündelsicher" anlegen, müsste in bestimmter Weise abrechnen. Geschäfte, die bei einem Betreuer mit Genehmigung des Betreuungsgerichts möglich sind, wie Anlage des Geldes in Aktien, Grundstücksgeschäfte, Ausschlagung einer Erbschaft, sind aber dann dem Bevollmächtigten nicht möglich, weil eine Genehmigung dieser Geschäfte eines Bevollmächtigten durch das Betreuungsgericht im Gesetz nicht vorgesehen ist und nur der Gesetzgeber die Aufgaben des Betreuungsgerichts ausweiten kann. 278

Im übrigen fragt sich, ob der z.B. 2016 erfolgte Verweis auf das Betreuungsrecht die laufenden Änderungen des Betreuungsrechts „mitmacht" oder versteinert, sodass z. B. 2030 noch das Betreuungsrecht von 2016 anzuwenden wäre. Von der Verweisung ist also **abzuraten**.

c) Beschränkung der Vollmacht durch Patientenverfügung

279 Wird eine Patientenverfügung (§ 1827 BGB) dem Bevollmächtigten zugleich mit der Vollmachtsurkunde übergeben oder sonst bekannt gemacht, liegt nach *Schwab*[432] eine auch im Außenverhältnis wirksame Beschränkung der Vertretungsmacht vor; das trifft nur zu, wenn beides in derselben Urkunde enthalten ist. Außerdem kommt es darauf an, ob sich einzelne Regelungen überschneiden.

4. Eigene Bestellung eines Kontroll-Bevollmächtigten

280 Denkbar ist, dass der Vollmachtgeber einen zweiten Bevollmächtigten bestellt, den er mit allen Kontrollaufgaben einschließlich dem Recht zum Widerruf bevollmächtigt, die er selbst gegenüber dem Hauptbevollmächtigten hätte. Vgl. Rz. 293.

5. Bestellung eines Kontrollbetreuers durch das Betreuungsgericht

281 Das Betreuungsgericht selbst kann vom Vollmachtgeber nicht mit der Missbrauchskontrolle beauftragt werden; es überwacht aber den Kontrollbetreuer (§§ 1815 III, 1862 BGB). Bis ein solcher Kontrollbetreuer bestellt wird, ist es oft zu spät, so dass Missbrauch nur teilweise verhindert werden kann. Vgl. Rz. 289.

6. Inkaufnahme einer Teil-Betreuung

282 Der Vollmachtgeber kann dem Bevollmächtigten eine Vollmacht nur für das bewegliche Vermögen, die Gesundheitssorge und die Unterbringung erteilen. Wird dann später eine Veräußerung des Grundstücks erforderlich, um die Heimkosten bezahlen zu können, ist insoweit eine Betreuung vom Betreuungsgericht anzuordnen. Das erscheint mir eine sinnvolle Regelung.

O. Kontrolle des Bevollmächtigten

I. Kontrolle durch den Vollmachtgeber

283 Es ist Sache des Vollmachtgebers, seinen Bevollmächtigten zu kontrollieren. Der Inhalt der Kontrollrechte ergibt sich aus dem Grundverhältnis (Auftrag, Geschäftsbesorgungsvertrag). Wenn ein Kaufmann einen Generalbe-

[432] Schwab FS Henrich S. 511/529.

vollmächtigten bestellt, ist es selbstverständlich, dass er durch Einblick in die Bücher und Kontoauszüge eine zumindest stichprobenartige Kontrolle vornimmt. Wenn die Mutter ihrem Sohn Bankvollmacht erteilt, aber die Kontoauszüge bei der Bank abholt und durchsieht, erfolgt eine Kontrolle. Wenn aber die Mutter im Krankenhaus liegt, überwacht niemand mehr den Bevollmächtigten. Unter den Angehörigen entsteht Misstrauen, wenn der Bevollmächtigte plötzlich seinen Lebensstandard steigert, Autos kauft, ein Haus baut.

II. Kontrolle durch das Betreuungsgericht

Der Bevollmächtigte wird durch das Betreuungsgericht nur in wenigen Fällen kontrolliert *284*

- § 1829 BGB (Gesundheitssorge, wenn der Bevollmächtigte in eine medizinische Maßnahme einwilligt oder nicht einwilligt und die Gefahr besteht, dass der Vollmachtgeber dadurch stirbt oder einen schweren und länger dauernden gesundheitlichen Schaden erleidet; also nicht in den vielen sonstigen Fällen der Gesundheitssorge); seit 2009 ist die Genehmigung aber nicht erforderlich, wenn zwischen Arzt und Bevollmächtigtem Einvernehmen besteht § 1829 IV BGB).
- § 1832 BGB: Einwilligung in eine ärztliche Zwangsmaßnahme am geschlossen untergebrachten Vollmachtgeber.
- § 1831 I, IV BGB (Freiheitsentziehende Unterbringung des Vollmachtgebers; unterbringungsähnliche Maßnahmen).

Hier bedarf die Einwilligung des Bevollmächtigten der Genehmigung des Betreuungsgerichts (Rz. 180ff.).

In den sonstigen Fällen, insbesondere der **Vermögenssorge**, ist **keine gerichtliche Kontrolle** eines Bevollmächtigten vorgesehen (vgl. §§ 1848ff. BGB), in keiner Form. Doch kann jedermann das Betreuungsgericht auf ein missbräuchliches Handeln des Bevollmächtigten hinweisen und die Anordnung einer Betreuung anregen.

III. Kontrolle durch einen Kontrollbetreuer

Auch wenn eine Vorsorgevollmacht besteht, kann das Betreuungsgericht einen Betreuer (**Vollbetreuer**) bestellen (mit allen Aufgaben des Bevollmächtigten oder nur mit einem Teil von dessen Aufgaben oder mit mehr Aufgaben, als der Bevollmächtigte hatte), etwa weil der Bevollmächtigte „nichts tut“[433] oder weil der Bevollmächtigte ungeeignet ist, die Angelegen- *285*

[433] BayObLG BtPrax 2001, 163.

heiten des Betroffenen zu besorgen, insbesondere weil zu befürchten ist, dass die Wahrnehmung der Interessen des Betroffenen durch jenen eine konkrete Gefahr für das Wohl des Betroffenen begründet.[434] Der Betreuer kann dann, wenn dies zu seinem Aufgabenkreis gehört, die Vollmacht (nach Genehmigung) widerrufen oder auch bestehen lassen. Wenn er widerruft, vertritt er dann den Vollmachtgeber (Betreuten) selbst oder es muss ein Ergänzungsbetreuer für die Aufgaben bestellt werden, die früher der Bevollmächtigte erledigte.

Das Betreuungsgericht kann stattdessen auch nur einen **Kontrollbetreuer** bestellen, also einen Betreuer mit dem Aufgabenkreis „Kontrolle des Bevollmächtigten“ (§ 1815 III BGB). Widerruft dieser Kontrollbetreuer die Vollmacht, steht der Vollmachtgeber ohne Vertreter da, weshalb nun das Betreuungsgericht den Aufgabenkreis des bisherigen Kontrollbetreuers zu einem „Vollbetreuer“ erweitern kann.

Beschwerde: Gegen die Bestellung hat der Bevollmächtigte kein *eigenes* Beschwerderecht, weil er nach Meinung des BGH[435] dadurch in seinen Rechten nicht beeinträchtigt wird (obwohl er jetzt einen „Aufpasser“ hat). Der Vollmachtgeber kann sich natürlich beschweren (§§ 58 ff. FamFG). Wenn die Vollmacht dies umfasst kann der Bevollmächtigte gegen die Bestellung eines Kontrollbetreuers *im Namen* des Vollmachtgebers Beschwerde einlegen.[436]

1. Kontrollbetreuung: §§ 1815 III, 1820 III BGB[437]

286 Nach § 1815 III BGB kann einem Betreuer auch der Aufgabenkreis der „Geltendmachung von Rechten des Betreuten gegenüber seinem Bevollmächtigten sowie zusätzlich der Geltendmachung von Auskunfts- und Rechenschaftsansprüchen des Betreuten gegenüber Dritten übertragen“ werden. § 1820 III BGB geht von der Fallgruppe aus, dass der Betreute früher einen Bevollmächtigten bestellt hat, ihn aber wegen seiner geistigen Gebrechlichkeit (Geschäftsunfähigkeit wird nicht vorausgesetzt) nicht mehr selbst überwachen kann, obwohl dafür ein Bedarf besteht, so dass ein Betreuer (nur) mit diesem speziellen Aufgabenkreis (sog. **Kontrollbetreuer,** Vollmachtsbetreuer, Überwachungsbetreuer) erforderlich ist. Dabei spielt es keine Rolle, ob der Bevollmächtigte ein Fremder oder ein Familienangehöriger ist, auch nicht, ob die Vollmacht nur zu Alltagsgeschäften oder zu

434 BGH FGPrax 2022, 215.

435 BGH FamRZ 2019, 466-

436 Bienwald/Reh § 1820 Rn. 130.

437 Dazu BeckOGK BGB/Schmidt-Recla § 1896 Rn. 265 ff.; Walter ZEV 2000, 353; Kurze NJW 2007, 2220; Horn NJW 2023, 970.

größeren Geschäften berechtigt. Eine Kontrollbetreuung ist eine gewöhnliche Betreuung, bei der lediglich der Aufgabenkreis beschränkt ist.

a) Voraussetzungen

Die Voraussetzungen des § 1814 I, II III BGB müssen vorliegen,[438] das heißt: Der Vollmachtgeber kann seine Angelegenheiten ganz oder teilweise nicht besorgen und dies beruht auf einer **Krankheit oder Behinderung** (eine „psychische Krankheit war bis 2022 erforderlich, ab 2023 nicht mehr). Es kann also seinen Bevollmächtigten aus diesen Gründen selbst nicht mehr überwachen; wer Generalvollmachten erteilt, aber aus Unlust oder Schlamperei sich nicht um das Handeln des Bevollmächtigten kümmert, fällt nicht unter § 1814 BGB. Gegen den *freien* Willen eines Betroffenen Volljährigen darf ein Betreuer nicht bestellt werden. Das gilt auch für die Einsetzung eines Kontrollbetreuers;[439] ob der Wille „frei“ oder von der Krankheit beeinflusst ist, ist ggf. durch ein Sachverständigengutachten festzustellen. Umfang und Schwierigkeit der vom Bevollmächtigten zu besorgenden Geschäfte müssen eine Überwachung durch einen Bevollmächtigten als erforderlich erscheinen lassen (**Erforderlichkeitsgrundsatz**). Dass sich die drei vollj. Kinder, die durch umfassende Vorsorgevollmachten jeweils zur Einzelvertretung befugt sind, nicht über die weitere Pflege und Versorgung des Betroffenen einigen können, begründet nicht die Notwendigkeit einer Kontrollbetreuung.[440] Wenn sie aber die Vollmacht nicht mehr ausüben, kommt es zu Betreuung. 287

Eine Kontrollbetreuung kommt nur in Betracht, wenn feststeht, dass eine **Vollmacht seinerzeit wirksam erteilt** war (Geschäftsfähigkeit !) und dass sie nicht inzwischen (etwa durch Widerruf) erloschen ist.[441] Ein Widerruf der Vollmacht durch den inzwischen geschäftsunfähig gewordenen Betroffenen beseitigt die Vollmacht nicht.

Ein konkreter **Überwachungsbedarf** muss bestehen, dem anderweit nicht abgeholfen wird. Wenn nichts zu tun ist, kein Vermögen da ist, keine Einnahmen, gibt es keinen Bedarf. Wenn monatlich höhere Pachteinnahmen eingehen und Renovierungen anstehen, besteht z. B. ein Bedarf.[442]

---

438 BayObLG FamRZ 1994,1550; LG Augsburg BtPrax 1994,176; LG München I FamRZ 1998, 923.

439 BGH NJW-RR 2016, 579.

440 BGH NJW 2011, 2137.

441 BayObLG FamRZ 1993, 1249; LG München I FamRZ 1998, 923.

442 BayObLG BtPrax 1999, 151; OLG Köln FamRZ 2000, 909 (LS).

287a b) Verdacht des Missbrauchs

Notwendig ist nach Ansicht des BGH[443] der konkrete, d.h. durch hinreichende tatsächliche Anhaltspunkte untermauerte Verdacht, dass mit der Vollmacht dem Betreuungsbedarf nicht Genüge getan wird. Wenn konkrete Anhaltspunkte dafür bestehen, dass der Vorsorgebevollmächtigte die Vorsorgevollmacht missbraucht, ist eine Kontrollbetreuung angebracht,[444] ebenso, wenn der Bevollmächtigte dem Umfang und/oder der Schwierigkeit der Geschäfte nicht gewachsen ist oder gegen die im Innenverhältnis getroffenen Vereinbarungen verstößt oder sonst die Vollmacht nicht zum *Wohl des Vollmachtgebers* verwendet.[445] Ausreichend sind konkrete Anhaltspunkte dafür, dass der Bevollmächtigte nicht mehr entsprechend der Vereinbarung und dem Interesse des Vollmachtgebers handelt".[446]

287b c) § 1820 III Nr. 2 BGB

§ 1820 III Nr. 2 BGB formuliert das jetzt so: Es müsse „aufgrund konkreter Anhaltspunkte davon auszugehen sein, dass der Bevollmächtigte die Angelegenheiten des Vollmachtgebers nicht entsprechend der Vereinbarung oder dem erklärten oder mutmaßlichen *Willen* des Vollmachtgebers besorgt". Ein ausreichender **Anhaltspunkt** kann sein, dass ein nun geschäftsunfähiger Vollmachtgeber versucht, die Vollmacht zu widerrufen, da er gegen den Bevollmächtigten misstrauisch geworden ist,[447] weil er sein Vertrauen zum Bevollmächtigten vollständig verloren hat. Irgendein konkreter Anhaltspunkt ist jedenfalls erforderlich.[448] „Dies kann der Fall sein, wenn nach den üblichen Maßstäben aus der Sicht eines vernünftigen Vollmachtgebers unter Berücksichtigung des in den Bevollmächtigten gesetzten Vertrauens eine ständige Kontrolle schon deshalb geboten ist, weil Anzeichen dafür sprechen, dass der Bevollmächtigte mit dem Umfang und der Schwierigkeit der vorzunehmenden Geschäfte **überfordert** ist,[449] oder wenn gegen die Redlichkeit oder die Tauglichkeit des Bevollmächtigten Bedenken bestehen.[450] Ein erfolgreicher **Missbrauch der Vollmacht oder ein entsprechender Verdacht** ist nicht erforderlich.[451]

---

443 BGH FamRZ 2015, 2162 = NJW 2015, 3575; BGH FamRZ 2014, 1693.

444 BayObLG FamRZ 2003, 1221. Der Bevollmächtigte hatte 180.000 € vom Konto des Vollmachtgebers auf sein eigenes Konto übertragen, ohne dies rechtfertigen zu können.

445 BayObLG FamRZ 2005, 1927; vgl. LG Augsburg BtPrax 1994,176: der Bevollmächtigte ließ eine Wohnung im Mietshaus des Betroffenen längere Zeit leer stehen; noch kein ausreichender Anlass.

446 BGH FamRZ 2015, 2162 = NJW 2015, 3575.

447 OLG Köln FamRZ 2005, 1777.

448 OLG Köln NotBZ 2008, 38; OLG Köln FamRZ 2000, 909.

449 Ebenso BayObLG FamRZ 1999, 1302; Knittel § 1896 Rn. 37.

450 BGH NJW 2022, 2845.

451 Ebenso BayObLG FamRZ 1999, 1302; LG München I FamRZ 1998, 700.

d) Befugnisse des Kontrollbetreuers

Der Umfang der Befugnisse des Kontrollbetreuers gegenüber dem Bevollmächtigten ergibt sich aus dem der Vollmacht (bzw. Generalvollmacht) zugrunde liegenden Rechtsgeschäft,[452] d.h. aus Auftrag oder Geschäftsbesorgungsvertrag. Er hat alle Kontrollrechte des Vollmachtgebers,[453] kann also vom Bevollmächtigten zum Beispiel 288

- Auskunft verlangen (§ 666 BGB),
- ihm Anweisungen geben,
- ihm bestimmte Geschäfte untersagen,
- eine geordnete Aufstellung der Einnahmen und Ausgaben (§ 666 BGB[454]) fordern,
- Einsicht in die Belege oder deren Herausgabe (§ 667 BGB) verlangen;
- er kann die Abweichung von ursprünglichen Weisungen des Vollmachtgebers erlauben (§ 665 S. 2 BGB),
- Schadensersatzansprüche des Vollmachtgebers gegen den Bevollmächtigten geltend machen;[455] etwa wenn der Ehemann Bevollmächtigter der dementen Ehefrau war und das gemeinsame Haus weit unter Wert verkauft hat.
- Anregung an das Betreuungsgericht, es möge **die Vollmacht suspendieren (§ 1820 IV BGB)**, d.h. durch Beschluss anzuordnen, dass er Vollmacht nicht mehr ausüben darf. Das betrifft nur das Innenverhältnis, die Vollmacht bleibt als wirksam, aber der Bevollmächtigte darf nicht mehr handeln (Rn. 240). Faktisch kann er weiter handeln, z.B. weil kein Geschäftspartner die Vorlage der Vollmacht verlangt: Dann macht sich der Bevollmächtigte schadensersatzpflichtig.[456]

Wenn der Kontrollbetreuer erkennt, dass der Bevollmächtigte fahrlässig oder vorsätzlich zum Nachteil des Vollmachtgebers handelt, so wird er den Bevollmächtigten abmahnen und den *geschäftsfähigen* Vollmachtgeber informieren, um diesem die Möglichkeit zum Widerruf der Vollmacht zu verschaffen.

---

452 BayObLG FamRZ 1994, 1550.

453 BT-Drucks 11/4528 S. 226.

454 BayObLG FamRZ 1994, 1550.

455 BGHNJW 2023, 451; Sonnenfeld Rz. 197.

456 Jürgens/Loer § 1820 Rn. 11.

2. Widerruf der Vollmacht durch einen Betreuer

289 a) Der Kontrollbetreuer (§ 1820 III BGB) bzw. der allgemeine Betreuer kann (äußerstenfalls) die **Vollmacht selbst widerrufen** und das zugrunde liegende Rechtsverhältnis (z.B. Auftrag) kündigen (Rz. 237);[457] dazu benötigt er die Genehmigung des Betreuungsgerichts (§ 1820 V 2 BGB): Ob er nach Erteilung der Genehmigung tatsächlich widerruft, ist vom Betreuungsgericht im Rahmen des § 1862 BGB nur beschränkt nachprüfbar, weil der Betreuer sein Amt selbständig ausübt und daher ein Ermessen hat.[458]

Ist die Vollmacht widerrufen, kann der Bevollmächtigte *gegen den Widerruf* keine Beschwerde beim Betreuungsgericht einlegen, weil keine Entscheidung des Gerichts, sondern eine des Betreuers vorliegt. Aber der Vollmachtgeber kann gegen den Genehmigungsbeschluss, soweit noch nicht rechtskräftig, **Beschwerde** einlegen. Der Bevollmächtigte kann gegen den Vollmachtgeber, vertreten durch den Kontrollbetreuer, vor dem Prozessgericht (AG, LG) auf Feststellung klagen, dass die Vollmacht weiterhin besteht, weil der Widerruf zu Unrecht erfolgt sei (z.B. eine im Grundverhältnis festgelegte Widerrufsvoraussetzung nicht erfüllt wurde). Ist der Widerruf erfolgt, steht der Vollmachtgeber ohne Vertreter da. Der Kontrollbetreuer kann keinen Ersatzbevollmächtigten bestellen. Entweder der Vollmachtgeber hatte einen Ersatzbevollmächtigten bestellt oder das Betreuungsgericht muss nun einen Voll-Betreuer bestellen (dafür ist der Richter zuständig, § 15 Nr. 1 RPflG).

b) Ein **Voll-Betreuer** kann eine Vorsorgevollmacht (mit Genehmigung des Gerichts) ebenfalls widerrufen, wenn dies zu seinem Aufgabenkreis zählt.

c) Der **Verfahrenspfleger** hat natürlich kein Recht zum Widerruf einer Vollmacht, die der Betroffene erteilt hat.

d) Nach § 1867 BGB kann das **Betreuungsgericht** selbst die im Interesse des Vollmachtgebers erforderlichen Maßnahmen treffen; dazu gehört auch der Widerruf einer Vollmacht. Voraussetzung ist ein „dringender Fall“ sowie, dass ein Betreuer noch nicht bestellt ist. Zuständig ist der Richter (§§ 3, 15 RPflG).

3. Verfahrensfragen

290 Zuständig für die Bestellung eines Betreuers nach § 1820 III BGB ist seit 2023 der Richter, wie auch sonst für Betreuungsanordnungen (§ 15 I RPflG). In Eilfällen kann der Kontrollbetreuer durch einstweilige Anordnung be-

[457] BGH NJW 2015, 3572; BayObLG FamRZ 1994,1550 und 1993, 1249; LG Wiesbaden FamRZ 1994, 778; Dodegge/Roth A Rz. 26; Sonnenfeld Rn. 197.

[458] BayObLG FamRZ 1994, 1550. Oben Rn. 237.

stellt werden (§§ 300, 301 FamFG). Da sich die Rechtsmacht des Betreuers auf Überwachungsmaßnahmen beschränkt, kommen für das Bestellungsverfahren die Erleichterungen gem. § 281 I Nr. 2 FamFG in Betracht; es genügt also ein ärztliches Zeugnis, das Gutachten eines Sachverständigen ist nicht erforderlich. Gegen Entscheidungen des Gerichts ist die Beschwerde gegeben (§§ 58ff. FamFG).

4. Beschwerderecht des Bevollmächtigten?

Der Vollmachtgeber kann gegen die Bestellung eines Kontrollbetreuers Beschwerde einlegen (§ 58 FamFG), auch wenn er geschäftsunfähig ist (§ 275 FamFG). Der Verfahrenspfleger kann ebenfalls Beschwerde einlegen. Wenn der übergangene Bevollmächtigte zum Personenkreis des § 303 II FamFG (bestimmte nahe Angehörige, z.B. die Tochter als Bevollmächtigte) gehört, kann er daraus ein Beschwerderecht haben. Gehört er nicht zu diesem Personenkreis, hat er ein **Beschwerderecht** *im Namen des Vollmachtgebers* aus § 303 IV FamFG (also nicht im eigenen Namen), wenn das Betreuungsgericht zu seiner Überwachung einen Kontrollbetreuer bestellt, und zwar auch noch nach Widerruf der Vollmacht durch den (Kontroll-)Betreuer.[459] Vgl. Rz. 337ff. Das Beschwerderecht kann auch daraus folgen, dass der Bevollmächtigte die Vertrauensperson des Vollmachtgebers ist,§ 303 II Nr. 2 FamFG.[460] 291

IV. Kontrolle des Bevollmächtigten auf andere Weise

1. Nicht legitimierte Familienangehörige

Ein Kontroll-Betreuer ist auch dann zu bestellen, wenn Familienangehörige oder sonstige Bekannte faktisch in der Lage sind, die Überwachungstätigkeit auszuüben. Nach dem Wortlaut des § 1820 III BGB reicht es aus, dass lediglich der Behinderte die bevollmächtigte Person nicht mehr zu überwachen vermag. Außerdem setzt die „Familienüberwachung" voraus, dass sich der Bevollmächtigte überwachen lässt und dass „die Familie" (wer ist das genau?) berechtigt ist, z.B. die Vollmacht zu widerrufen. All diese *rechtlichen* Möglichkeiten haben die „Angehörigen" nicht, weil sie ihnen gesetzlich nicht eingeräumt sind. Im Übrigen stellt sich auch die Frage, ob der Bevollmächtigte überhaupt berechtigt wäre, der „Familie" des Vollmachtgebers alle Verträge, Konten und Buchungsvorgänge offenzulegen. 292

---

459 BGH NJW 2015, 3572.

460 BGH BtPrax 2020, 59.

2. Selbst gewählte Kontrollpersonen

293 Der Vollmachtgeber kann in vielen Fällen durch eine Vollmacht die staatliche Einmischung durch eine Betreuung verhindern. Dass das Betreuungsgericht einen Kontrollbetreuer einsetzt, der den Bevollmächtigten beaufsichtigt, kann der Vollmachtgeber letztlich nicht hundertprozentig verhindern. Er kann allerdings für diesen Fall in einer Betreuungsverfügung eine bestimmte Person zum Kontrollbetreuer vorschlagen; er kann ferner versuchen, durch selbstgewählte Kontrollmechanismen die Kontrollbetreuung durch eine vom Gericht eingesetzte Person entbehrlich zu machen.

Der Vollmachtgeber kann neben dem ersten Bevollmächtigten einen zweiten Bevollmächtigten einsetzen, dem er *nur* sein Recht, den ersten Bevollmächtigten zu überwachen und die Vollmacht gegebenenfalls zu widerrufen, zuweist,[461] wobei er aber dem ersten Bevollmächtigten das Recht nehmen muss, diese zweite Vollmacht zu widerrufen. Bei Meinungsverschiedenheiten kann der zur Kontrolle berufene Bevollmächtigte in Vertretung des (geschäftsunfähigen) Vollmachtgebers vor dem Zivilgericht gegen den Hauptbevollmächtigten klagen, wenn er vom Vollmachtgeber schriftlich mit der gerichtlichen Vertretung bevollmächtigt wurde (§§ 52, 51 III ZPO). Nach Widerruf fehlt allerdings ein Vertreter; entweder muss dem zweiten Bevollmächtigten das Recht erteilt werden, nun selbst als Vertreter aufzutreten oder einen zu bestellen; sonst bleibt nur die Anordnung einer Voll-Betreuung.

Denkbar ist ferner, dass zwei Bevollmächtigte bestellt werden, die ihr Amt nur gemeinsam ausüben können. Auch hier muss vom Vollmachtgeber angeordnet werden, dass keiner die Vollmacht für den anderen widerrufen kann, weil sonst eine Blockade eintreten kann. Im Konfliktfall kommt es zur Anordnung einer Voll-Betreuung.

3. Mittelbare Kontrolle durch den Geschäftsgegner

294 Der Geschäftsgegner, der mit dem Bevollmächtigten handelt, hat (im eigenen Interesse) nur zu prüfen, ob die Vollmacht den Bevollmächtigten zum konkreten Rechtsgeschäft berechtigt. Wenn sich weder der Verdacht des Missbrauchs aufdrängt noch ein kollusives Zusammenwirken vorliegt, geht ihn das Innenverhältnis nichts an.

---

461 Walter ZEV 2000, 353.

P. Haftungsfragen, Versicherung

I. Haftung des Vollmachtgebers für den Bevollmächtigten

Der Bevollmächtigte ist Erfüllungsgehilfe, so dass der Vollmachtgeber für ihn haftet (§ 278 BGB). 295

II. Haftung des Bevollmächtigten gegenüber dem Vollmachtgeber

Aus dem Vertrag (Auftrag oder Geschäftsbesorgung) haftet der Bevollmächtigte dem Vollmachtgeber für jede schuldhafte Pflichtverletzung (§ 280 BGB); deshalb können die Erben des Vollmachtgebers vom Bevollmächtigten u. U. Rechnungslegung verlangen;[462] bei Missbrauch der Vollmacht kann der Vollmachtgeber bzw. sein Erbe gegen den Bevollmächtigten auf Schadensersatz klagen. Haftungsmaßstab ist Vorsatz oder Fahrlässigkeit (§ 276 BGB). Vermögensverwaltung ist in der Regel eine (entgeltliche) Geschäftsbesorgung mit Dienstleistungscharakter. Fehler kommen vor allem bei der Vermögensverwaltung vor, aber auch z. B. durch verspäteten Antrag auf Erwerbsunfähigkeitsrente.[463] Zweifelhaft ist, ob eine Pflicht des Bevollmächtigten besteht, den Vollmachtgeber gegen Haftpflicht zu versichern.[464] Fehler sind aber auch bei der Gesundheitssorge oder bei der Unterbringung denkbar, etwa bei unberechtigter Unterbringung (Schmerzensgeld[465]) oder wenn keine Genehmigung des Betreuungsgerichts eingeholt wird. 296

Obwohl beim Auftrag keine Vergütung bezahlt wird, wird die Haftung nicht auf grobe Fahrlässigkeit gemildert, wie etwa bei anderen unentgeltlichen Verträgen (§§ 521, 599, 690, 277 BGB).[466] Wird ein Ehegatte bevollmächtigt, kann die Haftung wegen § 1359 BGB gemildert sein.[467]

Die Haftung kann zwar durch Vereinbarung beschränkt werden; die Haftung für Vorsatz kann aber nicht ausgeschlossen werden (§ 276 III BGB).

---

[462] OLG Hamm ZEV 2008, 600.

[463] LG Berlin BtPrax 2001, 83 + 215 (Betreuung).

[464] Vgl. Peters FamRZ 1997, 595 zu einer solchen Pflicht der Eltern hinsichtlich der Kinder.

[465] OLG Hamm FamRZ 2001, 861 (Betreuung).

[466] BGH NJW 1959, 1221; MünchKomm-Seiler BGB § 662 Rn. 52 neigt im Einzelfall zu einer Haftungserleichterung durch ergänzende Vertragsauslegung, andere wollen eine Rechtsanalogie zu §§ 521, 599, 690 BGB vornehmen und so zu einer Haftungsermäßigung kommen.

[467] MünchKomm-Roth BGB § 1359 R 11; Langenfeld, Vorsorgevollmacht S. 138; Sauer RNotZ 2009, 79/84.

III. Haftung des Bevollmächtigten gegenüber Dritten

297 In Frage kommt eine Haftung aus culpa in contrahendo (§ 311 II, III BGB) oder § 179 BGB. Wenn die Vollmacht alle Angelegenheiten umfasst, stellt sich die Frage, ob der Bevollmächtigte selbst mit seinem Vermögen für eine Verletzung der **Aufsichtspflicht** einzustehen hat (§ 832 BGB), wenn der Bevollmächtigte Schäden verursacht (z. B. wegen seiner Verwirrtheit im Bett raucht, so dass das Haus abbrennt; über die Straße rennt, so dass ein Auto beim Bremsen ins Schleudern kommt). Grundsätzlich trifft die Aufsichtspflicht auch denjenigen, „welcher die Führung der Aufsicht durch Vertrag übernommen hat". Das muss nicht ausdrücklich sein, kann auch stillschweigend geschehen, sich durch eine Auslegung ergeben. Als Vertrag kommt der Auftrag oder der Geschäftsbesorgungsvertrag in Frage. Es kommt für die Auslegung darauf an, ob ein Rechtsbindungswille bestand. Beim (unentgeltlichen) Auftrag sprechen die Umstände eher dagegen.[468] Bei einem Geschäftsbesorgungsvertrag ist es eher denkbar. Aber auch hier fragt sich, wann die Aufsichtspflicht verletzt ist. Im Einzelfall (vorhandene Schadensneigung, Aggressionsausbrüche, sonstige Anhaltspunkte für eine Drittgefährdung[469]) kann es sein, dass die Umstände den Bevollmächtigten veranlassen mussten, den Vollmachtgeber geschlossen unterzubringen; dann kann sich z. B. eine Haftung des Bevollmächtigten ergeben.

IV. Haftpflichtversicherung

298 Gegen die Haftung kann sich der Bevollmächtige kostenpflichtig bei einer Versicherungsgesellschaft versichern; Berufsbetreuer dagegen müssen sich versichern lassen (§ 23 I Nr. 3 BtOG). Ein Anwalt als Bevollmächtigter sollte klären, ob die allgemeine Anwaltshaftpflichtversicherung Schäden deckt, die bei der Vermögensverwaltung mittels Vollmacht entstanden sind oder ob eine zusätzliche Versicherung angebracht erscheint. Der Bevollmächtigte kann die Erstattung der Prämien möglicherweise vom Vollmachtgeber als Aufwendungsersatz fordern (vgl. § 670 BGB); erhält er eine Vergütung, fragt sich, ob die Versicherungsprämie zulasten seines Gewinns geht oder zusätzlich gefordert werden kann. Für ehrenamtliche Betreuer bestehen in zahlreichen Bundesländern Sammelhaftpflichtversicherungen, deren Prämien der Staat zahlt; für ehrenamtliche Bevollmächtigte gibt es so etwas nicht.

---

468 MünchKomm-Wagner BGB § 832 Rn. 16.

469 OLG Koblenz NJW-RR 1997, 345; MünchKomm-Wagner BGB § 832 Rn. 36.

Q. Kosten, Gebühren, Auslagen

I. Betreuungsgerichtliche Kosten

Bei Anordnung einer **Betreuung** erhebt das Betreuungsgericht u.U. laufende Gebühren und stellt Auslagen in Rechnung (Nr. 11100ff. KV GNotKG); vgl. Rz. 18. Bei einer **Vorsorgevollmacht** entfallen solche Gebühren und Auslagen, soweit keine Tätigkeit des Gerichts vorliegt. *299*

Für Handlungen des Bevollmächtigten im Rahmen der Gesundheitssorge (§ 1829 BGB), Zwangsbehandlung im Rahmen der Unterbringung (§ 1832 IV BGB) und bei Unterbringung (§ 1831 BGB) sowie Genehmigung eines Vollmachtswiderrufs (§ 182 V BGB) kann eine Genehmigung des Betreuungsgerichts erforderlich sein. Deshalb können grundsätzlich Gerichtskosten (z.B. Auslagen) anfallen (Nr. 11100ff. KV GNotKG). Kosten setzen sich zusammen aus Gerichtsgebühren und Gerichtsauslagen.

1. Genehmigung einer Unterbringung

Im Falle der **Genehmigung einer Unterbringung** (oder deren Versagung), § 1831 BGB, schuldet der Vollmachtgeber keine Gerichtsgebühr (vgl. § 26 III GNotKG).[470] Auslagen (z.B. Zahlungen an Sachverständige; Reisekosten des Richters) werden ebenfalls nicht erhoben (§ 26 III GNotKG);[471] nur die an Verfahrenspfleger bezahlten Beträge werden dem Vollmachtgeber in Rechnung gestellt (§ 26 III GNotKG) und auch nur, wenn der Vollmachtgeber „vermögend“, d.h. nicht mittellos, ist (Nr. 31015 KV GNotKG). Bei Ablehnung der Genehmigung werden die Auslagen dem Vollmachtgeber nicht in Rechnung gestellt.

2. Genehmigung einer Gesundheitsbehandlung

Im Falle der **Genehmigung einer Gesundheitsbehandlung** (oder deren Versagung), § 1829 BGB, wird eine Gerichtsgebühr erhoben (Nr. 11100 KV GNotKG); es handelt sich vermutlich um eine „sonstige Betreuungssache“ nach 271 Nr. 3 FamFG. Dasselbe gilt, wenn dem Ehegatten beim Ehegattenvertretungsrecht (§ 1358 BGB) eine Genehmigung erteilt wird. Es fällt an eine halbe Gebühr, Regelwert 5000 €; § 36 III GNotKG. Bei geringem Vermögen (bis 25.000 €) wird keine Gebühr erhoben (Vorbemerkung 1.1.(1). Auch die Auslagen, z.B. für Gutachten, werden dem Vollmachtgeber in Rechnung gestellt; lediglich bei Ablehnung der Genehmigung werden die Auslagen nicht erhoben.

---

470 Renner/Otto/Heinze/Wortmann, GNotKG, 2. Aufl. 2016, § 26 Rz. 10.

471 BGH NJW-RR 2014, 897.

3. Genehmigung des Vollmachtswiderrufs

Im Falle der Genehmigung des Vollmachtswiderrufs (§ 1820 V 2 BGB) ist es wie bei der Genehmigung einer Gesundheitsmaßnahme. Wert. § 60 GNotKG.

II. Rechtsanwaltskosten

300 Sie setzen sich zusammen aus Gebühren und Auslagen (z.B. für Porto; RVG VV 7000, 7002). Wer einen Anwalt beauftragt, eine einseitige Vorsorgevollmacht zu entwerfen, kann sich nicht auf ein bestimmtes Honorar einstellen. Die Höhe der Anwaltskosten ist offen und weist eine große Schwankungsbreite auf.

Wenn der Anwalt ferner das dazugehörige Grundverhältnis, z .B. Auftrag bzw. Geschäftsbesorgungsvertrag, also einen (zweiseitigen) Vertrag, entwerfen soll, fallt an sich eine Geschäftsgebühr an (RVG VV 2100). Der Geschäftswert ist aber völlig unklar. Deshalb sollte auch hier vorher das Honorar mit dem Anwalt vereinbart werden.

Seit 2006 empfiehlt § 34 I 1 RVG, die Gebühren für solchen Beratungstätigkeiten mit dem Anwalt zu vereinbaren; hier kommen Pauschalgebühren, aber auch Zeitgebühren (so und soviel € je Stunde) in Betracht. Wird keine Vereinbarung getroffen, kann der Anwalt Gebühren nach dem BGB fordern (§ 34 I 2 RVG); das BGB enthält aber keine genaue Regelung, sondern schreibt nur in §§ 612, 632 BGB, dass er die „übliche" Vergütung verlangen kann. Es gibt keine Tarife dafür, was für die Erstellung einer Vollmacht und die Ausformulierung des Grundvertrags üblich ist. Kommt es zum Prozess, weil der Mandant die Rechnung nicht zahlt, ist kein Gutachten der Rechtsanwaltskammer einzuholen, weil weder § 4 IV RVG noch § 14 II RVG einschlägig ist.[472]

Im Falle von § 34 I 2 RVG, wenn also vorher nichts vereinbart wurde und der Auftraggeber (Vollmachtgeber oder Bevollmächtigter) „Verbraucher" ist (§ 13 BGB; Gegensatz: „Unternehmer", § 14 BGB), beträgt die Gebühr für die Beratung höchstens 250 €, für ein erstes Beratungs*gespräch* gemäß § 34 I 3 RVG höchstens 190 € (jeweils + Auslagenpauschale + Umsatzsteuer).

Für die **Tätigkeit als Vorsorgebevollmächtigter** gibt es keinen Tarif im RVG (§ 1 II RVG); hier ist zu zahlen, was vereinbart[473] ist, hilfsweise: was üblich ist (Rz. 171 ff.).

---

472 Schneider/Wolf/Rick RVG § 34 Rz. 82 empfehlen gleichwohl eine Stellungnahme der Anwaltskammer.

473 Kurze ZErb 2011, 300 schlägt ein Zeithonoror von 100 – 300 € vor. Vgl. ferner Kurze BtPrax 2018, 47.

III. Notarkosten

Auch beim Notar setzen sich Kosten zusammen aus Gebühren und Auslagen (Nr. 32000 KV GNotKG, z.B. Schreibauslagen, Porto, Umsatzsteuer). Die unter Geltung der KostO schon sehr umstrittene Frage, welche Notargebühren bei einer Vorsorgevollmacht anfallen, hat das GNotKG offen gelassen. Es gibt nur Regelungen über allgemeine Vollmachten (§ 98 GNotKG). *301*

1. Beglaubigung einer Unterschrift unter einer Vollmacht

Wenn der Vollmachtgeber die Vollmacht mitbringt und der Notar nur die Unterschrift des Vollmachtgebers beglaubigt, wobei er ausdrücklich keine Beratung will, beträgt das Honorar des Notars 0,2 Gebühr aus Tabelle B, mindestens 20,00 € und höchstens 70,00 €, jeweils zuzüglich Auslagen und 19 % Umsatzsteuer (Nr. 25100 KV GNotKG). Der Wert, aus dem die Gebühr 0,2 errechnet wird, ergibt sich aus dem „Wert der Vollmacht", dieser richtet sich nach der Höhe des Vermögens, bei reinen Gesundheitsvollmachten beträgt der Wert 5000 € (§ 36 III GNotKG). 0,2 aus einem Wert von 200.000 € sind z.B. 87 €, so dass der Höchstbetrag von 70 € eingreift. Wenn der Notar den Entwurf ändert oder überprüft fallen weitere Gebühren an (z.B. § 92 II GNotKG). *302*

Billiger: Beglaubigung durch die Betreuungsbehörde, Rz. 319.

2. Beurkundung einer Vollmacht

Bei der Beurkundung hat der Notar den Vollmachtgeber zu beraten und übernimmt die Verantwortung für die rechtlich richtige Formulierung der Vollmachtsurkunde. Die Gebühr des Notars beträgt 1,0 nach Tabelle B, mindestens 60,00 €, jeweils zuzüglich Auslagen und 19 % Umsatzsteuer (Nr. 21200 KV GNotKG). Zum Geschäftswert, aus dem die Gebühr errechnet wird, bestimmt § 98 III GNotKG: „Der Geschäftswert bei der Beurkundung einer allgemeinen Vollmacht ist **nach billigem Ermessen** zu bestimmen; dabei sind der Umfang der erteilten Vollmacht und das **Vermögen des Vollmachtgebers** angemessen zu berücksichtigen. Der zu bestimmende Geschäftswert darf **die Hälfte** des Vermögens des Auftraggebers nicht übersteigen. Bestehen keine genügenden Anhaltspunkte für eine Bestimmung des Werts, ist von einem Geschäftswert von 5.000 € auszugehen. § 98 IV GNotKG: In allen Fällen beträgt der anzunehmende Geschäftswert höchstens 1 Million €. Gemeint ist jeweils das **Aktivvermögen,**[474] also das Vermögen *ohne* Abzug der Schulden. *303*

---

[474] Renner/Otto/Heinze/Arnold, GNotKG, § 98 Rn. 45.

Die 50 % sind die Obergrenze; der Durchschnittsfall ist also geringer zu bewerten.

Zu berücksichtigen ist einerseits, dass der Notar meist für die Vorsorgevollmacht ein **Muster** benutzt, also nicht eine für den speziellen Fall ausgearbeitete Urkunde erstellt; ferner, dass der Notar bei der Frage nach den Vermögensverhältnissen des Vollmachtgebers auf dessen (kaum nachprüfbare) Angaben angewiesen ist. Bei einem Geschäftswert von z. B. 200.000 € beträgt die volle Gebühr 435 €, die Beurkundung der Vollmacht kostet dann (einschl. Umsatzsteuer) ca. 520 €. Vor Terminsvereinbarung sollte beim Notar **gefragt werden, was die Beurkundung kostet.**

a) Vorsorgevollmacht nur für nichtvermögensrechtliche Angelegenheiten

304 Betrifft die Vollmacht ausdrücklich *nur* nichtvermögensrechtliche Angelegenheiten (z. B. nur die Gesundheitssorge, die Unterbringung) ist in der Regel von einem Geschäftswert von 5.000 € auszugehen (§ 98 III 3 GNotKG).[475] Werden mehrere Gegenstände geregelt (wie Gesundheit und Unterbringung), wird der Regelwert von 5.000 € nicht mehrfach angesetzt, da nur *eine* Erklärung des Vollmachtgebers, nämlich die Vollmacht, vorliegt;[476] allenfalls eine Erhöhung des Regelwerts kommt in Betracht.

b) Vorsorgevollmacht für alle Angelegenheiten (Generalvollmacht)

305 Betrifft die Vollmacht alle Angelegenheiten des Vollmachtgebers (Vermögen, Gesundheit, Unterbringung usw.), erfolgt eine Gesamtbewertung; dabei ist das Vermögen des Vollmachtgebers angemessen zu berücksichtigen. Der Geschäftswert einer Generalvollmacht ist **nicht zwingend mit 50 % des Vermögens** (als absolute Obergrenze) anzusetzen; denn das Vermögen ist nur *eines* von mehreren Bemessungskriterien. Der Wert wird im Durchschnittsfall unter 50 % liegen. Auszugehen ist vom Bruttovermögen = Aktivvermögen (also dem Vermögen *ohne* Abzug der Schulden).[477]

Wenn die Vorsorgevollmacht nicht nur das Vermögen betrifft, sondern sich auch auf die persönlichen Angelegenheiten des Vollmachtgebers bezieht, dann führt dies nicht zu einer Erhöhung des Geschäftswerts um 5.000 €;[478] zweifelhaft.

---

[475] Renner/Otto/Heinze/Arnold, GNotKG, § 98 Rn. 50; Müller/Renner Rn. 843

[476] Renner/Otto/Heinze/Arnold, GNotKG, § 98 Rn. 50; Bund JurBüro 2004, 173/6 und JurBüro 2005, 622/6.

[477] OLG Zweibrücken FamRZ 2008, 1877; OLG Oldenburg FamRZ 2006, 499 = FGPrax 2005, 274.

[478] Korintenberg/Tietke GNotKG § 98 Rn. 25; Keilbach DNotZ 2004, 164; Bund JurBüro 2004, 173/6.

Der Geschäftswert oder die Gebühr erhöhte sich nicht dadurch, dass mehrere Vollmachtgeber oder mehrere Bevollmächtigte (z. B. Ehegatten bevollmächtigen ihre beiden Kinder) vorhanden sind, selbst wenn jeder Bevollmächtigte allein handeln kann;[479] im Beispiel liegen also nicht vier Vollmachten vor. Wenn sich aber Ehegatten gegenseitig (also nicht: einer dritten Person) Vollmacht erteilen, liegen zwei Vollmachten vor, die nach dem addierten jeweiligen Aktivvermögen des Mannes und der Frau abzurechnen sind.

Vollmachtsurkunde enthält **keine Beschränkungen** („im Außenverhältnis unbedingt“), das Innenverhältnis aber schon	Vollmachtsurkunde enthält **Beschränkungen** („im Außenverhältnis beschränkt“), desgleichen im Innenverhältnis
Umstritten, ob beim Geschäftswert ein Abschlag vom Bruttovermögen vorzunehmen ist (1)	Geschäftswert: Bruttovermögen abzüglich Abschlag (2)

Im Außenverhältnis unbedingte Vollmacht (1): Bei der gewöhnlichen Vollmacht, etwa zum Kauf eines Grundstücks, soll der Bevollmächtigte sofort handeln können. Bei der Vorsorgevollmacht soll der Bevollmächtigte erst handeln, wenn der Vorsorgefall (z. B. die Betreuungsbedürftigkeit, die Krankheit, die Geschäftsunfähigkeit) eingetreten ist. Die Bedingtheit der Erteilung der Vollmacht kann sich aus einer ausdrücklichen Abrede ergeben (die mündlich oder schriftlich fixiert wird), aber auch nur aus den Umständen der Erteilung. *306*

Fraglich ist, ob es gebührenmäßig einen Unterschied macht, ob die im Innenverhältnis (ausdrücklich oder stillschweigend) vorgenommene Beschränkung im Außenverhältnis zutage tritt oder nicht. Formal gesehen ist der Umfang der „erteilten“ Ermächtigung größer, wenn die Vollmachtsurkunde keine Beschränkung auf den Vorsorgefall enthält, was dafür sprechen würde, bei einer Vorsorgevollmacht, die nur im Innenverhältnis beschränkt ist, im Außenverhältnis nicht, keinen Abschlag vom Geschäftswert vorzunehmen.[480] In § 92 I GNotKG ist aber von „Ermessen“ die Rede und das Vermögen ist nur *ein* Anknüpfungspunkt. Man muss bei der Bewertung davon ausgehen, dass sich der Bevollmächtigte korrekt verhält; deshalb bleibt es bei einem **Abschlag**[481] von den 50 % (die ohnehin die Obergrenze bilden) **wegen der Bedingtheit**, der Abhängigkeit vom Vorsorgefall, der

---

479 Bund JurBüro 2004, 173/5.

480 Zur Rechtslage nach der KostO: OLG Zweibrücken NJW-RR 2009, 575; OLG Oldenburg FamRZ 2006, 499.

481 Korintenberg/Tiedtke GNotKG § 98 Rz. 22.

vielleicht nie eintritt, auch wenn die Urkunde selbst im[482] Text die Einschränkung nicht enthält. Es ergeben sich Abschläge von **20 % bis 50 %**.

307 **Im Außenverhältnis bedingte Vollmacht** (2): Wird die Vorsorgevollmacht nach dem Text der Vollmachtsurkunde nur bedingt erteilt („für den Fall, dass ich … werde …"), ist beim Geschäftswert vom 50 %igen Bruttovermögen (als Obergrenze) ein Abschlag vorzunehmen, weil die Wahrscheinlichkeit des Eintritts der Bedingung zu berücksichtigen ist. Es ist nicht nur denkbar, sondern sogar häufig, dass die Bedingung nie eintritt, weil der Vollmachtgeber vorher stirbt. Beim Umfang des Abschlags spielt auch die voraussichtliche zeitliche Geltung im Hinblick auf das Alter des Vollmachtgebers eine Rolle. Der Laie hofft ohnehin, dass sie nie eintritt.

Im Einzelnen ist die **Höhe des Abschlags** und damit der Geschäftswert **streitig:** Das LG Osnabrück[483] hatte bei umfassender Vollmachtserteilung 40 % für angemessen erachtet. Die Vollmacht sollte erst in Kraft treten, wenn der Bevollmächtigte eine Ausfertigung der Urkunde besitzen würde; eine solche Ausfertigung sollte er nur verlangen dürfen, wenn er ein ärztliches Zeugnis darüber vorlegen würde, dass die Vollmachtgeberin geschäftsunfähig sei. Diese Entscheidung erging noch zur KostO, als 100 % der Regelwert war, danach wäre jetzt im Regelfall von 20 % auszugeben. Das OLG Stuttgart[484] meinte, es verstoße nicht gegen das eingeräumte Ermessen, wenn der Notar für die Beurkundung einer Vorsorgevollmacht, deren Verwertbarkeit von einer Bedingung abhängig ist, nur 50 % des Vermögens als Geschäftswert zugrunde legt. Danach wäre jetzt im Regelfall von 25 % auszugeben.

308 Teils wird unterschieden zwischen Bedingung und **Verwendungsbeschränkung**: wenn die dem Bevollmächtigten ausgehändigte Vollmachtsurkunde keine Einschränkungen ausweise, er aber vom Vollmachtgeber angewiesen wurde, erst im Betreuungsfall von der Vollmacht Gebrauch zu machen, ist auch hier die Wahrscheinlichkeit, dass jemals von der Vollmacht Gebrauch gemacht wird, zu berücksichtigen ist, es ein Abschlag von 10 bis 50 % (von den 50 % als Obergrenze) vorzunehmen.[485]

309 **Ausfertigungssperre:** Ebenso bleibt es für den Geschäftswert der Vollmacht beim Abzug vom Bruttovermögen, wenn die Erteilung von Ausfertigungen davon abhängt, dass dem Notar eine bestimmte Bedingung (z. B. die Geschäftsunfähigkeit durch ein ärztliches Attest) nachgewiesen wird.[486] Vgl. Rz. 313. Dagegen ist kein Abzug gerechtfertigt, wenn der Vollmachtgeber

---

[482] Vgl. Müller-Engels/Braun Kap. 2 Rn. 677-

[483] LG Osnabrück FamRZ 1997, 832.

[484] OLG Stuttgart JurBüro 2000, 428 = Die Justiz 2000, 144.

[485] Vgl. Renner NotBZ 2005, 45/47 (zur KostO).

[486] OLG Stuttgart JurBüro 2000, 428; LG Osnabrück FamRZ 1997, 832.

die Urkunde mitnimmt und sie nach seinem Geschmack dem Bevollmächtigten jetzt oder später oder nie aushändigt.[487]

c) Gebühr für die Registrierung der Vorsorgevollmacht

Wenn der Notar die Daten der Vollmacht (die er entworfen, beglaubigt oder beurkundet hat) beim Zentralen Vorsorgeregister der Bundesnotarkammer meldet, erhält der Notar hierfür keine zusätzliche Gebühr. Die Gebühr der Registrierungsstelle ist ein durchlaufender Posten. *310*

d) Speicherung der Daten des Bevollmächtigten im Vorsorgeregister

Im zentralen Vorsorgeregister werden nicht nur die Daten des Vollmachtgebers, sondern auf Antrag auch die Daten des Bevollmächtigten gespeichert (§ 1 VRegV). Hatte der Bevollmächtigte nicht schriftlich in die Speicherung seiner Daten eingewilligt (aber in der Praxis auch sonst), wird er von der Bundesnotarkammer hierüber verständigt und darauf hingewiesen, dass er die Löschung seiner personenbezogenen Daten aus dem Register verlangen kann (§ 4 VRegV). *311*

e) Gebühr für die Hinterlegung der Vorsorgevollmacht

Wünscht der Vollmachtgeber, dass der Notar die Vorsorgevollmacht irgendwo (z.B. bei einer Bank) hinterlegt, ist (soweit eine solche Hinterlegung überhaupt möglich ist) streitig, ob dafür eine notarielle Gebühr anfällt. Teils wird dies bejaht (Gebühr nach Nr. 22110 KV GNotKG);[488] meines Erachtens liegt eine gebührenfreie Nebentätigkeit des Notars vor. *312*

f) Gebühr für die Prüfung, ob eine Ausfertigung der Vollmacht erteilt wird

Manchmal weist der Vollmachtgeber den Notar an, dem Bevollmächtigten erst dann eine Ausfertigung der Vollmacht zu erteilen, wenn bestimmte Bedingungen eingetreten sind (z.B.: „wenn dem Notar durch ein ärztliches Attest nachgewiesen ist, dass der Vollmachtgeber geschäftsunfähig ist"). Damit soll ein Missbrauch der Vollmacht verhindert werden: Der Bevollmächtigte erhält die Vollmacht (in Ausfertigung) erst ausgehändigt, wenn der Notar geprüft hat, ob eine bestimmte Bedingung eingetreten ist. Für diese Prüfung erhält der Notar eine 5/10 Gebühr nach Nr. 22200 KV GNotKG (sog. Betreuungsgebühr). Der Geschäftswert ist derselbe wie für *313*

---

[487] A.A. LG Mainz FamRZ 2008, 1100 (30 % Abschlag).

[488] Perau MittRhNotK 1996, 292.

die Beurkundung (§ 113 I GNotKG), da hier den Notar u. U. eine erhebliche Verantwortung und Haftung trifft.

g) Beurkundung des Grundgeschäfts

314 Für die Beurkundung des Grundgeschäfts (Auftrag, Geschäftsbesorgungsvertrag) sind die Gebühren der Nr. 21100 KV GNotKG zu erheben, also 2,0 nach Tabelle B. Wert: § 97 GNotKG.

h) Bewertung einer Betreuungsverfügung

315 Hierbei handelt es sich nicht um eine Vollmacht, sondern um die Niederlegung von Wünschen. Nach § 109 II Nr. 1 GNotKG ist das derselbe Beurkundungsgegenstand wie die Patientenverfügung, weshalb bei gleichzeitiger Beurkundung der höchste Wert zählt (§ 109 II S. 2 GNotKG). Das ist die Patientenverfügung, deren Wert sich nach dem Einzelfall richtet (§ 36 II GNotKG), im Zweifel beträgt er 5.000 € (§ 36 III GNotKG).[489] Vgl. Rn. 316.

i) Bewertung einer Patientenverfügung

316 Auch dies ist keine Vollmacht, sondern eine Handlungsanweisung. Nach § 109 II Nr. 1 GNotKG ist das derselbe Beurkundungsgegenstand wie die Betreuungsverfügung, weshalb bei gleichzeitiger Beurkundung der höchste Wert zählt (§ 109 II S. 2 GNotKG). Das ist die Patientenverfügung, deren Wert nach § 36 II, III GNotKG zu bestimmen sind. § 36 II GNotKG nennt als Bemessungskriterien Umfang und Bedeutung der Sache sowie Einkommens- und Vermögensverhältnisse (des Vollmachtgebers), maximal 1 Million €. § 36 III GNotKG beziffert den Hilfswert mit 5.000 €. Im Durchschnittsfall sind 5.000 € anzusetzen.[490] In der notariellen Literatur[491] werden teils für den Durchschnittsfall 10.000 bis 20.000 € vorgeschlagen.

j) Bewertung eines „Vorsorgepakets"

316 Werden **Vorsorgevollmacht, Betreuungsverfügung und Patientenverfügung zusammen** beurkundet, dann bilden die beiden letzteren *einen* Beurkundungsgegenstand mit einem Wert von zusammen (im Durchschnittsfall) 5.000 € (§ 36 III GNotKG). Dazu kommt der Wert der Vorsorgevollmacht (§ 98 GNotKG: z. B. 50.000 €), die gegenstandverschieden ist (§ 110 Nr. 3

---

[489] OLG Zweibrücken NJW-RR 2009, 575; OLG Oldenburg FGPrax 2005, 274 (jeweils zur KostO; damals 3000 €).

[490] Korintenberg/Bormann GNotKG § 36 Rn. 83; Zur KostO (3.000 €): OLG Hamm NJW-RR 2006, 1365; OLG Zweibrücken NJW-RR 2009, 575.

[491] Renner/Otto/Heinze/Hüttinger GNotKG § 36 Rn. 66.

GNotKG), also zu addieren ist (§ 35 I GNotKG); Wert im Beispiel: 55.000 €. Das kostet 1,0 nach Tabelle B.[492] Andere[493] wollen nicht addieren, sondern eine Gesamtbewertung vornehmen.

k) Rechtsmittel

Rechtsmittel gegen die Kostenrechnung des Notars, wenn der Vollmachtgeber den Rechnungsbetrag für zu hoch hält: §§ 127, 128 GNotKG (Antrag auf Entscheidung des Landgerichts). *317*

IV. Beglaubigungsgebühr der Betreuungsbehörde

Die Urkundsperson bei der Betreuungsbehörde kann eine Unterschrift auf der Vorsorgevollmacht oder der Betreuungsverfügung beglaubigen (§ 7 I BtOG). Für jede Beglaubigung wird eine Gebühr von 10 € erhoben; zusätzliche Auslagen (für Papier etc.) werden nicht erhoben (§ 7 IV BtOG), auch keine Umsatzsteuer. Von der Erhebung kann aus Billigkeitsgründen, z.B. bei Sozialhilfebeziehern, abgesehen werden (§7 IV 3 BtOG). Das Landesrecht kann alles anders regeln (§ 7 V BtOG). *319*

V. Gebühren des zentralen Vorsorgeregisters der Bundesnotarkammer

Das Zentrale Vorsorgeregister der Bundesnotarkammer, Berlin, berechnet für die Eintragung einer Vollmacht in das Register eine Gebühr von (im Regelfall) 26,00 €. Zahlreiche Einzelheiten regelt die Gebührensatzung (Rn. 225; Anhang 6). *320*

VI. Honorar des Bevollmächtigten[494]

Für das Honorar eines Vorsorgebevollmächtigten gibt es keinen Tarif, keine Tabelle (vgl. Rz. 171 ff.). Es muss vereinbart werden. Ist nichts vereinbart und kann wegen Geschäftsunfähigkeit des Vollmachtgebers mit ihm nichts mehr vereinbart werden, bleibt dem Bevollmächtigten (wenn er nicht kostenlos weiterarbeiten will) nur, **auf die Vollmacht zu verzichten,** beim Betreuungsgericht die Einrichtung einer Betreuung anzuregen und sich selbst als Betreuer vorzuschlagen, dann wird er vergütet. Ein Vergütungsanspruch des Bevollmächtigten gegen die Staatskasse besteht bei Mittellosigkeit des Vollmachtgebers nicht. Ob bei Mittellosen das Sozialamt die Vergütung *321*

---

[492] Müller/Renner Rn. 861.

[493] Müller-Engels/Braun Kap. 2 Rn. 688.

[494] Zimmermann FamRZ 2013, 1535.

zahlt, ist bislang ungeklärt. Im Betreuungsfall müsste bei einem mittellosen Betreuten der Justizfiskus die Vergütung des Betreuers zahlen (vgl. § 1 II 2 VBVG).

R. Die Bedeutung der Vollmacht im Betreuungsverfahren

I. Prüfung durch das Betreuungsgericht, ob eine wirksame Vollmacht vorliegt

322 Eine Betreuung darf nicht angeordnet werden, wenn der Betroffene dieser Hilfe nicht bedarf, weil er sich durch eine Vorsorgevollmacht selbst geholfen hat (vgl. § 1814 III Nr. 1 BGB). Vorsorgevollmachten *müssen* in Deutschland nicht amtlich registriert werden, damit sie wirksam sind. Solche Vollmachten können deshalb beliebig verwahrt werden, z. B. in der Schublade; es ist nicht gesichert, dass sie später auftauchen.

Nicht nur in einzelnen Bundesländern, sondern in ganz Deutschland kann ein Vollmachtgeber (selbst oder durch einen Anwalt, Notar, Betreuungsbehörde) die Existenz der Vollmacht beim **Zentralen Vorsorgeregister der Bundesnotarkammer** registrieren lassen (Rn. 217); der **Text der Vollmacht** wird dort aber *nicht* **gespeichert (auch nicht der** *genaue* **Aufbewahrungsort!)**, die Daten des Bevollmächtigten sind u. U. gelöscht. Außerdem ist das Register u. U. nicht aktuell. Denn: Erfolgt die Anmeldung durch einen „institutionellen Nutzer“ (Notar, Betreuungsverein, Betreuungsbehörde, Rechtsanwalt), kann dieser bei der Anmeldung erklären, dass die Registrierungsgebühren unmittelbar beim Vollmachtgeber erhoben werden sollen. Dann wird dem Vollmachtgeber eine **Vorschussanforderung** übersandt. Eingetragen wird erst, nachdem bezahlt ist (§ 3 I VRegV). Infolgedessen besteht die Möglichkeit der Einsichtnahme für die Betreuungsgerichte nicht schon unmittelbar nach Antragstellung, sondern erst nach Gebührenzahlung. In Eilfällen kann es also trotz späterer Registrierung der Vollmacht gleichwohl zur Anordnung der Betreuung kommen.

Wenn ein Betreuungsverfahren eingeleitet wird, lässt der Betreuungsrichter (gemäß § 285 FamFG) ein Abrufverfahren bei der Bundesnotarkammer durchführen (§ 6 VRegV); dort sind einige Millionen Vorsorgeurkunden registriert, nicht aber deren genauer Text. Die deutschen Betreuungsgerichte richten jährlich mehr als 200.000 Anfragen an das Register.[495]

[495] Aber nur 6,6 % der Abfragen sind positiv, d. h. es gibt eine Eintragung; Jahresbericht 2005 der Bundesnotarkammer.

Im Übrigen gab es in der Vergangenheit zahlreiche Stellen, die aus ideellen oder finanziellen Gründen solche Register einrichteten[496] und teilweise Vollmachten noch verwahren.

Weist ein Beteiligter im Verfahren zur Bestellung eines Betreuers auf die Existenz einer Vorsorgevollmacht hin, ohne diese vorzulegen oder vorlegen zu können, muss der Betreuungsrichter bzw. das Beschwerdegericht dem nachgehen,[497] also ermitteln (§ 26 FamFG), ob eine solche Vollmacht existiert.

Ob der Betroffene eine wirksame Vollmacht erteilt hat, ist Teil der Beweiswürdigung des Tatrichters (AG; LG) und vom Rechtsbeschwerdegericht (BGH) daher nur beschränkt nachprüfbar.[498]

Pflicht zur Bestellung eines Bevollmächtigten? Fraglich ist, ob eine Betreuung vom Gericht mit der Begründung abgelehnt werden kann, der (geschäftsfähige) Betroffene, etwa ein Blinder, könne ja eine Vorsorgevollmacht erteilen. Es besteht aber keine Pflicht für den Bürger sich einem staatlich nicht kontrollierten Bevollmächtigten anzuvertrauen, wenn ein kontrollierter Betreuer vorhanden ist.[499] Vgl. Rn. 344.

II. Folgen, wenn das Ehegattenvertretungsrecht (§ 1358 BGB) eingreift

Ist die Person, für die eine Betreuung zwecks Durchführung schwerwiegen- *322a*
der medizinischer Maßnahmen (z.B. Operation) angeordnet werden soll, nach Aktenlage verheiratet, dann verdrängt das gesetzliche Vertretungsrecht des anderen Ehegatten befristet die Betreuung in *medizinischen* Angelegenheiten. Wenn ein Klinikarzt die Anordnung einer vorläufigen Betreuung beantragen will, muss er vorher selbst prüfen, ob die Betreuung nicht wegen des Notvertretungsrechts des Ehegatten überflüssig ist (vgl. § 1358 V BGB), ob also die Voraussetzungen des § 1358 BGB vorliegen (für einen Nichtjuristen ist das nicht einfach! Vgl. Kapitel 3); denn Zweck der Einführung dieses Rechts war, die Zahl der Betreuungen zu vermindern. Zur Unterstützung des Arztes hat das BJM zwei Formulare ins Internet gestellt (google, dann „BMJ § 1358 BGB“). Mit der Prüfung, ob wegen § 1358 JJJ BGB der Ehegatte dieses Recht nicht hat, hat das Gericht vorerst nichts zu tun; diese Prüfung ist eigene Aufgabe der Klinik.[500]

---

496 Hinweise dazu bei Bienwald BetrR § 1901a Rz. 40; Hoffmann/Schumacher BtPrax 2002, 191/2 (Rotes Kreuz in Mainz; Humanistischer Verband Deutschlands in Berlin usw.).

497 BayObLG FamRZ 2003, 703 = FPR 2003, 143.

498 BayObLG FamRZ 1996,1370.

499 BeckOGK/Schmidt-Recla BGB § 1896 Rn. 238; der BGH (NJW-RR 2014, 385) hat die Frage offen gelassen; a. A. AG Neuruppin FamRZ 2009, 1942 (Erblindung).

500 AG Frankfurt/M, Beschl.v.15.1.2023, 43 XVII 173/23.

Wenn aber der Arzt mitteilt, dass der Ehegatte von seinem Vertretungs*recht* keinen Gebrauch will, etwa weil er sich dadurch überfordert fühlt, dann ist ggf. eine Betreuung anzuordnen.

III. Folgen, wenn eine ausreichende Vollmacht vorliegt

323 Gleichgültig ist: ob die Vollmacht speziell für den Fall der Betreuungsbedürftigkeit oder aus anderem Anlass erteilt wurde; ob sie vor dem Beginn des Betreuungsverfahrens oder während des Verfahrens vor dem AG bzw. LG[501] oder nach Anordnung der Betreuung erteilt wurde. Im ersteren Fall ist das Betreuungsverfahren einzustellen, weil die Betreuung nicht mehr erforderlich ist (§ 1814 III Nr. 1 BGB); im letzteren Fall ist die angeordnete Betreuung aufzuheben (§ 1908d I BGB).

Taucht eine früher errichtete Vollmacht erst später, nach Anordnung der Betreuung und Bestellung eines Betreuers, auf, führt dies, wenn die Vollmacht wirksam ist, ebenfalls zur Aufhebung der Betreuung nach § 1870 BGB. Wird die Vollmacht allerdings erst im Rechtsbeschwerdeverfahren vor dem BGH vorgelegt, handelt es sich um eine neue Tatsache, die vom BGH nicht mehr berücksichtigt wird.[502] Aber nach Rückkunft der Akten beim AG ist die Vollmacht zu beachten.

Hat der Betroffene durch eine hinreichend bestimmte Patientenverfügung ausreichend Vorsorge getroffen für die anstehenden ärztlichen Maßnahmen, dann kommt die Bestellung eines Betreuers *insoweit* nicht in Betracht.[503] Allerdings kann trotzdem ein Betreuer erforderlich sein, damit er die Einhaltung der Patientenverfügung überwacht (vgl. § 1827 I 2 BGB).

IV. Fälle, in denen trotz Vorsorgevollmacht eine Betreuung angeordnet werden kann

1. Unkenntnis des Gerichts von der Vollmacht

324 Ist dem Betreuungsgericht die Existenz der Vollmacht bei Anordnung der Betreuung nicht bekannt, ist die angeordnete Betreuung gleichwohl rechtmäßig[504] (und der Betreuer ist zu bezahlen) und nicht etwa nichtig oder sonst gegenstandslos. Taucht die Vollmacht später auf, kann es zur Aufhebung der Betreuung nach § 1870 BGB kommen, die Betreuung fällt nicht einfach weg.

---

501 LG Wiesbaden FamRZ 1994, 778.

502 BGH 11.5.2016 XII ZB 363/15 BeckRS 2016, 11288.

503 AG Frankfurt BtPrax 2002, 223.

504 BVerfG FamRZ 2002, 312.

2. Vollmacht ist abgelaufen

Wenn die Vollmacht nach ihrem Text („ gilt bis…“) oder nach den sonstigen Umständen den Eintritt der Geschäftsunfähigkeit oder der Fürsorgebedürftigkeit *nicht* überdauert, kann sie die Betreuung nicht ersetzen.[505] So ist es etwa, wenn eine gewöhnliche Vollmacht erteilt wird und darin festgehalten ist, dass sie bei Geschäftsunfähigkeit *nicht* mehr gelten soll. *325*

3. Unwirksamkeit der Vollmacht

Ist die Vollmacht unwirksam, macht sie die Betreuung nicht entbehrlich. *326* Dasselbe gilt in allen Fällen, in denen der Betroffene, z. B. wegen frühkindlicher Hirnschädigung, überhaupt nie in der Lage war, eine Vollmacht zu erteilen. Ob die Vollmacht wirksam ist, ob also der Vollmachtgeber bei Erteilung **geschäftsfähig** war (vgl. § 104 BGB) usw., ist vom Gericht von Amts wegen zu ermitteln (§ 26 FamFG[506]); die Praxis neigt dazu, Geschäftsfähigkeit anzunehmen, wenn sie kein Beteiligter substantiiert bestreitet. Deshalb muss nicht zwingend eine förmliche Beweisaufnahme durch Einholung eines Sachverständigengutachtens (§ 280 I FamFG) erfolgen.[507] Wenn die **Unwirksamkeit der Vorsorgevollmacht nicht positiv festgestellt** werden kann, ist von einer wirksamen Bevollmächtigung auszugehen.[508]

Wurde die Vollmacht seinerzeit wirksam erteilt, wird sie weder durch einen im Zustand der Geschäftsunfähigkeit ausgesprochenen Widerruf noch dadurch unwirksam, dass der Betroffene im Zustand der Geschäftsunfähigkeit erklärt, er wolle den Bevollmächtigten nicht als Betreuer haben.[509]

Wenn sich Alters- und Pflegeheime *routinemäßig* Vorsorgevollmachten erteilen lassen oder die Aufnahme ins Heim von der Erteilung einer solchen Vollmacht abhängig machen, sind diese Vollmachten wegen Umgehung von § 1814 III Nr. 1 BGB gemäß § 134 BGB nichtig.[510]

4. Fehlende Akzeptanz der Vollmacht

Solange Zweifel an der Wirksamkeit der Vollmacht bestehen (z. B. wegen *327* der unklaren, umstrittenen Geschäftsfähigkeit, wegen des möglichen Eintritts einer Bedingung) ist eine Betreuung zulässig und erforderlich.[511] Das Gericht hat von Amts wegen (etwa durch Anhörung des Betroffenen, Zeu-

505 BGH FamRZ 2016, 704.
506 BGH FamRZ 2022, 1556.
507 BGH NJW 2016, 1514; BGH FamRZ 2015, 2047.
508 BGH NJW 2016, 1514 = FGPrax 2016, 123 mit Anm. Seifert.
509 BayObLG FamRZ 2002, 1220 = BtPrax 2002, 214.
510 HK-BUR-Bauer § 1896 Rz. 186.
511 BGH NJW 2022, 2845; BGH FGPrax 2016, 123; BayObLG FamRZ 1994, 720.

genvernehmung, Arztbefunde) aufzuklären, ob der Betroffene bei Vollmachtserteilung geschäftsunfähig war (vgl. § 104 Nr. 2 BGB); dazu muss nicht zwingend ein Sachverständigengutachten eingeholt werden (es wird aber oft zweckmäßig sein); vgl. Rz. 326. Kann die Unwirksamkeit der Vollmacht nicht positiv festgestellt werden, bleibt es bei der wirksamen Bevollmächtigung.

Bestehen trotzdem noch Zweifel an einer wirksamen Bevollmächtigung, ist eine Betreuung erforderlich, wenn die **Akzeptanz der Vollmacht** im Rechtsverkehr eingeschränkt ist, z. B. weil Dritte die Vollmacht bereits zurückgewiesen haben oder dies konkret zu besorgen ist.[512] Das ist vor allem bei **privatschriftlichen Vollmachten** ohne Beglaubigung der Betreuungsbehörde (z. B. wegen der Fälschungsgefahr bezüglich der Unterschrift) zu befürchten.[513] Ist zweifelhaft, ob eine Vorsorgevollmacht wirksam widerrufen worden ist, können die Angelegenheiten des Betroffenen durch den Bevollmächtigten wegen der dadurch bedingt eingeschränkten Akzeptanz der Vollmacht im Rechtsverkehr regelmäßig nicht gleichermaßen (ebenso gut wie durch einen Betreuer) besorgt werden.[514]

Liegen mehrere, **verschiedenen Personen erteilte Vorsorgevollmachten** vor, ist aber zweifelhaft, welche von diesen wirksam ist, so ist diese Frage im Betreuungsverfahren aufzuklären. Kann die Frage nicht geklärt werden, ist ein Betreuungsverfahren durchzuführen, weil eben kein Bevollmächtigter tätig werden kann.[515]

5. Vollmacht wirksam, deckt aber nicht alle anstehenden Aufgaben ab

328 Die Bankvollmacht ersetzt eine Betreuung nur insoweit, als es um Bankgeschäfte geht. Die Bankvollmacht für *ein bestimmtes* Konto genügt nicht, wenn der Betroffene über mehrere Konten verfügt.[516] Sind auch sonstige Angelegenheiten zu besorgen, z. B. Gesundheitsfragen, macht die Bankvollmacht eine Betreuung teilweise überflüssig; die **Betreuung** darf nur für die Aufgaben angeordnet werden, die **durch die Vollmacht nicht abgedeckt** sind, es sei denn, dass die Aufspaltung nicht dem Wohl des Betroffenen entspricht.[517] Die Erforderlichkeit einer Betreuung darf sich dabei nicht allein aus der subjektiven Unfähigkeit des Betroffenen ergeben, seine Angelegenheiten selbst regeln zu können. Hinzutreten muss **ein konkreter Bedarf** für die Bestellung eines Betreuers für die restlichen Angelegenheiten (dass

---

512 BGH NJW 2016, 1514.

513 Seifert FGPrax 2016, 123 (Anm.).

514 BGH NJW 2016, 159.

515 BayObLG FamRZ 2004, 402.

516 OLG Köln FamRZ 2000, 188.

517 MünchKomm-Schneider BGB § 1896 Rn. 48.

theoretisch irgendwann ein Bedarf bestehen könnte, genügt nicht). Ob und für welche Aufgabenbereiche ein Betreuungsbedarf besteht, ist auf Grund der konkreten, gegenwärtigen Lebenssituation des Betroffenen zu beurteilen.[518]

Wird ein Betreuer neben einem Bevollmächtigten bestellt, weil dieser an einer Verrichtung bestimmter Tätigkeiten rechtlich verhindert ist, ist die **Vergütung** des Betreuers in entsprechender Anwendung des § 12 VBVG nach konkretem Zeitaufwand zu bemessen,[519] also nicht nach den (meist höheren) Fallpauschalen.

6. Vollmacht entspricht nicht den Form- und Inhaltsvorschriften

Nach § 167 II BGB bedarf die Vollmachterklärung nicht der Form, welche *329* für das Rechtsgeschäft bestimmt ist, auf das sich die Vollmacht bezieht. Theoretisch genügt daher eine mündliche Vollmacht (sie wird aber im Rechtsverkehr nicht akzeptiert). Davon gibt es Ausnahmen. In den Fällen gefährlicher **Gesundheitsmaßnahmen, Einwilligung in ärztliche Zwangsmaßnahmen und freiheitsentziehender Unterbringung** ist eine Einwilligung des Bevollmächtigten nur wirksam, wenn die Vollmacht schriftlich erteilt wurde und die Maßnahmen ausdrücklich bezeichnet (§ 1820 II BGB). Ist dies nicht der Fall, ist trotz Vollmacht eine Betreuung, beschränkt auf solche Maßnahmen, erforderlich.[520] Zu beachten ist, dass die Vollmacht im Übrigen, z. B. bezüglich der Vermögensverwaltung, gültig bleibt.

Abbruch der Ernährung, der Flüssigkeitszufuhr: Der Bevollmächtigte kann in solche Maßnahmen (§ 1829 II BGB) nur einwilligen oder nicht einwilligen, wenn der Vollmachttext hinreichend klar umschreibt, dass sich die Entscheidungskompetenz des Bevollmächtigten auf die im Gesetz genannten ärztlichen Maßnahmen sowie darauf bezieht, sie zu unterlassen oder am Betroffenen vornehmen zu lassen. Hierzu muss aus der Vollmacht auch deutlich werden, dass die jeweilige Entscheidung mit der begründeten Gefahr des Todes oder eines schweren und länger dauernden gesundheitlichen Schadens verbunden sein kann.[521]

Will der nur privatschriftlich Bevollmächtigte ein **Grundstück des Vollmachtgebers** veräußern, etwa um Heimkosten zu decken, ist § 29 GBO/ § 873 I BGB zu beachten: Eine Eintragung in das Grundbuch (und damit der Eigentumsübergang) kann nur erfolgen, wenn die zu der Eintragung erforderlichen Erklärungen durch öffentliche oder öffentlich beglaubigte

---

[518] BGH NJW-RR 2015, 836.

[519] BGH NJW 2015, 2886.

[520] OLG Zweibrücken NJW-RR 2002, 1156; LG Hamburg FamRZ 1999, 1613 betrifft noch die Lage vor Anfügung des § 1904 II (jetzt § 1904 V) BGB.

[521] BGH MDR 2016, 1087.

Urkunden nachgewiesen werden. Das gilt auch für die Auflassungsvollmacht, so dass der nur privatschriftlich Bevollmächtigte seine Vertretungsmacht nicht in grundbuchrechtlicher Form durch Urkunden nachweisen kann.[522] Eine **notarielle Beglaubigung der Vollmacht** wäre daher notwendig gewesen, eine bis 2022 erfolgte Beglaubigung durch die Betreuungsbehörde hätte 2023 genügt (§§ 7 I 2, 34 BtOG), jetzt (2023) ist Voraussetzung, dass der Vollmachtgeber noch lebt.[523] Das Grundbuchamt darf übrigens die *örtliche* Zuständigkeit der beglaubigenden Betreuungsbehörde nicht nachprüfen.[524] Für die Grundstücksveräußerung ist daher eine Betreuung anzuordnen, wenn die Vollmacht nur privatschriftlich war.

7. Wirksame Vollmacht, aber der Bevollmächtigte wird nicht tätig

330 Auf Grund einer Vollmacht, *muss* der Bevollmächtigte nicht tätig werden, wenn er nicht will. Wenn der Bevollmächtigte die Tätigkeit aufgrund der Vollmacht gar nicht erst begonnen oder wieder aufgegeben hat (z. B. wegen des Zeitaufwands, mangelnde Bezahlung), oder verzichtet hat, ist (soweit erforderlich) ein Betreuer zu bestellen.[525] So ist es auch, „wenn auf Grund heftiger innerfamiliärer Streitigkeiten die Vollmacht im familiären Umfeld des Vollmachtgebers nicht anerkannt wird und der Bevollmächtigte es deshalb ablehnt, von der Vollmacht Gebrauch zu machen".[526] Im entschiedenen Fall bestand über die Wirksamkeit der Vollmacht innerhalb der Familie Streit. Schriftstücke mit rechtsgeschäftlichem Erklärungswert, die ihm von anderen Familienmitgliedern unterbreitet wurden, auch Vollmachtswiderrufe, unterschrieb der geschäftsunfähige Vater bedenkenlos und erinnerte sich später nicht mehr daran. Der Sohn wollte daher aufgrund der Vollmacht nicht tätig werden, war zur Wahrnehmung der Aufgaben nur bereit, wenn ihm die rechtlich zweifelsfreie Stellung eines Betreuers eingeräumt wurde.

Bedenklich ist es allerdings, wenn der Bevollmächtigte der Eltern seiner Schwester ein **Hausverbot** erteilt und so den persönlichen Kontakt der Eltern zu ihrer Tochter unterbindet, vielleicht um Geschenke und erbrechtliche Gespräche zu verhindern.[527] Bei einer Betreuung müsste das Recht zur Regelung des Umgangsrechts im Beschluss des Gerichts festgelegt werden (§ 1815 II Nr. 4 BGB).

---

[522] BGH NJW 2016, 1516.

[523] Müller-Engels/Braun Kap. 2 Rn. 595 (eine eidesstattliche Versicherung des Bevollmächtigten genüge); Becker MittBayNot 2021, 549 (Lebensbescheinigung des Notars ohne eigene Wahrnehmung z. B. durch Besuch im Pflegeheim, genügt nicht.

[524] OLG Köln FGPrax 2022, 348.

[525] BayObLG FamRZ 1996, 968; OLG Schleswig FGPrax 2008, 158.

[526] BayObLG FamRZ 2004, 1403.

[527] Zu diesem Fall vgl. BGH FamRZ 2016, 704.

Oft wird behauptet, eine Betreuung sei notwendig, weil sich der Bevollmächtigte nicht hinreichend um den Betroffenen „kümmere“, ihn nicht regelmäßig besuche, nicht anrufe, keine Fahrten mit ihm unternehme usw.; hier wird übersehen, dass der Bevollmächtigte (ebenso wenig wie ein Betreuer) **keine Verpflichtung zu tatsächlichen Pflegeleistungen** hat,[528] außer dies wurde im Grundverhältnis vereinbart.

Die Auswahl seines Bevollmächtigten obliegt allein der Entscheidung des Vollmachtgebers.[529]

8. Missbrauchsverdacht, Zweifel an der Redlichkeit

Trotz wirksamer Vorsorgevollmacht ist die Bestellung eines Betreuers dann erforderlich, wenn konkrete Anhaltspunkte dafür bestehen, dass der Vorsorgebevollmächtigte die Vorsorgevollmacht missbraucht.[530] Oder: Wenn erhebliche Zweifel an der Redlichkeit oder Tauglichkeit des Bevollmächtigten bestehen.[531] In anderen Entscheidungen[532] hat der BGH zutreffend ausgeführt, dass „bloßer Verdacht“ nicht genügt. Wenn allerdings Dritte gegen die Redlichkeit des Bevollmächtigten Bedenken erhoben haben (z. B. bei der Versorgung seiner Mutter stünden finanzielle Interessen im Vordergrund, unzureichende Versorgung mit frischen Nahrungsmitteln, schlechte Erreichbarkeit, Heizung defekt, den Gutachter des Grundstücks verwiesen usw.), dann muss der Bevollmächtige dazu vom Gericht persönlich angehört werden, damit die Sache aufgeklärt werden kann.[533] In solchen Fällen kommt sowohl die Bestellung nur eines Kontrollbetreuers (§ 1820 III BGB) als auch sogleich die Bestellung eines Voll-Betreuers in Betracht. *331*

9. Nicht vollmachtsfähige Angelegenheit

Wenn eine Angelegenheit ihrem Wesen nach nicht durch einen Bevollmächtigten, sondern nur durch einen gesetzlichen Vertreter wahrgenommen werden kann, ist trotz Vollmacht eine Betreuung erforderlich.[534] Im Bereich der höchstpersönlichen Angelegenheiten sind einige derartige Fälle im BGB enthalten: z. B. §§ 1411, 2347 II 2 BGB. Ferner konnte eine **Wissenserklärung** (z. B. eidesstattliche Versicherung im Erbscheinsverfahren) nach einer *332*

528 BGH FamRZ 2016, 704 = FGPrax 2016, 127; BGH NJW-RR 2023, 145 (wegen weiter Entfernung nur telefonische Kontakte zwischen den Eheläuten).

529 BGH NJW-RR 2023, 145.

530 BayObLG FamRZ 2003, 1219 = Rpfleger 2003, 424 = FGPrax 2003, 171.

531 BGH FamRZ 2016, 704; BGH FamRZ 2014, 738 = NJW 2014, 1733; BGH FamRZ 2011, 964; OLG Zweibrücken FamRZ 2006, 1710; LG Wiesbaden FamRZ 1994, 778.

532 BGH NJW 2019, 237.

533 BGH FamRZ 2011, 285.

534 Der Satz, mithilfe einer Vorsorgevollmacht lasse sich eine Betreuung insgesamt vermeiden (so Lipp in Festschr. Bienwald S. 177), ist deshalb nicht richtig.

Meinung nur durch einen gesetzlichen Vertreter, nicht durch einen Bevollmächtigten abgegeben werden (Rn. 141). Die Finanzämter halten teilweise die Abgabe von **Steuererklärungen** durch einen Bevollmächtigten nicht für ausreichend,[535] obwohl § 150 III AO 1977 dies weitgehend gestattet. Nach früherer Rechtslage war ein Betreuer zu bestellen, wenn für eine prozessunfähige Partei ein **Zivilprozess** zu führen ist (§ 51 I ZPO); das ist jetzt durch Anfügen von § 51 III ZPO nicht mehr erforderlich. Entsprechendes gilt in der Zwangsvollstreckung.[536] Streitig ist noch, ob Bestimmungsbefugnisse über die persönliche Freiheit außerhalb §§ 1829 ff. BGB durch Vollmacht eingeräumt werden können (Umgangsbestimmung, Post- und Telefonkontrolle); verneint man das, dann wäre trotz Vollmacht eine Betreuung erforderlich.

10. Zwangsausübung bei der Zuführung zur Unterbringung

333 Wenn ein Bevollmächtigter den Vollmachtgeber in die *geschlossene* Unterbringung bringen will (genehmigungspflichtig, § 1829 II BGB) und dieser sich wehrt und nicht freiwillig mitfährt, kann der Bevollmächtigte die Betreuungsbehörde um Hilfe bitten; denn nach § 326 I FamFG hat die Betreuungsbehörde nicht nur den Betreuer, sondern auch den Bevollmächtigten zu unterstützen. Allein deswegen ist also (anders als früher) keine Betreuung erforderlich. Die Auswahl der Klinik etc. erfolgt durch den Bevollmächtigten.[537]

11. Betreuungsanordnung, weil ein Einwilligungsvorbehalt erforderlich ist

334 Wenn die Anordnung eines Einwilligungsvorbehalts (§ 1825 BGB) erforderlich erscheint,[538] muss eine Betreuung angeordnet werden (denn ein isolierter Einwilligungsvorbehalt ist nicht zulässig und an eine Vollmacht kann er nicht „angehängt“ werden, wie § 1825 BGB zeigt).

> **Beispiel:** Der Vollmachtgeber bestellt laufend Waren in größerem Umfang bei Versandhäusern, Telefonverkäufern, so dass die finanziellen Verhältnisse beeinträchtigt werden; durch Anordnung eines Einwilligungsvorbehalts werden seine Willenserklärungen nur noch wirksam, wenn der Betreuer zustimmt.

In etwa 5 % aller Betreuungsfälle wird zugleich ein Einwilligungsvorbehalt angeordnet. Eine verdrängende Vollmacht (in der sich der Vollmachtgeber verpflichtet, selbst nicht tätig zu werden) wäre unzulässig.

---

535 Dieckmann/Jurgeleit BtPrax 2002, 135/140.

536 Vgl. Zöller/Stöber Rn. 16 vor § 704 ZPO.

537 Schulte-Bunert/Weinreich/Dodegge FamFG § 326 Rn. 9.

538 Vgl. aber § 105a BGB.

12. Der Bevollmächtigte ist nach § 1816 VI BGB ausgeschlossen

Trotz Vorsorgevollmacht ist eine Betreuung dann erforderlich, wenn der Bevollmächtigte zu den in § 1816 VI BGB bezeichneten Personen gehört. Das sind alle Personen, die zu einem Träger von Einrichtungen oder Diensten, die in der Versorgung des Volljährigen tätig sind, in einem Abhängigkeitsverhältnis oder in einer anderen engen Beziehung stehen, also z. B. Heimmitarbeiter, Mitarbeiter von ambulanten Pflegediensten (außer, im Einzelfall besteht keine konkrete Gefahr eines Interessenkonflikts), Rn. 134. Die Vorschrift soll mögliche Interessenkonflikte vermeiden. Die Vollmacht kann in solchen Fällen somit die Betreuung **jedenfalls** *teilweise* nicht verhindern, bleibt aber wirksam (z. B. kann der Angehörige, der im Pflegeheim arbeitet, durchaus weiterhin das Mietshaus und die Wertpapiere des Heimbewohners verwalten; nur für die Heimangelegenheiten ist ein Betreuer zu bestellen). Der Bevollmächtigte darf vom Betreuungsgericht aber auch nicht zum Betreuer bestellt werden; es wird also eine andere Person für einen Teilbereich („Vertretung gegenüber dem Heim“) zum Betreuer bestellt. *335*

§ 1816 VI BGB erklärt solche Vollmachten nicht für unwirksam; sucht sich der Bevollmächtigte einen anderen Arbeitsplatz, ist daher die Betreuung wieder aufzuheben.

13. Mangelnde Eignung des Bevollmächtigten, Unfähigkeit

Die mit zahlreichen staatlichen Sicherungsvorkehrungen versehene Betreuung kann nicht mit der gefährlichen privaten Vollmacht verglichen werden, das sind zwei verschiedene Instrumente. In § 1814 III Nr. 1 BGB steht, dass die Angelegenheiten des Betroffenen „gleichermaßen“ durch einen Bevollmächtigten besorgt werden können. Im früheren Gesetzestext (§ 1986 a. F. BGB) stand „ebenso gut“. Jedenfalls ist bei Existenz einer Vollmacht die Bestellung eines Betreuers nicht bereits dann möglich, wenn nach der Auffassung des Gerichts die Besorgung der Angelegenheiten des Betroffenen durch einen Betreuer vorzuziehen ist.[539] *336*

Auch genügt es nicht, dass die Wertvorstellungen des Bevollmächtigten, nach denen er die Vollmacht ausübt, in Teilbereichen **allgemeinen Wertvorstellungen** zuwiderlaufen;[540] oder dass Spannungen zwischen dem Bevollmächtigten einerseits und dem Pflegepersonal oder behandelnden Ärzten andererseits vorhanden sind.[541]

Die Angelegenheiten des Betroffenen können aber dann durch den Bevollmächtigten nicht mehr „gleichermaßen“ wie durch einen Betreuer be-

539 OLG Brandenburg NJW 2005, 1587.

540 LG Frankfurt/M. FamRZ 2003, 632 (betrifft Bluttransfusion bei Zeugen Jehovas).

541 OLG Oldenburg RuP 2003,102; OLG Brandenburg NJW 2005, 1587.

sorgt werden, wenn die Wahrnehmung der Interessen des Betroffenen durch den Bevollmächtigten eine konkrete Gefahr für das Wohl des Betroffenen begründet,[542] etwa weil der Bevollmächtigte **ungeeignet** ist,[543] die Interessen des Betroffenen sachgerecht wahrzunehmen und er aus in seiner Person liegenden Gründen zur Zeit nicht in der Lage ist, professionelle Hilfsangebote bei der Betreuung wahrzunehmen (ein Bauhelfer kann i.d.R. kein großes Wertpapiervermögen verwalten; aber auch Berufsbetreuer haben hier Probleme). Die Nachrangigkeit der Betreuung darf sich nicht gegen den Betroffenen selbst wenden.[544] Eine mangelnde Eignung liegt z.B. vor, wenn beim Bevollmächtigten zu befürchten ist, dass die Wahrnehmung der Interessen des Betroffenen durch ihn eine **konkrete Gefahr** für das Wohl des Betroffenen begründet.[545]

IV. Beschwerderecht des Bevollmächtigten gegen die Anordnung der Betreuung?

337 Bestellt das Betreuungsgericht einen Betreuer, obwohl eine Vollmacht mit einem entsprechenden Umfang vorliegt, fragt sich, ob der Bevollmächtigte gegen die Anordnung der Betreuung zulässig Beschwerde einlegen kann. Der Betroffene selbst ist beschwerdeberechtigt (§§ 58, 59 FamFG), seine Angehörigen in bestimmten Fällen ebenfalls (§ 303 FamFG).

Wenn der Bevollmächtige zum **Personenkreis des § 303 II FamFG** gehört (Ehegatte, volljährige Kinder, bestimmte nahe Verwandte usw., Vertrauensperson des Betroffenen) gehört und in erster Instanz am Betreuungsverfahren beteiligt wurde, kann er Beschwerde gegen die Betreuerbestellung einlegen, dann stellt sich das Problem nicht.

Wurde dagegen einer anderen Person Vollmacht erteilt, dann ergeben sich verschiedene Fragen:

- Kann der Bevollmächtigte Beschwerde gegen die Bestellung des Betreuers einlegen, obwohl der Betreuer (trotz Genehmigung durch das Betreuungsgericht) die Vollmacht des Bevollmächtigten noch nicht widerrufen hat? ja
- Ist hierbei danach zu differenzieren, ob ein allgemeiner Betreuer oder nur ein Kontrollbetreuer bestellt wurde? nein
- Ist es anders, wenn der Betreuer die Vollmacht bereits widerrufen hat? nein

542 BayObLG FamRZ 2003, 704; ähnlich KG FGPrax 2006, 182.
543 BGH NJW-RR 2022, 1300; BGH NJW 2013, 1085.
544 BayObLG OLG-Report 2004, 285; OLG Brandenburg NJW 2005, 1587.
545 BGH FamRZ 2016, 704; KG FGPrax 2006, 182.

- Kann der Bevollmächtigte wenigstens eine Beschwerde beschränkt auf die Zuweisung des Aufgabenkreises „Vollmachtswiderruf" an den Betreuer einlegen? ja
- Kann der Bevollmächtigte beschränkt gegen die Auswahl einer bestimmten Person zum Betreuer Beschwerde einlegen? ja

Die Beschwerde kann durch Teilanfechtung auf die Auswahl einer bestimmten Person zum Betreuer **beschränkt** werden, dann hat das Beschwerdegericht nicht über die Rechtmäßigkeit der Betreuungsanordnung zu befinden.[546] Der Vorsorgebevollmächtigte kann z. B. vorbringen, dass er selbst (und nicht irgend ein Berufsbetreuer) Betreuer werden möchte, etwa weil dies der Wunsch des Vollmachtgebers ist. Wird dagegen die Betreuungsanordnung angegriffen ist die Frage, wer zum Betreuer zu bestellen ist, mit umfasst.

1. Eigenes Beschwerderecht des Bevollmächtigten?

Umstritten ist, ob der Vorsorgebevollmächtigte ein *eigenes* Beschwerderecht hat, wenn für den Vollmachtgeber ein Betreuer bestellt wird. Das könnte aus § 303 IV FamFG folgen. *338*

Der BGH[547] meint, der Bevollmächtigte habe **kein eigenständiges Beschwerderecht** (§ 59 I FamFG) gegen die Bestellung eines Betreuers für seinen Vollmachtgeber; er könne **nur im Namen des Betroffenen** Rechtsmittel gegen die Bestellung und Auswahl des Betreuers einlegen (Rz. 337), nicht im eigenen Namen („lege ich …",[548]). Denn die Betreuung verletze kein „Recht" des Bevollmächtigten, er könne aufgrund der Vollmacht ja weiter tätig werden (was nicht möglich ist, wenn der Betreuer die Vollmacht widerrufen hat), hat aber jetzt einen „Aufseher". Für die Rechtsbeschwerde zum BGH hat jedenfalls derjenige, dessen Erstbeschwerde vom LG zurückgewiesen oder verworfen wurde, eine Beschwerdebefugnis,[549] was aber die Rechtsbeschwerde noch nicht begründet macht.

Die Gegenansicht[550] bejaht ein Beschwerderecht des Bevollmächtigten. Der übergangene Bevollmächtigte habe ein *eigenes* Beschwerderecht. Denn in subjektive Rechte des Bevollmächtigten aus dem der Vollmacht zugrunde

---

546 BGH NJW-RR 2016, 709; BGH FamRZ 2015, 1178.

547 BGH NJW 2015, 407 = FamRZ 2015, 249 (mit Anm. Fröschle); bestätigt BGH NJW 2015, 1963; KG FGPrax 2015, 95; KG NJW 2009, 1425; BayObLG FamRZ 2003, 1219; BayObLG FamRZ 2001, 453; OLG Stuttgart FamRZ 1995, 437.

548 Es kommt auf die genaue Wortwahl an, BGH NJW 2015, 1963.

549 BGH FamRZ 2015, 1479 Tz 6; BGH FGPrax 2016, 127.

550 OLG Zweibrücken FGPrax 2002, 260 = FamRZ 2003, 703; Rieger in Festschrift für Dieter Schwab, 2005, S. 1043/1055.

liegenden Rechtsverhältnis werde eingegriffen, solange die Vollmacht nicht wirksam widerrufen worden sei.

Seit 2009 besagt § 303 IV 1 FamFG, dass der **Vorsorgebevollmächtigte** gegen eine Entscheidung, die seinen Aufgabenkreis betrifft, „auch“ im Namen des Betroffenen (d. h. des Vollmachtgebers) Beschwerde einlegen kann. Das Wort „aber“ besagt nach Ansicht des BGH[551] nicht, dass der Vorsorgebevollmächtigte im eigenen Namen Beschwerde einlegen kann; das ergebe sich aus der Gesetzesgeschichte (der Wortlaut ist aber vorrangig!). Der Bevollmächtigte wäre aber beschwerdeberechtigt, wenn er Ehegatte des Betroffenen ist, oder zu den Eltern, Geschwistern und sonstigen nahen Verwandten zählt (§ 303 II Nr. 1 FamFG),[552] wozu der Schwager nicht gehört; ferner, wenn er **„Vertrauensperson“** des Betroffenen ist (§ 303 II Nr. 2 FamFG).

2. Allgemeiner Betreuer/Kontrollbetreuer

339 Es macht für die Beschwerdeberechtigung keinen Unterschied, ob ein allgemeiner Betreuer oder ein bloßer Kontrollbetreuer bestellt wurde; wesentlich ist der Aufgabenkreis. Zwar kann der Kontrollbetreuer die Vollmacht bestehen lassen und sich auf die Überprüfung des Bevollmächtigten beschränken, während der allgemeine Betreuer in der Regel die Vollmacht (zumindest teilweise) wird widerrufen müssen, um ohne mögliche Beeinträchtigung durch den Bevollmächtigten handeln zu können. Das allein hat aber keine Auswirkungen auf die Beschwerdeberechtigung.

3. Der Betreuer hat die Vollmacht bereits widerrufen

340 Man könnte meinen, der Bevollmächtigte habe jedoch dann keine Beschwerdeberechtigung mehr, wenn die Vollmacht vom Betreuer widerrufen sei (früher sofort wirksam, § 40 I FamFG!),[553] weil er dann nicht mehr Bevollmächtigter sei. Das trifft nach Ansicht des BGH[554] nicht zu: Auch nach einem wirksamen Widerruf der Vorsorgevollmacht durch den Betreuer könne der Bevollmächtigte noch *im Namen des Betroffenen* Beschwerde gegen die Betreuerbestellung einlegen. Ein Wegfall der Vertretungsmacht sei angesichts des schweren Eingriffs in das Selbstbestimmungsrecht des Betroffenen nicht mit dem nach dem Grundgesetz gebotenen **effektiven Rechtsschutz** vereinbar; das Recht, die Interessen des Betroffenen im Betreuungsverfahren wahrzunehmen, in dem es um den Aufgabenkreis des Widerrufs der Vorsor-

---

[551] BGH NJW 2015, 407; a. A. z. B. Damrau/Zimmermann BetreuungsR § 303 Rn. 171; Bienwald/Sonnenfeld BetreuungsR § 303 Rn. 52.

[552] BGH NJW 2013, 3373 = FamRZ 2013, 1724. Anders noch BGH NJW-RR 2012, 772.

[553] KG NJW 2009, 1425; OLG Frankfurt FGPrax 2009, 67.

[554] BGH NJW 2015, 3572 = FamRZ 2015, 1705 m.Anm. Zimmermann.

gevollmacht geht, sei ein der Vorsorgevollmacht immanentes und der Verfügungsgewalt des Betreuers entzogenes Recht. – **Seit 2023** bedarf der Widerruf der Vollmacht der vorherigen Genehmigung des Betreuungsgerichts (§ 1820 V 2 BGB); die Genehmigung wird erst mit Rechtskraft wirksam (§ 40 II FamFG). Das frühere Problem kann *so* nicht mehr auftreten, weil der Betreuer nicht mehr sofort nach Amtsantritt alle Vollmachten widerrufen kann.

4. Aufgabenkreis „Vollmachtswiderruf" für den Betreuer

Das Recht zum Widerruf der Vollmacht bestand früher nur, wenn es dem Kontrollbetreuer oder allgemeinen Betreuer (Regelbetreuer) *ausdrücklich* im Beschluss des Gerichts eingeräumt wurde.[555] Das ist seit 2023 entfallen; dafür bedarf der Widerruf einer Vollmacht des Betroffenen jetzt der Genehmigung des Betreuungsgerichts (§ 1820 V 2 BGB). Der Aufgabenkreis des allgemeinen Betreuers oder des Kontrollbetreuers muss natürlich einen Widerruf umfassen, nur nicht mehr „ausdrücklich". Der Aufgabenkreis kann in Hinblick auf den Grundsatz der Verhältnismäßigkeit auch beschränkt werden auf die Überprüfung der Rechnungslegung, Vorlage von Kontoauszügen, Einholen von Auskünften bei Banken usw., unter ausdrücklicher Ausklammerung des „Widerrufs der Vollmacht". Vgl. § 1815 III BGB. 341

5. Auswahl einer bestimmten Person

Hat jemand ein Beschwerderecht, kann er die Beschwerde beschränken auf die Auswahl einer bestimmten Person zum Kontrollbetreuer oder Vollbetreuer.[556] 342

6. Beschwerde im Namen des Vollmachtgebers

Allerdings kann der Bevollmächtigte im Namen des Vollmachtgebers Beschwerde einlegen,[557] um dem Vollmachtgeber bei der Durchsetzung seines Wunsches, eine Betreuung zu vermeiden, zu helfen. Voraussetzung ist, dass die **Vollmacht dies umfasst**. In einer umfassenden General- und Vorsorgevollmacht, welche zur Vertretung in allen persönlichen und Vermögensangelegenheiten ermächtigt, wird sie enthalten sein,[558] häufig aber auch in einer eingeschränkteren Vollmacht, soweit sie mit dem Ziel der Vermeidung einer Betreuung erteilt wurde.[559] Äußert sich der Vollmachtgeber nicht, in wessen 343

555 BGH NJW 2015, 3572 = FamRZ 2015, 1702.

556 BGH FamRZ 1996, 307.

557 BGH NJW 2015, 407.

558 Rieger in Festschrift für Dieter Schwab, 2005, S. 1058. Oben Rz. 237.

559 BayObLG FamRZ 2003, 1219.

Namen er die Beschwerde einlegt, wird man sie dahin auslegen müssen, dass sie zulässig ist. Nur wenn der Vollmachtgeber im konkreten Fall die Beschwerde *ausdrücklich* im eigenen Namen und nicht im Namen der Betreuten eingelegt, könnte sie nach der oben genannten h. M. unzulässig sein.

V. Zwang oder Pflicht, eine Vorsorgevollmacht zu erteilen, um eine Betreuung zu vermeiden?

344 Was geschieht, wenn sich der geschäftsfähige (!) Betroffene im Rahmen des Betreuungsverfahrens, etwa bei der Anhörung, trotz dringlichen Anratens des Richters weigert, einem Dritten eine Vorsorgevollmacht zu erteilen? Die Bestellung eines Betreuers ist bereits dann i. S. des § 1814 III Nr. 1 BGB erforderlich, wenn der Betroffene sich weigert, von einer rechtsgeschäftlichen Bevollmächtigung abzusehen und stattdessen eine Betreuerbestellung beantragen will. Der Betroffene muss keinen Grund für seine Weigerung angeben, gibt er einen Grund an wird dies nicht nachgeprüft. Es genügt, wenn der Betroffene aufgrund seiner Erkrankung nicht mehr in der Lage ist, die Tätigkeit eines Bevollmächtigten hinreichend zu überwachen;[560] es genügt auch, dass der Betroffene erklärt, er kenne keine vertrauenswürdige und auch sonst geeignete Person; er könne sie nicht bezahlen; er wolle lieber eine Betreuung haben, weil ihm die Kontrollmaßnahmen des Betreuungsgerichts besser zusagen als eine private nicht überwachte und daher gefährliche Hilfe. Die Möglichkeit einer Bevollmächtigung steht der Erforderlichkeit der Betreuung daher nur entgegen, wenn es tatsächlich mindestens eine Person gibt, welcher der Betroffene das für eine Vollmachterteilung erforderliche Vertrauen entgegen bringt und die zur Übernahme der anfallenden Aufgaben als Bevollmächtigter des Betroffenen bereit und in der Lage ist.[561]

Doch wird gelegentlich auch eine andere Auffassung vertreten.[562] Ein Antragsteller hatte seinen Antrag, eine Betreuung anzuordnen, auf seine fast vollständige Erblindung gestützt. Der Antrag wurde abgelehnt, da der Antragsteller einen Rechtsanwalt mit der Wahrnehmung seiner Interessen beauftragen könne.

§ 1814 BGB verlangt, dass ein Betroffener aufgrund einer **Krankheit oder Behinderung** seine Angelegenheiten nicht besorgen kann; liegt ein derartiges Betreuungsbedürfnis nicht vor, darf eine Betreuung auch **auf Wunsch des Betroffenen** nicht eingerichtet werden, da der Grundsatz der Erforder-

560 OLG Hamm BtPrax 2001, 870 = NJWE-FER 2001, 152.

561 BGH NJW-RR 2016, 6 = FamRZ 2015, 2049. Anders noch BGH FamRZ 2014, 294 = NJW 2014, 385 (die Betroffene könne ihren Ehemann bevollmächtigen, daher keine Betreuung).

562 Sachsen Gessaphe Der Betreuer … S. 294.

lichkeit der Betreuung öffentlichen Interessen dient, so dass der Betroffene hierauf nicht wirksam verzichten kann.[563]

VI. Verhältnis Vollmacht – Betreuung

Umfasst die Vollmacht nur einen Teil der Angelegenheiten, darf die Betreuung grundsätzlich nur für den Rest angeordnet werden.[564] Eine **Vollmacht erlischt nicht** dadurch, dass eine Betreuung (mit oder ohne Einwilligungsvorbehalt) angeordnet wird.[565] Möglicherweise hätte die Betreuung nicht angeordnet werden dürfen (§ 1814 III BGB), doch berührt dies die Wirksamkeit der Betreuung nicht, solange sie nicht aufgehoben ist. Es besteht dann u. U. eine **Doppelzuständigkeit**: Sowohl der Bevollmächtige (als gewillkürter Vertreter) wie auch der Betreuer (als gesetzlicher Vertreter) können handeln. Der Betreuer kann diese Konkurrenz beenden, indem er die Vollmacht (mit Genehmigung des Betreuungsgerichts, § 1820 V 2 BGB) widerruft, falls sein Aufgabenkreis den Vollmachtswiderruf umfasst. Nach Anordnung des **Einwilligungsvorbehalts** kann, soweit der Aufgabenkreis reicht, der Betreute (auch wenn er geschäftsfähig ist) eine wirksame Vollmacht nur noch mit Zustimmung des Betreuers wirksam erteilen.[566] *345*

S. Fälle mit Auslandsbezug

I. Ausländische Regelungen

Einige Länder haben Regelungen, die etwa der deutschen Vorsorgevollmacht entsprechen. Solche Bestimmungen über private Vorsorge (zur Vermeidung einer „Betreuung“) bestehen z. B. in Großbritannien, Spanien und der Schweiz.[567] Sie gelten für die dortigen Personen und für Deutsche, die dort Aufenthalt haben (Einzelheiten ergeben sich aus dem jeweiligen Internationalen Privatrecht). *346*

Die **anglo-amerikanischen Staaten** haben besondere Formvorschriften für derartige Vollmachten festgelegt: Teils existiert ein staatlich festgelegtes Formular, das erst mit seiner Registrierung Wirksamkeit erlangt; in anderen Ländern wird teils Testamentsform oder notarielle Beurkundung verlangt.

---

563 OLG Köln FamRZ 1996, 249.

564 MünchKomm-Schneider BGB § 1896 Rz. 54.

565 MünchKomm-Schneider BGB § 1896 Rz. 56; a. A. früher Müller-Freienfels FS Coing S. 395/399.

566 Veit FamRZ 1996, 1309.

567 Das Folgende ist entnommen aus Röthel FamRZ 2004, 999; Röthel FPR 2007, 79; Lipp/Röthel, Handbuch, Teil III; Süß ZEV 2008, 69; Müller/Renner Rz. 886 ff.; Löhnig/Schwab/Henrich/Gottwald, Vorsorgevollmacht und Erwachsenenschutz in Europa, 2011; Beyer/Töpfer ZErb 2012, 1; zu Japan vgl. Bienwald FamRZ 2004, 81.

Die Reichweite der durch Vollmacht übertragbaren Befugnisse ist teils auf den vermögensrechtlichen Bereich beschränkt (England[568]), während im schottischen Recht auch eine Bevollmächtigung im personenrechtlichen Bereich möglich ist.

In **Belgien** besteht nach dem Gesetz v. 17.3.2013 die Möglichkeit, durch formpflichtige, registrierte Vollmacht vorab Wünsche zur Person des Vermögensverwalters und zu seinen Aufgaben zu hinterlegen.

In **Frankreich** kann der „Schutzbetreute“ die Vermögensverwaltung durch einen von ihm benannten Stellvertreter sicherstellen. Die Vollmacht bleibt über die Anordnung der Schutzbetreuung hinaus wirksam.

In **Italien** ist eine private Bevollmächtigung zur Vermeidung von Vormundschaft bzw. Entmündigung nicht vorgesehen. Die Vollmacht erlischt mit dem Eintritt der Geschäftsunfähigkeit.[569]

In den **Niederlanden** gibt es keine Vorsorgevollmacht in unserem Sinn, aber ein sog. Lebenstestament.

In **Österreich** hieß das Institut „Sachwalter“. Seit 2018 gibt es vier verschiedene Formen der Vertretung Erwachsener, u. a. die Vorsorgevollmacht, die vor einem Rechtsanwalt, Notar oder Erwachsenenschutzverein zu erklären ist.[570] Eine Generalvollmacht ist unzulässig, die Angelegenheiten müssen einzeln bezeichnet werden. In einer Zentralstelle (ÖZVV) beim OLG Wien wird die Vollmacht (gebührenpflichtig) registriert, dort wird auch der Eintritt des Vorsorgefalles registriert, erst damit wirkt die Vollmacht. Mit dem Tod des Vollmachtgebers endet die Wirkung.

In der **Schweiz** kann seit 2013 durch einen Vorsorgeauftrag eine handlungsfähige Person „eine oder mehrere natürliche oder juristische Personen bezeichnen, die im Falle ihrer Urteilsunfähigkeit ihre Interessen wahren und sie im Rechtsverkehr vertreten sollen“. Vorsorgeaufträge sind in ein zentrales Register einzutragen. Zum Schutz vor Missbrauch hat die Erwachsenenschutzbehörde u. U. das Recht, den Vorsorgeauftrag zu widerrufen.

In **Spanien** können sog. vorsorgende Vollmachten wirksam sein. Ein Dritter kann in Fragen der medizinischen Behandlung rechtsgeschäftlich bevollmächtigt werden.

Wird eine Vollmacht im Ausland verwendet, muss sie grundsätzlich den dortigen Formvorschriften entsprechen. Diese können schärfer sein als die deutschen Formvorschriften, z. B. Beglaubigungen verlangen; teils verlangt das Ausland auch eine Registrierung von Vollmachten,[571] damit sie wirksam

568 Röthel/Heßeler FamRZ 2006, 529; Müller-Engels/Braun Kap. 3 Rn. 47.

569 Lipp/Röthel, Handbuch, § 27 Rz. 4.

570 Müller-Engels/Braun Kap. 3 Rn. 73.

571 Vgl. Röthel BtPrax 2006, 90/94.

sind; teils sind Generalvollmachten unzulässig. Es ist deshalb möglich, dass es trotz deutscher Vorsorgevollmacht zur Anordnung einer Betreuung kommt, wenn Angelegenheiten im Ausland zu besorgen sind und die hiesige Vollmacht nicht ausreicht (vgl. § 1814 III Nr. 1 BGB). Ein Vollmachtgeber mit Vermögen im Ausland sollte deshalb Erkundigungen bei ausländischen Notaren einholen und dann am besten **für das Auslandsvermögen bei einem dortigen Notar eine Vollmacht beurkunden** lassen.

II. Deutsches Kollisionsrecht

Zu unterscheiden ist zwischen dem Innenverhältnis Vollmachtgeber – Bevollmächtigter (z. B. Auftrag, Dienstvertrag) und dem Außenverhältnis Bevollmächtigter – Dritter (z. B. Kaufvertrag, den der Bevollmächtigte in Spanien schließt) sowie der abstrakten Vollmacht. Für das Innenverhältnis sowie für den Vertrag, den der Bevollmächtigte im fremden Namen abschließt, gilt aus unserer Sicht das Vertragsstatut. Für die Form der Erteilung der Vollmacht kommt es auf den Ort an, an dem der Vollmachtgeber sie erklärt. Für die Form des Geschäfts, das der Vertreter abschließt, entscheidet nach deutscher Auffassung das Recht des Ortes, wo der Vertreter seine Erklärung abgibt, wo er also aufgrund der Vollmacht handelt. *347*

Art. 24 EGBGB lautet ab 2023:

(1) Die Entstehung, die Ausübung, die Änderung und das Ende eines Fürsorgeverhältnisses (Vormundschaft, Betreuung, Pflegschaft), das kraft Gesetzes oder durch Rechtsgeschäft begründet wird, unterliegen dem Recht des Staates, in dem der Fürsorgebedürftige seinen gewöhnlichen Aufenthalt hat.

(2) Maßnahmen, die im Inland in Bezug auf ein Fürsorgeverhältnis angeordnet werden, und die Ausübung dieses Fürsorgeverhältnisses unterliegen deutschem Recht. Besteht mit dem Recht eines anderen Staates eine wesentlich engere Verbindung als mit dem deutschen Recht, so kann jenes Recht angewendet werden.

(3) Die Ausübung eines Fürsorgeverhältnisses aufgrund einer anzuerkennenden ausländischen Entscheidung richtet sich im Inland nach deutschem Recht.

III. Internationale Regelungen

a) Die ausländischen Rechtsregeln über den Schutz von Erwachsenen sind sehr unterschiedlich. Das Kollisionsrecht und das materielle Recht divergieren. Das Haager Übereinkommen vom 14.3.1978 über das auf Vertreterver- *348* träge und die Stellvertretung anzuwendende Recht wurde von Deutschland nicht ratifiziert[572].

Im Jahr 2000 wurde das **Übereinkommen für den internationalen Schutz Erwachsener** (ESÜ = ErwSÜ)[573] verabschiedet. Dieses Übereinkommen ist bei internationalen Sachverhalten auf den Schutz von Erwachsenen anzuwenden, die aufgrund einer Beeinträchtigung oder der Unzulänglichkeit ihrer persönlichen Fähigkeiten nicht in der Lage sind, ihre Interessen zu schützen (Art. 1 I ErwSÜ). Nicht darunter fällt eine Vollmacht, die über den Tod hinaus wirken soll und *von der nach dem Tod Gebrauch gemacht* werden soll. Auch die Patientenverfügung ist nicht erfasst.

Nach Art. 15 ErwSÜ[574] ist das **Recht am gewöhnlichen Aufenthaltsort** des Vollmachtgebers im Zeitpunkt der Vollmachterteilung berufen. Das Abkommen ist derzeit im Verhältnis zu Estland, Finnland, Großbritannien (für Schottland), Frankreich, Österreich, Tschechischer Republik, der Schweiz usw. in Kraft.[575]

Beispiel: Ein deutsch/schottisches Ehepaar lebt in Deutschland. Vermögen beider Ehegatten befindet sich jeweils in Deutschland und in Schottland. Jeder Ehegatte errichtet eine Vorsorgevollmacht für sein Vermögen zugunsten des anderen Ehegatten. Wenn die schottische Frau dement wird, kann der bevollmächtigte Ehemann nach deutschen Recht und bei deutscher Gerichtszuständigkeit handeln (Art. 15 ErwSÜ). Ein bestimmtes deutsches Betreuungsgericht kann dem Mann eine **Bescheinigung über sein Recht** zum Handeln und die ihm übertragenen Befugnisse ausstellen (Art. 38 I ErwSÜ), auf Grund derer der Bevollmächtigte Geld vom schottischen Bankkonto nach Deutschland überweisen kann. Einzelheiten sind höchst kompliziert (vgl. das ErwSÜAG).

Weniger kompliziert wäre es gewesen, wenn die Frau in gesunden Tagen bei ihrer schottischen Bank den Ehemann zur Kontoverfügung bevollmächtigt hätte.

Die Aufgabe der Zentralen Behörde für die internationale Kooperation hat das **Bundesamt für Justiz**. Das deutsche Begleitgesetz[576] regelt das innerstaatliche Verfahren für die Anerkennung von Betreuungsbeschlüssen, die in anderen Vertragsstaaten erlassen werden.

b) Falls die Vollmacht über den Tod hinaus wirkt, kann der Bevollmächtigte *nach dem Tod des Vollmachtgebers* möglicherweise in den Mitgliedstaaten der EuErbVO aufgrund eines **Europäischen Nachlasszeugnisses,** ausgestellt vom Nachlassgericht, wirken. denn nach Art. 63 EuErbVO,

---

572 MünchKomm-Spellenberg EGBGB Rz. 194 vor Art. 11.

573 Dazu Schaub IPrax 2016, 207; Röthel/Woitge IPRax 2010, 494; Till Guttenberger, Das Haager Übereinkommen über den internationalen Schutz von Erwachsenen, 2004.

574 Dazu eingehend Wedemann FamRZ 2010, 785.

575 Genaue Staatenliste im Internet.

576 ErwSÜAG vom 17.3.2007 (BGBl I 314), geändert 18.2.2013 (BGBl I 266).

§§ 33 ff. IntErbRVG ist das Zeugnis auch zur Verwendung durch „Nachlassverwalter“ bestimmt, wozu man auch denjenigen rechnen kann, der aufgrund einer Vollmacht nach dem Tod des Vollmachtgebers handelt.[577] Das amtliche Formular[578] nennt in Formblatt V Anlage VI den Nachlassverwalter.

Wenn eine in Deutschland wirksam erteilte Vorsorgevollmacht in einem Staat gebraucht wird, der dieses Rechtsinstitut derzeit nicht kennt (z. B. Vollmacht über den Tod hinaus; Generalvollmacht), gibt es allerdings Probleme.

IV. Verwendung der deutschen Vollmachtsurkunde im Ausland

Hatte der Erblasser eine Vollmacht *über den Tod hinaus* errichtet, kommt 349
aber **ausländisches Erbrecht** zum Zug (z. B. weil der Erblasser nach dem 17.8.2015 mit gewöhnlichem Aufenthalt in Spanien verstorben ist; Art. 21 EuErbVO), dann unterliegt die Vollmacht nach deutscher Auffassung[579] dem Recht des Staates, in dem die Vollmacht wirken soll (Wirkungsstatut), bei Auflösung eines spanischen Bankkontos also spanischem Recht. Das ist von Bedeutung, weil das ausländische Recht (z. B. Belgien, Frankreich, Italien, Niederlande[580]) meist die Vollmacht mit dem Tod des Vollmachtgebers erlöschen lässt. In einigen Ländern ist dies dispositiv. In vielen Ländern muss ferner eine Vollmacht notariell beurkundet oder beglaubigt sein, damit sie gilt, so dass eine privatschriftliche Vollmacht nicht genügt.

Die deutsche *notarielle* Vollmacht kann vermutlich nach **Art. 59 EuErbVO** in den Mitgliedstaaten der EuErbVO verwendet werden.

Legalisation. Selbst wenn die Vollmacht von einem Notar oder von der Betreuungsbehörde beglaubigt ist, stellt sich im Ausland die Frage, ob diese Beglaubigungen echt sind. Hierzu dient die sog. Legalisation: Die Echtheit der öffentlichen Urkunde wird durch das Konsulat des Landes, in dem die Urkunde verwandt werden soll, bestätigt (das argentinische Konsulat in Deutschland bestätigt z. B. die Urkunde des deutschen Notars, welche in Argentinien verwendet werden soll).

---

577 MünchKomm BGB/Dutta EuErbVO Art. 63 Rz. 10; Dutta/Weber/Fornasier, Internationales Erbrecht, 2016, Art. 63 Rz. 19.

578 EG VO 1329/2014.

579 BGH NJW 1990, 3088; Palandt/Thorn EBGBG Art. 10 Anh. 1; streitig.

580 Süß ZEV 2008, 69; zur Widerruflichkeit von Schweizer Vollmachten vgl. Sieghörtner ZEV 1999, 461.

Apostille. Das Haager Übereinkommen zur Befreiung ausländischer öffentlicher Urkunden von der Legalisation[581] findet in mehr als 50 Staaten Anwendung. Die Echtheit der Unterschrift des deutschen Notars wird durch eine „Apostille“ erbracht, d.h. eine Bestätigung des deutschen Landgerichtspräsidenten.

Befreiung von Legalisation und Apostille. Nach bilateralen Staatverträgen Deutschlands mit einigen Staaten,[582] z.B. Belgien, Dänemark, Frankreich, Griechenland, Italien, Luxemburg, Österreich, Schweiz, wird vom Erfordernis einer Legalisation abgesehen. Die deutsche notarielle Urkunde hat im anderen Land die Vermutung der Echtheit.

Im Ergebnis ist dem Vollmachtgeber, der will, dass sein Bevollmächtigter über ausländische Bankguthaben und Depots verfügen kann, zu raten, bei der ausländischen Bank zu Lebzeiten zu fragen, welche Legitimation vor bzw. nach seinem Tod notwendig ist.

T. Das Beratungsgespräch über die Vorsorgevollmacht

I. Die Vorsorgevollmacht

350 Eine Vorsorgevollmacht muss auf die vorhersehbaren konkreten Bedürfnisse des Vollmachtgebers zugeschnitten werden. Das Problem vieler Formulare ist, dass sie standardisiert sind. Vom rechtskundigen Berater (Rechtsanwalt, Notar, Verein, Behörde) sollte daher Folgendes geklärt bzw. thematisiert werden:

- Liegt beim Vollmachtgeber überhaupt noch **Geschäftsfähigkeit** vor? Weiß er, was eine Vollmacht ist, erkennt er die Tragweite? Rz. 41.
- Besprechung von Alternativen (Betreuungsverfügung und Betreuung). Problem, die zukünftige Entwicklung vorherzusehen, wenn die Vollmacht erst in vielen Jahren zum Zug kommt.
- Auswahl der Vertrauensperson; wer ist geeignet? nicht: Heim- und Pflegepersonal (wo arbeitet die als Bevollmächtigter in Aussicht genommene Person?). Rz. 130.
- **Interessenkollisionen** zwischen Vollmachtgeber sowie dessen Angehörigen und Bevollmächtigtem. Wird der Bevollmächtigte Alleinerbe des Vollmachtgebers?
- Besonderes Vertrauensverhältnis ist bei einer Generalvollmacht erforderlich, aber auch sonst sollte nur langjährig bekannten Personen Vollmacht erteilt werden.

581 BGBl II 1971, 86.

582 Fundstellen bei Soergel/Kronke 11. Aufl. Art 38 EGBGB Anhang IV Rz. 206, 207.

- Soll eine **Generalvollmacht** erteilt werden oder Einschränkung der Vollmacht im Außenverhältnis erfolgen (**Vollmacht nur für bestimmte Angelegenheiten**, die genau zu bezeichnen sind, so dass es bezüglich des Restes zu einer Betreuung kommen kann)?
- Soll der Bevollmächtigte **Schenkungen** machen dürfen? (Rz. 96)
- Soll der Bevollmächtigte **Insichgeschäfte** durchführen dürfen? Rz. 104.
- Soll die Vollmacht **über den Tod des Vollmachtgebers hinaus** gelten? Besprechung der Vor- und Nachteile (Rz. 259).
- Der Vollmachtgeber kann die Vollmacht grundsätzlich jederzeit kündigen (Problem der Rückforderung der Urkunde).
- Risiko, weil der Bevollmächtigte keine Pflicht hat, die Vollmacht zu übernehmen und jederzeit die Vollmacht niederlegen kann.
- Soll deshalb ein **Ersatzbevollmächtigter** bestellt werden? Rz. 113.
- Sollen **mehrere Bevollmächtigte** bestellt werden? Einzelvertretung oder Gesamtvertretung? Rz. 124.
- Darf der Bevollmächtigte **Untervollmachten** erteilen?
- Informationspflichten und Weisungsgebundenheit des Bevollmächtigten im Innenverhältnis. Probleme, wenn die Vorstellungen des Vollmachtgebers unklar sind oder wenn er geistig nicht mehr zugänglich ist.
- Missbrauchsrisiko besteht bei jeder Vollmacht.
- Kontrollbetreuung (§ 1820 III BGB). Keine Kontrolle durch das Betreuungsgericht (anders als bei der Betreuung).
- Auch der Bevollmächtigte braucht u.U. eine Genehmigung des Betreuungsgerichts in den Fällen §§ 129ff. BGB.
- **Beglaubigung der Unterschrift** durch Betreuungsbehörde (billiger), durch Notar, notarielle Beurkundung der Vollmacht. Beglaubigung ist notwendig, wenn über Grundstücke verfügt werden soll und für das Handelsregister.
- Ist **Auslandsvermögen** vorhanden? Rz. 346.
- **Vergütungsfrage,** Ersatz von Aufwendungen?
- Wird der Bevollmächtigte wirklich jahrelang „umsonst“ arbeiten? Umfang der Tätigkeit?
- Vollmacht hilft nicht immer, es kann also trotzdem zu einer Betreuung kommen (Rz. 324ff.), etwa wenn ein Einwilligungsvorbehalt (§ 1825 BGB) erforderlich werden sollte.
- Soll das **Innenverhältnis** zwischen dem Bevollmächtigten und dem Vollmachtgeber schriftlich geregelt werden? Soll das in die Urkunde aufgenommen werden oder in eine besondere Urkunde?

II. Regelung des Grundverhältnisses bei der Vorsorgevollmacht[583]

351 Die Vollmachtserteilung ist ein einseitiger Akt des Vollmachtgebers; ob der Bevollmächtigte später von der Vollmacht Gebrauch macht, ist einen andere Frage. Das Grundverhältnis dagegen ist ein Vertrag (zweiseitig) da müssen also Vollmachtgeber und Bevollmächtigter unterschreiben (sonst fehlt ein Nachweis); wirksam (aber nicht beweisbar) wäre allerdings auch eine mündliche Vereinbarung.

Das Grundverhältnis sollte nur dann ungeregelt bleiben, wenn der andere Ehegatte oder das einzige Kind Bevollmächtigter wird. Sind *mehrere* Kinder vorhanden und wird *ein* Kind bevollmächtigt, tauchen später, zumindest nach dem Tod, Streitpunkte auf (zuviel Auslagen abgerechnet; wofür ist die eine oder andere Barauszahlung verwendet worden?). Besteht Anlass, das Grundverhältnis (Auftrag, Geschäftsbesorgung) schriftlich zu regeln, dann sollten u. a. folgende Themen angesprochen werden (Muster im Anhang 2):

- *Regelungen über die Vermögensverwaltung, Geldanlage usw. (dadurch kann einerseits eine fehlerhafte Verwaltung leichter definiert werden, andererseits wird die Verantwortlichkeit des Bevollmächtigten gemildert*[584]*), Zulässigkeit von Geschenken, Übertragungen (z. B. aus steuerlichen Gründen).*
- *Sollen Regelungen getroffen werden über Rechnungslegung, Abrechnungstermine, Buchführungspflichten, Belegaufbewahrung?*
- *Weisungen des Vollmachtgebers bezüglich der Wahrnehmung der Gesundheitssorge und freiheitsentziehenden Unterbringung?*
- *Im Innenverhältnis: Verbot oder Erlaubnis der Unterbevollmächtigung?*
- *Im Innenverhältnis: Sonstige Regelungen zur Verringerung des Missbrauchsrisikos?*
- *Vergütung des Bevollmächtigten?*
- *Wie soll der Ersatz von Aufwendungen erfolgen? (pauschal oder Einzelabrechnung).*
- *Soll die Haftung des Bevollmächtigten beschränkt werden? Haftpflichtversicherungen?*
- *Wie viel Geld ist für den Unterhalt des Vollmachtgebers monatlich aufzuwenden?*[585] *Was soll für die Pflegesituation gelten (welche Pflegedienste sollen beauftragt werden usw.)?*

583 Vgl. dazu Sauer RNotZ 2009, 79. Formular im Anhang 2; ein anderes Muster findet sich bei Bauer/Klie S. 94.

584 Walter, Vorsorgevollmacht S. 114.

585 Einen bestimmten Betrag zu nennen, kann unzweckmäßig sein, vgl. Sauer RNotZ 2009, 79/91.

- *Pflichten bei Beendigung der Tätigkeit (Abrechnung usw.).*
- *Regelung des Verhältnisses von zwei Bevollmächtigten untereinander.*
- *Kündigungsfragen (Fristen, Kündigungsgründe).*
- *Übertragung weiterer Aufgaben wie Bestattung, Recht zur Organspende.*
- *Erlöschen der Vollmacht und des Grundverhältnisses mit dem Tode?*
- *Aushändigung und Rückgabe der Vollmachtsurkunde.*

U. Häufige Mängel bei der Vorsorgevollmacht

In Zeitschriften, Büchern sowie im Internet werden zahlreiche Muster von Vorsorgevollmachten angeboten. Ein großer Teil davon ist rechtlich bedenklich.[586] *352*

Ausgestaltung der Vollmacht als bedingte Vollmacht. Viele Vordrucke empfehlen Überschriften wie „Vollmacht für den Fall einer psychischen Erkrankung", „Altersvorsorgevollmacht[587]", „Vollmacht für den Fall meiner Geschäftsunfähigkeit". Solche Vollmachten sind als bedingte Vollmachten für den Rechtsverkehr weitgehend wertlos.[588] Die Urkunde, die nach außen hin verwendet wird, sollte keine solchen Bedingungen oder Einschränkungen enthalten. Soll die Vollmacht über den Tod hinaus gelten ist die Überschrift „Vorsorgevollmacht" bedenklich und sollte unterbleiben.

Zusammenfassung von Vollmacht und Vertrag über das **Grundverhältnis** in einer Urkunde. Davon ist abzuraten. Den Dritten (z. B. der Bank), dem diese Urkunde vorgelegt wird, geht das Innenverhältnis nichts an. Da er diese Klauseln gleichwohl liest, erkennt er oft nicht, ob es sich um eine im Außenverhältnis oder nur im Innenverhältnis beschränkte Vollmacht handelt. *353*

Zusammenfassung von Vollmacht und **Patientenverfügung** in einer Urkunde („Vorsorgepaket"). Das, was der Betroffenen für seine ärztliche Behandlung und die Hilfe im Sterbefall in der Patientenverfügung bestimmt hat, geht die Bank usw., der die Vollmacht vorgelegt wird, nichts an. Außerdem wird dadurch die Vollmacht zu umfangreich, der Geschäftsgegner muss die ganze Urkunde (oft 10 bis 15 Seiten) durchlesen und (als Nichtjurist) verstehen, weil vielleicht auf Seite 15 das aufgehoben wird, was auf Seite 1 erklärt wird. Besser sind daher getrennte Urkunden. Zumindest sollten nur getrennte Ausfertigungen erteilt werden (§ 49 V BeurkG).[589] *354*

---

586 Ebenso Milzer NJW 2003, 1836.
587 So Langenfeld, Vorsorgevollmacht S. 148.
588 Dieckmann/Jurgeleit BtPrax 2002, 135.
589 Dazu Milzer NJW 2003, 1836/8.

355 **Überflüssige Zusätze.** Viele Formulare sprechen vom Bevollmächtigen als der „Vertrauensperson“. Ein Sinn dafür ist nicht erkennbar. Wenn der Vollmachtgeber der „Vertrauensperson“ nicht mehr vertraut, soll das dann Auswirkungen auf die Vollmacht haben? Genauso bedenklich ist, wenn dem Bevollmächtigten das Recht zur freiheitsentziehenden Unterbringung eingeräumt wird und dann eingeschränkt wird:“ solange dies zu meinem Wohle erforderlich ist“. Enthält dies eine Einschränkung der Rechtsmacht des Bevollmächtigten im Außenverhältnis? Wenn der ängstliche Bevollmächtigte zur Pflegerin sagt „Bringen Sie doch bitte das Bettgitter an“, darf dann die Pflegerin erwidern: „Dazu sind Sie nicht berechtigt, weil das heute nicht zu ihrem Wohle wäre“? In einem anderen Formular[590] findet sich der Satz, dass der Bevollmächtigte die Befugnis habe, vom Konto „Geldbeträge abzuheben, um einen Krankenhausaufenthalt ... zu bezahlen“. Ist dies eine Beschränkung der Vollmacht im Außenverhältnis, muss die Bank die Verwendung des abgehobenen Geldes überprüfen? Darf nichts abgehoben werden, um den Apotheker zu bezahlen?

Das Innenverhältnis, wonach der Bevollmächtigte nur zum „Wohle“ des Vollmachtgebers handeln darf, sollte nicht in die Vollmachtsurkunde getragen werden.

Manche Vollmachten enthalten Bezugnahmen auf Gesetze wie: „Der Bevollmächtigte darf Verfahrenshandlungen nach § ... vornehmen“. Was gilt, wenn diese Vorschrift aufgehoben wird, so wie 2023, aber in ähnlicher Form in einem anderen Gesetz auftaucht?

356 **Wechselseitige Bevollmächtigungen.** Wenn zwei Neunzigjährige sich wechselseitig bevollmächtigten, hat das selten Sinn. Wenn der Mann seine Frau bevollmächtigt und die Frau ihren Ehemann, was soll dann gelten, wenn beide einmal betreuungsbedürftig werden? Was soll gelten, wenn sie sich scheiden lassen?

357 **Problematische Bevollmächtigung mehrerer Personen.** Wenn mehrere Personen bevollmächtigt werden, muss angeben werden, ob sie einzelvertretungsberechtigt oder nur gesamtvertretungsberechtigt sind. Wird ein Ersatzbevollmächtigter bestellt, ist folgender Satz mangelhaft: „Wenn A verhindert ist, soll B als Ersatzbevollmächtigter tätig werden“. Denn wer stellt fest, ob der Verhinderungsfall eingetreten ist? Rz. 113.

358 **Überflüssige Belehrungsvermerke.** Notare nehmen manchmal die Flut von Belehrungen, die sie erteilt haben, in die Vollmachtsurkunde auf. Das ist als Inhalt der Vollmachtsurkunde nicht notwendig, führt zu einer unübersichtlichen, überfüllten Urkunde.

---

590 Uhlenbruck ZAP Fach 12 S. 85 (1999).

Unterlassene Beglaubigung der Vollmachtsurkunde. Im Rechtsverkehr werden nur Vollmachten, die notariell beurkundet sind, zumindest aber von der Betreuungsbehörde oder einem Notar beglaubigt sind, hinsichtlich der Echtheit der Unterschrift des Vollmachtgebers nicht in Zweifel gezogen. *359*

Keine Aussagen: die Urkunde schweigt darüber, ob die Vollmacht nach dem Tod des Vollmachtgebers fortgelten soll und ob der Bevollmächtigte zu Insichgeschäften berechtigt ist. Das kann zu schwierigen Auslegungsproblemen führen. *360*

§ 1816 VI BGB wird übersehen: Ein Bevollmächtigter wird bestellt und später stellt sich heraus, dass er nach § 1816 VI BGB ausgeschlossen ist, weil er als Altenpfleger in dem Heim arbeitet, in das seine Mutter aufgenommen werden soll. Vgl. Rz. 130. *361*

Vermögen im Ausland wurde übersehen. Vgl. Rz. 346. *362*

3. KAPITEL
GESETZLICHES VERTRETUNGSRECHT DER EHEGATTEN BEI GESUNDHEITSSORGE

1. Entwicklung des Problems

362a Unter Laien besteht die Vorstellung, dass Ehegatten einander vertreten und die volljährigen Kinder die Eltern. Hat der Ehemann 1.000 Liter Heizöl bestellt und ruft die Ehefrau tags darauf beim Händler an und ändert die Bestellmenge auf 3.000 Liter, dann werden 3.000 Liter geliefert und die Rechnung lautet auf den Mann, der den hohen Betrag nicht zahlen will. Tatsächlich hatte die Frau keine Vertretungsmacht, denn der bisherige § 1357 BGB berechtigte einen Ehegatten nur, „zur angemessenen Deckung des Lebensbedarfs der Familie" Geschäfte mit Wirkung für den anderen Ehegatten zu tätigen (Verpflichtungsermächtigung). War der andere Ehegatte dement, konnte er rechtsgeschäftlich nicht mehr tätig werden, dann war eine Betreuung notwendig.

Die Politik wollte die Kosten für diese Betreuungen sparen und ein gesetzliches Vertretungsrecht Angehöriger einführen, was jahrzehntelang nicht gelang. Erst ab 2023 wurde ein solches Recht **in reduzierter Form** eingeführt, indem § 1358 BGB eingefügt wurde.[591]

Nur für Ehegatten besteht das Recht (nicht für sonstige „Angehörige"),

- nur, wenn der andere Ehegatte ein Betreuungsfall ist (Notvertretungsrecht),
- nur für Gesundheitsangelegenheiten (i. d. R. nicht für Vermögensfragen),
- zeitlich begrenzt,
- mit Widerspruchsrecht des anderen Ehegatten.

362b 2. Gesetzestext des § 1358 BGB

Gegenseitige Vertretung von Ehegatten in Angelegenheiten der Gesundheitssorge

(1) Kann ein Ehegatte aufgrund von Bewusstlosigkeit oder Krankheit seine Angelegenheiten der Gesundheitssorge rechtlich nicht besorgen (vertretener Ehegatte), ist der andere Ehegatte (vertretender Ehegatte) berechtigt, für den zu vertretenden Ehegatten

[591] Kritisch dazu Dutta FamRZ 2020, 1881; Grziwotz ZRP 2020, 248; Müller-Engels FamRZ 2021, 645; Renner NotBZ 2022, 16.

1. in Untersuchungen des Gesundheitszustandes, Heilbehandlungen oder ärztliche Eingriffe einzuwilligen oder sie zu untersagen sowie ärztliche Aufklärungen entgegenzunehmen,

2. Behandlungsverträge, Krankenhausverträge oder Verträge über *eilige* Maßnahmen der Rehabilitation und der Pflege abzuschließen und durchzusetzen,

3. über Maßnahmen nach § 1831 Absatz 4 zu entscheiden, sofern die Dauer der Maßnahme im Einzelfall sechs Wochen nicht überschreitet, und

4. Ansprüche, die dem vertretenen Ehegatten aus Anlass der Erkrankung gegenüber Dritten zustehen, geltend zu machen und an die Leistungserbringer aus den Verträgen nach Nummer 2 abzutreten oder Zahlung an diese zu verlangen.

(2) Unter den Voraussetzungen des Absatzes 1 und hinsichtlich der in Absatz 1 Nummer 1 bis 4 genannten Angelegenheiten sind behandelnde Ärzte gegenüber dem vertretenden Ehegatten von ihrer Schweigepflicht entbunden. Dieser darf die diese Angelegenheit betreffenden Krankenunterlagen einsehen und ihre Weitergabe an Dritte bewilligen.

(3) Die Berechtigungen nach den Absätzen 1 und 2 bestehen nicht, wenn

1. die Ehegatten getrennt leben,

2. dem vertretenden Ehegatten oder dem behandelnden Arzt bekannt ist, dass der vertretene Ehegatte

a) eine Vertretung durch ihn in den in Absatz 1 Nummer 1 bis 4 genannten Angelegenheiten ablehnt oder

b) jemanden zur Wahrnehmung seiner Angelegenheiten **bevollmächtigt** hat, soweit diese Vollmacht die in Absatz 1 Nummer 1 bis 4 bezeichneten Angelegenheiten umfasst,

3. für den zu vertretenden Ehegatten ein Betreuer bestellt ist, soweit dessen Aufgabenkreis die in Absatz 1 Nummer 1 bis 4 bezeichneten Angelegenheiten umfasst, oder

4. die Voraussetzungen des Absatzes 1 nicht mehr vorliegen oder mehr als sechs Monate seit dem durch den Arzt nach Absatz 4 Satz 1 Nummer 1 festgestellten Zeitpunkt vergangen sind.

(4) Der Arzt, gegenüber dem das Vertretungsrecht ausgeübt wird, hat

1. das Vorliegen der Voraussetzungen nach Absatz 1 und den Zeitpunkt, zu dem diese spätestens eingetreten sind, schriftlich zu bestätigen,

2. dem vertretenden Ehegatten die Bestätigung nach Nummer 1 mit einer schriftlichen Erklärung über das Vorliegen der Voraussetzungen des Absatzes 1 und das Nichtvorliegen der Ausschlussgründe nach Absatz 3 vorzulegen und

3. sich von dem vertretenden Ehegatten schriftlich versichern zu lassen, dass

a) das Vertretungsrecht wegen der Bewusstlosigkeit oder Krankheit, aufgrund derer der Ehegatte seine Angelegenheiten der Gesundheitssorge rechtlich nicht besorgen kann, bisher nicht ausgeübt wurde und

b) kein Ausschlussgrund des Absatzes 3 vorliegt.

Das Dokument mit der Bestätigung nach Satz 1 Nummer 1 und der Versicherung nach Satz 1 Nummer 3 ist dem vertretenden Ehegatten für die weitere Ausübung des Vertretungsrechts auszuhändigen.

(5) Das Vertretungsrecht darf ab der Bestellung eines Betreuers, dessen Aufgabenkreis die in Absatz 1 Nummer 1 bis 4 bezeichneten Angelegenheiten umfasst, nicht mehr ausgeübt werden.

(6) § 1821 Absatz 2 bis 4, § 1827 Absatz 1 bis 3, § 1828 Absatz 1 und 2, § 1829 Absatz 1 bis 4 sowie § 1831 Absatz 4 in Verbindung mit Absatz 2 gelten entsprechend.

362c 3. Das Vertretungsrecht

a) Voraussetzung ist, dass ein Ehegatte aufgrund von Bewusstlosigkeit (deren Ursache muss nicht festgestellt werden) oder Krankheit seine Angelegenheiten der Gesundheitssorge (Abs. 1 Nr. 1 bis 4) rechtlich nicht besorgen kann (vgl. § 1814 BGB; die Krankheit muss nicht „psychisch" sein). Der Arzt, gegenüber dem das Vertretungsrecht ausgeübt wird, hat das Vorliegen dieser Voraussetzungen und den Zeitpunkt, zu dem diese spätestens eingetreten sind, schriftlich (dem vertretenden Ehegatten) zu bestätigen (§ 1358 IV BGB).

b) Berechtigt sind Ehegatten; gleichgestellt sind eingetragene homosexuelle Lebenspartner (§ 21 I LPartG). Fraglich ist, ob sich der Arzt, dem gegenüber das Vertretungsrecht ausgeübt wird, die Ehe nachweisen lassen muss, also durch die Heiratsurkunde und den Personalausweis. In der Regel genügt zum Nachweis der Ehe die schriftliche Versicherung des vertretenden Ehegatten.[592]

Die **Eignung des Ehegatten** zur Ausübung des Vertretungsrechts wird nicht nachgeprüft. Ob er als Ausländer ausreichend Deutsch kann, um den Arzt zu verstehen, oder ob seine geistigen Fähigkeit sonst ausreichen, wird nicht geprüft.

§ 1358 BGB gilt auch für **ausländische Ehen** (Art. 15, 17b II EGBGB), auch wenn die Ehe sonst ausländischem Recht unterliegt.

---

[592] Jurgeleit NJW 2023, 1 (4).

Nicht berechtigt sind Lebensgefährten, Verlobte, Freunde. Nicht berechtigt sind ferner sonstige Angehörige wie Eltern, volljährige Kinder (!) und Enkel, Geschwister, Onkel, Tanten, Schwiegereltern, Schwager und Schwägerin usw. In einer Vorsorgevollmacht könnte der Betroffene diese Personen aber bevollmächtigen.

c) Der **Ehegatte ist nicht verpflichtet**, von seinem Vertretungsrecht Gebrauch zu machen. Wenn er nicht bereit oder nicht in der Lage ist, z.B. nach Aufklärung, zu handeln, dann muss eine Betreuung (einstweilige Anordnung, § 300 FamFG) beim Amtsgericht angeregt werden oder wegen akuter Gefahr kann vom Arzt ohnehin gehandelt werden, weil eine mutmaßliche Einwilligung des Kranken vorliegt. Manchmal scheuen Ehegatten die Entscheidung, weil die Verantwortung zu groß ist oder sie spätere Vorwürfe des vertretenen Ehegatten oder von Verwandten befürchten. *362d*

d) **Zeitlich** ist das Vertretungsrecht auf **sechs Monate** beschränkt (§ 1358 III Nr. 4 BGB), eine **Verlängerung** (etwa durch Beschluss des Gerichts) ist ausgeschlossen. Kann der andere Ehegatte innerhalb der sechs Monate seine Angelegenheiten wieder selbst regeln (z.B. wenn er aus der Bewusstlosigkeit aufwacht), dann sollen nach Meinung der Gesetzesbegründung[593] §§ 630aff. BGB eingreifen. Das ist dunkel; an sich ist dann die gesetzliche Vermutung eines Vertretungsrechts beendet und der vertretende Ehegatte hat die „Dokumente", die seine Vertretungsberechtigung beweisen sollen, herauszugeben. Dass der Vertretene selbst etwas „deutlich zu machen" hat (so die Gesetzesbegründung) ist nicht richtig. Dass sich das Innenverhältnis zwischen den Ehegatten nach § 1353 I 2 BGB richte, ist inhaltslos. Richtigerweise ist es genauso, wie wenn ein Ehegatte dem anderen eine Vorsorgevollmacht erteilte, aber nun selbst handeln kann.

Das Vertretungsrecht endet ferner, wenn für den kranken Ehegatten ein Betreuer mit einem identischen Aufgabenkreis bestellt wird. Genauso ist es, wenn eine entsprechende Vorsorgevollmacht auftaucht.

e) **Subsidiarität.** Das gesetzliche Vertretungsrecht ist nachrangig gegenüber einer schon bestehenden Betreuung und Vorsorgevollmacht. Wenn aber der Krankenhausarzt eine Betreuung über einen *verheirateten* Patienten wegen einer bevorstehenden medizinischen Maßnahme betragt, dann muss er vorher den § 1358 BGB prüfen.[594]

f) **Umfang des Vertretungsrechts.** Der vertretende Ehegatte kann in **Untersuchungen** des Gesundheitszustandes, **Heilbehandlungen** oder ärztliche Eingriffe einwilligen (§ 1829 I BGB) oder sie untersagen (§ 1829 II BGB) – selbst wenn die Gefahr besteht, dass der vertretene Ehegatte *362e*

---

593 BT-Drucks. 19/24445 S. 156.

594 AG Frankfurt/M, Beschl. v. 15.1.2023, 43 XVII 173/23.

stirbt;[595] das gilt auch für andere Krankheiten als die, welche Anlass für das Vertretungsrecht waren. Eventuell ist eine **Genehmigung des Betreuungsgerichts** erforderlich, die bei Konsens des Arztes mit dem vertretenden Ehegatten **entfallen** kann (§ 1829 IV BGB).

Er kann ärztliche **Aufklärungen** entgegennehmen und muss sie verstehen können.

Er kann **Behandlungsverträge**, Krankenhausverträge oder Verträge über eilige Maßnahmen der Rehabilitation und der Pflege abschließen und durchsetzen (das sind Eingriffe in das Vermögen des vertretenen Ehegatten, die bei ungenügender Krankenversicherung erhebliche Risiken bergen).

Der vertretende Ehegatte ist berechtigt, über Maßnahmen nach § 1831 IV BGB (= **unterbringungsähnliche Maßnahmen**, wie Bettgitter, Fesselung) zu entscheiden, § 1358 VI mit § 1831 IV, II BGB (was aber u.U. der **Genehmigung des Betreuungsgerichts** bedarf, § 1831 I 1 BGB), sofern die Dauer der Maßnahme im Einzelfall sechs Wochen nicht überschreitet.

Der vertretende Ehegatte kann weiterhin **Ansprüche**, die dem vertretenen Ehegatten aus Anlass der Erkrankung gegenüber Dritten (z.B. seiner Krankenkasse) zustehen, geltend machen (d.h. den Antrag stellen) und an die Leistungserbringer aus den Verträgen abtreten (Abtretung des Erstattungsanspruchs gegen die private Krankenversicherung oder die Beihilfe an den behandelnden Arzt bzw. die Klinik) oder Zahlung an diese verlangen.

Kein Vertretungsrecht besteht im Übrigen, z.B. zu freiheitsentziehender Unterbringung (§ 1831 I BGB), für sonstige Vermögensangelegenheiten, Postkontrolle, Regelung des Umgangsrechts mit dem Kranken (Besuche Dritter am Krankenbett kann er nicht verbieten; das könnte nur ein Betreuer mit diesem Aufgabenkreis, § 1815 II Nr. 4 BGB). Die Versicherungsleistung des Ehegatten darf er zwar beantragen, aber nicht selbst kassieren.

Kritik. Es muss sich nicht um unaufschiebbare ärztliche Maßnahmen handeln,[596] Ausnahme Abs. 1 Nr. 2. Das Verhältnis zur Einwilligungsfähigkeit ist unklar.

362f **g) Handlungsmaßstab für den vertretenden Ehegatten**. Aus Abs. 6 ergibt sich, dass die Wünsche, hilfsweise der mutmaßliche Wille, des kranken Ehegatten maßgebend sind. Frühere Äußerungen des anderen Ehegatten sind dabei informativ, auch dessen religiöse Überzeugungen und traditionelle Meinungen. Sollte eine Patientenverfügung des kranken Ehegatten vorliegen und auf die aktuelle Situation zutreffen, soll sie beachtet werden.

h) Notwendige Genehmigung des Betreuungsgerichts. Wenn Einwilligungen zu Untersuchungen des Gesundheitszustandes, Heilbehandlungen

[595] Jurgeleit NJW 2023, 1.

[596] Müller-Engels/Braun Kap. 3 Rn. 208.

oder ärztliche Eingriffe z.B. wegen ihrer Gefährlichkeit bei einem Betreuer oder Bevollmächtigten (§ 1829 V BGB) der **Genehmigung** des Betreuungsgerichts bedürfen, dann gilt das auch für den Ehegatten-Vertreter.[597] Davon ist auch der Abbruch der Ernährung bzw. Beatmung beim kranken Ehegatten betroffen („Sterbehilfe"), so dass der kranke Ehegatte dann stirbt (§ 1829 II BGB).

Wie dort ist eine **Genehmigung nicht notwendig**, wenn mit dem Aufschub der Maßnahme Gefahr verbunden ist (d.h. die Operation muss *sofort* durchgeführt werden, nicht erst in einigen Tagen). Ferner nicht, wenn zwischen dem vertretenden Ehegatten und dem Arzt **Einvernehmen** besteht, dass die Einwilligung bzw. Nichteinwilligung dem Willen des kranken Ehegatten entspricht (§ 1829 IV BGB). Man fragt sich natürlich, wie der Arzt, der den Patienten kaum kennt, zu dieser Überzeugung kommen kann. Der Schutz des kranken Ehegatten ist deshalb gering.

i) Ausschluss des Vertretungsrechts *362g*

aa) Wenn die Ehegatten **getrennt leben** (§ 1358 III BGB). Ob das zutreffend ist, wird vom Arzt nicht überprüft. Getrenntleben: § 1567 I BGB. Das kann im Einzelfall schwierig festzustellen sein (etwa wenn Mann und Frau noch gemeinsam wohnen, weil sie sich nicht zwei Mieten leisten können). Der Arzt muss dem nicht nachgehen, er darf sich auf die Versicherung des vertretenden Ehegatten verlassen. Das Betreuungsgericht wirkt bei der Überprüfung, ob das Vertretungsrecht ausgeschlossen ist, nicht mit.[598]

bb) Wenn dem vertretenden Ehegatten oder dem behandelnden Arzt (z.B. aus Gesprächen) **bekannt ist,** dass der vertretene Ehegatte eine solche Ehegattenvertretung ablehnt oder einer anderen Person eine **Vorsorgevollmacht** mit dem gleichen Aufgabenkreis erteilt hat.[599] Die Ablehnung ist ihm auch bekannt, wenn der Arzt weiß, dass ein Widerspruch gegen das Vertretungsrecht im Vorsorgeregister eingetragen ist. Wenn der vertretende Ehegatte den Widerspruch kennt, er sein Wissen aber dem Arzt nicht mitteilt, besteht kein Vertretungsrecht.[600] Der Arzt ist nicht verpflichtet, beim Zentralen Vorsorgeregister nachzufragen, ob die Eintragung eines Widerspruchs vorliegt.

cc) Wenn für den zu vertretenden Ehegatten ein **Betreuer** mit entsprechendem Aufgabenkreis bestellt ist, z.B. Gesundheitsangelegenheiten. Ob eine solche Betreuung besteht, ist dem Arzt in der Regel unbekannt; er wird den vertretungsbereiten Ehegatten fragen müssen und sich zur Klärung den

---

597 BT-Drucksache 19/24445 S. 155.

598 AG Frankfurt/M , Beschl. v. 15.1.2023, 43 XVII 173/23.

599 Siegel/Kraus DNotZ 2022, 906.

600 Jurgeleit NJW 2023, 1.

Beschluss des Betreuungsgerichts zeigen lassen bzw. beim Betreuungsgericht nachfragen.

dd) **Zeitablauf:** Wenn die Voraussetzungen des § 1358 I BGB nicht mehr vorliegen (z.B. der Patient ist wieder bei Bewusstsein) oder mehr als **sechs Monate** vergangen sind. Dadurch soll eine mehrfache gesetzliche Ehegattenvertretung wegen derselben Krankheit verhindert werden. Wegen zeitlich unabhängig voneinander auftretender Krankheiten/Bewusstlosigkeiten kann es aber zur Wiederholung kommen.

362h **j) Pflichten des Arztes**

Sie ergeben sich aus § 1358 IV BGB.

Der Arzt hat eine Bestätigung (Muster des BMJ zu finden über google, dann BMJ § 1358 BGB) auszustellen: Das Vorliegen der Voraussetzungen nach § 1358 I BGB und den Zeitpunkt, zu dem diese spätestens eingetreten sind. Vom vertretenden Ehegatten sind zwei Bestätigungen entgegen zu nehmen, in denen der vertretende Ehegatte schriftlich versichert, dass

a) das Vertretungsrecht wegen der Bewusstlosigkeit oder Krankheit, aufgrund derer der Ehegatte seine Angelegenheiten der Gesundheitssorge rechtlich nicht besorgen kann, bisher nicht ausgeübt wurde und

b) kein Ausschlussgrund des § 1858 III BGB vorliegt; das kann der Ehegatte allerdings nicht wissen. Er hat kein Einsichtsrecht in das Vorsorgeregister. Er versichert praktisch „ins Blaue hinein". Der Ehegatte soll schriftlich versichern, dass die Ehe besteht. Über diese Versicherung gibt es ein Muster des Bundesjustizministeriums (im Internet: google, BMJ § 1358 BGB).

Die unterzeichneten Papiere sind dem vertretenden Ehegatten auszuhändigen.

Das soll die Kontrolle der zeitlichen Begrenzung der Vertretungsmacht auf sechs Monate ermöglichen. Das Papier soll auch zum **Nachweis des Vertretungsrechts** gegenüber Krankenhausträgern usw. dienen (es trägt die Überschrift **„Ehegattennotvertretung"**[601]). Allerdings ist der Arzt weder Notar noch Behörde; das Papier ist deshalb privater Natur, entfaltet keinen öffentlichen Glauben, lässt aber den Arzt haften.

Der Arzt ist nicht verpflichtet (nur berechtigt), beim zentralen Vorsorgeregister nachzufragen, ob dort ein Widerspruch gegen das gesetzliche Ehegattenvertretungsrecht registriert ist.[602] Der vertretende Ehegatte hat kein solches Einsichtsrecht.

---

601 Muster im Internet „Gemeinsames Muster von Bundesministerium der Justiz, Bundesärztekammer, Deutsche Krankenhausgesellschaft"; dort ist auch ein Muster der Erklärung des Ehegatten.

602 BR-Drucks. 564/20 S.234.

k) Eintragung im zentralen Vorsorgeregister der Bundesnotarkammer

Widersprüche eines Ehegatten gegen ein Gebrauchmachen vom gesetzlichen Ehegattenvertretungsrecht durch den anderen Ehegatten können seit 2023 auf Antrag des Ehegatten im zentralen Vorsorgeregister der Bundesnotarkammer gebührenpflichtig eingetragen werden (§ 1 I Nr. 7 VRegV); das erfolgt wie bei einer Vorsorgevollmacht, den Antrag kann der Ehegatte selbst stellen, nicht nur ein Notar/Rechtsanwalt. Dieser Ehegatte kann vom Register Auskunft verlangen, welche Auskünfte aus dem Register erteilt worden sind (§ 7 II VRegV). Die Einsicht kann ein Arzt[603] vornehmen (§ 6 I 1 Nr. 2 VRegV). Immerhin ist denkbar, dass ein böswilliger Ehegatte das gesetzliche Vertretungsrecht missbraucht und Einwilligungen zu höchst gefährlichen Maßnahmen erteilt, die dem anderen Ehegatten schaden; davor soll sich der misstrauische Ehegatte schützen können. *362i*

l) Gerichtsgebühren

Das Ehegattenvertretungsrecht ist ein gesetzlich eingeräumtes Recht, das Gericht hat damit nichts zu tun, es bestätigt nicht die Existenz oder Nichtexistenz des Rechts, z. B. durch ein Negativattest. Wenn der Ehegatte sich weigert, vom Recht Gebrauch zu machen, kommt allerdings eine Betreuung in Frage.

Gerichtliche Aufgaben bestehen allerdings bei bestimmten Gesundheitsmaßnahmen und Unterbringungsgenehmigungen. Für das Genehmigungsverfahren können u. U. dieselben Gebühren und Auslagen anfallen wie bei der Vorsorgevollmacht (Rn. 299).

---

603 Über Datenschutzprobleme vgl. Grziwotz ZRP 2020, 248.

4. KAPITEL
DIE BETREUUNGSVERFÜGUNG

A. Voraussetzungen

I. Begriff

363 Eine Betreuungsverfügung ist eine „Verfügung“ (aber nicht im Rechtssinne), in der jemand für den Fall seiner Betreuung **Wünsche** (früher: Vorschläge) zur Auswahl des Betreuers oder zur Wahrnehmung der Betreuung geäußert hat. Diese Definition folgt aus § 1816 II 3 BGB (bis 2022: § 1901c BGB); § 1816 II 4 BGB regelt dann bezüglich schriftlicher Betreuungsverfügungen eine Pflicht zur „Übermittlung“ an das Betreuungsgericht (keine Ablieferungspflicht). Die Betreuungsverfügung ist von der Vorsorgevollmacht zu unterscheiden (diese macht die Betreuung oft entbehrlich, die Betreuungsverfügung dagegen wird nur bedeutsam, wenn es zur Betreuung kommt); dafür, was gemeint ist, kommt es auf den objektiven Erklärungsinhalt der Urkunde an.[604]

Betreuungsverfügungen sind in der Bevölkerung als Vorsorgeinstrument weitgehend unbekannt.[605] Den **Betreuungsbehörden** ist die Pflicht auferlegt, die Aufklärung und Beratung über Vollmachten und Betreuungsverfügungen zu fördern (§ 6 III BtOG). **Betreuungsvereine** müssen „planmäßig“ über Betreuungsverfügungen informieren (§ 15 I Nr. 1 BtOG) und im Einzelfall Personen bei der Errichtung einer Betreuungsverfügung beraten (§ 15 III 2 BtOG). Das **Betreuungsgericht** soll vor Bestellung eines Betreuers beim zentralen Vorsorgeregister der BNotK eine Auskunft einholen, ob dort eine Betreuungsverfügung registriert ist (§ 285 I FamFG) und diese dann beschaffen.

II. Amtliche Verwahrung, Registrierung

364 Eine amtliche **Verwahrung** von Betreuungsverfügungen (z.B. beim AG) ist bundeseinheitlich nicht vorgesehen. Jeder kann sie verwahren wie er will. Im zentralen Vorsorgeregister der Bundesnotarkammer in Berlin können nicht nur Vorsorgevollmachten (§ 1 VRegV), sondern auch Betreuungsverfügungen (§ 9 VRegV) **registriert** werden. Ein Schriftstück, das besondere Wünsche für den Fall, dass das Gericht einen Betreuer bestellt, enthält, ist registrierungsfähig. Der *Inhalt des Schriftstücks* wird aber nicht in Berlin gespeichert, nur die Tatsache, dass es eines gibt und wo es verwahrt ist, damit es vom Betreuungsgericht besorgt werden kann.

---

604 OLG Frankfurt FamRZ 2004, 1322 = FGPrax 2004, 230.

605 Hoffmann/Schumacher BtPrax 2002, 191/4; v. Looz BtPrax 2002, 179.

Auf Landesebene gab es früher teilweise eine Pflicht zur (gebührenfreien) **Verwahrung** von Betreuungsverfügungen durch die örtlich zuständigen Amtsgerichte; diese Regelungen sind aufgehoben worden.[606]

III. Übermittlungspflicht (Ablieferung)

§ 1816 II 4 BGB bestimmt: Wer ein *Dokument* (gemeint ist ein Schriftstück) 365
besitzt, in dem jemand für den Fall seiner Betreuung Wünsche zur Auswahl des Betreuers oder Wünsche zur Wahrnehmung der Betreuung geäußert hat, hat es an das Betreuungsgericht zu *übermitteln*, nachdem er von der Einleitung eines Verfahrens über die Bestellung eines Betreuers Kenntnis erlangt hat. Hierdurch soll sichergestellt werden, dass dem **grundsätzlichen Willensvorrang** des Betroffenen auch dann Geltung verschafft wird, wenn der Betroffene aufgrund seiner Krankheit oder Behinderung später nicht mehr in der Lage ist, sich an die Abfassung einer solchen Verfügung oder an den Ort der Hinterlegung zu erinnern.

Die Übermittlungspflicht des § 1916 BGB wird nicht bereits durch die Kenntnis von der Betreuungsbedürftigkeit des Betroffenen, sondern erst mit Kenntnis von der Einleitung des Verfahrens (§§ 271 ff. FamFG) über die Bestellung eines Betreuers ausgelöst.

Die Übermittlungspflicht besteht ohne Rücksicht darauf, ob die Betreuungsverfügung gültig ist (z. B. weil eine neuere existiert) oder nicht, wie dies ebenso für Testamente der Fall ist (§ 2259 BGB). Auch spielt es keine Rolle, wer Eigentümer des Schriftstücks ist.[607] Die Auslegungsgrundsätze zu § 2259 BGB sind auch im Übrigen für § 1901c BGB heranzuziehen. Wenn die Betreuungsverfügung auf Tonband, Videokassette usw. enthalten ist, ist zwar § 1816 BGB nicht unmittelbar anwendbar, weil dort nur von „Dokumenten" die Rede ist, worunter der Sprachgebrauch „Schriftstücke" versteht.. Man sollte aber in solchem Fall § 1816 BGB entsprechend anwenden.[608]

Dem Betreuungsgericht steht die Befugnis zu, den Besitzer einer Betreuungsverfügung durch Festsetzung von **Zwangsgeld** (§ 35 FamFG) zur Übermittlung der Verfügung anzuhalten (§ 285 FamFG). Wird der Besitz nur vermutet, dann kann das Betreuungsgericht von dieser Person die Abgabe einer eidesstattlichen Versicherung verlangen, dass sie die Verfügung nicht habe und auch nicht wisse, wo sie sich befinde; § 35 IV 1 FamFG, § 883 II ZPO; notfalls könnte sogar zur Erzwingung die Haft angeordnet werden (§ 802g ZPO).

---

606 Bayern; Art. 34a BayAGGVG wurde aufgehoben (G. v. 8.3.2007, GVBl. S. 212).

607 Staudinger/Bienwald § 1901a Rz. 5.

608 MünchKomm-Schwab § 1901a Rz. 3.

IV. Geschäftsfähigkeit

366 Die Betreuungsverfügung wird als Äußerung von Vorschlägen und Wünschen aufgefasst; sie ist **keine rechtsgeschäftliche Willenserklärung**. Geschäftsfähigkeit ist daher nach allgemeiner Auffassung nicht erforderlich,[609] auch nicht Einsichts- oder Einwilligungsfähigkeit,[610] *wenn* keine rechtsgeschäftlichen Erklärungen (etwa zur Vergütung des Betreuers, zur Einschränkung der Haftung) abgegeben werden. Es genügt, dass der Betroffene seinen natürlichen Willen äußern kann: Der Wille muss nach einer Meinung bewusst, ernsthaft und selbständig gebildet worden sein,[611] darf also nicht Ausdruck der geistigen Krankheit oder Behinderung sein. Nicht alles, was ein Verwirrter von sich gibt, sei also relevant. Die Widersprüchlichkeit ist offenkundig: Wenn ein Betroffener diese geistigen Fähigkeiten hat, ist er sowieso geschäftsfähig. Deshalb formuliert der BGH[612] (zur Benennung eines Betreuers)." Es ist auch nicht erforderlich, dass der Vorschlag des Betroffenen ernsthaft, eigenständig gebildet und dauerhaft sein muss. Vielmehr genügt, dass der Betroffene seinen Willen oder Wunsch kundtut, eine bestimmte Person solle sein Betreuer sein."

Auch der Widerruf der Betreuungsverfügung erfordert keine Geschäftsfähigkeit. Die Betreuungsverfügung wird „wirksam" mit Abgabe (vgl. § 130 II BGB), verliert ihre Wirkung nicht dadurch, dass der Betroffene nach Abgabe geschäftsunfähig, einwilligungsunfähig, bewusstlos wird; Bedeutung erlangt sie aber erst, wenn ein Betreuungsverfahren eingeleitet wird, also u. U. nach vielen Jahren.

V. Form der Betreuungsverfügung

367 Da für die Betreuungsverfügung keine Form vorgeschrieben ist (§ 1816 II BGB), kann sie schriftlich oder mündlich abgegeben werden, auch auf einem Tonband oder einer Videokassette niedergelegt werden. Sie muss nicht unterschrieben werden, aber natürlich ist eine Unterschrift zweckmäßig und empfehlenswert. Fehlt die Schriftform taucht das Problem des Nachweises der Urheberschaft auf. Man könnte die Unterschrift von einem Notar beglaubigen lassen (Rz. 50); billiger ist es, sie von der Urkundsperson bei der Betreuungsbehörde beglaubigen zu lassen. Die Unterschrift von Zeugen ist überflüssig.

Gebühr der Betreuungsbehörde: 10 € (§ 7 IV BtOG).

---

609 BGH NJW 2022, 2845; Langenfeld, Vorsorgevollmacht, S. 13uU5; Lipp in FS Bienwald S. 177/8.

610 BGH NJW 2022, 2845; Berger JZ 2000, 797/804.

611 Lipp FS Bienwald S. 179.

612 BGH NJW 2022, 2845/7; BGH FamRZ 2017, 1779.

Notargebühren: Der Geschäftswert (nicht die Gebühr!) für die Beurkundung einer Betreuungsverfügung (u. U. zusammen mit einer Patientenverfügung) beträgt in der Regel 5.000 € (§ 36 III GNotKG).[613]

VI. Inhalt der Betreuungsverfügung

Inhalt der Betreuungsverfügung kann insbesondere sein:[614] *368*

Vorschläge zur Person des Betreuers; wenn der Betroffene schreibt, mit einer Betreuung sei er nur *einverstanden*, wenn XY Betreuer werde, ist das beachtlich[615] (vgl. § 1814 II BGB); das ist der Hauptfall.

Wünsche zur Wahrnehmung der Betreuung, beispielsweise welche sozialen Dienste später tätig werden sollen (bzw. welche nicht), Wünsche zum Ort der Unterbringung (Name des Altenheims). Bei hinreichendem Vermögen des Betreuten kann er auch Wünsche über die **Höhe der Vergütung** des nichtberufsmäßigen Betreuers (§ 1876 S. 2 BGB) äußern;[616] verbindlich sind sie für das Festsetzungsverfahren des Betreuungsgerichts nicht. Beim Berufsbetreuer ist die Vergütung gesetzlich festgelegt durch das VBVG, so dass der mittellose Betreute natürlich nicht zulasten der Staatskasse etwas anderes bestimmen kann. Davon zu unterscheiden ist die Frage, ob ein *geschäftsfähiger* Betreuter mit seinem Betreuer eine andere (z. B. höhere) als die gesetzliche Vergütung wirksam vereinbaren kann; das ist umstritten.[617] Meines Erachtens dürften keine Bedenken dagegen bestehen, wenn eine *geschäftsfähige* Person mit einer anderen Person für den Fall ihrer künftigen Betreuung durch diese Person eine bestimmte Vergütung vereinbart. Eine solche Vereinbarung ist aber ein Vertrag, der durch Angebot und Annahme zustande kommt, nicht eine Betreuungsverfügung, die sich nur als einseitige Wunschäußerung versteht. Man könnte die Erklärung in der Betreuungsverfügung als Angebot an den künftigen Betreuer verstehen; mit Abgabe und Zugang an den späteren Betreuer wäre sie wirksam geworden und der Eintritt der Geschäftsfähigkeit nach Abgabe wäre unschädlich (§ 130 II BGB); die Frage ist dann aber, ob nicht die Auslegung eine Bedingtheit des Angebots ergibt und wie lange die Annahme des Angebots möglich ist (§ 147 II BGB).

In Frage kommen ferner: Wünsche über die Geldanlage; Wünsche über Gelegenheitsgeschenke.

613 OLG Düsseldorf BeckRS 2022, 28791. Zur Kosten OLG Oldenburg FamRZ 2006, 499.

614 Vgl. Muster im Anhang 3.

615 BGH NJW 2017, 3302.

616 Epple BWNotZ 1992, 27/29; Lipp FS Bienwald S. 189.

617 Ablehnend Lipp in FS Bienwald S. 188; vgl. Zimmermann FamRZ 2002, 1374/6.

369 **Wünsche zum Betreuungsverfahren:** Vorschlag eines Sachverständigen, eines Verfahrenspflegers; Anhörung in seiner üblichen Umgebung; Zuziehung einer bestimmten „Vertrauensperson"; Beteiligung der Betreuungsbehörde; Beteiligung bestimmter, nahestehender Personen am Verfahren oder Verbot, diese zu beteiligen. Erklärt der Betroffene vorsorglich, dass er nicht will, dass bestimmte Angehörige vom Betreuungsverfahren informiert werden, ist das zwar für das Gericht nicht bindend, aber für die Frage der Zuziehung als Beteiligter (§ 274 IV Nr. 1 FamFG) bedeutsam, weil es Hinweise auf das „Interesse" des Betroffenen gibt.

Haftungserleichterungen (vgl. § 1826 BGB): Der Hilfsbedürftige kann den *Wunsch* äußern, sein Betreuer (beispielsweise ein naher Angehöriger, der die Last sonst nicht auf sich nehmen würde) solle von seinen Erben, Nachfolgebetreuern usw. nicht auf Haftung in Anspruch genommen werden dürfen, wenn er bei Wahrnehmung der Betreuung Fehler gemacht hat. Verbindlich ist das nicht,[618] weil § 1826 BGB nicht dispositiv ist. Denkbar sind aber erbrechtliche Regelungen des Inhalts, dass die Erben des Betroffenen den Schadensersatzanspruch gegen den Betreuer nicht geltend machen dürfen, sei es als Auflage (§ 2192 BGB) oder besser als Vermächtnis (§ 2174 BGB) an den Betreuer. Soweit in wirksamer Form hier eine Belastung der Erben erfolgt, hat die Verfügung erbrechtlichen Charakter und bedarf deshalb der Testamentsform.

370 **Nicht regelungsfähig sind:** Ausstattungen und Vermögensübergabe,[619] weil diese dem Betreuer nur beschränkt möglich sind; sie sind nur aufgrund einer formgerechten Vorsorgevollmacht unbeschränkt möglich. Verbindliche Anordnungen über die medizinische Behandlung (z. B. Wahl von Krankenhaus und Arzt), verbindliche Anweisungen über die Freiheitsentziehung sind nicht möglich; entsprechende Verfügungen sind vom Betreuer als Wünsche zu berücksichtigen (zur Patientenverfügung vgl. § 1827 BGB). Bestimmte nahe Angehörigen sind automatisch von der Rechnungslegungsfrist befreit (§ 1859 BGB); anderen Personen kann sie auch von einem geschäftsfähigen Vollmachtgeber nicht bewilligt werden.[620]

B. Bedeutung der Betreuungsverfügung

I. Bedeutung für die Anordnung der Betreuung

371 Hat jemand in einer Betreuungsverfügung den Wunsch geäußert, dass eine bestimmte Person zum Betreuer bestellt werden soll, fragt sich, was gesche-

618 Epple BWNotZ 1992, 27/29; Lipp FS Bienwald S. 187.
619 A. A. Epple BtPrax 1993, 156/159.
620 OLG München MDR 2006, 211.

hen kann, wenn das Betreuungsgericht trotzdem eine andere Person zum Betreuer bestellt.

Der Betreute kann hiergegen **Beschwerde** einlegen (§§ 58ff. FamFG). Die vorgeschlagene (aber nicht zum Zuge gekommene) Person dagegen hat kein *eigenes* Beschwerderecht; denn die **Betreuungsverfügung** eröffnet dem dort Vorgeschlagenen kein Recht im Sinne von § 59 I FamFG. Der Wunsch, eine bestimmte Person zum Betreuer zu haben, liegt nur im Interesse des Betroffenen selbst, der eine Vertretung durch eine ganz bestimmte Person seines Vertrauens gewährleistet haben möchte. Der von ihm gewünschte Dritte hat weder ein Recht noch eine rechtlich gesicherte Anwartschaft, sondern allenfalls eine Aussicht; wird eine andere Person zum Betreuer bestellt, steht ihm deshalb **kein Beschwerderecht** zu.[621] Der Betroffene (der meist nicht mehr in der Lage sein wird, selbst Beschwerde einzulegen) könnte sich daher nur absichern, indem er (als Geschäftsfähiger) in der Betreuungsverfügung (oder anderweitig) die ausgewählte Person bevollmächtigt, im Namen des Betroffenen gegen die Auswahl Beschwerde einzulegen.[622]

Anders ist es, wenn eine Betreuung von Amts wegen (also nicht auf Antrag des Betroffenen) angeordnet wurde und der Ausgewählte daher, *wenn* er ein übergangener naher **Angehöriger** ist, unabhängig von der Betreuungsverfügung ein Beschwerderecht (z.B. gegen die Auswahl) unter Umständen sowieso aus § 303 II FamFG herleiten kann. Hat dagegen der Betroffene der von ihm gewünschten Person eine **Vorsorgevollmacht** erteilt, kann der Bevollmächtigte *Beschwerde im Namen des Betroffenen* (nicht im eigenen Namen!) einlegen, wenn eine unerwünschte Person zum Betreuer bestellt wird (§ 303 IV 1 FamFG).

Ohne Verbindlichkeit für das Betreuungsgericht kann der Betroffene einen Sachverständigen für das Betreuungsverfahren vorschlagen (§§ 280, 321 FamFG), ebenso einen Verfahrenspfleger (§§ 276, 317 FamFG).[623]

Er kann verlangen, dass er in seiner üblichen Umgebung angehört wird (§ 278 I FamFG); dass bei der Anhörung eine bestimmte Person als „Vertrauensperson“ zugezogen wird (§ 279 III FamFG); dass die Betreuungsbehörde beteiligt wird (§ 279 II FamFG); dass bestimmte, nahestehende Personen im Verfahren Gelegenheit zur Äußerung erhalten oder gerade nicht (§§ 274 IV Nr. 1, 279 I FamFG).

---

621 BGH NJW 2015, 407; BayObLG FamRZ 2003, 1219; a.A. Lipp in FS Bienwald S. 186.

622 BayObLG FamRZ 2003, 1219; Lipp in FS Bienwald S. 186.

623 Anders Lipp FS Bienwald S. 185: der Vorschlag sei zu beachten.

II. Bedeutung für die Durchführung der Betreuung

1. Vorschläge für die Auswahl des Betreuers

372 Die Betreuungsverfügung kann Vorschläge für die Auswahl des Betreuers enthalten. Für das Betreuungsgericht sind sie in einigen Fällen nicht verbindlich:

a) Wenn der Vorgeschlagene zu einem Träger von Einrichtungen oder Diensten, z. B., Altenheim, in dem der Betreute untergebracht ist, wohnt oder versorgt wird, in einem Abhängigkeitsverhältnis steht oder in einer anderen engen Beziehung, kann er nicht Betreuer werden (§ 1816 VI BGB), weil hier ein Interessengegensatz unterstellt wird (die Altenheim-Angestellte wird sich kaum bei der Leitung über Pflegemissstände bei einem Bewohner beschweren, weil sie sonst ihren Arbeitsplatz gefährdet). Schlägt die Hilfsbedürftige beispielsweise ihre Tochter vor und arbeitet diese als Pflegerin im Altenheim, in dem die Hilfsbedürftige wohnt, kann die Tochter entweder nicht Betreuerin werden oder sie wechselt den Arbeitsplatz. Die Ausschlussregelung des § 1816 VI BGB kann der Hilfsbedürftige nicht überwinden; auch wenn er ausdrücklich will, dass diese Person Betreuer wird, geht es nicht.

b) Wenn der Betroffene einen Mitarbeiter eines Betreuungsvereins als Betreuer vorschlägt, kann dieser nicht bestellt werden, wenn der Verein nicht damit einverstanden ist (§ 1818 I 2 BGB).[624] Entsprechendes gilt für den Mitarbeiter einer Betreuungsbehörde (§ 1818 II 2 BGB).

c) Wenn der Vorgeschlagene „ungeeignet" ist, darf er vom Betreuungsgericht nicht zum Betreuer bestellt werden (§ 1816 II 1 BGB), selbst wenn der Betreute dies will.

d) Der Vorschlag in der Betreuungsverfügung hat ferner keine Relevanz, wenn anzunehmen ist, dass der Betreute am Vorschlag „erkennbar" nicht festhalten will (§ 1816 II 3 BGB).

e) Wenn der Betroffene ausdrücklich einen berufsmäßigen Betreuer haben will und keinesfalls einen ehrenamtlichen Betreuer, dann ist umstritten, ob der Betroffene insoweit ein Dispositionsrecht hat. Fiskalische Interessen des Staates könnten entgegenstehen, weil bei Mittellosigkeit des Betroffenen der Berufsbetreuer eine höhere Honorierung erhält als der ehrenamtliche Betreuer; der Wille des Betreuten, der für seinen Wunsch durchaus nachvollziehbare Gründe haben kann, ist aber vorrangig.[625]

---

624 BayObLG FamRZ 1994, 1061/2; MünchKomm-Schneider § 1897 Rz. 12.

625 Ebenso Lipp FS Bienwald S. 184. a. A. KG RPfleger 2006, 651; OLG Thüringen FamRZ 2001, 714.

2. Wünsche des Hilfsbedürftigen für die Durchführung der Betreuung

Die Betreuungsverfügung enthält u. U. ferner Wünsche des Hilfsbedürftigen *373*
für die Durchführung der Betreuung. Der Betreuer hat Wünschen des Hilfsbedürftigen zu entsprechen, allerdings mit drei bedeutsamen Einschränkungen:

- soweit dies die Person oder das Vermögen des Betreuten erheblich gefährden würde (§ 1821 III Nr. 1BGB);
- wenn die Befolgung des Wunsches des Betreuer nicht zuzumuten ist (§ 1821 III Nr. 2 BGB), z.B. tägliche Besuche. .
- In der früheren Betreuungsverfügung geäußerte Wünsche sind unbeachtlich, wenn der Betreute an diesen Wünschen erkennbar nicht festhalten will (§ 1816 II 3 BGB). Es handelt sich um einen Widerruf (ganz oder teilweise) der früheren Betreuungsverfügung.

Im Einzelnen ist umstritten, wie weit die Bindung des Betreuers an die Betreuungsverfügung reicht. So wird behauptet, eine Betreuungsverfügung sei auch dann „verbindlich", wenn sie sich später als nachteilig für den Betroffenen erweise.[626] Dem kann man nicht zustimmen, weil zwar § 1821 BGB auf die Wünsche des Betreuten abstellt, aber der Betreuer darf nicht zum willenlosen Vollzieher von Unsinn degradiert werden; wenn der Betroffene *das* will, mag er (als Geschäftsfähiger) einen Bevollmächtigten bestellen. Die anderweitige Diskussion des Problems bewegt sich im Abstrakten („Freiheit zum Risiko?"); konkrete Fälle fehlen.

Die in der Betreuungsverfügung geäußerten Wünsche wirken nur im Verhältnis zwischen dem Betreuer und dem Betreuten, haben also **keine Außenwirkung**, beschränken nicht die Vertretungsmacht. Das soll nach einer Meinung[627] nicht für die Fragen der medizinischen Behandlung gelten, soweit dadurch eine Einwilligung erteilt oder versagt wird, weil der Verkehrsschutz hier nicht beachtet werden müsse und die Patientenautonomie dies erfordere. Eine entsprechende Regelung gilt für Patientenverfügungen (§ 1827 BGB).

Eltern, Ehegatten, homosexuelle reg. Lebenspartner, Geschwister, Abkömmlinge, Vereins- und Behördenbetreuer sind von bestimmten Beschränkungen befreit (sog. „befreite Betreuung"); § 1859 BGB. Anderen Personen kann der Betroffene diese Stellung in einer Betreuungsverfügung *nicht* einräumen.[628]

---

[626] Lipp FS Bienwald S. 180.

[627] Berger JZ 2000, 797/805.

[628] Dodegge/Roth C Rz. 164; Lipp in FS Bienwald S. 187.

III. Mögliche weitere Bedeutungen der Betreuungsverfügung

374 Wenn die Betreuungsverfügung handschriftlich geschrieben und unterschrieben ist, (auch) Regelungen für die Zeit nach dem Tod enthält, der Verfasser ferner zum Zeitpunkt der Erstellung testierfähig ist, liegt (auch) ein **Testament** vor.[629] Wenn der Verfasser zum Zeitpunkt der Erstellung der Betreuungsverfügung geschäftsfähig (und gegebenenfalls einsichts- und einwilligungsfähig; Rz. 41) war und die Regelungen teilweise dahin zu verstehen sind, dass einer bestimmten Person eine Vollmacht erteilt wird, kann die Betreuungsverfügung zugleich eine **Vorsorgevollmacht** sein. Je nach Inhalt kann zugleich eine **Patientenverfügung** vorliegen.

C. Bewertung der Betreuungsverfügung

375 Der Vorteil der Betreuungsverfügung liegt darin, dass ein Beteiligter für ein mögliches künftiges gerichtliches Verfahren Wünsche äußern kann. Gerichtliche Gebühren fallen dadurch nicht an. Der Nachteil besteht darin, dass zum Zeitpunkt der Niederlegung der Betreuungsverfügung die Verhältnisse zum Zeitpunkt der Betreuungsanordnung nicht bekannt sind. Je mehr Zeit bis dahin vergeht, umso spekulativer sind die Wünsche. Deshalb sollten nicht zu viele Einzelheiten im Voraus geregelt werden.

[629] Vgl. dazu Epple BWNotZ 2008, 147.

5. KAPITEL
DIE PATIENTENVERFÜGUNG

A. Grundlagen

I. Entwicklung des Problems

Selbstbestimmungsrecht (Art. 1 I, 2 GG),[630] Recht auf Leben (Art. 2 II GG)[631] und abstrakter Lebensschutz sind konkurrierende Werte. Früher wurde der hart bestraft, dessen Selbstmord misslungen war. Nicht einmal das eigene Leben war für den Bürger verfügbar,[632] wohl aber für die Obrigkeit (aus welchen Gründen auch immer). Heute sind die Selbstmordstrafen längst abgeschafft, geblieben ist noch § 216 StGB (Strafbarkeit der Tötung auf Verlangen): Der Verlangende müsse davor geschützt werden, „das eigene Leben leichtfertig wegzugeben". Heute steht das Selbstbestimmungsrecht im Vordergrund. *376*

Früher war die durchschnittliche Lebenserwartung geringer, man starb meist nach kurzem Todeskampf. Personen mit 90 oder 100 Jahren sind heute keine Seltenheit mehr. Der medizinische Fortschritt hat überdies Möglichkeiten eröffnet, das Leben auch bei schwersten Krankheiten und im hohen Alter mit erheblichem technischen Aufwand zu verlängern. Der Patient, bewusstlos, mit Betteinlagen versehen, hängt jahrelang an Schläuchen und Sonden („Apparatemedizin"), bekommt nichts mehr mit, erkennt seine Angehörigen nicht mehr, darf aber nicht sterben. Das ängstigt manche Menschen; ein Leben mit einer so armseligen Qualität wollen sie später nicht führen, sie können dies aber, wenn es einmal so weit sein sollte, nicht mehr selbst verhindern, weil sie nicht mehr handlungsfähig sind. Auch finanzielle Fragen spielen eine Rolle, wenn der hohe finanzielle Aufwand letztlich aus dem kleinen Vermögen des Patienten oder seiner unterhaltspflichtigen Angehörigen bezahlt werden muss. Unerwähnt bleibt in der Diskussion häufig, dass die Kliniken an Patienten verdienen und die Ärzte deshalb ein Interesse an der Lebensverlängerung haben könnten.

Das führt (in Wahrnehmung des Selbstbestimmungsrechts) zur Überlegung, in „gesunden Tagen" bereits Regelungen zu treffen, die im Falle der Krankheit dann von den Angehörigen und den Ärzten zu beachten sind. Dafür hat sich die Bezeichnung „Patientenverfügung" eingebürgert; das Wort „Patiententestament" ist falsch (denn ein Testament betrifft das Vermögen und ist erst nach dem Tod des Patienten bedeutsam, hier aber geht es

---

630 Verfassungsrechtliche Aspekte bei Hufen NJW 2001, 849.

631 BVerfG NJW 2002, 206 = FamRZ 2002, 312.

632 Zum Folgenden grundlegend Holzhauer FamRZ 2006, 518.

um die Zeit vor dem Tod und um die medizinische Betreuung); es sollte nicht verwendet werden.

Presseberichte über Personen, die, obwohl bewusstlos, jahrelang „mit Apparaten" am Leben gehalten werden, erschrecken viele Menschen; das wollen sie einmal nicht.

Die Rechtsgrundlagen für die Patientenverfügung ergaben sich früher teilweise aus den allgemeinen Regeln des Zivil- und Strafrechts. Eine spezielle gesetzliche Regelung der Patientenverfügung gab es aber nicht. Das hatte viele Streitfragen und Unsicherheiten zur Folge. Erst 2009 erfolgte eine gesetzliche Regelung, die ab 2023 neu gefasst wurde: § 1827 BGB. Im **Ausland**[633] gibt es teilweise spezielle Regelungen über die Patientenverfügung, so in Österreich (PatVG, Patientenverfügungsgesetz von 2006, Gültigkeitsdauer 8 Jahre[634]), Frankreich 2009,[635] England und Wales 2005.[636]

Die **Regelung in Deutschland** (§ 1827 BGB) hat (anders als zum Teil im Ausland) einige **Besonderheiten**:

- eine amtliche Registrierung ist nicht Voraussetzung der Wirksamkeit;
- die Patientenverfügung gilt zeitlich unbegrenzt, auch 60 Jahre und mehr;
- Jeder kann irgendwas (ab)schreiben, eine Protokollierung durch einen Notar, Rechtsanwalt oder eine andere sachkundige Stelle sowie vorherige ärztliche Beratung sind nicht Voraussetzung der Wirksamkeit;
- keine Reichweitenbeschränkung (sie gilt für alle Stadien der Krankheit, nicht im Sterben).
- Niemand ist verpflichtet oder kann gezwungen werden, eine Patientenverfügung zu erstellen;
- die Patientenverfügung ist im „Betreuungsrecht" geregelt, wohin sie nicht gehört (sondern ins Arztrecht usw.)

II. Voraussetzungen der Behandlung eines Patienten im Allgemeinen

377 Der Patient darf vom Arzt nur behandelt werden, wenn er **aufgeklärt** wurde (§ 630e BGB) und in die Behandlung eingewilligt[637] hat (§ 630d BGB).

---

633 Vgl. Müller-Engels/Braun Kap. 3 Rn. 43ff.; Röthel FPR 2007, 79.

634 Vgl. Schmidl ZEV 2006, 447; Roglmeier/Lenz ZERb 2008, 335/345; Müller-Engels/Braun Kap. 3 Rn. 75.

635 Holzhauer FamRZ 2006, 525; Seifen FamRZ 2006, 11; Müller/Engels/Braun Kap. 3 Rn. 53.

636 Röthel/Heßeler FamRZ 2006, 529; Müller-Engels/Braun Kap. 3 Rn. 47.

637 Hierzu Voll, Die Einwilligung im Arztrecht, 1996

Der Patient entscheidet selbst, ob er sich behandeln lässt oder nicht,[638] falls er *selbst* noch einwilligungsfähig ist. Das gilt auch für die Weiterführung einer begonnenen Behandlung (genau genommen bedarf daher der Abbruch der Behandlung keiner Einwilligung,[639] sondern die Nichteinwilligung in die Weiterbehandlung zwingt den Arzt zum Abbruch). Wirksam **einwilligen** kann nur, wer dabei freiwillig handelt, selbst noch einwilligungsfähig ist und vorher ausreichend aufgeklärt wurde. Die Geschäftsfähigkeit dagegen spielt nur eine Rolle für die Frage, ob der Arztvertrag (in der Regel ein Dienstvertrag) wirksam zustande gekommen ist. Für beide Problemkreise macht es keinen Unterschied, ob jemand Kassenpatient ist oder Privatpatient. Die **Einwilligung** kann ausdrücklich erklärt werden oder stillschweigend (sie kann sich ohne ausdrückliche Erklärung aus den Umständen ergeben); hilfsweise kann eine mutmaßliche Einwilligung vorliegen (§ 630d BGB).

Behandlungsgebot. Aus dem Selbstbestimmungsrecht folgt nur ein Abwehrrecht des Patienten, kein Anspruch auf aktive Handlungen anderer; der behandelnde Arzt kann deshalb eine medizinisch nicht indizierte Maßnahme verweigern, darf die kontraindizierte Maßnahme selbst auf ausdrücklichen Wunsch des Patienten nicht durchführen.[640] Vertragsrecht, Versicherungsrecht und ärztliches Standesrecht schränken die Verbindlichkeit von in Patientenverfügungen enthaltenen Behandlungsgeboten ein.[641] *378*

Behandlungsverbote des einwilligungsfähigen Patienten sind vom Arzt zu beachten. Das gilt auch für Behandlungsmaßnahmen am Lebensende, wie Abstellen der künstlichen Beatmung, Einstellung der künstlichen Ernährung durch Sonden etc. Inwieweit allerdings hier Behandlungsverbote in möglicherweise alten (überholten?) Patientenverfügungen aus gesunden Tagen noch bedeutsam sind, ist umstritten (Rz. 403). *379*

Mehrere Meinungen werden zur **Verbindlichkeit** vertreten;[642] (1) Die Patientenverfügung habe nur die Bedeutung eines wesentlichen Anhaltspunktes **(Indiz)** für die Ermittlung des mutmaßlichen Willens des Patienten,[643] sei nur ein Hilfsmittel zur Entscheidungsfindung. (2) Zutreffend ist, dass die Patientenverfügung **grundsätzlich bindend ist;**[644] diese

---

638 Wagenitz FamRZ 2005, 669; Lipp FamRZ 2004, 317.

639 Lipp FamRZ 2004, 317/8.

640 OLG Karlsruhe MedR 2003, 104; OLG Düsseldorf VersR 2002, 611; Lipp FamRZ 2004, 317/9.

641 BT-Drucks. 15/3700 S. 17.

642 Übersicht bei Roth JZ 2004, 494/5.

643 Dölling MedR 1987, 6; Laufs NJW 1999, 1758; Verrel MedR 1999, 547; Spickhoff NJW 2000, 2297/2301.

644 Palandt/Götz § 1901a Rz. 6; Roth JZ 2004, 494.

Meinung vertritt auch der BGH.[645] Sie liegt auch der neuen gesetzlichen Regelung zugrunde. Der Vorteil ist hier, dass das Selbstbestimmungsrecht des Patienten in größerem Umfang gewährleistet ist, dass mehr rechtliche Klarheit besteht. Der Nachteil dieser Auffassung besteht darin, dass der Arzt ohne weitere Nachforschungen über den Patienten den niedergelegten Willen auszuführen hat, was für den Patienten nachteilig sein kann

Die Einwilligung kann jederzeit **zurückgezogen/widerrufen** werden (§ 1827 I 3 BGB), auch wenn die Behandlung bereits begonnen hat. Die weitere Behandlung muss dann unterlassen werden (ein anderes Problem ist, wieweit in einem solchen Fall vom Patienten der entgangene Gewinn und die getätigten Aufwendungen des Arztes bezahlt werden müssen). Ein eigenständiges Behandlungsrecht hat der Arzt nicht. Auf den Widerruf der Einwilligung kann der Patient nicht wirksam verzichten, auch nicht durch Vereinbarungen in einem Heimvertrag.[646] Niemand kann zur Errichtung einer Patientenverfügung verpflichtet werden (§ 1827 V 1 BGB).

380 Der **Arzt** muss die Entscheidung des einwilligungsfähigen Patienten, sich nicht behandeln zu lassen, beachten, auch wenn er sie für unvernünftig hält; diese Auffassung wird aus dem Selbstbestimmungsrecht abgeleitet.

Zwar muss die Einwilligung des Patienten *vor* Beginn der Behandlung eingeholt werden (§ 630d BGB); in Notfällen (etwa bei Unfallopfern) kann der Arzt aber von einer **stillschweigenden Einwilligung** in medizinisch gebotene Maßnahmen ausgehen, wenn weder der Patientenwille bekannt noch ein Vertreter vorhanden ist und die Behandlung keinen Aufschub duldet, weil ein Kranker in der Regel behandelt werden will (§ 630d I 4 BGB).

III. Begriff und Rechtsnatur der Patientenverfügung

381 Nach der Definition in § 1827 I 1 BGB liegt eine Patientenverfügung vor, wenn ein einwilligungsfähiger Volljähriger für den Fall seiner Einwilligungsunfähigkeit *schriftlich* festlegt, ob er in bestimmte, zum Zeitpunkt der Festlegung *noch nicht unmittelbar bevorstehende* Untersuchungen seines Gesundheitszustandes, Heilbehandlungen oder ärztliche Eingriffe einwilligt oder sie untersagt.

Es handelt sich somit um die individuelle Willensäußerung eines einwilligungsfähigen Menschen zu seiner künftigen medizinischen Behandlung im Falle seiner eigenen künftigen Äußerungsunfähigkeit.[647] Ihre Rechtsnatur ist umstritten und durch § 1827 BGB nicht geklärt. Die h. M.[648] fasst die quali-

---

[645] BGH FamRZ 2003, 748.

[646] Wagenitz FamRZ 2005, 669; Lipp FamRZ 2004, 317.

[647] Vgl. BT-Drucks. 15/3700 S. 5.

[648] Vgl. Müller-Engels/Braun Kap. 2 Rn. 322.

fizierte Patientenverfügung als eine **unmittelbare (vorgezogene) Entscheidung des Patienten auf**, die keiner Umsetzung durch einen Stellvertreter (Betreuer, Bevollmächtigter) bedarf.[649] Der Arzt braucht für seine Maßnahme die Einwilligung des Patienten; wenn dieser nicht einwilligungsfähig ist, braucht er diejenige seines Stellvertreters (§ 630d I 2 BGB). Nach anderer Deutung handelt es sich bei der Patientenverfügung um eine Art Verlautbarung, die in der konkreten Situation regelmäßig der Umsetzung durch den Bevollmächtigten oder Betreuer bedarf;[650] dafür spricht der Wortlaut des § 1827 I 1 BGB („prüft der Betreuer"; die Patientenverfügung gilt aber auch, wenn kein Betreuer bestellt ist).

Vereinzelt wird die Patientenverfügung als rechtsgeschäftliche Willenserklärung angesehen,[651] oder die Einwilligung wird als „subjektiver Realakt" bezeichnet.[652] Die Diskussion um die Rechtsnatur ist müßig, weil sich daraus kaum Folgerungen ergeben. Rechtstechnisch liegt jedenfalls keine „Verfügung" vor. Überholte Ausdrücke sind: Patientenbrief; Patiententestament (da man unter einem Testament eine Verfügung versteht, die die Lage nach dem Tod regelt, sollte man diesen Ausdruck nicht verwenden).

IV. Probleme bei der Abfassung von Patientenverfügungen

Ob man eine Patientenverfügung errichten soll oder nicht, kann nicht eindeutig beantwortet werden. Die unüberprüfte Verwendung von Mustern, Formularen etc., deren Klauselwerk man nicht versteht, ist daher bedenklich. Es kommt auf den Einzelfall an.

1. Die künftige Situation ist nicht vorhersehbar

Wer als Gesunder eine Patientenverfügung errichtet, kann die künftige Situ- *382*
ation nicht vorhersehen: Weder, ob jemals die befürchtete Lage eintritt, noch wann. Legt man mit 65 Jahren die Verfügung nieder und tritt der Pflegefall 20 Jahre später ein, ist heute **nicht bekannt, welche Krankheiten** auftreten werden; erst recht ist der **künftige Stand der medizinischen Wissenschaft** nicht vorhersehbar. Ein gesunder Mensch hat möglicherweise Vorstellungen vom Wert des Lebens für einen Kranken, die sich von den Vorstellungen eines Kranken deutlich unterscheiden („Wertkonstanz von Entscheidungen"); wer als Gesunder leichtfertig einen späteren Behandlungsabbruch verfügt, will das vielleicht als Kranker keineswegs. Es gibt

649 Coeppicus NJW 2013, 2939; Spickhoff JZ 2003, 739/740; Keilbach FamRZ 2003, 969/975.

650 Albrecht/Albrecht MittBayNot 2003, 348/354 und 2015, 110; Kutzer FPR 2004, 683/7.

651 Z. B. MünchKomm-Schneider § 1904 Rz. 4; Berger JZ 2000, 797/801.

652 Holzhauer FamRZ 2005, 518/9.

Fälle, in denen jemand erfolgreich behandelt wurde; anschließend wurde das Behandlungsverbot im Safe aufgefunden. Aus diesen Gründen gibt das **Ausland** teils Patientenverfügung nur eine **Geltungsdauer** von einigen Jahren, während sie in Deutschland unbegrenzt gilt.

Errichtet jemand eine Patientenverfügung im fortgeschrittenen Krankheitsstadium, etwa bei Krebs, ist eine ausreichende Vorhersehbarkeit in der Regel gegeben.

In den sonstigen Fällen kann dem Zukunftsproblem dadurch Rechnung getragen werden, dass die Patientenverfügung nach ihrem Wortlaut eine der jeweiligen Situation angepasste Auslegung gestattet; auch kann sie **befristet erteilt** werden

In diese Richtung geht auch § 1827 II BGB. Der Gesunde sollte sich darauf beschränken, nur ganz wenige Krankheitssituationen anzuführen und die dann gewünschten Therapieziele zu formulieren.[653] Teilweise wird vorgeschlagen, der Betroffene solle in regelmäßigen Abständen seine Patientenverfügung überprüfen und gegebenenfalls ändern oder bestätigen; das ist nur für bestimmte Personen, die dauernd aktiv sind, ein brauchbarer Ratschlag.

Auch die **künftige rechtliche Situation** ist nicht vorhersehbar. Wer im Jahre 2006 eine Patientenverfügung in Anlehnung an die aktuelle Rechtslage erstellte und 2023 krank wird, konnte 2006 nicht ahnen, welche Gesetze dann gelten werden. Wer 2006 um aktive Sterbehilfe bittet (derzeit unzulässig), hat möglicherweise eine Regelung getroffen, die vielleicht in seinem Sterbejahr gilt und auch alte Patientenverfügungen erfasst. Wer 2006 die damals einschlägigen Paragrafen zitierte, sollte 2023 die Patientenverfügung umschreiben, weil jetzt andere Vorschriften anzuwenden sind.

2. Unbefriedigende Lage bei Abfassung der Patientenverfügung

383 Wer als **gesunder Mensch** eine Patientenverfügung errichtet, schreibt üblicherweise eines Tages ein Formular ab, bestenfalls aus Textbausteinen zusammengesetzt, oder er verfasst selbst einen Text, ohne dass die Entscheidung in einem längeren **Abwägungsprozess** reift, die Tragweite jedes einzelnen Wortes voll bewusst ist. Obwohl es um medizinische Vorgänge geht, steht dem Verfasser kein Arzt zur Verfügung, mit dem er sich beraten könnte; schon gar nicht *der* Arzt, der ihn (in vielen Jahren vielleicht erst) einmal behandeln wird. Aus laienhafter Überschätzung von Gefahren, basierend auf Gesprächen mit Bekannten, Erleben von Erkrankungen im Umfeld, Informationen aus Illustrierten, werden bestimmte Behandlungen abgelehnt („Cortison-Behandlung will ich nicht"); würde sich der Verfasser

[653] BT-Drucks. 15/3700 S. 11.

beraten lassen, würde er den Arzt nicht so konkret festlegen wollen. Die Arzt-Patient-Beziehung wird durch die Art der Voraberklärung ausgehöhlt.[654] Es tritt unter Umständen ein Konflikt zwischen dem Patientenwillen und dem fachlichen „Urteil" des behandelnden Arztes auf. Der Arzt darf nur noch einen **vorher einmal fixierten Patientenwillen** mechanisch umsetzen;[655] das Risiko, das der Patient eingeht, wenn er den künftig behandelnden Arzt so festlegt, ist dem Patienten nicht bewusst.

Aus ärztlicher Sicht sind Patientenverfügungen oft nicht hilfreich. „Sie beschränken sich nicht selten auf todesnahe Extremzustände (in denen bei genauer Betrachtung aus medizinischer Sicht gar kein Handlungsspielraum mehr besteht, welcher durch den individuellen Patientenwillen genutzt werden könnte); sie bilden dann die viel relevanteren krisenhaften Zustände nicht ab, in denen folgenreiche Entscheidungen bei ungewissem Fort- und Ausgang zu treffen sind. Oder Patientenverfügungen beschränken sich auf die Problematik der schweren Demenz bzw. des Wachkomas, weshalb auch dann einige andere, häufig relevante klinische Szenarien unbehandelt bleiben. Insbesondere persönlich verfasste Texte belassen es oft bei vagen Formulierungen, die große Interpretationsspielräume eröffnen; sie widersprechen der Idee einer gerade vom betroffenen Individuum herrührenden Entscheidung".[656]

Jedenfalls muss die **Formulierung** der Patientenverfügung so **offen** sein, *384* dass sie eine Auslegung mit dem Ziel der „richtigen" Behandlung gestattet, soweit es nicht um die Grundsatzfrage geht, überhaupt nicht behandelt werden zu wollen. Sie muss an veränderte Behandlungsbedarfe und an die Weiterentwicklung der medizinischen Wissenschaft anpassbar sein. Vgl. § 1827 II BGB und § 132g SGB V.

Beim bereits erkrankten Menschen ist die Lage anders. Er erlebt die *385* Krankheit bereits, verspürt verschiedene Behandlungsergebnisse, hat Kontakt mit verschiedenen Ärzten und unterschiedlichen Bewertungen und allmählich bildet er sich eine Meinung, wie das weitergehen könnte und wie es nicht weitergehen soll.

---

654 Zieger/Holfelder/Bavastro, Kein „Sterben in Würde"? Deutsches Ärzteblatt 1999, Heft 14.

655 BT-Drucks. 15/3700 S. 11.

656 Rixen/Marckmann/in der Schmitten NJW 2016, 125; vgl. Rz. 415a.

B. Die Errichtung einer Patientenverfügung

I. Geschäftsfähigkeit oder Einwilligungsfähigkeit des Patienten?

386 Voraussetzungen für die Wirksamkeit einer Patientenverfügung sind nach §§ 1827 I 1 BGB Volljährigkeit und **Einwilligungsfähigkeit**. Die Ansicht, der Patient müsse bei Abgabe der Patientenverfügung geschäftsfähig[657] sein, hat § 1827 BGB nicht übernommen, in Überstimmung mit der h. M.[658]. Das trifft zu, weil es sich bei der Einwilligung in oder der Untersagung von medizinischer Behandlung um keine *rechtsgeschäftlichen* Willenserklärungen handelt.

Die Einwilligungsfähigkeit[659] ist nicht altersabhängig, die volle Geschäftsfähigkeit dagegen ist an das Erreichen der Volljährigkeit mit 18 Jahren gebunden. Es gibt eine relative Einwilligungsfähigkeit (jemand kann für einfache Eingriffe einwilligungsfähig sein, für komplizierte hingegen nicht: Ein Neunjähriger ist für seine Beschneidung nicht einwilligungsfähig,[660] für eine Blutentnahme schon), aber es gibt nach Meinung der Rechtsprechung in der Regel keine relative Geschäftsfähigkeit.[661] Die Definition der Einwilligungsfähigkeit ist nicht eindeutig. Der Patient muss nach seiner geistigen und sittlichen Reife Bedeutung, Umfang und Tragweite des medizinischen Eingriffs und seiner Gestattung (oder Versagung) beurteilen können. Er muss den Wert und Rang der Güter, über die er entscheidet, erfassen können, Risiken und Folgen seiner Entscheidung beurteilen können, Informationen verstehen, Alternativen abschätzen können. Je nach dem Grad einer geistigen Behinderung kann also ein Patient keine wirksame Patientenverfügung mehr abgeben.

Die Patientenverfügung muss keinen *Nachweis* enthalten, dass der Verfasser bei Abfassung einwilligungsfähig war (wie sollte das auch möglich sein? Im Ausland wird teils die Unterschrift von Zeugen verlangt). Derjenige, der sich nach einer Patientenverfügung richtet, muss aber die Wirksamkeit der Patientenverfügung nachprüfen; wenn nichts dagegen spricht, kann er von Einwilligungsfähigkeit bei Abgabe der Patientenverfügung ausgehen.

---

[657] Eisenbart, Patiententestament und Stellvertretung in Gesundheitsangelegenheiten, 1998, S. 115.

[658] Palandt/Götz § 1901a Rz. 10; Wagenitz FamRZ 2005, 669; Keilbach FamRZ 2003, 969/976; § 1901b 1 des Entwurfs der Enquete-Kommission.

[659] Hierzu Spickhoff NJW 2000, 2297/2300 mit zahlreichen Nachweisen.

[660] LG Frankenthal MedR 2005, 243.

[661] A. A. Humm ZEV 2022, 253.

II. Freiwilligkeit der Erklärung

Die nicht freiwillig abgegebene Einwilligung ist unwirksam.[662] Ein Druck kann von der Öffentlichkeit, Angehörigen, Pflegeeinrichtungen, religiösen Gruppen (wie u.U. den „Zeugen Jehovas“, die Bluttransfusionen ablehnen) usw. ausgehen. Bedenklich wäre es, wenn Pflegeheime und Kliniken Patienten nur aufnehmen würden, wenn diese vorher bestimmte Patientenverfügungen abgegeben haben; denkbar wäre auch, dass Krankenkassen ihre Tarife vom Vorhandensein bestimmter Patientenverfügungen abhängig machen. Beides ist unzulässig (§ 1827 V BGB). Deshalb schreibt § 1827 V BGB vor, dass niemand zur Errichtung einer Patientenverfügung verpflichtet werden kann und dass die Errichtung nicht zur Bedingung eines Vertragsschlusses gemacht werden darf. Der Patientenverfügung kann man allerdings im Regelfall nicht ansehen, ob sie freiwillig oder unter Druck zustande kam. *387*

III. Aufklärung des Patienten

Da der Patient durch die Patientenverfügung in medizinische Maßnahmen einwilligt (oder – häufiger – auch nicht), gelten die allgemeinen Grundsätze für solche Einwilligungen (§ 630d BGB): *388*

Einwilligungen sind nur wirksam, wenn

- der Patient schon aufgeklärt ist oder aufgeklärt wurde (§ 630e BGB) oder
- bewusst trotz des damit verbundenen Risikos auf Aufklärung **verzichtet** (§ 630e III BGB).

Soweit notwendig, hat die Aufklärung durch einen Arzt zu erfolgen, Aufklärung in medizinischen Fragen durch einen Notar oder Rechtsanwalt genügt nicht.

Die **spezielle Problematik** ist, dass durch die Patientenverfügung die Einwilligung oder Nichteinwilligung in eine künftige Behandlung erklärt wird, deren zeitlicher Eintritt (vielleicht erst in Jahrzehnten) und genauer Umfang unbekannt ist. Es findet also eine hypothetische Betrachtung[663] (sowohl hinsichtlich des Ausgangsbefunds wie der zu ergreifenden bzw. zu unterlassenden Heilmaßnahmen) statt. Sie müsste auch den Einsatz von heute noch unbekannten, künftig möglicherweise greifbaren, neuen Behandlungsmöglichkeiten umfassen, was nicht möglich ist. Deshalb ist auch **keine Aufklärung vor Errichtung einer Patientenverfügung** möglich oder notwendig; aufgeklärt wird der Betreuer bzw. Bevollmächtigte (§ 630d I 2 BGB), falls der Patient später einwilligungsunfähig ist.

---

[662] Grüneberg/Sprau § 823 Rz. 38.

[663] Berger JZ 2000, 797/802.

Bei **Behandlungsgeboten** ist die Notwendigkeit einer vorherigen Aufklärung als Wirksamkeitsvoraussetzung unbestritten; es gibt aber keine Pflicht des Patienten: Wer sich bewusst nicht aufklären lassen will, kann trotzdem wirksam einwilligen (keine Zwangsberatung); er nimmt eben eine Selbstschädigung bewusst in Kauf.

Bei **Behandlungsverboten** („Ich will keine künstliche Ernährung") dagegen war streitig, ob die Patientenverfügung nur wirksam ist, wenn vorher eine Aufklärung erfolgte;[664] die gesetzliche Regelung stellt kein solches Wirksamkeitserfordernis auf. Deshalb muss in der Patientenverfügung auch kein Nachweis enthalten sein, dass eine Aufklärung erfolgte oder darauf verzichtet wurde.

IV. Form der Patientenverfügung

389 Seit 2009 ist Schriftform Wirksamkeitsvoraussetzung (§ 1827 I 1 BGB: „schriftlich"). Der Text muss nicht (wie beim Testament) handschriftlich geschrieben sein. Die Verfügung kann sich auf einem Formular oder einem mit Maschine geschriebenen Text befinden. Sie muss vom Aussteller eigenhändig unterzeichnet worden sein (§ 126 I BGB). Eine notarielle Beglaubigung der Unterschrift ist nicht notwendig.

Mündliche Erklärungen etc. sind aber nicht wertlos. Denn wenn keine (formgerechte) Patientenverfügung vorliegt oder die Festlegungen in der Verfügung auf die aktuelle Situation des Patienten nicht zutreffen, dann wird auf den mutmaßlichen Willen abgestellt (§ 1827 II BGB). Er kann auch aus früheren mündlichen Äußerungen ermittelt werden (§ 1827 II 3 BGB). Bei mündlicher Erteilung besteht natürlich ein Eindeutigkeits- und Beweisproblem, Missverständnisse sind möglich, Erinnerungslücken der Zeugen, übereilte Erklärungen, Wichtigtuerei, Zweifel an der Ernsthaftigkeit sind je nach den Umständen der Erklärung gegeben. Es ist höchst bedenklich, wenn aus beiläufigen Äußerungen etwas abgeleitet wird (etwa am Stammtisch oder beim gemeinsamen Fernsehen: Man sieht im Film einen Komapatienten, wie er an den Schläuchen hängt, und der gesunde 50-jährige Vater sagt: So will ich einmal nicht sterben. Zehn Jahre später wird ihm das u.U. den Tod bringen können, weil die Zeugen diese Äußerung eines mutmaßlichen Willens bestätigen können).

Eine **Datierung** der Patientenverfügung ist gesetzlich nicht vorgeschrieben, aber zu empfehlen.

---

[664] Vgl. Berger JZ 2000, 797/801; Hartmann NStZ 2000, 113/6. Es wurde sogar die Aufklärung durch neu geschaffene Beratungsstellen gefordert.

V. Unterschrift von Zeugen, Ärzten?

In Deutschland besteht keine Vorschrift, die die Unterschriften von Zeugen unter Patientenverfügungen verlangt. Im Ausland, so etwa in Spanien/Katalonien,[665] wird teils gesetzlich gefordert, dass Zeugen die Patientenverfügung mitunterschreiben. Auch eine Unterschrift eines Arztes ist nicht erforderlich; liegt sie vor, kann dies aber ein Indiz dafür sein, dass der Patient aufgeklärt wurde und erleichtert später die aktuelle Beweislage. *390*

VI. Die Formulierung einer Patientenverfügung

Wer eine Patientenverfügung schriftlich niederlegen will, kann eigene Formulierungen benutzen oder Vorlagen, auch gedruckt (vgl. Anhang 4), benutzen. Eine Patientenverfügung enthält in der Regel Aussagen zu folgenden Punkten: *391*

a) Persönliche Geltungsvoraussetzung, z. B.: „Für den Fall, dass ich meinen Willen nicht mehr äußern kann …"

b) Situation, für die die Patientenverfügung gelten soll, z. B.: „Wenn ich unabwendbar unmittelbar im Sterben liege".

c) Festlegung der ärztlichen und pflegerischen Maßnahmen: „Ich wünsche, dass alles medizinisch Mögliche getan wird, um mich am Leben zu halten und meine Beschwerden zu lindern, auch fremde Organe, auch Versuche der Wiederbelebung" oder „Ich möchte nur, dass eine Linderung der Schmerzen, Angst, Unruhe, Übelkeit und dergleichen erfolgen. Eine künstliche Ernährung bzw. Flüssigkeitszufuhr soll nicht erfolgen, auch keine künstliche Beatmung, keine Wiederbelebung."

d) Interpretationshilfen. Vielfach wird vorgeschlagen, dass der Patient seine allgemeinen Wertvorstellungen niederlegt, seine religiösen Anschauungen, damit bei Zweifeln über den Inhalt der Patientenverfügung ein Anknüpfungspunkt für die Auslegung vorhanden ist. So ist es z. B., wenn die konkrete Situation nicht genau derjenigen entspricht, für welche die Patientenverfügung errichtet wurde.[666] Auf solche Hilfen stellt § 1827 II BGB zur Erkenntnis des mutmaßlichen Willens des Patienten ab.

e) Ich möchte nach Möglichkeit zuhause – im Krankenhaus – sterben.

In der Praxis tauchen häufig **widersprüchlich oder unanwendbar formulierte Patientenverfügungen** auf, weil ein Laie selten einem Arzt ein- *392*

---

665 BT-Drucks. 15/3700 S. 30.

666 Vgl. den Bericht der vom BMJ eingesetzten Arbeitsgruppe „Patientenautonomie am Lebensende" vom 10.6.2004, wo eine Art Lebensrückblick vorgeschlagen wird: wurde ich enttäuscht vom Leben? Eigene leidvolle Erfahrungen; Beziehungen zu anderen Menschen; Rolle der Religion; Erleben von Leid; das zukünftige Leben usw.

deutige Anweisungen geben kann, falls der Arzt nicht in die Formulierung einbezogen ist, wenn man von Grundaussagen wie „Ich will nicht jahrelang künstlich ernährt werden“ absieht. Manche schreiben einerseits, dass sie möglichst lange leben wollen, lehnen aber andererseits bestimmte lebenserhaltende Maßnahmen ab, ohne den Widerspruch zu erkennen. Ebenso ist es, wenn einerseits Organentnahme gestattet wird, andererseits künstliche Lebensverlängerung (und sei es auch nur für einige Tage) abgelehnt wird.

Eine Patientenverfügung so zu formulieren, dass sie für einen Arzt/Pfleger medizinisch brauchbar ist und dem Willen des Verfügenden entspricht, und das irgendwann in der Zukunft, ist nicht einfach. Man kann als Gesunder allgemeine Formulierungen verwenden oder detailliert ausgearbeitete Anweisungen (was ich für weniger zweckmäßig halte, weil die zukünftige medizinische Entwicklung nicht vorhersehbar ist). Wenn ein Kranker eine Patientenverfügung errichtet, können dagegen detaillierte Behandlungswünsche für die letzten Lebensmonate sinnvoll sein.

Formulierungen wie „**menschenunwürdiges Dasein**“, „erträgliches Leben“, „angemessene Möglichkeiten“, „qualvolles Leiden“, „Apparatemedizin“, oder „ich will in Würde sterben“ sollte man weglassen, weil sie auslegungsbedürftig oder inhaltsleer sind (was ist genau menschenwürdig? das sieht jeder anders).

393 Problematisch ist die Verwendung von **Formularen**, auch solchen mit Ja/Nein-Kreuzchen; hier sind individuelle Vorstellungen kaum einbringbar. Die Ernsthaftigkeit muss manchmal bezweifelt werden, wenn die Frage nach Leben oder Tod mittels Vordruck beantwortet wird. Auch **Formulare mit Textbausteinen** werden angeboten, so vom Bundesministerium der Justiz (vgl. Anhang 4). Hier ist nicht immer sicher, ob der Patient die Feinheiten der Formulierung überhaupt richtig verstanden hat („Ich wünsche später nur noch palliativmedizinische Maßnahmen“: Weiß der Betroffene überhaupt genau, was das ist? Dasselbe gilt für „Hospiz“ als Sterbeort).

Die im Umlauf befindlichen Muster-Patientenverfügung gehen von ganz verschiedenen weltanschaulichen und religiösen Vorstellungen aus. Der Laie kann die „Tücke“ einzelner Formulierungen oft nicht erkennen. Andererseits wird ein Laie selten in der Lage sein, das Gewollte ausreichend klar und ohne Widersprüche zu Papier zu bringen.

VII. Registrierung der Patientenverfügung

394 Patientenverfügungen können beim zentralen Vorsorgeregister der Bundesnotarkammer in Berlin registriert werden (§§ 1, 9 VRegV), isoliert oder als Teil einer Vorsorgevollmacht und/oder Betreuungsverfügung. Eine Auskunft beim zentralen Register können Betreuungs- und Beschwerdegerichte erholen, seit 2023 auch Ärzte. Allerdings ist bei der Bundesnotarkammer **nicht der Text** der Patientenverfügung **gespeichert.** Der Patient ist deshalb darauf angewiesen, die isolierte Patientenverfügung oder einen Hinweiszettel (z.B. im Geldbeutel) bei sich zu führen, dass eine Patientenverfügung existiert und wo sie sich befindet. Man kann sie auch den Angehörigen überlassen. Eine isolierte Patientenverfügung nützt aber wenig (Rz. 414).

VIII. Kosten der Errichtung einer Patientenverfügung

Wer die Verfügung selbst verfasst, hat keine weiteren Kosten (nur für die *395* Registrierung). Die Beglaubigung der Unterschrift ist nicht vorgeschrieben. Wer gleichwohl die Unterschrift unter einer Patientenverfügung beglaubigen lassen will, damit die Echtheit nicht bestritten werden kann, hat verschiedene Möglichkeiten: Er wendet sich an einen **Notar**, der die Unterschrift gebührenpflichtig beglaubigt. Notargebühren: Der Geschäftswert einer Patientenverfügung, die sich auf die Bekundung des Willens des Erklärenden zu medizinischen Behandlungsmaßnahmen und die Bevollmächtigung von Personen mit der Wahrnehmung der Gesundheitsvorsorge in diesem Bereich *beschränkt* und deshalb ausschließlich nichtvermögensrechtlichen Charakter hat, ist mit dem Regelwert des § 36 III GNotKG, also mit 5.000 € anzusetzen.[667] Gebühr: Rz. 316, 317.

Die **Betreuungsbehörde** darf eine *isolierte* Patientenverfügung nicht be- *396* glaubigen (§ 7 I 1 BtOG: Vorsorgevollmachten und Betreuungsverfügungen), weil sie nicht der Vermeidung einer Betreuung dient. Ausweg: Der Betroffene kann eine Vorsorgevollmacht verfassen, die mit einer Patientenverfügung in *einem* Schriftstück steht und kann dann die Unterschrift unter diesem Schriftstück durch die Urkundsperson bei der Betreuungsbehörde beglaubigen lassen (§ 7 BtOG); Gebühr: 10 € (§ 7 IV BtBG). Auch **Notare** können solche Schriftstücke, auch allgemeine Vollmachten, beurkunden oder beglaubigen, was aber wesentlich teurer ist.

Auch das **Betreuungsgericht** ist nicht beglaubigungsbefugt. *397*

C. Wirkungen einer Patientenverfügung

I. Reichweite einer Patientenverfügung

1. Allgemeines

a) Ein selbst noch einwilligungsfähiger Mensch kann in jeder Krankheits- *398* phase selbst entscheiden, ob er in eine ärztliche Behandlung einwilligt oder nicht; das ergibt sich aus dem Selbstbestimmungsrecht. Deshalb können

[667] OLG Düsseldorf BeckRS 2022, 28791. Zur KostO: OLG Hamm FamRZ 2006, 722.

auch in einer Patientenverfügung diesbezügliche Regelungen für künftige Fälle getroffen werden, also nicht nur für den Fall des Todes, sondern z. B. auch vor einer Schönheitsoperation.

Steht die Behandlung unmittelbar bevor, ist § 1827 I 1 BGB nach seinem Wortlaut nicht einschlägig; hier genügen auch mündliche Erklärungen. **In diesem Falle,** z. B. für die in 6 Wochen vereinbarte Herzkatheteruntersuchung, kann mit dem Arzt vereinbart werden, was geschehen soll, wenn sich bestimmte Ergebnisse zeigen; das hat aber mit § 1827 BGB nichts zu tun, weil ja der einwilligungsfähige Patient selbst noch entscheidet.

b) Die gesetzliche Regelung in **§ 1827 BGB differenziert**:

aa) Es liegt eine Patientenverfügung vor: § 1827 I.

bb) Es liegt zwar eine Patientenverfügung vor, aber sie trifft nicht auf die aktuelle Lage zu: § 1827 II 1: Es gelten die Behandlungswünsche, hilfsweise der mutmaßliche Wille des Patienten, festzustellen vom Betreuer bzw. Vorsorgebevollmächtigten. Wie werden sie ermittelt? § 1828 BGB.

cc) Es liegt keine Patientenverfügung vor: wie bei bb)

399 2. Sonderfall: Abbruch der künstlichen Ernährung („Sterbehilfe“[668])

Es gibt Fälle, in denen ein kranker Mensch (z. B. ein Wachkoma-Patient) zehn Jahre und länger künstlich am Leben gehalten werden kann, indem er künstlich ernährt wird. Bei anderen kann durch künstliche Ernährung das Sterben nur um einige Tage oder Wochen aufgeschoben werden.

Kranke, die selbst keine Nahrung mehr aufnehmen können, können einfacher als früher mit einer PEG-Sonde künstlich ernährt werden. PEG ist die Abkürzung für perkutane endoskopische Gastrostomie. Eine PEG-Sonde ist ein elastischer Kunststoffschlauch, der durch die aufgeschnittene Bauchdecke in den Magen eingeführt wird. Durch diesen Schlauch erfolgt die künstliche Ernährung. Die Sondennahrung wird mit Spritzen per Hand oder mit speziellen Ernährungspumpen in den Magen eingebracht.

Was gilt, wenn jemand uneingeschränkt verfügt hat: „Ich will keinesfalls künstlich ernährt und mit Flüssigkeit versorgt werden“? Ist die Patientenverfügung in derartigen Fällen nur insoweit wirksam, als sie sich auf die Zeit vor dem Tod des Patienten bezieht (dann dürfte im ersten Fall die Ernährung nicht eingestellt werden, weil dieser Mensch noch nicht in Todesnähe ist) oder muss das Grundleiden einen tödlichen Verlauf angenommen haben (daran fehlt es im Beispiel ebenfalls) oder ist sie uneingeschränkt zu beachten (dann darf die Ernährung eingestellt werden; so wäre es bei einem

---

[668] Vgl. BGHSt 37, 376: Aktive Sterbehilfe ist strafbar (Beihilfe zum Totschlag; § 212 StGB); passive Sterbehilfe ist nicht strafbar; hier wird dem Sterben der natürliche Verlauf gelassen.

Menschen, der noch selbst voll einwilligungsfähig ist: Er kann daheim bleiben und verhungern, wenn er will; das Selbstbestimmungsrecht des Patienten umfasst auch das Recht, zu sterben[669]).

Die Frage, inwieweit jemand mithilfe einer Patientenverfügung verhindern (oder sicherstellen) kann, nicht künstlich ernährt oder sonst „künstlich" am Leben gehalten zu werden, war früher umstritten **(„Reichweite")**. Die am 1.9.2009 in Kraft getretene Regelung stellte klar, dass der Wille des Betroffenen unabhängig von Art und Stadium der Erkrankung zu beachten ist **(keine Reichweitenbeschränkung)**;[670] denn die Regelungen gelten unabhängig von Art und Stadium einer Erkrankung des Betreuten bzw. Vollmachtgebers (§ 1827 III BGB. Nicht übernommen wurde die Auffassung des BGH,[671] der eine negative Patientenverfügung („ich will nicht behandelt werden, nicht künstlich ernährt werden") nur wirksam werden lassen wollte, wenn die Krankheit irreversibel (unumkehrbar) einen tödlichen Verlauf genommen hat. *400*

Der BGH knüpfte an ein Urteil des BGH-Strafsenat von 1994[672] (sog. Kemptener Fall) an. Dort waren unter strafrechtlicher Betrachtung die Voraussetzungen passiver Sterbehilfe dahin definiert worden, dass „das Grundleiden ... unumkehrbar (irreversibel) einen tödlichen Verlauf genommen hat und der Tod in kurzer Zeit eintreten

Auch die Auffassung, eine Patientenverfügung, welche eine Behandlungsverbot enthält, sei nur beachtlich, wenn **der Tod voraussichtlich „in kurzer Zeit"** zu erwarten sei, wird von der gesetzlichen Regelung in § 1827 BGB **nicht übernommen.**[673] *401*

Die Nichteinwilligung des Betreuers bzw. Bevollmächtigten in eine ärztliche Maßnahme (z.B. das Abstellen von Ernährung und Flüssigkeitszufuhr, so dass der Patient verhungert bzw. verdurstet) fällt unter § 1829 II BGB. Grundsätzlich ist eine Genehmigung des Betreuungsgerichts erforderlich. Sie entfällt aber, wenn zwischen Arzt und Betreuer bzw. Bevollmächtigtem **Einvernehmen** dahin besteht, dass das Verhungern/Verdurstenwollen dem Willen des Patienten entspricht, entweder dem mutmaßlichen Willen oder dem in einer Patientenverfügung niedergelegten Willen (§ 1829 IV BGB). *401a*

---

669 Wagenitz FamRZ 2005, 669/671.

670 BGH NJW 2014, 3572 = FamRZ 2014, 1909; BT-Drucks. 16/13314 S. 4.

671 So BGH NJW 2003, 1588 = FamRZ 2003, 748 („Lübecker Fall"), anknüpfend an BGHSt 40, 257; so auch der Enquete-Entwurf.

672 BGH St 40, 257.

673 BGH NJW 2014, 3572 = FamRZ 2014, 1909. Anders noch BGH NJW 2010, 2963: Behandlungsabbruch ist gerechtfertigt, wenn dies dem tatsächlichen oder mutmaßlichen Patientenwillen entspricht und dazu dient, einem ohne Behandlung zum Tode führenden Krankheitsprozess seinen Lauf zu lassen.

Dazu der **BGH**:[674] Der Abbruch einer lebenserhaltenden Maßnahme[675] bedarf dann nicht der betreuungsgerichtlichen Genehmigung, wenn der Betroffene einen entsprechenden eigenen Willen bereits in einer wirksamen Patientenverfügung niedergelegt hat und diese auf die konkret eingetretene Lebens- und Behandlungssituation zutrifft. Das Vorliegen einer Grunderkrankung mit einem „irreversibel tödlichen Verlauf" ist nicht Voraussetzung für den zulässigen Abbruch lebenserhaltender Maßnahmen.[676] Für die Verbindlichkeit des tatsächlichen oder mutmaßlichen Willens eines aktuell einwilligungsunfähigen Betroffenen kommt es nicht auf die Art und das Stadium der Erkrankung an. Für die Feststellung des behandlungsbezogenen **Patientenwillens** gelten strenge Beweismaßstäbe, die der hohen Bedeutung der betroffenen Rechtsgüter Rechnung zu tragen haben. Dabei ist nicht danach zu differenzieren, ob der Tod des Betroffenen unmittelbar bevorsteht oder nicht.

II. Zeitliche Dauer der Wirkung der Patientenverfügung

1. Späterer Wegfall der Einwilligungsfähigkeit

403 Wenn der Patient nach Abgabe der Patientenverfügung einwilligungsunfähig wird, ist dies – für sich genommen – unschädlich (vgl. § 130 II BGB).[677]

2. Laufende Revision und Aktualisierung der Patientenverfügung

404 Die Wirkungsdauer von Patientenverfügungen ist **zeitlich nicht befristet** (z.B. auf acht Jahre, wie z.B. in der Regel in Österreich); aber jeder, der eine Patientenverfügung errichtet, **kann sie befristen** („gilt bis ...: oder: gilt ab heute fünf Jahre"). Man hörte früher von Amtsgerichten, die Patientenverfügungen nur dann gelten ließen, wenn sie nicht älter als ein Jahr oder ein halbes Jahr[678] sind. Das ist nicht haltbar. Fraglich ist aber, ob der Patientenverfügung eine *stillschweigende* sonstige Bedingtheit innewohnt. Wer mit vierzig Jahren in gesunden Tagen ein Patientenverfügungsformular aus einer Zeitschrift herausriss, ausfüllte und in der Schublade aufhob, die ganze Sache dann vergaß, wird kaum dreißig Jahre später die Patientenverfügung noch in dieser alten Form gelten lassen wollen. Denn zum einen haben sich seine Lebensumstände geändert, zum anderen hat sich der Stand der medizinischen Wissenschaft verbessert. Mit zunehmendem Zeitablauf verliert die

---

[674] BGH NJW 2014, 3572 = FamRZ 2014, 1909.

[675] Der Begriff ist nach Ansicht des BGH (MDR 2016, 1087) unklar.

[676] Anders noch BGH NJW 2003, 1588 zur damaligen Rechtslage.

[677] BGH NJW 2003, 1588; ddazu BGH NJW 2014, 3572; Keilbach FamRZ 2003, 969/976.

[678] Hartmann NStZ 2000, 112/116.

Patientenverfügung an Gewicht.[679] Manchmal wird deshalb empfohlen, die Patientenverfügung in regelmäßigen Abständen erneut zu unterschreiben.[680] Auch der BGH[681] hat eine stillschweigende zeitliche Befristung verneint, aber gemeint, der Betreuer dürfe die Willensbekundung des Betroffenen nicht durch einen Rückgriff auf den mutmaßlichen Willen des Betroffenen korrigieren, „es sei denn, dass der Betroffene sich von seiner früheren Verfügung mit erkennbarem Widerrufswillen distanziert oder die Sachlage sich nachträglich so erheblich geändert hat, dass die frühere selbstverantwortlich getroffene Entscheidung die aktuelle Sachlage nicht umfasst". Es ist deshalb nützlich, sie im Abstand von einigen Jahren zu überprüfen und gegebenenfalls durch neue Datierung und Unterschrift zu bestätigen; eine Wirksamkeitsvoraussetzung ist das aber nicht.

§ 1827 II 1 BGB trägt dem insofern Rechnung, als es dort für möglich gehalten wird, dass die Festlegungen einer Patientenverfügung nicht (mehr) auf die **aktuelle Lebens- und Behandlungssituation des Betroffenen** zutreffen (das ist häufig der Fall). Dann ist der **mutmaßliche Wille** des Betreuten (Vollmachtgebers) vom Betreuer (Bevollmächtigten) festzustellen, was kaum verlässlich möglich ist. *405*

3. Widerruf der Patientenverfügung

Die Wirkung der Patientenverfügung ist beendet, wenn der Patient die Patientenverfügung widerrufen hat oder seinen Willen geändert hat. Der Patient kann seine Einwilligung **jederzeit formlos widerrufen** (§ 1827 I 3 BGB), schriftlich, auch mündlich, auch **durch schlüssiges Handeln;** auch ein Teil-Widerruf ist möglich. Er kann die Patientenverfügung ganz oder teilweise auch dann jederzeit widerrufen oder ändern, wenn die Behandlung schon begonnen hat oder wenn er anfangs in die Behandlung einwilligte. Ein vertraglicher Verzicht auf den Widerruf, etwa in einem Behandlungsvertrag oder einem Heimaufnahmevertrag, ist unwirksam.[682] Der Widerruf richtet sich an den Arzt, Betreuer, Bevollmächtigten, Gericht usw. *406*

Beim Widerruf muss der Patient aber **selbst einwilligungsfähig** (entscheidungsfähig) sein[683] (nicht; geschäftsfähig). Das zu beurteilen ist schwierig bei Demenz oder wenn der Patient unter Medikamenteneinfluss steht. Im Voraus kann in der Patientenverfügung nicht auf das Widerrufsrecht **verzichtet** werden.[684]

---

679 Laufs NJW 1998, 3399/3400.

680 Notthoff ZNotP 2003, 282/289.

681 BGH NJW 2003, 1588; Berger JZ 2000, 797/802; Milzer NJW 2004, 2277.

682 BGH NJW 2005, 2385; Lipp FamRZ 2004, 317/8.

683 BeckOGK BGB/Diener § 1901a Rn. 73, 76; Müller-Engels/Braun Kap. 2 Rn. 367. In der Lit. werden teils geringere Anforderungen gestellt.

684 Müller-Engels/Braun Kap. 2 Rn. 369.

Solange keine konkreten Anhaltspunkte dafür vorliegen, dass der Patient die Patientenverfügung widerrufen hat, ist von einem Nichtwiderruf auszugehen. Allein aus dem Zeitablauf kann nicht entnommen werden, dass eine Willensänderung vorliege. Es ist das Risiko des Bürgers, der eine Patientenverfügung errichtet, dass eine Änderung der eigenen Einstellung nicht publik wird.

III. Auslegung der Patientenverfügung

407 Eine Patientenverfügung ist nach denselben Grundsätzen wie eine Willenserklärung auslegungsfähig, d. h. nach §§ 133, 139 BGB. Allerdings kommt es nicht, wie im rechtsgeschäftlichen Bereich, darauf an, wie der Empfänger sie verstehen musste (sog. objektiver Empfängerhorizont), sondern auf den **wirklichen Willen** des Patienten. Auch wenn eine Patientenverfügung scheinbar eindeutig ist, ist es verfassungsrechtlich zulässig, dass sie ausgelegt wird, etwa wenn aufgrund der besonderen Situation Zweifel auftreten, ob der Patient auch in Kenntnis der bei ihm inzwischen eingetretenen Lebensgefahr weiterhin seine Ablehnung von lebenserhaltenden Maßnahmen (wie einer Bluttransfusion) aufrechterhält.[685] Das meint § 1827 II BGB, wenn dort der Fall behandelt wird, dass zwar die Patientenverfügung eindeutig ist, aber ihre Festlegungen nicht auf die **aktuelle Lebens- und Behandlungssituation** des Betroffene zutreffen; dann kommt es auf den **mutmaßlichen Willen** an.

Ein Problem liegt insbesondere darin, dass sich der Patient bei Erstellung der Patientenverfügung der Tragweite der Entscheidung deshalb nicht bewusst ist, weil er die Zukunft nicht vorhersehen kann: Er kennt weder seine künftige Situation noch die künftige Entwicklung der medizinischen Wissenschaft. Wer verfügt „Ich will später einmal nicht künstlich beatmet werden“ meint kaum, dass er auch eine solche Beatmung mit einer Dauer von sechs Stunden während einer Operation verbieten will. Die Auslegung ergreift deshalb auch Fälle, bei denen Anhaltspunkte dafür bestehen, dass der Patient seinen Willen inzwischen geändert hat oder wenn der Patient bei Kenntnis der Entwicklung der medizinischen Wissenschaft mutmaßlich anders entschieden hätte.

Das Hauptproblem in der Praxis ist, dass eine vorhandene Patientenverfügung unklar ist oder den aktuellen Fall nicht trifft. Der „mutmaßliche“ Wille des Patienten soll „aufgrund konkreter Anhaltspunkte“ vom Betreuer bzw. Bevollmächtigten ermittelt werden (§ 1827 II 2 BGB). Der Berufsbetreuer, der den Patienten kaum kennt, ist da überfragt. Bloße Vermutungen genügen; was ist andererseits „konkret“ genug?

---

685 BVerfG NJW 2002, 206 = FamRZ 2002, 312.

IV. Bindungswirkung einer Patientenverfügung

Die Patientenverfügung wird „wirksam“ mit Abgabe (vgl. § 130 II BGB), verliert ihre Wirkung nicht dadurch, dass der Patient geschäftsunfähig, einwilligungsunfähig, bewusstlos wird, verpflichtet den Adressaten aber natürlich erst ab dem Zeitpunkt, in dem er von ihr Kenntnis erlangt. Die Patientenverfügung richtet sich an alle, die Behandlungs- oder Pflegemaßnahmen durchzuführen haben, sei es auch nur mittelbar. Adressaten sind also nicht nur Ärzte, Pflegpersonal, Kliniken, sondern auch **Betreuer, Bevollmächtigte und das Betreuungsgericht**.[686] *408*

Ist die Patientenverfügung im konkreten Fall beachtlich? Derjenige, der sich nach einer Patientenverfügung richten will, also z. B. der Arzt, muss sich (schon zur Verringerung der eigenen Haftung) darüber im Klaren sein, ob er eine vorhandene Patientenverfügung seiner beabsichtigten Maßnahme zugrunde legt;[687] das ist nicht einfach. *409*

(1) Wurde sie **seinerzeit wirksam errichtet**? Schriftlich, eigenhändig unterschrieben?

(2) War der Patient bei Abfassung der Patientenverfügung **einwilligungsfähig**? Das ist nur zu vermuten, d. h. zu unterstellen, denn der Arzt kann nicht wissen, wie der Zustand des Patienten vor einigen Jahren war.

(3) Hat der Patient die damals von ihm unterschriebene Patientenverfügung überhaupt **verstanden**? Hier sind oft Zweifel angebracht: Wenn die 80-jährige Landwirtin einen Vordruck unterschreibt, was im Falle „infauster“ Prognose[688] geschehen soll und dass sie nur „Palliativmedizin“ wünscht, ist das im Zweifel nicht verbindlich, weil anzunehmen ist, dass sie das nicht verstanden hat. Da hilft auch die Bestätigung einer notariellen Belehrung nicht weiter, weil kaum jemand zugibt, dass er etwas nicht verstanden hat. Nicht umsonst verlangt § 1820 II Nr. 2 BGB bei Vollmachten Ausdrücklichkeit, was auch individuelle Verständlichkeit für den Vollmachtgeber bedeutet. Es kommt immer darauf an, den wirklichen Willen zu erforschen; im Einzelfall kann die Auslegung einer ungeschickt formulierten Patientenverfügung etwas ergeben, was nicht mit dem Wortlaut in Einklang steht.

(4) Ist die **Patientenverfügung ausreichend klar**? Formulierungen wie „in Würde sterben“ lassen verschiedene Deutungen zu und geben wenig

---

686 Keilbach FamRZ 2003, 969/976.

687 Vgl. BT-Drucks. 15/3700 (Zwischenbericht der Enquete-Kommission) S. 35.

688 Patienten mit infauster Prognose: Patienten, die sich zwar noch nicht im Sterben befinden, aber nach ärztlicher Erkenntnis aller Voraussicht nach in absehbarer Zeit sterben werden, weil die Krankheit weit fortgeschritten ist; so die Grundsätze der Bundesärztekammer zur ärztlichen Sterbebegleitung 2004.

Hinweise für konkrete ärztliche Maßnahmen. Unklar ist: „Ich will keine lebenserhaltenden Maßnahmen“.[689] Unklar ist: „menschenwürdig“.

(5) Handelte der Patient bei Abgabe der Patientenverfügung nach seinem **freien Willen?** War er fremdbestimmt? Bei Zeugen Jehovas und anderen religiösen Sekten ist das problematisch. Patientenverfügungen auf Vordrucken, möglichst noch mit Kreuzchen oder ja/nein, werden von Richtern teils nicht akzeptiert. Zum einen kann man sich kaum vorstellen, dass über zentrale Fragen des Lebens in so dürftiger Form entschieden wird (Zweifel an der Ernsthaftigkeit), zum andern sind die Vorstellungen und Bedürfnisse so verschieden, dass kaum vorstellbar ist, dass sie in *einem* Formular für eine Vielzahl von Bürgern abgedeckt werden.

(6) Ist die Patientenverfügung für die jetzt eingetretene Situation **überhaupt einschlägig**? Vgl. § 1827 II BGB.

(7) Bei der Feststellung des Patientenwillens oder der Behandlungswünsche oder des mutmaßlichen Willens des Patienten soll (nicht: muss) nahen Angehörigen und sonstigen Vertrauenspersonen Gelegenheit zur Äußerung gegeben werden, § 1828 BGB (was mehrere Wochen dauern kann, mancher Zeit hat).; unklar ist ob vom Arzt oder vom Betreuer. Gibt es Anhaltspunkte dafür, dass die Patientenverfügung **nicht mehr dem Willen** des Betroffenen entspricht?[690] Denn die Patientenverfügung ist unbeachtlich, wenn sich die Sachlage nachträglich so erheblich geändert hat, dass die frühere selbstverantwortlich getroffene Entscheidung die **aktuelle Sachlage** nicht umfasst.[691] Vgl. § 1827 II BGB.

(8) Liegt ein Widerruf des Patienten vor?[692] Wenn nichts darüber bekannt ist, kann der Arzt davon ausgehen, dass kein Widerruf vorliegt. Vgl. § 1827 I 3 BGB.

Wenn der **Arzt selbst** mit dem Patienten bei Abfassung der Patientenverfügung gesprochen hatte und ihn damals aufklärte, gibt es zunächst kein Problem für den Arzt.

Wird dem Arzt einfach eine schriftliche Patientenverfügung vorgelegt, z. B. von den Angehörigen, tauchen für ihn die oben genannten erheblichen Rechtsprobleme auf. Das geltende Recht verlangt nicht, dass derartige Nachweise selbst in der Patientenverfügung enthalten sein müssen, etwa als Bestätigung der Einwilligungsfähigkeit. Bei notarieller Beurkundung wird man in der Regel davon ausgehen können, dass der Patient bei Abgabe einwilligungsfähig war. Aber auch in den anderen Fällen kann der Arzt vom Regelfall ausgehen, nämlich dass ein Volljähriger einwilligungsfähig ist. An-

689 BGH MDR 2016, 1087.

690 Handreichungen der Bundesärztekammer 1999.

691 BGH FamRZ 2003, 748.

692 BGH FamRZ 2003, 748.

ders ist es z.B., wenn sich aus dem Schriftstück Anhaltspunkte für das Gegenteil ergeben.

Hat der Betroffene einen **Betreuer** oder einen **Bevollmächtigten**, dann hat der Betreuer oder Bevollmächtigte eine herausgehobene Stellung bei der Entscheidung, ob die Patientenverfügung einschlägig ist. Er kann sich natürlich mit dem Arzt beraten. Der Betreuer bzw. Bevollmächtigte braucht allenfalls eine **Genehmigung des Betreuungsgerichts**, keinesfalls die Zustimmung von sonstigen Gremien.[693] Nahen Angehörigen und sonstigen Vertrauenspersonen soll Gelegenheit zur Äußerung gegeben werden (§ 1828 II BGB).

1. Bindung des Arztes an die Patientenverfügung?

In §§ 630a bis 630h BGB ist der ärztliche Behandlungsvertrag normiert. Die *410*
§§ 1817ff. BGB regeln das Rechtsverhältnis zwischen Arzt und Patient nicht. Die Patientenverfügung wendet sich u.a. an den Arzt; sie bindet den Arzt, auch wenn er sie im Einzelfall für unvernünftig hält. Allerdings können schwierige Abgrenzungs- und Auslegungsprobleme auftauchen. Auch die Grundsätze der Bundesärztekammer gehen davon aus, dass der Arzt an den in einer Patientenverfügung geäußerten Willen gebunden ist, wenn die anstehende Behandlungssituation derjenigen entspricht, die der Patient in der Verfügung beschrieben hat und keine Anhaltspunkte für eine nachträgliche Willensänderung erkennbar sind.

a) Ist ein **Betreuer bzw. Bevollmächtigter bestellt** und liegt eine Patientenverfügung vor, dann prüft der Betreuer bzw. Bevollmächtigte, ob die Festlegungen in der Patientenverfügung auf den aktuellen Fall zutreffen (§ 1827 I 1 BGB). Wird das bejaht, ist der behandelnde Arzt an daran gebunden. Bei gefährlichen Maßnahmen oder wenn der Betreuer bzw. Bevollmächtigte meint, die Nichteinwilligung entspreche dem Willen des Patienten ist auch der Arzt eingebunden; sind sich **Arzt und Betreuer bzw. Bevollmächtigter einig** darüber, was der Wille des Patienten ist, ist keine Genehmigung des Gerichts erforderlich (§ 1829 IV BGB), andernfalls schon.

b) Ist ein Betreuer bzw. Bevollmächtigter bestellt, liegt aber keine Patientenverfügung vor (oder ist sie nicht einschlägig), dann ist § 1927 II BGB anzuwenden. Der Betreuer bzw. Bevollmächtigte entscheidet, was die **Behandlungswünsche** bzw. was **der mutmaßliche Wille** des Patienten ist; der Arzt ist (rechtlich gesehen) nicht beteiligt an der Klärung, was der mutmaßliche Wille ist.[694] Bei gefährlichen Maßnahmen oder Nichteinwilligung (z.B. Abbruch der Ernährung) gilt dasselbe wie oben bei a).

---

[693] Teils wurde früher gefordert, die Feststellung des Patientenwillens einer neu geschaffenen, fest institutionalisierten Ethikkommission zu übertragen.

[694] Boemke NJW 2013, 1412.

c) Ist **kein Betreuer bzw. Bevollmächtigter bestellt**, liegt aber eine Patientenverfügung vor, ist zunächst vom Betreuungsgericht ein Betreuer zu bestellen (§§ 1814, 1827 I BGB), in dessen Kompetenz die Auslegung der Patientenverfügung liegt.[695] Ebenso ist es, wenn keine Patientenverfügung vorliegt.

2. Bindung von Gerichten an die Patientenverfügung?

411 Die Gerichte sind mit der Bedeutung von Patientenverfügungen unter verschiedenen Aspekten befasst: Als Strafgericht (Strafbarkeit des Arztes, des Betreuers, Bevollmächtigten?); als Zivilgericht („Schmerzensgeld", weil der Arzt den Patienten entgegen dessen Patientenverfügung nicht sterben ließ, sondern eine Bluttransfusion durchführte?[696] Anspruch gegen das Pflegeheim, die künstliche Ernährung einzustellen?[697]). Das Betreuungsgericht kann damit nur befasst werden, wenn eine Genehmigung der Einwilligung des Bevollmächtigten bzw. des Betreuers in den Abbruch der künstlichen Ernährung oder ein ähnlicher Fall zur Entscheidung ansteht (§ 1904 I, II BGB). Dazu sagt § 1829 III BGB, dass die Genehmigung zu erteilen ist, wenn die Einwilligung oder Nichteinwilligung dem Willen des Betroffenen entspricht. Hier besteht keine Bindung an die Meinung des Arztes, des Betreuers, des Bevollmächtigten.

3. Bindung des Betreuers an die Patientenverfügung

412 Hierzu meint der BGH:[698] Ist für einen Patienten ein Betreuer bestellt, so hat dieser dem Patientenwillen gegenüber Arzt und Pflegepersonal in eigener rechtlicher Verantwortung und nach Maßgabe des § 1827 BGB Ausdruck und Geltung zu verschaffen. Mit **„Ausdruck und Geltung"** ist gemeint, das der Betreuer bzw. Bevollmächtigte den Willen des Patienten gegenüber dem Arzt klar zu Ausdruck bringen muss und notfalls durchsetzen muss, was in der Praxis schwierig ist. Im Grundsatz darf also der Betreuer die einstige Entscheidung des Betreuten nicht korrigieren, auch wenn er sie für unsinnig hält (z. B. Verbot von Bluttransfusion), wohl aber wenn die aktuelle Situation anders ist als bei Errichtung der Patientenverfügung.

Die Floskel des BGH,[699] wonach es darauf ankomme, ob ärztlicherseits eine Behandlung oder Weiterbehandlung „angeboten" wird oder nicht, hat der Gesetzgeber nicht übernommen. Die Bindung des Betreuers gilt aber

---

[695] Boemke NJW 2013, 1412.

[696] OLG München NJW-RR 2002, 811 = MedR 2003, 174.

[697] BGH NJW 2005, 2385; zuvor OLG München FamRZ 2003, 557 und LG Traunstein NJW-RR 2003, 221.

[698] BGH FamRZ 2003, 748.

[699] BGH FamRZ 2003, 748.

nicht uneingeschränkt: Der Betreuer darf die Willensbekundung des Betroffenen korrigieren, wenn sie nicht auf die aktuelle Lebens- und Behandlungssituation zutrifft.

4. Bindung des Bevollmächtigten an die Patientenverfügung

Hierfür gilt dasselbe wie für den Betreuer, wie **§ 1827 VI BGB** zeigt. Für *413* den Bevollmächtigten ergibt sich eine solche Pflicht schon aus dem Innenverhältnis zum Betroffenen (Auftrag, Geschäftsbesorgung); § 665 BGB stellt hierzu klar, dass der Beauftragte (= Bevollmächtigte) berechtigt ist, von den Weisungen des Auftraggebers (= Vollmachtgeber, Patient) abzuweichen, wenn er den Umständen nach annehmen darf, dass der Auftraggeber bei Kenntnis der Sachlage die Abweichung billigen würde.

V. Ist neben einer Patientenverfügung eine Betreuung oder Vorsorgevollmacht erforderlich?

a) **Unmittelbar bevorstehende Behandlung.** Die Regelung der Patienten- *414* verfügung ist im Rahmen des Betreuungsrechts (§§ 1814ff. BGB) erfolgt. Eine Stellvertreterentscheidung (durch einen Betreuer oder einen Bevollmächtigten) ist aber dann **nicht erforderlich**, wenn der Patient in eine unmittelbar bevorstehende Behandlung (z.B. in die vereinbarte Operation im nächsten Monat) einwilligte und dann einwilligungsunfähig (z.B. wegen der Narkose) wurde.[700] Das folgt aus der Definition der Patientenverfügung in § 1827 I 1 BGB: „... zum Zeitpunkt der Festlegung *noch nicht unmittelbar bevorstehende* ... Heilbehandlungen ...“. Wenn aber in Zweifelsfällen eine Entscheidung des Betreuungsgerichts erforderlich ist (§ 1829 III BGB), muss dogmatisch gesehen ein Stellvertreter vorhanden sein, weil gerichtliche Genehmigungspflichten nur das Handeln eines Vertreters und nicht des Patienten selbst betreffen können.

Die **Gesetzesbegründung**[701] sagt dazu: Enthält die schriftliche Patientenverfügung eine Entscheidung über die Einwilligung oder Nichteinwilligung in bestimmte Untersuchungen des Gesundheitszustandes, Heilbehandlungen oder ärztliche Eingriffe, die auf die konkret eingetretene Lebens- und Behandlungssituation zutrifft, ist eine Einwilligung des Betreuers in die anstehende ärztliche Behandlung **nicht erforderlich**, da der Betreute diese Entscheidung bereits selbst getroffen hat und diese für den Betreuer bindend ist ...

[700] Lipp, Handbuch, § 17 Rz. 95, 98.

[701] BT-Drucks. 16/8442 S. 14.

b) Sonstige Fälle. Inwieweit in sonstigen Fällen, wenn kein Bevollmächtigter vorhanden ist, ein Betreuer bestellt werden muss, ist umstritten.

Die Gesetzesbegründung[702] schreibt dazu: Dennoch hat der Betreuer auch in diesen Fällen … nach § 1901a I 1 a.F. BGB (= § 1827 I BGB) zu prüfen, ob die Patientenverfügung auf die aktuelle Lebens- und Behandlungssituation zutrifft … Hat sich der Betreuer dagegen von der Einschlägigkeit und Wirksamkeit der Patientenverfügung überzeugt, achtet er darauf, dass der Betroffene entsprechend seinem Willen behandelt wird. Hat der Patient die Entscheidung bereits selbst getroffen, ist es daher Aufgabe des Betreuers, dieser Entscheidung „Ausdruck und Geltung zu verschaffen". Darüber hinaus bleibt die Tätigkeit eines Betreuers in diesen Fällen weiterhin notwendig für alle anderen in der Patientenverfügung nicht vorweg getroffenen Erklärungen und Entscheidungen. Das betrifft z.B. die Auswahl des Arztes oder Krankenhauses sowie die vermögensrechtliche Seite der Behandlung.

Richtig ist dagegen: Eine *eindeutige* **Patientenverfügung** bindet Ärzte, Pflegende und andere Personen direkt.[703] Eine Umsetzung durch einen Betreuer ist nicht erforderlich. Das ergibt sich daraus, dass medizinische Maßnahmen nur mit einer Einwilligung des Patienten erlaubt sind.

Ist die **Patientenverfügung** nicht eindeutig und ist für den Arzt später unklar, ob der konkrete Fall von der Patientenverfügung erfasst ist, sollte er die Bestellung eines Betreuers anregen, wenn kein Bevollmächtigter bestellt ist.

Dass eine Patientenverfügung dazu führt, dass eine Betreuung nicht erforderlich wird,[704] ist daher in dieser Allgemeinheit nicht zutreffend. Eine Betreuung wird angeordnet, wenn ein Volljähriger aufgrund einer Krankheit oder einer Behinderung seine Angelegenheiten ganz oder teilweise nicht besorgen kann (§ 1814 I BGB) und wenn dies erforderlich ist (§ 1814 II BGB). Der Aufgabenkreis kann fast den gesamten Lebenskreis umfassen.

Die Patientenverfügung dagegen beinhaltet nur die Einwilligung oder Nichteinwilligung in medizinische Behandlungen, sie umfasst also nicht die sonstigen Angelegenheiten eines Hilfsbedürftigen, insbesondere nicht die Vermögenssorge, den Abschluss des Arztvertrages. Die Patientenverfügung stellt allein noch keine Bestellung eines Vertreters dar, sie hat eine andere Zielrichtung. Ein solcher Vertreter (als Bevollmächtigter oder Betreuer) ist aber nötig, weil sonst niemand da ist, der gegenüber den Ärzten die Rechte und Interessen des Patienten vertritt, hier Willenserklärungen abgeben und Weisungen erteilen kann. Andernfalls ist theoretisch denkbar, dass der Pa-

702 BT-Drucks. 16/8442 S. 14.

703 Coeppicus NJW 2011, 2085.

704 Berger JZ 2000, 797/804.

tient nicht mehr ansprechbar im Krankenhausbett liegt, die Patientenverfügung in der Hand hält, aber niemand diese liest oder sich daran hält.

Eine Patientenverfügung sollte daher durch eine entsprechende **Vorsorgevollmacht** ergänzt werden; sonst ist gegebenenfalls eine Betreuung notwendig.

Eine **Betreuungsverfügung** hat auch neben einer Patientenverfügung einen Sinn. Denn die Patientenverfügung betrifft nur die Gesundheitsfrage, oft ist eine Betreuung aber nur in Vermögens- oder sonstigen Angelegenheiten erforderlich.

VI. Patientenverfügung und Organspendeerklärung

Die moderne Medizin braucht Organe zur Transplantation; zu wenig Men- *415*
schen sind aber zu einer Organspende[705] bereit. Der Staat will das daher „fördern". Jeder Mensch kann eine Erklärung zur postmortalen Organspende abgeben, in der er in eine Organspende einwilligt oder ausdrücklich widerspricht (§ 2 II TransplantationsG = TPG). Liegt *keine* Erklärung vor (das ist der Regelfall), können Angehörige oder sonstige nahestehende Personen der Organspende zustimmen (§ 4 I 2 TPG), wobei sie den mutmaßlichen Willen des Organspenders zu beachten haben. Voraussetzung der Organentnahme ist die Feststellung des Hirntodes. Diese Feststellung setzt je nach der Art der Hirnschädigung eine längere Beobachtung (bis zu drei Tagen[706]) voraus, während zur Erhaltung der Transplantierbarkeit der durchbluteten Organe der Patient maschinell beatmet und durchblutet werden muss. Hat jemand seine Bereitschaft zur Organspende erklärt (etwa weil er einen Organspendeausweis bei sich führt) und später eine Patientenverfügung niedergelegt, in der ein Verbot der Intensivbehandlung enthalten ist, liegt ein Widerspruch vor. Umstritten ist, was vorrangig ist. Im Zweifel geht die *spätere* Patientenverfügung vor, wenn anzunehmen ist, dass der Patient unter keinen Umständen, selbst nicht für Tage, eine Intensivmedizin wollte. Einen solchen Willen wird man aber kaum unterstellen können.

VII. Hospiz- und Palliativgesetz

Aus ärztlicher Sicht ist oft nicht klar, welche Vorstellung der Patient da- *415a*
von hatte, was er bei der Abfassung der Verfügung tat, bzw. was er anordnen wollte. Das Hospiz- und Palliativgesetz bringt mit § 132g SGB V eine Einbettung in die Versorgungsstrukturen der gesetzlichen Krankenversiche-

---

705 Dazu Müller-Engels/Braun Kap. 2 Rn. 417 ff.; Lipp notar 2014, 111

706 BT-Drucks. 15/3700 S. 22.

rung.[707] Nach **§ 132g I SGB V** können zugelassene Pflegeeinrichtungen und Einrichtungen der Eingliederungshilfe für behinderte Menschen den Versicherten in den Einrichtungen eine gesundheitliche Versorgungsplanung für die letzte Lebensphase anbieten. Versicherte sollen über die medizinisch-pflegerische Versorgung und Betreuung in der letzten Lebensphase beraten werden, und ihnen sollen Hilfen und Angebote der Sterbebegleitung aufgezeigt werden. Im Rahmen einer Fallbesprechung soll nach den individuellen Bedürfnissen des Versicherten insbesondere auf medizinische Abläufe in der letzten Lebensphase und während des Sterbeprozesses eingegangen, sollen mögliche Notfallsituationen besprochen und einzelne Maßnahmen der palliativ-medizinischen, palliativ-pflegerischen und psychosozialen Versorgung dargestellt werden. Nach Abs. 2 sind in die Fallbesprechung der den Versicherten (**Vollmachtgeber**) behandelnde Hausarzt oder sonstige Leistungserbringer und auf Wunsch des Versicherten Angehörige und weitere Vertrauenspersonen (**Bevollmächtigter**) zu beteiligen.

D. Die Genehmigung des Betreuungsgerichts

I. Fälle

416 a) Die Nichteinwilligung oder der Widerruf der Einwilligung des Betreuers (bzw. des Bevollmächtigten) in eine **Untersuchung des Gesundheitszustands, eine Heilbehandlung oder einen ärztlichen Eingriff** bedarf der Genehmigung des Betreuungsgerichts, wenn die Maßnahme medizinisch angezeigt ist und die begründete Gefahr besteht, dass der Betreute (bzw. der Vollmachtgeber) auf Grund des Unterbleibens oder des Abbruchs der Maßnahme stirbt oder einen schweren und länger dauernden gesundheitlichen Schaden erleidet (§ 1829 II BGB). – Der Bevollmächtigte kann in eine der in § 1829 I 1 oder § 1829 II BGB genannten Maßnahmen nur einwilligen, nicht einwilligen oder die Einwilligung widerrufen, wenn die Vollmacht diese Maßnahmen ausdrücklich umfasst und schriftlich erteilt ist.

b) Für die **Einwilligung** in eine **Untersuchung des Gesundheitszustands, eine Heilbehandlung oder einen ärztlichen Eingriff** gilt dasselbe (§ 1829 I BGB).

c) Die **freiheitsentziehende Unterbringung** durch den Betreuer bzw. Bevollmächtigten ist nur mit Genehmigung des Betreuungsgerichts zulässig (§ 1831 II, V BGB).

d) Die Einwilligung des Betreuers bzw. Bevollmächtigten in die **Zwangsbehandlung einer geschlossen untergebrachten Person**, die ohnehin nur

[707] Rixen/Marckmann/In der Schmitten NJW 2016, 125.

unter den Voraussetzungen des § 1832 I Nr. 1 bis 7 BGB zulässig ist, bedarf der Genehmigung des Betreuungsgerichts (§ 1832 II BGB).

e) Eine **Vollmacht des Vollmachtgebers** darf ein Betreuer bzw. Kontrollbetreuer nur mit Genehmigung des Betreuungsgerichts widerrufen (§ 1820 V 2 BGB).

II. Fälle, in denen keine Genehmigung des Gerichts erforderlich ist

1. Einvernehmen mit dem Arzt bei Behandlungen

Eine Genehmigung des Gerichts nach § 1829 I, II BGB ist nicht erforderlich, wenn zwischen Betreuer (bzw. Bevollmächtigtem) und behandelndem Arzt **Einvernehmen** darüber **besteht**, dass die Erteilung, die Nichterteilung oder der Widerruf der Einwilligung dem nach § 1827 BGB festgestellten Willen des Betreuten (bzw. Vollmachtgebers) entspricht (§ 1829 IV BGB). In einem solchen Fall ist daher weder ein Verfahrenspfleger noch ein Sachverständigengutachten erforderlich. Das Gericht erfährt nichts, allenfalls später, dass der Betreute gestorben ist und daher die Betreuung beendet ist. Die Missbrauchsgefahr ist offenkundig. Angesichts des schwerwiegenden Eingriffs ist die Schwelle für ein gerichtliches Einschreiten deshalb nicht zu hoch anzusetzen. Das Betreuungsgericht muss das Genehmigungsverfahren nach § 1820 BGB immer dann durchführen, wenn **einer der Handelnden Zweifel** daran hat, ob das geplante Vorgehen dem Willen des Betroffenen entspricht. Die Prüfungskompetenz des Betreuungsgerichts ist auch dann eröffnet, wenn zwar ein Einvernehmen zwischen Betreuer und behandelndem Arzt besteht, aber gleichwohl ein Antrag auf betreuungsgerichtliche Genehmigung gestellt wird.[708] *417*

Was dem Willen des Betroffenen entspricht, wird wie folgt festgestellt: *417a*

(1) Wenn eine **Patientenverfügung vorliegt**, prüft der Betreuer bzw. der Bevollmächtigte, ob deren Festlegungen auf die **aktuelle Lebens- und Behandlungssituation** zutreffen. Ist dies der Fall, hat der Stellvertreter dem Willen des Betreuten Ausdruck und Geltung zu verschaffen (§ 1827 I 2 BGB), also dem Arzt darzulegen und auf die Beachtung zu dringen.

(2) Wenn zwar eine Patientenverfügung vorliegt, deren Festlegungen aber **nicht** auf die aktuelle Lebens- und Behandlungssituation zutreffen, hat der Betreuer bzw. der Bevollmächtigte **die Behandlungswünsche** oder den **mutmaßlichen Willen** des Betreuten bzw. des Vollmachtgebers festzustellen und auf dieser Grundlage zu entscheiden, ob er in eine ärztliche Maßnahme nach § 1829 BGB einwilligt oder sie untersagt. Der mutmaßliche Wille ist

---

[708] BGH NJW 2014, 3572 = FamRZ 2014, 1909; dazu Boemke NJW 2015, 378.

aufgrund **konkreter Anhaltspunkte** zu ermitteln. Zu berücksichtigen sind insbesondere frühere mündliche oder schriftliche Äußerungen, ethische oder religiöse Überzeugungen und sonstige persönliche Wertvorstellungen des Betreuten (§ 1827 II 3 BGB); das ist kaum möglich, weil ein kürzlich bestellter Berufsbetreuer den Betreuten oft kaum genauer kennt.

Der BGH[709] sagt: Für die Feststellung des behandlungsbezogenen Patientenwillens gelten **beweismäßig strenge Maßstäbe**, die der hohen Bedeutung der betroffenen Rechtsgüter – dem Selbstbestimmungsrecht einerseits und dem Schutz des Lebens andererseits – Rechnung zu tragen haben. Dies hat insbesondere zu gelten, wenn es beim Fehlen einer schriftlichen Patientenverfügung um die Feststellung eines in der Vergangenheit mündlich geäußerten Patientenwillens geht. Insbesondere bei der Ermittlung des mutmaßlichen Willens des Betroffenen ist darauf zu achten, dass nicht die Werte und Vorstellungen des Betreuers zum Entscheidungsmaßstab werden. Die bei der Ermittlung und der Annahme des mutmaßlichen Willens zu stellenden strengen Anforderungen gelten aber unabhängig davon, ob der Tod des Betroffenen unmittelbar bevorsteht oder nicht

(3) Wenn **keine Patientenverfügung vorliegt**, ist es wie bei (2).

417b **Arzt/Bevollmächtigter.** Der behandelnde Arzt prüft, welche ärztliche Maßnahme im Hinblick auf den Gesamtzustand und die Prognose des Patienten indiziert ist. Er und der Betreuer (bzw. der Bevollmächtigte, § 1828 III BGB) erörtern diese Maßnahme („Konsil“) unter Berücksichtigung des Patientenwillens als Grundlage für die nach § 1827 BGB zu treffende Entscheidung. Bei der Feststellung des Patientenwillens oder der Behandlungswünsche oder des mutmaßlichen Willens soll nahen Angehörigen und sonstigen Vertrauenspersonen des Betreuten (bzw. des Vollmachtgebers) Gelegenheit zur Äußerung gegeben werden, sofern dies ohne erhebliche Verzögerung möglich ist (§ 1828 II BGB).

2. Kurze Zeitspanne bei der Freiheitsentziehung

417c Unter „Freiheitsentziehung“ (§ 1831 I BGB) ist eine einmalige ganz kurzfristige Entziehung, z.B. das Absperren eines Raums für eine halbe Stunde, nicht zu verstehen.[710] Dasselbe gilt für unterbringungsähnliche Maßnahmen (§ 1831 IV BGB), wo ausdrücklich von einem „längeren Zeitraum“ die Rede ist. Wieviele Stunden bzw. Tage das sein dürfen, ist bisher nicht entschieden (es geht meist um die „Fixierung“, d.h. Fesselung des Patienten.

---

709 BGH NJW 2014, 3572 = FamRZ 2014, 1909.

710 Vgl. BeckOGKBGB/Brilla § 1906 Rn. 36.

3. Widerruf der Vollmacht des Vollmachtgebers

Wenn der Vollmachtgeber zwei Personen Vollmacht eingeräumt hat und einem der Beiden ausdrücklich das Recht gegeben hat, die Vollmacht des Anderen zu widerrufen, ist für den Widerruf keine Genehmigung des Betreuungsgerichts möglich oder erforderlich. *417d*

III. Genehmigungskriterien

Die Genehmigung nach § 1829 BGB ist vom Betreuungsgericht (Richter) zu erteilen, wenn die Einwilligung, die Nichteinwilligung oder der Widerruf der Einwilligung dem Willen des Betreuten entspricht und zwischen Arzt und Stellvertreter **Dissens** vorliegt. Sie wird durch Beschluss erteilt oder verweigert (§ 38 FamFG). Rechtsmittel: Beschwerde (§ 58 FamFG). *418*

IV. Genehmigungsverfahren

Der Betroffene selbst muss persönlich angehört werden (§ 298 I FamFG). Die sonstigen Beteiligten *soll* das Gericht vor einer Genehmigung nach § 1829 BGB **anhören** (§ 298 II FamFG), z. B. schriftlich. *419*

Wenn Gegenstand des Verfahrens eine Genehmigung nach § 1829 II BGB ist, muss das Betreuungsgericht stets einen **Verfahrenspfleger** bestellen (§§ 298 II, 276 FamFG).

Vor der Genehmigung ist ein **Sachverständigengutachten** einzuholen. Der Sachverständige soll nicht auch der behandelnde Arzt sein (§§ 298 III 2, 280 FamFG).

Für die Genehmigung der Einwilligung des Bevollmächtigten in einen **ärztliche Zwangsbehandlung** des geschlossen untergebrachten Vollmachtgebers regeln die §§ 312 ff. FamFG das Verfahren (§ 312 Nr. 3 FamFG).

V. Eintritt der Wirksamkeit des Beschlusses

Ein Beschluss des Gerichts, der die Genehmigung nach § 1829 II BGB zum Gegenstand hat, wird erst zwei Wochen nach Bekanntgabe an den Betreuer oder Bevollmächtigten sowie an den Verfahrenspfleger wirksam (§ 287 III FamFG). Damit soll dem Verfahrenspfleger die Möglichkeit gegeben werden, Beschwerde einzulegen, bevor der Betroffene wegen Abbruch der Ernährung verstorben ist. *420*

VI. Schutz des Betroffenen

421 Wenn sich der Arzt und der Betreuer bzw. Bevollmächtigte zusammentun und der Meinung sind, der Betroffene hätte sterben wollen, dann ist keine Genehmigung des Betreuungsgerichts erforderlich (§ 1829 IV BGB); das ist ein schwerer Mangel des Gesetzes, weil Missbrauch dadurch ermöglicht wird, etwa wenn die monatlichen Pflegkosten aus dem Vermögen des Betroffenen aufzubringen sind und der Betreuer bzw. Bevollmächtigte erbberechtigter Verwandter ist, oder die Umständlichkeit des Genehmigungsverfahrens wird gescheut. Die Gesetzesbegründung[711] meint: „Jedermann kann **jederzeit beim Betreuungsgericht eine Überprüfung anregen**, wenn er befürchtet, dass der Betreuer oder Bevollmächtigte nicht im Sinne des Betroffenen entscheiden will." Der BGH[712] sagt: Daher ist die Prüfungskompetenz des Betreuungsgerichts auch dann eröffnet, wenn zwar ein Einvernehmen zwischen Betreuer und behandelndem Arzt besteht, aber gleichwohl ein Antrag auf betreuungsgerichtliche Genehmigung gestellt wird. Stellt das Gericht dieses Einvernehmen (§ 1829 IV BGB) fest, hat es den Antrag auf betreuungsgerichtliche Genehmigung ohne weitere gerichtliche Ermittlungen abzulehnen und ein so genanntes Negativattest zu erteilen, aus dem sich ergibt, dass eine gerichtliche Genehmigung nicht erforderlich ist.

---

711 BT-Drucks. 16/13314 S. 4.

712 BGH NJW 2014, 3572 = FamRZ 2014, 1909.

Anhänge

Formulare: Vorsorgevollmacht

1. Formular: *Ein* Bevollmächtigter

Dieses Formular wendet sich an den **misstrauischen Vollmachtgeber**, der nicht durch Unfähigkeit des Bevollmächtigten oder Missbrauch der Vollmacht plötzlich verarmen will. Es enthält keine Generalvollmacht, sondern nur ein Bündel von Spezialvollmachten. Es schützt deshalb den Vollmachtgeber, schränkt aber die Macht des Bevollmächtigten etwas ein. So darf der Bevollmächtigte nicht über Grundstücksvermögen verfügen, keine Bürgschaften eingehen, keine Schulden auf den Namen des Vollmachtgebers machen. Folge ist, dass beispielsweise **ein Betreuer bestellt** werden muss, wenn das Haus verkauft werden muss, damit das Pflegeheim bezahlt werden kann (und dann die Kontrolltätigkeiten des Betreuungsgerichts einsetzen). Doch kann bestimmt werden, dass in einem solchen Fall der Bevollmächtigte zum Betreuer bestellt werden soll.

Vollmacht

Ich...
a) Familienname,
b) Geburtsname,
c) Vornamen,
d) Geschlecht,
e) Geburtsdatum,
f) Geburtsort,[713]
g) Anschrift (Straße, Hausnummer, Postleitzahl, Ort; E-Mail),
erteile hiermit

Vollmacht

für .... (Name, Vorname, Geburtsdatum, Adresse).

Der/Die[714] Bevollmächtigte kann mich in folgenden Angelegenheiten vertreten:

1) Vermögensangelegenheiten

Der Bevollmächtigte darf mein Vermögen verwalten und hierbei alle Rechtshandlungen und Rechtsgeschäfte im In- und Ausland vornehmen. Er darf Erklärungen aller Art in Bezug auf mein Vermögen abgeben und entgegen-

[713] Zweckmäßig, weil bei Eintragung in das Zentrale Vorsorgeregister der Bundesnotarkammer die Angabe gefordert wird.

[714] Im folgenden Text wird traditionell nur die männliche Form verwendet, um den Text nicht zu überfrachten. Wird eine Frau bevollmächtigt, bitte in „sie“ ändern.

nehmen. Er darf in Bezug auf mein Vermögen Anträge stellen, ändern, zurücknehmen; Zahlungen entgegennehmen.

Bezüglich meiner Konten, Wertpapierdepots und Safes bei Banken und Sparkassen im In- und Ausland darf der Bevollmächtigte alle Rechte wahrnehmen, beispielsweise Wertpapiere kaufen und verkaufen, Konten und Depots neu errichten, kündigen, Barabhebungen, Überweisungen und Übertragungen vornehmen, Kontoauszüge und Depotaufstellungen entgegen nehmen, EC-Karten erhalten, am Internet-Banking teilnehmen.

Zu Beginn der Tätigkeit hat der Bevollmächtigte ein **Vermögensverzeichnis** zu erstellen und alle Belege und Kontoauszüge aufzubewahren.[715]

Die Vollmacht berechtigt *nicht* zu

- Kreditaufnahmen auf meinen Namen;
- Spekulationsgeschäften mit Wertpapieren[716] und Devisen. Termingeschäften mit Wertpapieren und anderen sog. Finanzinstrumenten;
- Bürgschaften zu meinen Lasten;
- Verfügungen über mein Grundstücksvermögen (wie Veräußerung, Übertragungen, Belastungen).[717]

2) Behörden, Gerichte

Der Bevollmächtigte darf mich gegenüber Gerichten,[718] Behörden, Versicherungen, Renten- und Sozialleistungsträgern und ähnlichen Stellen vertreten, Steuererklärungen[719] abgeben, Steuerbescheide entgegennehmen, Rechtsmittel dagegen einlegen, Anträge stellen und zurücknehmen sowie Prozesshandlungen aller Art vornehmen, auch Rechtsanwälten Vollmacht erteilen.

3) Gesundheitsangelegenheiten, Sterbehilfe[720]

Der Bevollmächtigte darf in alle Maßnahmen im Rahmen der Gesundheitssorge einwilligen (z.B. Behandlungen, Operationen, Untersuchungen, Medikamente) oder die Einwilligung versagen,[721] wenn ich selbst nicht mehr

---

715 Dieser Satz gehört an sich in das Innenverhältnis; weil ein Vertrag darüber selten geschlossen wird, ist er aus Zweckmäßigkeit in die Vollmacht aufgenommen worden.

716 Der Begriff ist unscharf, lässt sich aber nicht besser einengen.

717 Muss das Haus verkauft werden, ist deshalb die Bestellung eines Betreuers notwendig, was den Vollmachtgeber wegen der gerichtlichen Kontrolle schützt.

718 Vgl. § 51 III ZPO („schriftlich mit der gerichtlichen Vertretung bevollmächtigt“).

719 Vgl. § 150 III AO 1977.

720 Die Vollmacht gibt bewusst kein Recht zur Anwendung von nicht zugelassenen Medikamenten. Hier ist gegebenenfalls eine Betreuung erforderlich.

721 Das ist an sich überflüssig, denn ohne Einwilligung darf der Arzt ohnehin nichts tun.

über eine Einwilligung entscheiden kann.[722] Dieses Recht des Bevollmächtigten besteht auch, wenn die Behandlung bzw. das Unterlassen der Behandlung (z.B. einer Operation) für mich gefährlich ist und ich dadurch unter Umständen schwere Schäden erleiden kann oder daran sterben kann.

Das gilt auch für Maßnahmen im Rahmen einer ambulanten oder stationären Pflege.

Der Bevollmächtigte darf in meine medizinische Zwangsbehandlung (ambulant oder stationär, in der Unterbringung oder außerhalb) einwilligen.[723]

Der Bevollmächtigte darf alle Krankenunterlagen einsehen und deren Herausgabe an Dritte gestatten. Alle Ärzte und das Pflegepersonal werden von der Schweigepflicht entbunden und müssen dem Bevollmächtigten Auskünfte erteilen.

Der Bevollmächtigte darf in meinem Namen – nicht – über den **Abbruch lebensverlängernder Maßnahmen** (z.B. künstliche Ernährung, Flüssigkeitszufuhr, Beatmung) entscheiden.[724]

4) Organspende

Der Bevollmächtigte darf – nicht – in eine Entnahme von Organen einwilligen.

5) Unterbringung

Der Bevollmächtigte ist berechtigt, meinen Aufenthalt zu bestimmen, z.B. in einem Alten- oder Pflegeheim.

Der Bevollmächtigte ist berechtigt, mich gegen meinen Willen freiheitsentziehend unterbringen lassen. Er darf mich also in der geschlossenen Abteilung eines Altenheims, Pflegeheims, Krankenhauses usw. einsperren lassen.

Der Bevollmächtigte darf darin einwilligen, dass mir die Freiheit durch geschlossene Türen, durch Bettgitter, Bauchgurte oder andere Vorrichtungen, durch Medikamente oder in anderer Weise, entzogen wird.

Der Bevollmächtigte hat das Recht, mir gegenüber Gewalt anzuwenden, wenn ich mich gegen die Unterbringung (z.B. gegen den Transport in die geschlossene Abteilung eines Heims) zur Wehr setze.

---

722 Das ist keine Einschränkung, sondern ein Hinweis auf eine Selbstverständlichkeit.

723 § 1829 BGB.

724 Bei Bejahung muss in der Vollmacht angegeben werden, dass sich der Vollmachtgeber der Gefahr des Todes bewusst ist, wenn er eine solche Vollmacht erteilt (BGH MDR 2016, 1087).

6) Wohnungs- und Mietangelegenheiten

Der Bevollmächtigte darf die Rechte und Pflichten aus dem Mietvertrag über meine Wohnung wahrnehmen, also z.B. die Wohnung kündigen, meinen Haushalt auflösen und wertlose Sachen entsorgen.

Er darf neue Mietverträge für mich schließen und kündigen, auch Verträge mit Altenheimen, Pflegeheimen usw.

Er darf bezüglich meines Grundstücksvermögens alle Rechtsgeschäfte vornehmen, insbesondere Mietverträge schließen und kündigen (Ausnahmen: oben 1).

7) Post-, Telefon- und ähnliche Angelegenheiten

Der Bevollmächtigte darf für mich bestimmte Post entgegennehmen, öffnen, lesen sowie alle Entscheidungen über meinen Fernmeldeverkehr treffen.

8) Keine Schenkungen

Der Bevollmächtigte ist zu Schenkungen nicht berechtigt. Ausgenommen sind Anstandsschenkungen in kleinem Umfang zu den üblichen Anlässen wie Geburtstagen, Weihnachten, Verheiratung, Geburt eines Kindes, Trinkgelder an Pflegepersonal.

9) Keine Insichgeschäfte

Insichgeschäfte, also Geschäfte mit sich selbst (§ 181 BGB), sind dem Bevollmächtigten untersagt.[725] Die Entnahme seiner Auslagen aus meinem Vermögen ist ihm aber gestattet.

10) Untervollmachten

Der Bevollmächtigte ist nicht berechtigt, Untervollmacht zu erteilen. Ausgenommen ist die Erteilung einer Prozessvollmacht an Rechtsanwälte und einer Vollmacht an Steuerberater.

11) Geltung der Vollmacht

Diese Vollmacht ist sofort wirksam.[726]

---

725 Diese Klarstellung schützt den Vollmachtgeber, erschwert aber dem Bevollmächtigten die Tätigkeit etwas. Überweist er Geld vom Konto des Vollmachtgebers an das Finanzamt, das Krankenhaus, das Pflegeheim, die Stadtverwaltung, Müllabfuhr usw., gibt es keine Probleme. Überweist er Geld auf sein eigenes Konto, wird die Bank/Sparkasse den Auftrag nicht ausführen, weil es gegen § 181 BGB verstößt.

726 Vgl. § 172 BGB: damit wird der Dritte geschützt, dem gegenüber der Bevollmächtigte auftritt. Der Satz „Diese Vollmacht ist jederzeit widerruflich" ist daher überflüssig.

Diese Vollmacht soll auch dann gelten, wenn ich geschäftsunfähig werde.[727]

Die Vollmacht erlischt aber mit meinem Tod.[728]

12) Hinweis auf eine Patientenverfügung

Ich habe eine Patientenverfügung errichtet, die ... (Ort) verwahrt ist. Der Bevollmächtigte wird angewiesen, diese Patientenverfügung zu beachten.

13) Hinweis für den Fall einer Betreuung

Sollte aus irgendwelchen Gründen trotz dieser Vollmacht eine Betreuung anzuordnen sein, bitte ich das zuständige Gericht, den oben bezeichneten Bevollmächtigten zu meinem Betreuer zu bestellen und bevollmächtige ihn zur Beschwerde und Rechtsbeschwerde in meinem Namen, wenn eine andere Person zum Betreuer bestellt wird.

(Unterschrift des Vollmachtgebers mit Ort und Datum)[729] ....

Beglaubigung der Unterschrift durch die
Betreuungsbehörde ....

Daten zur **Person des Bevollmächtigten** (zwecks Eintragung im zentralen Vorsorgeregister der Bundesnotarkammer in Berlin[730]):

a) Familienname,
b) Geburtsname,
c) Vornamen,
d) Geburtsdatum,
e) Anschrift (Straße, Hausnummer, Postleitzahl, Ort),
f) Rufnummer.

---

727 Diese Klarstellung ist zweckmäßig, aber rechtlich nicht unbedingt erforderlich; vgl. Cypionka NJW 1992, 207.

728 Oder: erlischt nicht. Dann kann der Bevollmächtigte z. B. die letzten Pflegeheim- und Arztrechnungen aus dem Konto des Verstorbenen bezahlen; andernfalls muss er den Erbschein abwarten, was Monate dauern kann.

729 Teils, z. B. von Uhlenbruck ZAP Fach 12 S. 85, wird empfohlen, dass der Vollmachtgeber die Erklärung später einige Male erneut bestätigen soll. Das ist nicht notwendig.

730 Man könnte hineinschreiben, dass der Bevollmächtigte in die Speicherung seiner Daten bei der Bundesnotarkammer einwilligt (§ 4 VREgV); da aber die Notarkammer alle Bevollmächtigten von ihrer Eintragung verständigt, unabhängig von ihrer Einwilligung (denn die Unterschrift etc. sind nicht nachprüfbar), ist es überflüssig.

Der Bevollmächtigte bestätigt, dass er von der Erteilung der Vollmacht Kenntnis genommen hat;[731] diese Unterschrift verpflichtet den Bevollmächtigten nicht dazu, später als Bevollmächtigter tätig zu werden.[732]

Datum .... Unterschrift ....

2. Formular: Generalvollmacht

Es handelt sich hier um eine **Generalvollmacht eines vertrauensseligen Vollmachtgebers**, die den Vollmachtgeber voll an den Bevollmächtigten ausliefert und deshalb nur erteilt werden sollte, wenn engste Angehörige (einzige Tochter etc.) als Bevollmächtigte zur Verfügung stehen, die in gesicherten finanziellen Verhältnissen leben und deren Zuverlässigkeit sich langjährig erwiesen hat.

Die **Eingangsformel** ist dieselbe wie bei Formular 1.

Ziffer 1 wird geändert und **lautet:**

1) Vermögensangelegenheiten

Dem Bevollmächtigten erteile ich Generalvollmacht[733] bezüglich meines Vermögens, sowohl des beweglichen wie des unbeweglichen Vermögens (Grundbesitz).

Er darf mein Vermögen nach eigenem Ermessen verwalten und hierbei alle Rechtshandlungen und Rechtsgeschäfte im In- und Ausland vornehmen. Er darf Erklärungen aller Art in Bezug auf mein Vermögen abgeben und entgegennehmen. Er darf in Bezug auf mein Vermögen Anträge stellen, ändern, zurücknehmen; Zahlungen und Wertgegenstrände entgegennehmen.

Bezüglich meiner Konten, Wertpapierdepots und Safes bei Banken und Sparkassen im In- und Ausland darf der Bevollmächtigte alle Rechte wahrnehmen, beispielsweise sie neu errichten, kündigen, Überweisungen und Übertragungen vornehmen, Kontoauszüge und Depotaufstellungen entgegennehmen, EC-Karten erhalten, am Internet-Banking teilnehmen.

Der Bevollmächtigte darf auch Kredite auf meinen Namen aufnehmen, Bürgschaften zu meinen Lasten übernehmen, Verfügungen über mein **Grundstücksvermögen** treffen (wie Veräußerung, Übertragungen, Belastung mit Grundschulden und dergleichen).

---

[731] Damit wird der Erteilungsakt (§ 167 I BGB) vollzogen; das ist zweckmäßig (weil sonst der Bevollmächtigte vielleicht nicht Kenntnis von der Vollmacht erlangt), aber nicht notwendig.

[732] Diese Klausel halte ich für zweckmäßig, weil sonst der Bevollmächtigte verunsichert ist.

[733] Eine derartige Generalvollmacht schlägt z. B. Milzer NJW 2003, 1836/1839 vor, einschließlich Schenkungsrecht, Befreiung von § 181 BGB, Befugnis zur Untervollmacht und Geltung über den Tod hinaus.

2) Wie beim Formular 1).

3) Wie beim Formular 1), es wird aber hinzugesetzt:

Der Bevollmächtigte darf die Einwilligung zum Unterlassen oder Beenden lebensverlängernder Maßnahmen erteilen, z.B. den Abbruch der künstlichen Ernährung bzw. Flüssigkeitszufuhr anordnen.

4 bis 7) wie beim Formular 1).

8) Schenkungen

Der Bevollmächtigte ist zu Schenkungen jeder Art und jeglichen Umfangs berechtigt.

9) Insichgeschäfte

Insichgeschäfte, also Geschäfte mit sich selbst (§ 181 BGB), darf der Bevollmächtigte nach Gutdünken abschließen.

10) Untervollmachten

Der Bevollmächtigte ist berechtigt, Untervollmachten zu erteilen.

11) Geltung der Vollmacht

Diese Vollmacht ist sofort wirksam.[734]

Diese Vollmacht soll auch dann gelten, wenn ich geschäftsunfähig werde.[735]

Die Vollmacht erlischt *nicht* mit meinem Tod, sie gilt über meinen Tod hinaus.

Die Vollmacht ist jederzeit widerruflich.[736]

12) und 13) sowie der Schluss wie beim Formular 1).

Wegen des Rechts zu Grundstücksverfügungen ist es notwendig, dass ein Notar die Unterschrift beglaubigt oder die Vollmacht beurkundet.

---

734 Die Klausel, dass die Vollmacht nur gilt, wenn der Bevollmächtigte das Original der Vollmacht besitzt und vorlegt, wurde weggelassen, weil das ein schnelles Handeln sehr erschweren würde.

735 Diese Klarstellung ist zweckmäßig, aber rechtlich nicht unbedingt erforderlich; vgl. Cypionka NJW 1992, 207.

736 Das ist selbstverständlich und dient nur zur Klarstellung; so auch Langenfeld, Vorsorgevollmacht S. 55. Wenn der Vollmachtgeber besonders leichtsinnig sein will, dann schreibt er „Die Vollmacht ist unwiderruflich".

3. Formular: Mehrere Bevollmächtigte[737]

Hier geht es um drei verschiedene Fälle. Erste Fallgruppe: Der Vollmachtgeber will mehrere Personen gleichrangig bevollmächtigen, z.B. seine beiden Kinder, damit sich keines zurückgesetzt fühlt oder sie sich die Arbeit teilen. Jeder Bevollmächtigte hat dann Alleinvertretungsmacht (Rz. 121 ff.), was praktisch nur funktioniert, wenn die beiden Bevollmächtigten miteinander gut auskommen; man könnte auch anordnen, dass die zwei Bevollmächtigten nur gemeinsam tätig werden können.

Die zweite Fallgruppe betrifft **Ersatzbevollmächtigte**: Nach der internen Absprache soll der zweite nur tätig werden, wenn der erste Bevollmächtigte aus irgendwelchen Gründen „ausfällt". Da der Ersatzfall nicht eindeutig definierbar ist, muss der Ersatzmann im Außenverhältnis schon jetzt dieselbe Vertretungsmacht erlangen wie der Hauptbevollmächtigte.

Die dritte Fallgruppe betrifft die **Kontrollvollmacht**. Da der Vollmachtgeber wegen seines reduzierten geistigen Zustandes den Hauptbevollmächtigten nicht mehr kontrollieren kann, bestellt er eine Person, die den Hauptbevollmächtigten kontrolliert und räumt ihr im Außenverhältnis die starke Stellung eines Bevollmächtigten ein.

Ziffern 1–13 wie bei Formular 1.

14) Zweiter Bevollmächtigter

Ferner erteile ich hiermit **Vollmacht** an

…………………… (Name, Vorname, Adresse).

Dieser zweite Bevollmächtigte hat dieselben Befugnisse wie der oben zuerst genannte Bevollmächtigte ……………………… (Name).

Jeder Bevollmächtigte hat Einzelvertretungsbefugnis.[738]

Kein Bevollmächtigter hat das Recht, die dem anderen von mir erteilte Vollmacht zu widerrufen.[739]

---

[737] Hierzu gehört das Muster eines Geschäftsbesorgungsvertrages, Formular 2.

[738] Oder: Beide Bevollmächtigte können nur gemeinsam handeln.

[739] Rz. 235; so auch der Vorschlag von Walter ZEV 2000, 353/5.

Formulare: Vertrag zwischen dem Vollmachtgeber und dem Bevollmächtigten

1. Formular

Im Innenverhältnis zwischen dem Vollmachtgeber und dem Bevollmächtigten gelten, wenn nicht ausdrücklich etwas anderes vereinbart ist, die Regeln des Auftrags- bzw. Geschäftsbesorgungsrechts (Rz. 156), die dem Vollmachtgeber wenig eindeutige Rechte geben. Der nachfolgende Mustervertrag geht von dem Gedanken aus, das Rechtsverhältnis zwischen Vollmachtgeber und Vollmachtnehmer möglichst stark den Regeln anzunähern, die für einen Betreuer gelten, und den **Bevollmächtigten im Innenverhältnis zu beschränken**. Der Bevollmächtigte wird hier auf eine **konservative Verwaltung** verpflichtet, bei der der Vermögenserhalt mit dem marktüblichen Ertrag im Vordergrund steht und gänzlicher Vermögensverlust weitgehend ausgeschlossen ist. Gleichwohl hat dieser Bevollmächtigte eine viel stärkere Stellung als ein Betreuer, weil der Betreuer in vielen Fällen der Vermögensverwaltung eine Genehmigung des Betreuungsgerichts braucht (Rz. 12), der Bevollmächtigte in Vermögenssachen aber nie. Es ist rechtlich nicht möglich, zu vereinbaren, dass der Vermögensverwalter in bestimmten Fällen die Genehmigung des Gerichts einholen muss, weil das Gesetz derartiges nicht zulässt.

Das folgende Formular geht davon aus, dass umfangreiches Vermögen in Grundstücken und Wertpapieren vorhanden ist und einer fremden Person (z.B. einem Anwalt) Vorsorgevollmacht erteilt wird.

Vertrag
zwischen
... (Vollmachtgeber) und
... (Bevollmächtigter):

Der Vollmachtgeber hat am ... dem Bevollmächtigten eine Vollmacht erteilt, die diesem Vertrag in Kopie angeheftet ist. Der Bevollmächtigte verpflichtet sich, die ihm übertragenen Aufgaben auszuführen. Im Verhältnis zu anderen Personen (Außenverhältnis) hat der Bevollmächtigte die Vertretungsmacht, die ihm die Vollmachtsurkunde einräumt. Im Innenverhältnis zwischen dem Vollmachtgeber und dem Bevollmächtigten wird Folgendes vereinbart:

1. Vermögensverwaltung

Der Bevollmächtigte ist berechtigt und verpflichtet, das Vermögen des Vollmachtgebers im Rahmen der erteilten Vollmacht zu verwalten. Dazu gehört auch die Geschäftsbesorgung von Steuerangelegenheiten, Krankenkasse, Krankenversicherung, Beihilfe. Er kann im Namen des Vollmachtgebers Steuerberater, Rechtsanwälte usw. beauftragen.

In der Vollmacht wurde die Vertretungsmacht dahin beschränkt, dass der Bevollmächtigte nicht berechtigt ist zu Kreditaufnahmen auf den Namen des Vollmachtgebers, zu Spekulationsgeschäften, Termingeschäften mit Wertpapieren und anderen Finanzinstrumenten, Bürgschaften zulasten des Vollmachtgebers, Verfügungen über das Grundstücksvermögen des Vollmachtgebers[740] (wie Veräußerung, Übertragungen, Belastungen). Der Bevollmächtigte darf keine Untervollmachten erteilen (ausgenommen Prozessvollmachten, Vollmacht an Steuerberater), keine Insichgeschäfte vornehmen, Schenkungen nur als Anstandsschenkungen in kleinem Umfang tätigen.

Zusätzlich wird im Innenverhältnis vereinbart:

a) Der Bevollmächtigte hat unverzüglich nach Übernahme der Verwaltung das Anfangsvermögen, das seiner Verwaltung unterliegt (Aktivvermögen, Schulden), in einem **Vermögensverzeichnis** zu verzeichnen.[741] Dabei ist auch der Kontenstand von Konten und Depots sowie Lebensversicherungen aufzuführen. Eine Bewertung des sonstigen Vermögens (z.B. Grundstücke, Hausrat etc.) ist nicht erforderlich. Hausrat, Wohnungseinrichtung, Bücher und dergleichen müssen nicht im Einzelnen verzeichnet werden, es sei denn, der Wert eines Einzelgegenstandes liegt über 1000 €.[742]

b) Die **laufende Verwaltung** ist vom Bevollmächtigten zu dokumentieren; eine Buchführung hat zu erfolgen. Alle Geldbewegungen haben über Konten bei inländischen Banken/Sparkassen zu erfolgen. Eine Barkasse darf nicht geführt werden, außer für Trinkgelder. Auf Anfrage hat der Bevollmächtigte jederzeit Auskünfte über den Stand der Verwaltung zu erteilen.

c) Der Bevollmächtigte hat jährlich bis 31.3. des Folgejahres eine Vermögensaufstellung zum vergangenen 31.12. und eine **Abrechnung der Einnahmen und Ausgaben** nebst Belegen zu erstellen nach denselben Grundsätzen wie bei der Betreuung; Barauszahlungen an den Vollmachtgeber zur Bestreitung der Lebenshaltungskosten müssen nicht abgerechnet werden, wenn sie vom Vollmachtgeber oder Heim-/Pflegepersonal quittiert sind.

d) Das Vermögen des Vollmachtgebers ist **getrennt** vom Vermögen des Bevollmächtigten und getrennt vom Vermögen anderer Vollmachtgeber zu halten.[743] Anderkonten dürfen nicht geführt werden. Alle Konto- und De-

---

[740] Folge ist, dass in diesen Fällen ein Betreuer bestellt werden müsste, der Bevollmächtigte könnte vom Gericht zum Betreuer bestellt werden, allerdings ist dann jeweils die Genehmigung des Gerichts erforderlich, was den Betreuten schützt.

[741] Vgl. § 1835 BGB; Sarres ZEV 2013, 312.

[742] Vorschlag von Kierig/Kretz, Formularbuch Betreuungsrecht, S. 401 (250 €).

[743] Vgl. § 1836 BGB.

potbezeichnungen müssen weiterhin auf den Namen des Vollmachtgebers lauten.

e) Das Vermögensverzeichnis über das Anfangsvermögen sowie die späteren Aufstellungen und die jährliche Abrechnung der Einnahmen und Ausgaben nebst Belegen sind dem **zweiten Bevollmächtigten** gegenüber zu erstellen, falls einer bestellt wurde; dieser kann Beanstandungen erheben und Nachbesserungen verlangen.

2. Wertpapiervermögen

Bei Verwaltung von Wertpapiervermögen sind (neben den sonstigen Vereinbarungen in diesem Vertrag) folgende Anlagerichtlinien vom Bevollmächtigten zu beachten:

a) Etwa die Hälfte des Wertpapiervermögens darf in Aktien oder Aktieninvestmentanteilen angelegt werden, der Rest in festverzinslichen Wertpapieren, entsprechenden Investmentanteilen bzw. Termingeldern. Die Anlage darf nur in Aktien erfolgen, die an einer deutschen Börse notiert sind, nicht in Aktien-Zertifikaten.

b) In ausländischen Wertpapieren darf keine Anlage erfolgen.

c) Kredit darf nicht aufgenommen werden.

d) Risikostreuung: Nur maximal 5 % des Wertpapiervermögens darf in ein einziges Wertpapier investiert werden.

e) Spekulationsgeschäfte, Termingeschäfte mit Wertpapieren und anderen Finanzinstrumenten sind nicht erlaubt.

f) Provisionserstattungen und ähnliche Einnahmen, die der Bevollmächtigte in Zusammenhang mit der Vermögensverwaltung von den eingeschalteten Banken/Sparkassen selbst erhält (sog. Kickback), sind an den Vollmachtgeber abzuführen. Der Bevollmächtigte räumt dem Vollmachtgeber das Recht ein, bei den Banken/Sparkassen entsprechende Auskünfte über den Bevollmächtigten zu erholen.

3. Unterlagen

Kontoauszüge, Belege, Rechnungen, Verträge und andere Unterlagen sind vom Bevollmächtigten zu sammeln. Sie müssen zeitlich unbefristet aufbewahrt werden und sind nach dem Tod des Vollmachtgebers dessen Erben auszuhändigen.

4. Vergütung des Bevollmächtigten

Der Bevollmächtigte erhält vom Vollmachtgeber ab dem Tag, an dem er aufgrund der Vollmacht tätig wird, bis zur Beendigung seiner Tätigkeit folgende Vergütung, die er jeweils am Monatsende dem Vermögen des Vollmachtgebers entnehmen kann:

- Er erhält dieselbe Vergütung, wie wenn er berufsmäßiger Betreuer des Vollmachtgebers in der (niedrigsten – mittleren) höchsten Vergütungsstufe wäre, aber zuzüglich seiner Aufwendungen. *Oder:*
- Er erhält monatlich … € zuzüglich eventuell anfallender Umsatzsteuer. *Oder:*
- Er erhält je Stunde … € zuzüglich eventuell anfallender Umsatzsteuer, monatlich abrechenbar. Zum Nachweis hat der Bevollmächtigte die Stunden mit Datum und Tätigkeit aufzuschreiben. *Oder:*
- Er erhält jährlich … % des Bruttovermögens (gerechnet nach der Höhe zum jeweiligen Jahresanfang), wovon monatlich 1/12 entnommen werden darf. Das Vermögen wird derzeit mit … € festgestellt.

5. Aufwendungen

Der Bevollmächtigte erhält Ersatz seiner Aufwendungen (Auslagen) und kann sie sofort dem Vermögen des Vollmachtgebers entnehmen. Bei Fahrtkosten mit dem eigenen Pkw richtet sich die Höhe nach den Sätzen, die Sachverständige abrechnen können (JVEG). Ist der Bevollmächtigte selbst Rechtsanwalt, Steuerberater usw. kann er berufstypische Leistungen nach den jeweiligen Vergütungsregelungen abrechnen, zusätzlich zur obigen Vergütung.[744]

6. Aufsichtspflicht

Der Bevollmächtigte übernimmt keine Aufsichtspflicht über den Vollmachtgeber.[745]

7. Haftung

Hier bleibt es bei den gesetzlichen Bestimmungen.

Oder: Die Haftung des Bevollmächtigten gegenüber dem Vollmachtgeber ist auf Vorsatz und grobe Fahrlässigkeit begrenzt.

Oder: Der Bevollmächtigte wird eine Vermögensschadenhaftpflichtversicherung abschließen; die Prämien kann er dem Vermögen des Vollmachtgebers entnehmen. Seine Haftung ist begrenzt auf den Betrag, den die Versicherung im Haftungsfall zahlt.

8. Vertragsende

Der Geschäftsbesorgungsvertrag erlischt mit dem Tode des Vollmachtgebers, ebenso mit dem Tod des Bevollmächtigten. Der Vertrag erlischt nicht deswegen, weil der Vollmachtgeber geschäftsunfähig geworden ist.

---

[744] Vgl. § 1877 III BGB.

[745] Vgl. § 832 II BGB; Rz. 297.

9. Kündigung

Der Vollmachtgeber oder ein vom Gericht bestellter Betreuer können den Vertrag jederzeit und ohne Grund kündigen. Der Bevollmächtigte kann nur aus wichtigem Grund[746] kündigen,[747] ferner, wenn das Vermögen des Vollmachtgebers nicht mehr ausreicht, um die Vergütung und den Auslagenersatz zu zahlen.

10. Pflichten bei Beendigung der Tätigkeit

Der Bevollmächtigte hat alle Unterlagen an den Vollmachtgeber bzw. den zweiten Bevollmächtigten/Betreuer herauszugeben, eine Schlussabrechnung zu erstellen und ein Schluss-Vermögensverzeichnis nebst Schlussbericht.

11. Ergänzende Bestimmungen

Soweit Zweifel über die Pflichten des Bevollmächtigten auftauchen, gilt, dass er dieselben Pflichten wie ein vom Betreuungsgericht bestellter Betreuer hat.

12. Regelung des Verhältnisses von mehreren Bevollmächtigten untereinander[748]

Falls zwei oder mehr Bevollmächtigte bestellt wurden, wird vereinbart:

Jeder Bevollmächtigte hat **Alleinvertretungsmacht** (oder: Die beiden Bevollmächtigten können nur gemeinsam handeln).

Oder: **Ersatzbevollmächtigter**: Jeder Bevollmächtigte hat Alleinvertretungsmacht. Der zweite Bevollmächtigte darf nach außen erst tätig werden, wenn der erste Bevollmächtigte aus irgendwelchen Gründen „ausfällt“.

Oder: **Kontrollbevollmächtigter**: Jeder Bevollmächtigte hat Alleinvertretungsmacht. Der zweite Bevollmächtigte hat nur die Aufgabe, den ersten Bevollmächtigten zu kontrollieren, solange der Vollmachtgeber dazu nicht in der Lage ist. Der erste Bevollmächtigte hat deshalb dem zweiten Bevollmächtigten die Vermögensverzeichnisse sowie die Abrechnungen zu geben, er kann jederzeit Auskünfte über den Stand der Geschäfte verlangen, er hat die Unterlagen zu kontrollieren, gegebenenfalls zu beanstanden und kann Nachbesserung zu verlangen. Werden Bedenken nicht ausgeräumt, soll er das Betreuungsgericht verständigen.

---

746 Vgl. § 314 BGB.

747 Die Kündigung ist eine einseitige empfangsbedürftige Willenserklärung; dafür gilt § 130 I BGB. Ist der Vollmachtgeber inzwischen geschäftsunfähig, kann ihm gegenüber nicht gekündigt werden, es muss für den Empfang der Kündigung ein Betreuer bestellt werden (§ 131 BGB).

748 In diesem Fall müssen alle Bevollmächtigten den Geschäftsbesorgungsvertrag unterschreiben.

Im Übrigen gelten für jeden Bevollmächtigten alle obigen Regelungen; Der Ersatzbevollmächtigte wird ab Eintritt des Ersatzfalles nach den obigen Regelungen vergütet[749] und kann ab dann seine Aufwendungen geltend machen.

2. Formular:

Wird im Verwandtschaftsbereich eine Vorsorgevollmacht erteilt, wobei dem Bevollmächtigten zugemutet wird, kostenlos zu arbeiten, kann von ihm nicht noch verlangt werden, dass er umfangreiche Abrechnungen erstellt. Eventuell liegt ohnehin nur ein Gefälligkeitsverhältnis vor. Der nachfolgende Text ist deshalb auf das Wesentliche reduziert und soll helfen, den späteren Streit zwischen den Erben und dem Bevollmächtigten zu schlichten.

Vertrag
zwischen
… (Vollmachtgeber) und
… (Bevollmächtigter):

Der Vollmachtgeber hat am …. dem Bevollmächtigten eine Vollmacht erteilt, die diesem Vertrag in Kopie angeheftet ist. Im Innenverhältnis zwischen dem Vollmachtgeber und dem Bevollmächtigten wird Folgendes vereinbart:

1. Vermögensverwaltung

Der Bevollmächtigte soll bei Beginn seiner Tätigkeit den Kontenstand von Konten und Depots sowie Lebensversicherungen notieren. Er soll alle folgenden Kontoauszüge und Depotauszüge aufbewahren, nebst Belegen, bei Barauszahlungen mit Vermerken über den „Betreff“ auf dem Kontoauszug. Alle Unterlagen sind nach dem Tod des Vollmachtgebers oder dem Ende der Tätigkeit des Bevollmächtigten den Erben des Vollmachtgebers zu übergeben.

2. Aufwendungen

Der Bevollmächtigte erhält Ersatz seiner Aufwendungen (Auslagen) und kann sie sofort dem Vermögen des Vollmachtgebers entnehmen. Bei Fahrtkosten mit dem eigenen Pkw richtet sich die Höhe nach den Sätzen, die Sachverständige abrechnen können (JVEG). Fahrten müssen nicht nachgewiesen werden.

---

[749] Eine Regelung über die Vergütung des Kontrollbevollmächtigten ist noch erforderlich.

Formular: Betreuungsverfügung

Ich .... (Name, Vorname, Geburtsdatum, Anschrift) lege für den Fall, dass für mich vom Gericht ein Betreuer als gesetzlicher Vertreter bestellt werden soll, Folgendes fest:

1) Zum Betreuer soll vom Gericht bestellt werden: .... (Name, Vorname, Anschrift).
2) Falls diese Person nicht zum Betreuer bestellt werden kann, soll bestellt werden: .... (Name, Vorname, Anschrift).
3) Auf keinen Fall soll zum Betreuer bestellt werden: .... (Name, Vorname, Anschrift).
4) Vom Betreuungsverfahren soll auch verständigt werden .... (meine Vertrauensperson[750]).
5) Ich bin nicht damit einverstanden, dass Frau/Herr .... vom Betreuungsverfahren Kenntnis erlangt.[751] Grund: Ich habe mit ihm seit vielen Jahren keinen Kontakt mehr.
6) Von folgenden sozialen Diensten will ich nach Möglichkeit betreut werden: ....
7) Wünsche zur Vermögensverwaltung: ...
8) Wenn ein Umzug ins Altenheim unabwendbar ist, möchte ich in folgendes Altenheim: ...
9) Bei der Wohnungsauflösung soll der Betreuer (nach Möglichkeit) wie folgt verfahren: ...
10) Meine zwei Katzen sollen ins Tierheim gebracht werden.
11) Sollte das Gericht eine andere Person als die von mir ausgewählte zum Betreuer bestellen, bevollmächtigte ich hiermit die oben ausgewählte Person, in meinem Namen gegen die Auswahlentscheidung Beschwerde einzulegen.[752]

.... (Unterschrift, Ort, Datum)

---

750 § 274 IV Nr. 1 FamFG.

751 § 274 IV Nr. 1 FamFG: „Im Interesse des Betroffenen" können beteiligt werden: Ehegatte, Lebenspartner, Eltern, Pflegeeltern, Großeltern, Abkömmlinge, Geschwister.

752 Vgl. Rz. 337.

Anhang 4

Formular: Patientenverfügung

Textbausteine für eine schriftliche Patientenverfügung[753]

1. **Eingangsformel**

   Ich (Name, Vorname, geboren am, wohnhaft in) bestimme hiermit für den Fall, dass ich meinen Willen nicht mehr bilden oder verständlich äußern kann ....

2. **Exemplarische Situationen, für die die Verfügung gelten soll**

   Wenn

   - ich mich aller Wahrscheinlichkeit nach unabwendbar im unmittelbaren Sterbeprozess befinde ...
   - ich mich im Endstadium einer unheilbaren, tödlich verlaufenden Krankheit befinde, selbst wenn der Todeszeitpunkt noch nicht absehbar ist ...
   - ich infolge einer Gehirnschädigung meine Fähigkeit, Einsichten zu gewinnen, Entscheidungen zu treffen und mit anderen Menschen in Kontakt zu treten, nach Einschätzung zweier erfahrener Ärztinnen oder Ärzte *(können namentlich benannt werden)* aller Wahrscheinlichkeit nach unwiederbringlich erloschen ist, selbst wenn der Todeszeitpunkt noch nicht absehbar ist. Dies gilt für direkte Gehirnschädigung z. B. durch Unfall, Schlaganfall oder Entzündung ebenso wie für indirekte Gehirnschädigung z. B. nach Wiederbelebung, Schock oder Lungenversagen. Es ist mir bewusst, dass in solchen Situationen die Fähigkeit zu Empfindungen erhalten sein kann und dass ein Aufwachen aus diesem Zustand nicht ganz sicher auszuschließen, aber unwahrscheinlich ist
   - ich infolge eines weit fortgeschrittenen Hirnabbau-Prozesses (z. B. bei Demenzerkrankung) auch mit ausdauernder Hilfestellung nicht mehr in der Lage bin, Nahrung und Flüssigkeit auf natürliche Weise zu mir zu nehmen
   - ...

753 Das Formular wurde der Broschüre „Patientenverfügung" des BMJV entnommen und der neueren Rechtsprechung des BGH sowie der ab 1.1.2023 geltenden Gesetzesänderung (§ 1827 n. F. BGB) angepasst. Der Patient kann die Teile streichen, die seinen Vorstellungen nicht entsprechen. Das Formular ist m. E. zu kompliziert. Vgl. Rz. 393.

- Eigene Beschreibung der Anwendungssituation:

  ____

  ____

  (Anmerkung: Es sollten nur Situationen beschrieben werden, die mit einer Einwilligungsunfähigkeit einhergehen können.)

3. Festlegungen zu Einleitung, Umfang oder Beendigung bestimmter ärztlicher Maßnahmen

Lebenserhaltende Maßnahmen

In den oben beschriebenen Situationen wünsche ich,

- dass alles medizinisch Mögliche und Sinnvolle getan wird, um mich am Leben zu erhalten und meine Beschwerden zu lindern.

ODER

- dass alle lebenserhaltenden Maßnahmen (wie künstliche Ernährung, Flüssigkeitszufuhr, künstliche Beatmung) *unterlassen* werden. Hunger und Durst sollen auf natürliche Weise gestillt werden, gegebenenfalls mit Hilfe bei der Nahrungs- und Flüssigkeitsaufnahme. Ich wünsche fachgerechte Pflege von Mund und Schleimhäuten sowie menschenwürdige[754] Unterbringung, Zuwendung, Körperpflege und das Lindern von Schmerzen, Atemnot, Übelkeit, Angst, Unruhe und anderer belastender Symptome.

Schmerz- und Symptombehandlung

In den oben beschriebenen Situationen wünsche ich eine fachgerechte Schmerz- und Symptombehandlung,

- aber ohne bewusstseinsdämpfende Wirkungen.

ODER

- wenn alle sonstigen medizinischen Möglichkeiten zur Schmerz- und Symptomkontrolle versagen, auch Mittel mit bewusstseinsdämpfenden Wirkungen.
- die unwahrscheinliche Möglichkeit einer ungewollten Verkürzung meiner Lebenszeit durch schmerz- und symptomlindernde Maßnahmen nehme ich in Kauf.

Künstliche Ernährung und Flüssigkeitszufuhr

In den oben beschriebenen Situationen wünsche ich,

- dass eine künstliche Ernährung und Flüssigkeitszufuhr begonnen oder weitergeführt wird, wenn dadurch mein Leben verlängert werden kann.

[754] Unscharf; was ist nicht menschenwürdig?

ODER

dass eine künstliche Ernährung und/oder eine künstliche Flüssigkeitszufuhr nur bei palliativmedizinischer Indikation zur Beschwerdelinderung erfolgen.

ODER

- dass *keine* künstliche Ernährung unabhängig von der Form der künstlichen Zuführung der Nahrung (z.B. Magensonde durch Mund, Nase oder Bauchdecke, venöse Zugänge) und keine künstliche Flüssigkeitszufuhr erfolgen.

Wiederbelebung

A. In den oben beschriebenen Situationen wünsche ich

- Versuche der Wiederbelebung.

ODER

- die Unterlassung von Versuchen zur Wiederbelebung.
- dass eine Notärztin oder ein Notarzt nicht verständigt wird bzw. im Fall einer Hinzuziehung unverzüglich über meine Ablehnung von Wiederbelebungsmaßnahmen informiert wird.

B. Nicht nur in den oben beschriebenen Situationen, sondern in allen Fällen eines Kreislaufstillstands oder Atemversagens

- lehne ich Wiederbelebungsmaßnahmen ab.

ODER

- lehne ich Wiederbelebungsmaßnahmen ab, sofern diese Situationen nicht im Rahmen medizinischer Maßnahmen (z.B. Operationen) unerwartet eintreten.

Künstliche Beatmung

In den oben beschriebenen Situationen wünsche ich

- eine künstliche Beatmung, falls dies mein Leben verlängern kann.

ODER

- dass *keine* künstliche Beatmung durchgeführt bzw. eine schon eingeleitete Beatmung eingestellt wird, unter der Voraussetzung, dass ich Medikamente zur Linderung der Luftnot erhalte. Die Möglichkeit einer Bewusstseinsdämpfung oder einer ungewollten Verkürzung meiner Lebenszeit durch diese Medikamente nehme ich in Kauf.

Dialyse

In den oben beschriebenen Situationen wünsche ich

- eine künstliche Blutwäsche (Dialyse), falls dies mein Leben verlängern kann.

ODER

- dass *keine* Dialyse durchgeführt bzw. eine schon eingeleitete Dialyse eingestellt wird.

Antibiotika

In den oben beschriebenen Situationen wünsche ich

- Antibiotika, falls dies mein Leben verlängern kann.

ODER

- Antibiotika nur zur Linderung meiner Beschwerden.

Blut/Blutbestandteile

In den oben beschriebenen Situationen wünsche ich

- die Gabe von Blut oder Blutbestandteilen, falls dies mein Leben verlängern kann.

ODER

- die Gabe von Blut oder Blutbestandteilen nur zur Linderung meiner Beschwerden.

4. Ort der Behandlung, Beistand

Ich möchte

- zum Sterben ins Krankenhaus verlegt werden.

ODER

- wenn irgend möglich zuhause bzw. in vertrauter Umgebung sterben.

ODER

- wenn möglich in einem Hospiz sterben.

Ich möchte

- Beistand durch folgende Personen:
- ______________________________
- Beistand durch eine Vertreterin oder einen Vertreter folgender Kirche oder Weltanschauungsgemeinschaft:
- ______________________________
- hospizlichen Beistand.

5. Aussagen zur Verbindlichkeit, zur Auslegung und Durchsetzung und zum Widerruf der Patientenverfügung

- Ich erwarte, dass der in meiner Patientenverfügung geäußerte Wille zu bestimmten ärztlichen und pflegerischen Maßnahmen von den behandelnden Ärztinnen und Ärzten und dem Behandlungsteam befolgt wird. Mein(e) Vertreter(in) – z. B. Bevollmächtigte(r)/Betreuer(in) – soll dafür Sorge tragen, dass mein Wille durchgesetzt wird.

- Sollte eine Ärztin oder ein Arzt oder das Behandlungsteam nicht bereit sein, meinen in dieser Patientenverfügung geäußerten Willen zu befolgen, erwarte ich, dass für eine anderweitige medizinische und/oder pflegerische Behandlung gesorgt wird. Von meiner Vertreterin/meinem Vertreter (z.B. Bevollmächtigte(r)/Betreuer(in)) erwarte ich, dass sie/er die weitere Behandlung so organisiert, dass meinem Willen entsprochen wird.
- In Situationen, die in dieser Patientenverfügung nicht konkret geregelt sind, ist mein mutmaßlicher Wille möglichst im Konsens aller Beteiligten zu ermitteln. Dafür soll diese Patientenverfügung als Richtschnur maßgeblich sein. Bei unterschiedlichen Meinungen über anzuwendende oder zu unterlassende ärztliche/pflegerische Maßnahmen soll der Auffassung folgender Person besondere Bedeutung zukommen: (**Alternativen**)
  - meiner/meinem Bevollmächtigten.
  - meiner Betreuerin/meinem Betreuer.
  - der behandelnden Ärztin oder dem behandelnden Arzt.
  - andere Person: ...
- Wenn ich meine Patientenverfügung nicht widerrufen habe, wünsche ich nicht, dass mir in der konkreten Anwendungssituation eine Änderung meines Willens unterstellt wird. Wenn aber die behandelnden Ärztinnen und Ärzte/das Behandlungsteam/mein(e) Bevollmächtigte(r)/Betreuer(in) aufgrund meiner Gesten, Blicke oder anderen Äußerungen die Auffassung vertreten, dass ich entgegen den Festlegungen in meiner Patientenverfügung doch behandelt oder nicht behandelt werden möchte, dann ist möglichst im Konsens aller Beteiligten zu ermitteln, ob die Festlegungen in meiner Patientenverfügung noch meinem aktuellen Willen entsprechen. Bei unterschiedlichen Meinungen soll in diesen Fällen der Auffassung folgender Person besondere Bedeutung zukommen: (**Alternativen**)
  - meiner/meinem Bevollmächtigten.
  - meiner Betreuerin/meinem Betreuer.
  - der behandelnden Ärztin oder dem behandelnden Arzt.
  - andere Person: ...

6. Hinweise auf weitere Vorsorgeverfügungen

- Ich habe zusätzlich zur Patientenverfügung eine Vorsorgevollmacht für Gesundheitsangelegenheiten erteilt und den Inhalt dieser Patientenverfügung mit der von mir bevollmächtigten Person besprochen:
- Bevollmächtigte(r)
  Name:
- ____
  Anschrift:
- ____
  ____
  ____
  Telefon: ________________ Email, Telefax: ________________
- ____
- Ich habe eine Betreuungsverfügung zur Auswahl der Betreuerin oder des Betreuers erstellt (ggf.: und den Inhalt dieser Patientenverfügung mit der/dem von mir gewünschten Betreuerin/Betreuer besprochen). Gewünschte(r) Betreuerin/Betreuer
  Name:
- ____
  Anschrift:
- ____
  ____
  ____
  Telefon: ________________ Telefax: ________________
- ____

7. Hinweis auf beigefügte Erläuterungen zur Patientenverfügung

Als Interpretationshilfe zu meiner Patientenverfügung habe ich beigelegt:

- Darstellung meiner allgemeinen Wertvorstellungen.
  ____
- Sonstige Unterlagen, die ich für wichtig erachte:
  ____

8. Organspende

- Ich stimme einer Entnahme meiner Organe nach meinem Tod zu Transplantationszwecken zu (ggf.: Ich habe einen Organspendeausweis ausgefüllt). Komme ich nach ärztlicher Beurteilung bei einem sich abzeichnenden Hirntod als Organspender in Betracht und müssen dafür ärztliche Maßnahmen durchgeführt werden, die ich in meiner Patientenverfügung ausgeschlossen habe, dann (**Alternativen**)

- geht die von mir erklärte Bereitschaft zur Organspende vor.
- gehen die Bestimmungen in meiner Patientenverfügung vor.

ODER

- Ich lehne eine Entnahme meiner Organe nach meinem Tod zu Transplantationszwecken ab.

9. Schlussformel

- Soweit ich bestimmte Behandlungen wünsche oder ablehne, verzichte ich ausdrücklich auf eine (weitere) ärztliche Aufklärung.

10. Schlussbemerkungen

- Mir ist die Möglichkeit der Änderung und des Widerrufs einer Patientenverfügung bekannt.
- Ich bin mir des Inhalts und der Konsequenzen meiner darin getroffenen Entscheidungen bewusst.[755]
- Ich habe die Patientenverfügung in eigener Verantwortung und ohne äußeren Druck erstellt.[756]
- Ich bin im Vollbesitz meiner geistigen Kräfte.[757]

11. Information/Beratung[758]

- Ich habe mich vor der Erstellung dieser Patientenverfügung informiert bei/durch
- ______________________________
- und beraten lassen durch
- ______________________________

[755] Diese Bemerkungen sind rechtlich ohne Bedeutung.

[756] Diese Bemerkungen sind rechtlich ohne Bedeutung.

[757] Diese Bemerkungen sind rechtlich ohne Bedeutung.

[758] Eine erfolgte Beratung ist nicht Voraussetzung der Wirksamkeit der Patientenverfügung; Rz. 388. Diese Hinweise können helfen, wenn die Patientenverfügung ausgelegt bzw. der mutmaßliche Wille ermittelt werden muss (§ 1827 II BGB).

12. Ärztliche Aufklärung/Bestätigung der Einwilligungsfähigkeit

Herr/Frau
wurde von mir am
bzgl. der möglichen Folgen dieser Patientenverfügung aufgeklärt.[759]
Er/sie war in vollem Umfang einwilligungsfähig.

Datum
Unterschrift, Stempel der Ärztin/des Arztes

- Die Einwilligungsfähigkeit kann auch durch eine Notarin oder einen Notar bestätigt werden.[760]

13. Aktualisierung

- Diese Patientenverfügung gilt solange, bis ich sie widerrufe.

ODER

- Diese Patientenverfügung soll nach Ablauf von (Zeitangabe) ________ ihre Gültigkeit verlieren, es sei denn, dass ich sie durch meine Unterschrift erneut bekräftige.
- Um meinen in der Patientenverfügung niedergelegten Willen zu bekräftigen, bestätige ich diesen nachstehend: (Alternativen)
- in vollem Umfang.
- mit folgenden Änderungen: ...

Datum

Unterschrift

[759] Eine erfolgte Beratung ist nicht Voraussetzung der Wirksamkeit der Patientenverfügung; Rz. 388. Diese Hinweise können helfen, wenn die Patientenverfügung ausgelegt bzw. der mutmaßliche Wille ermittelt werden muss (§ 1901a II BGB).

[760] Diese Bestätigungen sind rechtlich nicht verbindlich. Vgl. Rz. 386.

Verordnung über das Zentrale Vorsorgeregister

vom 21. Februar 2005 (BGBl. I, 318); zuletzt geändert durch G. v. 4. Mai 2021, Änderung in Kraft ab 1. Januar 2023 (Vorsorgeregister-Verordnung, VRegV)

§ 1
Inhalt des Zentralen Vorsorgeregisters

(1) Die Bundesnotarkammer stellt die Eintragung folgender personenbezogener Daten im Zentralen Vorsorgeregister sicher:

1. Daten zur Person des Vollmachtgebers:
   a) Familienname,
   b) Geburtsname,
   c) Vornamen,
   d) Geschlecht,
   e) Geburtsdatum,
   f) Geburtsort,
   g) Anschrift (Straße, Hausnummer, Postleitzahl, Ort),
   h) E-Mail-Adresse,
2. Daten zur Person des Bevollmächtigten:
   a) Familienname,
   b) Geburtsname,
   c) Vornamen,
   d) Geburtsdatum,
   e) Anschrift (Straße, Hausnummer, Postleitzahl, Ort),
   f) Rufnummer,
   g) E-Mail-Adresse,
3. Datum der Errichtung der Vollmachtsurkunde,
4. Aufbewahrungsort der Vollmachtsurkunde,
5. Angaben, ob Vollmacht erteilt wurde zur Erledigung von
   a) Vermögensangelegenheiten,
   b) Angelegenheiten der Gesundheitssorge und ob ausdrücklich Maßnahmen nach § 1829 Absatz 1 Satz 1 und § 1832 Absatz 1 und 4 des Bürgerlichen Gesetzbuchs umfasst sind,

   c) Angelegenheiten der Aufenthaltsbestimmung und ob ausdrücklich Maßnahmen nach § 1831 Absatz 1 und 4 des Bürgerlichen Gesetzbuchs umfasst sind,
   d) sonstigen persönlichen Angelegenheiten,
6. besondere Anordnungen oder Wünsche
   a) über das Verhältnis mehrerer Bevollmächtigter zueinander,
   b) für den Fall, dass das Betreuungsgericht einen Betreuer bestellt,
   c) hinsichtlich Art und Umfang medizinischer Versorgung,
7. Widersprüche gegen eine Vertretung durch den Ehegatten nach § 1358 des Bürgerlichen Gesetzbuchs mit den Daten zur Person des Widersprechenden entsprechend Nummer 1.

(2) Ist die Vollmacht in öffentlich beglaubigter oder notariell beurkundeter Form errichtet worden, dürfen darüber hinaus die Urkundenrollennummer, das Urkundsdatum sowie die Bezeichnung des Notars und die Anschrift seiner Geschäftsstelle aufgenommen werden.

(3) Die Eintragung erfolgt unter Angabe ihres Datums.

§ 2
Eintragungsantrag

(1) Die Eintragung erfolgt auf schriftlichen Antrag des Vollmachtgebers oder des einer Vertretung durch den Ehegatten Widersprechenden. Der Antrag hat mindestens die Angaben nach § 1 Abs. 1 Nr. 1 Buchstabe a, c bis g zu enthalten. Sollen auch Angaben über den Bevollmächtigten eingetragen werden, muss der Antrag zudem mindestens die Angaben nach § 1 Abs. 1 Nr. 2 Buchstabe a, c und e enthalten. Die Angaben nach § 1 Abs. 3 werden unabhängig von dem Antrag eingetragen.

(2) Der Antrag kann auch im Wege der Datenfernübertragung gestellt werden, soweit die Bundesnotarkammer diese Möglichkeit eröffnet hat. Die Bundesnotarkammer hat dem jeweiligen Stand der Technik entsprechende Maßnahmen zur Sicherstellung von Datenschutz und Datensicherheit nach den Artikeln 24, 25 und 32 der Verordnung (EU) 2016/679 des Europäischen Parlaments und des Rates vom 27. April 2016 zum Schutz natürlicher Personen bei der Verarbeitung personenbezogener Daten, zum freien Datenverkehr und zur Aufhebung der Richtlinie 95/46/EG (Datenschutz-Grundverordnung) (ABl. L 119 vom 4.5.2016, S. 1; L 314 vom 22.11.2016, S. 72; L 127 vom 23.5.2018, S. 2) zu treffen, die insbesondere die Vertraulichkeit und Unversehrtheit der Daten gewährleisten; im Falle der Nutzung allgemein zugänglicher Netze sind dem jeweiligen Stand der Technik entsprechende Verschlüsselungsverfahren anzuwenden.

(3) In Zweifelsfällen hat die Bundesnotarkammer sich von der Identität des Antragstellers zu überzeugen. Im Übrigen prüft sie die Richtigkeit der mit dem Antrag übermittelten Angaben nicht.

§ 3
Vorschuss, Antragsrücknahme bei Nichtzahlung

(1) Die Bundesnotarkammer kann die Zahlung eines zur Deckung der Gebühren hinreichenden Vorschusses verlangen. Sie kann die Vornahme der Eintragung von der Zahlung oder Sicherstellung des Vorschusses abhängig machen.

(2) Wird ein verlangter Vorschuss innerhalb angemessener Frist nicht gezahlt, gilt der Antrag als zurückgenommen. Die Frist sowie die Rechtsfolge der Fristversäumnis sind mit dem Verlangen des Vorschusses mitzuteilen. Die Frist darf 30 Tage nicht unterschreiten.

§ 4
Benachrichtigung des Bevollmächtigten

Nach Eingang des Eintragungsantrags hat die Bundesnotarkammer einen Bevollmächtigten, der nicht schriftlich in die Speicherung der Daten zu seiner Person eingewilligt hat, schriftlich über die nach § 1 Abs. 1 Nr. 1 Buchstabe a, c, g und Nr. 2 bis 6 gespeicherten Daten zu unterrichten. Artikel 14 der Verordnung (EU) 2016/679 bleibt unberührt.

§ 5
Änderung, Ergänzung und Löschung von Eintragungen

(1) Änderungen, Ergänzungen und Löschungen von Eintragungen erfolgen auf schriftlichen Antrag des Vollmachtgebers oder des einer Vertretung durch den Ehegatten Widersprechenden. § 2 Abs. 2, 3 und § 3 gelten entsprechend.

(2) Bei der Eintragung von Änderungen und Ergänzungen ist sicherzustellen, dass die bisherige Eintragung auf Anforderung erkennbar bleibt.

(3) Daten nach § 1 Abs. 1 Nr. 2 sind auch auf schriftlichen Antrag des Bevollmächtigten zu löschen. § 2 Abs. 2 und 3 gilt entsprechend.

(4) Eintragungen sind 110 Jahre nach der Geburt des Vollmachtgebers oder des einer Vertretung durch den Ehegatten Widersprechenden zu löschen.

§ 6
Auskunft an Betreuungsgerichte, Landgerichte als Beschwerdegerichte und Ärzte

(1) Die Auskunft aus dem Register erfolgt im Wege eines automatisierten Verfahrens auf Abruf, sofern die Bundesnotarkammer zuvor

1. für Ersuchen eines Betreuungsgerichts oder eines Landgerichts als Beschwerdegericht mit der jeweiligen Landesjustizverwaltung und
2. für Ersuchen eines Arztes mit der jeweils zuständigen Landesärztekammer

schriftlich Festlegungen zu den technischen und organisatorischen Maßnahmen zur Gewährleistung des Datenschutzes und der Datensicherheit nach den Artikeln 24, 25 und 32 der Verordnung (EU) 2016/679 getroffen hat. § 2 Abs. 2 Satz 2 gilt entsprechend.

(2) Die Auskunft aus dem Register erfolgt auch auf schriftliches oder elektronisches Ersuchen des Betreuungsgerichts und des Landgerichts als Beschwerdegericht. Bei besonderer Dringlichkeit, insbesondere wenn die Bestellung eines vorläufigen Betreuers im Rahmen einer einstweiligen Anordnung in Betracht kommt, kann das Ersuchen auch fernmündlich gestellt werden. In jedem Fall haben das Betreuungsgericht und das Landgericht als Beschwerdegericht das Geschäftszeichen ihres Betreuungsverfahrens anzugeben.

(3) In den Fällen des Absatzes 2 erteilt die Bundesnotarkammer die Auskunft aus dem Register schriftlich oder elektronisch. Hierbei sind die erforderlichen Maßnahmen zu treffen, um die Authentizität des Ersuchens zu prüfen und die Vertraulichkeit der Auskunft zu gewährleisten.

§ 7
Protokollierung der Auskunftserteilungen

(1) Die Zulässigkeit der Auskunftsersuchen prüft die Bundesnotarkammer nur, wenn sie dazu nach den Umständen des Einzelfalls Anlass hat. Für die Kontrolle der Zulässigkeit der Ersuchen und für die Sicherstellung der ordnungsgemäßen Datenverarbeitung protokolliert die Bundesnotarkammer alle nach § 6 erteilten Auskünfte elektronisch. Zu protokollieren sind

1. die von der ersuchenden Stelle eingegebenen Daten,
2. das ersuchende Gericht und dessen Geschäftszeichen oder der ersuchende Arzt,
3. der Zeitpunkt des Ersuchens sowie
4. die übermittelten Daten.

(2) Die Protokolle dürfen nur für Zwecke der Datenschutzkontrolle, der Datensicherung, der Sicherstellung eines ordnungsgemäßen Registerbetriebs und der Überprüfung durch die jeweils zuständige Landesärztekammer, ob die Voraussetzungen des § 78b Absatz 1 Satz 2 der Bundesnotarordnung eingehalten sind, verwendet werden. Zur Überprüfung, ob die Voraussetzungen des § 78b Absatz 1 Satz 2 der Bundesnotarordnung eingehalten sind, kann die jeweils zuständige Landesärztekammer auf der Grundlage

der Protokolle Auskunft darüber verlangen, welche Auskünfte an einen Arzt erteilt worden sind. Ferner kann der Vollmachtgeber oder der einer Vertretung durch den Ehegatten Widersprechende auf der Grundlage der Protokolle Auskunft darüber verlangen, welche Auskünfte aus dem Register erteilt worden sind. Satz 3 gilt entsprechend für den Bevollmächtigten, sofern Daten zu seiner Person gespeichert sind. Die Protokolle sind gegen zweckfremde Verwendung zu schützen.

(3) Die Protokolle werden nach Ablauf des auf ihre Erstellung folgenden Kalenderjahres gelöscht. Die Landesärztekammer löscht Protokolle, die ihr nach Absatz 2 Satz 2 zur Verfügung gestellt worden sind, ein Jahr nach ihrem Eingang, sofern sie nicht für weitere, bereits eingeleitete Prüfungen benötigt werden.

§ 8
Aufbewahrung von Dokumenten

Die ein einzelnes Eintragungs- oder Auskunftsverfahren betreffenden Dokumente hat die Bundesnotarkammer fünf Jahre aufzubewahren. Die Aufbewahrungsfrist beginnt mit dem Schluss des Kalenderjahres, in dem die letzte Verfügung zur Sache ergangen ist oder die Angelegenheit ihre Erledigung gefunden hat. Nach Ablauf der Aufbewahrungsfrist sind die Dokumente zu vernichten.

§ 9
Betreuungsverfügungen, Patientenverfügungen

Im Zentralen Vorsorgeregister können auch Betreuungsverfügungen und Patientenverfügungen unabhängig von der Eintragung einer Vollmacht registriert werden. Die §§ 1 bis 8 gelten entsprechend.

Satzung über die Gebühren in Angelegenheiten des Zentralen Vorsorgeregisters (Vorsorgeregister-Gebührensatzung – ZVR-GebS)

vom 2. Februar 2005 (DNotZ 2005, 81), geändert durch Satzung vom 1. Oktober 2021 (DNotZ 2021, 921)

§ 1
Gebührenverzeichnis

Für Eintragungen in das Zentrale Vorsorgeregister sowie die Änderung, Ergänzung oder Löschung von Einträgen werden Gebühren nach dem Gebührenverzeichnis der Anlage zu dieser Satzung erhoben. Auslagen werden daneben nicht erhoben.

§ 2
Gebührenschuldner

(1) Zur Zahlung der Gebühren ist verpflichtet:

1. der Antragsteller;
2. derjenige, der für die Gebührenschuld eines anderen kraft Gesetzes haftet.

(2) Mehrere Gebührenschuldner haften als Gesamtschuldner.

§ 3
Fälligkeit

Die Gebühren werden mit der Beendigung der beantragten Amtshandlung fällig.

§ 4
Institutionelle Nutzer

(1) Wird der Antrag auf Aufnahme einer Erklärung in das Zentrale Vorsorgeregister von einem Notar oder einer bei der Registerbehörde registrierten Person oder Einrichtung (institutionelle Nutzer) für den Vollmachtgeber übermittelt oder in dessen Namen gestellt, werden nach Maßgabe des Gebührenverzeichnisses (Anlage zu § 1 Satz 1) ermäßigte Gebühren erhoben.

(2) Registrieren lassen können sich Personen oder Einrichtungen, zu deren beruflicher, satzungsgemäßer oder gesetzlicher Tätigkeit es gehört, entsprechende Anträge für den Vollmachtgeber zu übermitteln oder in dessen Namen zu stellen. Insbesondere können sich Rechtsanwälte, Betreuungsvereine und Betreuungsbehörden registrieren lassen.

(3) Die Registrierung erfolgt auf Antrag der Person oder Einrichtung durch die Registerbehörde. In dem Antrag hat die Person oder Einrichtung ihre Identität und die Erfüllung der Voraussetzungen des Absatzes 2 hinreichend nachzuweisen. Darüber hinaus hat die Person oder Einrichtung zu erklären, dass sie die Abwicklung des Verfahrens für die Vollmachtgeber, für die sie Anträge übermittelt oder in deren Namen sie Anträge stellt, übernimmt, insbesondere dass sie die Gebührenzahlung auf deren Rechnung besorgt.

(4) Die Registerbehörde kann die Registrierung aufheben, wenn

1. die Voraussetzungen des Absatzes 2 nicht mehr vorliegen,
2. die registrierte Person oder Einrichtung die Abwicklung des Verfahrens für die Vollmachtgeber nicht mehr übernimmt; dies gilt nicht, wenn lediglich die Gebührenzahlung für den Vollmachtgeber nicht besorgt wird; oder
3. die registrierte Person oder Einrichtung länger als sechs Monate keinen Antrag für einen Vollmachtgeber übermittelt oder in dessen Namen gestellt hat.

§ 5
Unrichtige Sachbehandlung

Gebühren, die bei richtiger Behandlung nicht entstanden wären, werden nicht erhoben.

§ 6
Ermäßigung, Absehen von Gebührenerhebung

Die Registerbehörde kann Gebühren ermäßigen oder von der Erhebung von Gebühren absehen, wenn dies durch die besonderen Umstände des Einzelfalls geboten erscheint, insbesondere wenn die volle Gebührenerhebung für den Gebührenschuldner eine unzumutbare Härte darstellen würde oder wenn der mit der Erhebung der Gebühr verbundene Verwaltungsaufwand außer Verhältnis zu der Höhe der zu erhebenden Gebühr stünde.

§ 7
Übergangsregelung

Für die Aufnahme von Erklärungen in das Zentrale Vorsorgeregister werden Gebühren gemäß dieser Satzung in der vor dem 1. Januar 2022 geltenden Fassung erhoben, wenn die Aufnahme vor dem 1. Januar 2022 beantragt wurde.

§ 8
Inkrafttreten

Diese Satzung tritt am 1. März 2005 in Kraft.

Anlage (zu § 1 Satz 1)

Gebührenverzeichnis

Nr.	Gebührentatbestand	Gebührenbetrag
Vorbemerkung: (1) Die Erhöhungs- und Ermäßigungstatbestände sind nebeneinander anwendbar, soweit nicht ein anderes bestimmt ist. (2) Beantragt ein Bevollmächtigter oder ein vorgeschlagener Betreuer (Vertrauensperson) die Änderung oder Löschung des ihn betreffenden Eintrags, so werden für die Änderung oder Löschung des Eintrags von der Vertrauensperson keine Gebühren erhoben. (3) Für die Berichtigung personenbezogener Daten werden keine Gebühren erhoben. (4) Für die Eintragung einer isolierten Betreuungsverfügung gelten die Vorschriften dieser Satzung über Vorsorgevollmachten mit der Maßgabe , dass an die Stelle des Vollmachtgebers der Erklärende und an die Stelle der Vorsorgevollmacht die isolierte Betreuungsverfügung tritt.		
	1. Übermittlung des Antrags durch den Vollmachtgeber	
10	Eintragung einer Vorsorgevollmacht in das Zentrale Vorsorgeregister oder Änderung eines Eintrags aufgrund Übermittlung durch den Vollmachtgeber	26,00 EUR
11	Der Antrag wird elektronisch über eine der hierfür vorgehaltenen technischen Schnittstellen übertragen: Die Gebühr 10 ermäßigt sich um	3,00 EUR
	2. Übermittlung oder Stellung des Antrags durch einen institutionelle Nutzer (§ 4)	
20	Eintragung einer Vorsorgevollmacht in das Zentrale Vorsorgeregister oder Änderung eines Eintrags aufgrund Übermittlung oder Antragstellung durch einen institutionellen Nutzer	23,50 EUR
	Erklärt der institutionelle Nutzer, der den Antrag auf Eintragung oder Änderung übermittelt oder stellt, dass die Gebühren unmittelbar bei dem Vollmachtgeber erhoben werden sollen, so fällt an Stelle der Gebühr 20 die Gebühr 10 an; der Gebührentatbestand der Nummer 21 einschließlich der Anmerkung zu Nummer 21 finden entsprechende Anwendung.	
21	Der Antrag wird elektronisch über eine der hierfür vorgehaltenen technischen Schnittstellen übertragen: Die Gebühr 20 ermäßigt sich um	5,00 EUR

Nr.	Gebührentatbestand	Gebührenbetrag
	Die Gebühr 20 entfällt, wenn der Antrag elektronisch über eine der hierfür vorgehaltenen technischen Schnittstellen übertragen wird und nur die Änderung eines bestehenden Eintrags einer Vorsorgevollmacht betrifft.	
	3. Gemeinsame Erhöhungs- und Ermäßigungstatbestände	
	Die Eintragung oder Änderung betrifft mehr als eine Vertrauensperson oder die Ergänzung einer Vertrauensperson	
31	– Die Gebühr 10 und die Gebühr 20 erhöhen sich für jede weitere Vertrauensperson um	4,00 EUR
32	– Wird der Antrag elektronisch über eine der hierfür vorgehaltenen technischen Schnittstellen automatisiert übertragen, erhöhen sich die Gebühr 10 und die Gebühr 20 in Abweichung von Gebühr 31 für jede weitere Vertrauensperson um	3,50 EUR
35	Die Gebühr wird durch Lastschrifteinzug gezahlt: Die Gebühr 10 und die Gebühr 20 ermäßigen sich um	2,50 EUR

Literaturverzeichnis

Alberts, Hinweise und Muster für Patientenverfügungen und Vorsorgevollmachten, FPR 2007, 73

Albrecht/Albrecht, Die Patientenverfügung, 2009

Albrecht/Albrecht/Nordmann/Schuldzinski, Patientenverfügung, Vorsorgevollmacht und Betreuungsverfügung, 2006

Bauer/Klie, Patientenverfügungen/Vorsorgevollmachten – richtig beraten? 2003

Bauer/Klie/Rink, HK-BUR Betreuungs- und Unterbringungsrecht (Loseblatt-Kommentar)

Baumann, Generalvollmachten als Vorsorgevollmachten, MittRhNotK 1998, 1

Baumann/Hartmann, Die zivilrechtliche Absicherung der Patientenautonomie am Ende des Lebens aus der Sicht der notariellen Praxis, DNotZ 2000, 594

Bayerisches Staatsministerium der Justiz, Vorsorge durch Vollmacht, Betreuungsverfügung, Patientenverfügung, 2023

Berger, Privatrechtliche Gestaltungsmöglichkeiten zur Sicherung der Patientenautonomie am Ende des Lebens, JZ 2000, 797

Beyer/Töpfer, Vorsorgevollmacht und Patientenverfügung im Rechtsvergleich, ZErb 2012, 1

Bienwald/Sonnenfeld/Harm, Betreuungsrecht, 7. Aufl. 2023

Bienwald, Der Betreuer mit dem Aufgabenkreis nach § 1896 Abs. 3 BGB, Rpfleger 1998, 231

Bienwald, Die Vorsorgevollmacht – ein gleichwertiger Ersatz der Betreuerbestellung? BtPrax 1998, 164

Bienwald, Vorsorgeverfügungen und ihre Bedeutung für das Vormundschaftsgericht, BtPrax 2002, 227

Binschus, Zur Vorsorgevollmacht und Betreuungsverfügung, ZfF 2000, 80

Binschus, Zur Vorsorgevollmacht, DAVorm 1998, 275

Binschus, Patientenautonomie am Lebensende; rechtliche Betreuung – Gutachten, Meinungen, Rechtsprechung, ZfF 2000, 241

Binschus, Zur Würde des Menschen am Lebensende: Entscheidungen für Einwilligungsunfähige, ZErb 2003, 306

Bittler/Roth/Rudolf, Vorsorgevollmacht, Betreuungsverfügung und Patientenverfügung, 4. Aufl. 2015

Böhringer, Die Vorsorgevollmacht im Grundstücksverkehr, ZfIR 2022, 525

Britz, Rechtsgeschäftliche Aufgabe von Patientenverfügung, Betreuungsverfügung und Vormundbenennung, RNotZ (MittRhNotK) 2001, 271

Brosey/Lesting/Loer/Marschner, Betreuungsrecht kompakt, 9. Aufl. 2022

Bühler, M., Zum BtÄndG und zur Vorsorgevollmacht, BWNotZ 1999, 25; BWNotZ 1990, 1

Bühler, M., Vollmachtserteilung zur Vermeidung einer Betreuerbestellung – Möglichkeiten und Grenzen der Vorsorgevollmacht, FamRZ 2001, 1585

Bund, Die Notarkosten bei Vorsorgevollmacht mit Betreuungs- und Patientenverfügung, JurBüro 2004, 173 ff. = RNotZ 2004, 23

Bund, Die Beurkundungsgebühren der General- und Vorsorgevollmacht mit Betreuungs- und Patientenverfügung, JurBüro 2005, 622; JurBüro 2006, 23

Bund, Die General- und Vorsorgevollmacht mit Betreuungs- und Patientenverfügung als Vorsorgemaßnahmen und ihre Kosten, BtPrax 2005, 174

Bundesministerium der Justiz, Patientenverfügung, Broschüre

Burchardi, Begrenzung oder Beendigung der Behandlung aus der Sicht eines Intensivmediziners, in: Festschrift für Erwin Deutsch, S. 477

Burchardi, Patientenverfügung und Vorsorgevollmacht bei Krankenhausaufnahme? in: Festschrift für H.-L. Schreiber 2003, S. 615

Coeppicus, Anreize zur Errichtung von Patientenverfügungen, ZRP 2003, 175

Coeppicus, Abbruch lebenserhaltender Maßnahmen, Rpfleger 2004, 262

Coeppicus, Sterbehilfe, Patientenverfügung und Vorsorgevollmacht, 2006

Coeppicus, Aktive und passive Sterbehilfe, FPR 2007, 73

Coeppicus, Offene Fragen zum Patientenverfügungsgesetz, NJW 2013, 2939

Damrau/Zimmermann, Betreuungsrecht, 4. Aufl. 2011

Deinert/Walther, Handbuch Betreuungsbehörde, 5. Aufl. 2023

Diederichsen, Bemerkungen zu Tod und rechtlicher Betreuung, Festschrift für Schreiber, 2003, 635

Diehn/Rebhan, Vorsorgevollmacht und Patientenverfügung, NJW 2010, 326

Dodegge/Fritsche, Zur Rechtslage bei der Entscheidung über den Abbruch medizinischer Behandlungen, Neue Justiz 2001, 176

Dodegge, Der Schutz des freien Willens durch die Rechtsinstitute. Betreuung, Vorsorgevollmacht, Betreuungs- und Patientenverfügung, FPR 2008, 591

Dodegge, Die Vorsorgevollmacht im Lichte des Betreuungsrechtsänderungsgesetzes, BtPrax 2000, 99

Dodegge, Wegen des Einsparpotentials bevorzugt – die weitere Reform des Betreuungsrechts, FGPrax 2004, 153

Dodegge/Roth, Betreuungsrecht. Systematischer Praxiskommentar, 6. Aufl. 2023

Doleczik, Selbstbestimmung mit Vorsorgevollmacht und Betreuungsverfügung, 2008

Eisenbart, Patiententestament und Stellvertretung in Gesundheitsangelegenheiten, 1998

Eisenbart, Die Stellvertretung in Gesundheitsangelegenheiten, MedR 1997, 305

Enzensberger/Maulbetsch, Vorsorgegestaltung mit CD-ROM, Patientenverfügung, Vorsorgevollmacht, Betreuungsverfügung, 2006

Epple, Patientenverfügung für menschenwürdiges Sterben, Organspende, Widmung des Leichnams, BWNotZ 1981, 31

Epple, Betreuungsverfügung und Testament, BWNotZ 2008, 147

Epple, Die Betreuungsverfügung, BWNotZ 1992, 27

Epple, Der Einfluß der Betreuungsverfügung auf das Verfahren, die Führung und Überwachung der Betreuung, BtPrax 1993, 156

Frister, Analoge Anwendung des § 1904 BGB beim Abbruch lebensverlängernder Maßnahmen, JR 1999, 71

Fröschle, Das neue Vormundschafts- und Betreuungsrecht,, 2022

Geckle/Bonefeld, Patientenverfügung und Vorsorgevollmacht, 2006

Grüneberg u.a. (vormals Palandt), BGB-Kommentar, 82. Aufl. 2023

Grziwotz, Vollmachten bei nichtehelichen Partnern, FF 2000, 18

Grziwotz, Wahlrecht, Betreuung und Vorsorgevollmacht, FamRZ 2013, 1630

Grziwotz, Vorsorgevollmacht (Reform), ErbR 2023, 95 und 178ff.

Hahne, Zwischen Fürsorge und Selbstbestimmung, FamRZ 2003, 1619

Halliday/Witteck, Nichtaufnahme und Abbruch einer medizinischen Behandlung am Lebensende in Deutschland und England, JZ 2002, 752

Hartmann, Der Abgabetatbestand bei der Patientenverfügung, RNotZ 2001, 273

Hartmann, Patientenverfügung und psychiatrische Verfügung, NStZ 2000, 113

Heyers, Passive Sterbehilfe bei entscheidungsunfähigen Patienten und das Betreuungsrecht, 2001

HK-BUR (Bauer/Klie/Rink, Heidelberger Kommentar zum Betreuungs- und Unterbringungsrecht), Loseblatt-Kommentar

Höfling/Schäfer, Regelung der Patientenverfügungen aus Sicht der Rechtspraxis; Ergebnisse einer repräsentativen Richterbefragung, ZRP 2005, 92

Höfling, „Sterbehilfe“ zwischen Selbstbestimmung und Integritätsschutz, JuS 2000, 111

Höfling/Schäfer, Leben und Sterben in Richterhand, 2006

Hoffmann, Fehlt eine Vertretungsbefugnis im Familienrecht? BtPrax 2003, 94

Hoffmann/Schumacher, Vorsorgevollmachten und Betreuungsverfügungen, Handhabung in der Praxis, BtPrax 2002, 191

Hohenstein, Die Einführung der aktiven Sterbehilfe in der BRD, Diss., 2003

Hohloch, Sterbehilfe und Betreuung bei irreversibel hirngeschädigter Person, JuS 1998, 1062

Hollenders, Die Vorsorgevollmacht im Spannungsfeld zwischen Autonomie und Kontrolle, NotBZ 2005, 168

Holzhauer, Die Patientenverfügung des deutschen Rechts, FamRZ 2005, 233

Holzhauer, Patientenautonomie, Patientenverfügung und Sterbehilfe, FamRZ 2006, 518

Horn, Strategien bei Vollmachtsmissbrauch und Optionen bei der Gestaltung, ZEV 2016, 373

Horn, Widerruf von Vorsorgevollmachten bei geschäftsunfähigen Vollmachtgebern, NJW 2023, 970

Horn (Hrg), Anwaltsformulare Vorsorgevollmachten, 1. Aufl. 2020, 2. Aufl. 2022

Horn/Schabel, Auskunfts- und Rückforderungsansprüche nach möglichem Vollmachtsmissbrauch, NJW 2012, 3473

Hoß, Behandlungsabbruch und Patientenverfügung, Diss., 2003

Jülicher/Klinger, Patientenverfügung und Vorsorgevollmacht, 2004

Jurgeleit, Die gesetzliche Vertretung von Ehegatten in Angelegenheiten der Gesundheitssorge, NJW 2023, 1

Jürgens, Betreuungsrecht (Kommentar), 7. Aufl. 2023

Kaiser, Das Lebensende zwischen Strafrecht und Betreuungsrecht, Diss., 2003

Keilbach, Vorsorgeregelungen zur Wahrung der Selbstbestimmung bei Krankheit, im Alter und am Lebensende, FamRZ 2003, 969

Keilbach, Formular für Vorsorgeregelungen, DNotZ 2004, 164

Keilbach, Formular für Widerruf einer Vorsorgevollmacht, DNotZ 2004, 751

Kersten/Bühling, Formularbuch und Praxis der Freiwilligen Gerichtsbarkeit, 27. Aufl., 2023

Kielstein/Sass, Die persönliche Patientenverfügung, 2005

Kierig/Behlau, Der Wille des Patienten entscheidet, 2011

Kierig/Kretz, Formularbuch Betreuungsrecht, 2. Aufl. 2005

Kirchenamt/Deutsche Bischofskonferenz, Christliche Patientenverfügung, NJW 2000, 855

Klie/Bauer, Wie ist eine Betreuung vermeidbar? FPR 2004, 671

Klie/Student, Die Patientenverfügung, 2002, 2. Aufl. 2006

Klinger, Patientenverfügung und Vorsorgevollmacht, 2005

Klinger, Patientenverfügung und Vorsorgevollmacht des Immobilieneigentümers, o.J.

Knittel, Betreuungsgesetz (Loseblatt-Kommentar).

Knittel, Die Vorsorgevollmacht, 2023

Knopp/Hoffmann, Rechtssicherheit am Lebensende? MedR 2005, 83

Kreß, Patientenverfügung und Selbstbestimmung in Anbetracht der Notfallmedizin, ZPR 2009, 69

Krieter, Grenzen der Patienteneinwilligung in ärztliche Eingriffe, Diss., 2000

Kropp, Die Vorsorgevollmacht, FPR 2012, 9

Kübler, Selbstbestimmung am Lebensende? ZRP 2008, 236

Kuhlmann, Einwilligung in die Heilbehandlung alter Menschen, 1996

Kurze, Die Vollmacht nach dem Erbfall, ZErb 2008, 399

Kurze, Die Kontrollbetreuung, NJW 2007, 2220

Kurze, Vorsorgerecht, 2. Aufl. 2023

Kutzer, Sterbehilfeproblematik in Deutschland, MedR 2001, 77

Kutzer, Sterbehilfe – rechtlich ethische Aspekte, DRiZ 2005, 257

Kutzer, Patientenautonomie am Lebensende, BtPrax 2005, 50

Landau, Heiligkeit des Lebens und Selbstbestimmung im Sterben, ZRP 2005, 50

Landeswohlfahrtsverband Württemberg-Hohenzollern, Vorsorgevollmacht/Betreuungsverfügung (Materialien 14), 1999

Langenfeld, A., Vorsorgevollmacht, Betreuungsverfügung und Patiententestament nach dem neuen Betreuungsrecht, 1994

Langenfeld, A. und *G.*, Die Vorsorgevollmacht in der notariellen Praxis, ZEV 1996, 339

Langenfeld, G., Vorsorgevollmacht und Patientenverfügung, ZEV 2003, 449

Langenfeld, G., Die Vorsorgevollmacht des Unternehmers, ZEV 2005, 52

Lilie/Zwierlein (Hg.), Handbuch integrierte Sterbebegleitung, 2004

Limmer, Die Vorsorgevollmacht unter Berücksichtigung des BtÄndG, ZNotP 1998, 322

Lipp, Privatautonomie, Sterbehilfe und Betreuung, DRiZ 2000, 231

Lipp, Patientenautonomie und Sterbehilfe, BtPrax 2002, 47

Lipp, Handbuch der Vorsorgeverfügungen („Handbuch"), 2009

Lipp, „Sterbehilfe" und Patientenverfügung, FamRZ 2004, 317

Lipp, Die Betreuungsverfügung als Instrument privater Vorsorge, in: Festschrift für Bienwald 2006, S. 177

Lipp, Vorsorgevollmacht, Patientenverfügung und Organspendeerklärung, notar 2014, 111

Litzenburger, Vorsorgevollmacht ohne Auftrag? NotBZ 2007, 1

Litzenburger, Ist die eidesstattliche Versicherung eines Vorsorgebevollmächtigten im Erbscheinsverfahren zulässig? ZEV 2004, 450

Locher, Vorsorge durch Vollmachtserteilung, FamRB 2004, 30

Löhnig (Hg), Vorsorgevollmacht und Erwachsenenschutz in Europa, 2011

v. Looz, Die Lebensdecke ist nicht kochfest! – Plädoyer für eine Betreuungsverfügung, BtPrax 2002, 179

Maasberg, Möglichkeiten und Grenzen der Palliativmedizin, DRiZ 2005, 268

Machenbach/Kirchhartz, Zu Bedeutung und Validitätsvoraussetzungen von Patientenverfügungen, BtPrax 2005, 54

Marschner, Verweigerung der Einwilligung in lebenserhaltende Behandlung durch Betreuer, R&P 2003, 153

Mau, Missbrauch von Vorsorgevollmachten – ein verdrängtes Problem, ZErb 2023, 1

May/Gawrich/Stiegel, Empirische Erfahrungen mit wertanamnestischen Betreuungsverfügungen, 1997

Meier, Zum Inhalt von und zum Umgang mit Patientenvollmachten in Gesundheitsangelegenheiten, BtPrax 2001, 181

Meier, Zu den Aufgaben der Betreuungsbehörde, BtPrax 2005, 82

Meier/Borasio/Kutzer, Patientenverfügung, 2005

Mertin, Schaffung eines Rechtsrahmens im Spannungsverhältnis Lebenserhaltungspflicht und Selbstbestimmungsrecht, ZRP 2004, 170

Milzer, Die adressatengerechte Vorsorgevollmacht, NJW 2003, 1836

Milzer, Die Patientenverfügung – ein Rechtsgeschäft mit ablaufendem Haltbarkeitsdatum? NJW 2004, 2277

Milzer, Verbindlichkeit von Patientenverfügungen und deren unerwünschte Nebenwirkungen, MDR 2005, 1145

Milzer, Delegierte Patientenautonomie, FPR 2007, 69

Müller, Verbindlichkeit und Grenzen der Patientenverfügung, ZEV 2008, 583

Müller, Altersvorsorgevollmacht – Gestaltung ihres Inkrafttretens, DNotZ 1997, 100

Müller, Auswirkungen des Betreuungsrechtsänderungsgesetzes auf die Vorsorgevollmacht in Angelegenheiten der Personensorge, FamRZ 1999, 559

Müller, Betreuungsvermeidung durch (Vorsorge-)Vollmachtserteilung der Eltern für ihr minderjähriges, behindertes Kind, in: Festschrift für Bienwald, 2006, S. 203

Müller, Aktuelle Fragen rund um Betreuung und Vorsorgevollmacht, DNotZ 2015, 403

Müller, Gestaltung von Vorsorgevollmachten, ZEV 2013, 304

Müller-Busch, Patientenautonomie am Lebensende aus (palliativ-)medizinischer Sicht, BtPrax 2005, 52

Müller-Engels/Braun, Betreuungsrecht und Vorsorgeverfügungen in der Praxis, 6. Aufl. 2023

Müller-Freienfels, Die Altersvorsorgevollmacht, in: Festschrift für Coing 1982 Band II S. 395 ff.

Müller-Freienfels, Privatfürsorge und Staatsfürsorge im alten Recht, in: Festschrift für Max Keller, 1989, S. 35 ff.

Müller-Freienfels, Vormundschaftliche Genehmigung für den Abbruch der Sondenernährung bei einer Patientin im Koma? JZ 1998, 1122

Müller/Renner, Betreuungsrecht und Vorsorgeverfügungen in der Praxis, 5. Aufl. 2014 (dann „Müller-Engels/Braun)

MünchKomm, Münchener Kommentar zum BGB, 9. Aufl. 2023

Nationaler Ethikrat, Patientenverfügung, Stellungnahme 2005

Nationaler Ethikrat, Selbstbestimmung und Fürsorge am Lebensende, Stellungnahme vom 13. Juli 2006

Nedden-Boger, Widerruf der Vorsorgevollmacht durch den Kontrollbetreuer, FamRZ 2014, 1589

NN, Patientenautonomie am Lebensende; ethische, rechtliche und medizinische Aspekte zur Bewertung von Patientenverfügungen. Bericht vom 10. Juni 2004 (sog. Kutzer-Kommission)

Nordmann, Meine Patientenverfügung und Vorsorgevollmacht, 2008

Notthoff, Die Patientenverfügung – rechtliche und praktische Umsetzung, ZNotP 2003, 282

Oduncu, Ärztliche Sterbehilfe im Spannungsfeld von Medizin, MedR 2005, 437, 516

Pardey, Ein neues Kleid für die rechtliche Betreuung, Rpfleger 2004, 257

Pawlowski, Patientenverfügung, Vorsorgevollmacht und Betreuungsverfügung, in: Festschrift für Bienwald, 2006, S. 215

Perau, Betreuungsverfügung und Vorsorgevollmacht, MittRhNotK 1996, 285

Platz, Die Vorsorgevollmacht in der Bank- und Sparkassenpraxis, 2007

Putz/Steldinger, Patientenrechte am Ende des Lebens, 2007

Raak, Patientenverfügung und Tötungstabu, in: Festschrift für Bienwald, 2006, S. 227

Rakete-Dombek, Vorsorgevollmacht erübrigt Betreuung, FPR 2000, 176

Rehborn, Passive Sterbehilfe und Patiententestament, FamRZ 1999, 149

Reiter, Verfügungen für das Lebensende. Wem nützt ein Patiententestament? FamRZ 1998, 667

Reiter, Religiöse Aspekte der Sterbehilfe, DRiZ 2005, 262

v. Renesse, Die Patientenverfügung in der Diskussion, BtPrax 2005, 47

Renner, Vorsorgevollmacht, Betreuungsverfügung und Patientenverfügung – die kostenrechtliche Behandlung, NotBZ 2005, 45

Renner, Der Widerruf von Vorsorgevollmachten, ZNotP 2004, 388

Renner, Zu Vorsorgevollmachten und Patientenverfügungen, NotBZ 2005, 398

Reymann, Vorsorgevollmachten von Berufsträgern, ZEV 2005, 457

Reymann, Vorsorgevollmachten von Berufsträgern: Gestaltungsoptimierung im Außenverhältnis, ZEV 2005, 514

Reymann, Vorsorgevollmachten von Berufsträgern: Bestandssicherung, Dritteinflussabwehr und Kontrolle, ZEV 2006, 12

Rieger, Machtlos trotz Vollmacht? In: Festschrift für Dieter Schwab, 2005, S. 1043 ff.

Rixen/Reinecke, Casebook Patientenverfügung, 2004

Röthel/Woitge, Das Kollisionsrecht der Vorsorgevollmacht, IPRax 2010, 494

Rogelmeier/Lenz, Die gesetzliche Regelung des Rechtsinstituts der Patientenverfügung in der Diskussion, ZErb 2008, 335

Rogelmeier/Lenz, Vorsorgeregelungen, o.J.

Roth, Die Verbindlichkeit der Patientenverfügung und der Schutz des Selbstbestimmungsrechts, JZ 2004, 494

Röthel/Heßeler, Vorsorgevollmacht und Patientenverfügung im englischen Erwachsenenschutzrecht, FamRZ 2006, 529

Röthel, Patientenverfügung und Vorsorgevollmacht in europäischer Perspektive, FPR 2007, 79

Röver, Einflussmöglichkeiten des Patienten im Vorfeld einer medizinischen Behandlung, 1997

Rudolf/Bittler/Roth, Vorsorgevollmacht, Betreuungsverfügung, Patientenverfügung, 5. Aufl. 2020

v. Sachsen-Gessaphe, Der Betreuer als gesetzlicher Vertreter für eingeschränkt Selbstbestimmungsfähige, 1999

v. Sachsen-Gessaphe, Vorsorgevollmacht für den Zivilprozess, in: Festschrift für Bienwald, 2006, S. 215 und ZZP 2000, 25

Sander, Missbrauch von Vorsorgevollmachten – ein ungelöstes Problem, ZErb 2023, 121

Sarres, Informations- und Gegenrechte bei der vorsorgenden Vollmacht, ZEV 2013, 304

Sass/Kielstein, Die medizinische Betreuungsverfügung in der Praxis, 1998

Sauer, Die Gestaltung des Innenverhältnisses von General- und Vorsorgevollmachten, RNotZ 2009, 79

Schaub, Kollisionsrechtliche Probleme bei Vorsorgevollmachten, IPRax 2016, 207

Schäfer, Vorsorgevollmacht im Personengesellschaftsrecht, ZHR 2011, 557

Schmidl, Die Bindungswirkung der Patientenverfügung für Verfahrenspfleger und Verfahrensbevollmächtigte, ZErb 2005, 82

Schnellenbach u. a., Betreuungsrecht für die Praxis, 2023

Schobert, Muster eines Patientenschutzbriefs zur lebenserhaltenden Therapie, NJW 2000, 2724

Schöllhammer, Die Rechtsverbindlichkeit des Patiententestaments, 1993.

Schrader, Gesundheitsvollmacht als Vertrauensakt (schwedisches Recht), 2022.

Schröder, Religiöse Aspekte der Sterbehilfe, DRiZ 2005, 264

Schüller, Untervollmacht bei General- und Vorsorgevollmacht, RNotZ 2014, 585

Schulte-Bunert/Weinreich u.a., FamFG (Kommentar), 7. Aufl. 2023

Schwab, D., Vorsorgevollmacht und Selbstbestimmung, FamRZ 2014, 888

Schwab, D., Betreuung und private Fürsorge, in: Festschrift für Gernhuber 1993, S. 815ff.

Schwab, D., Stellvertretung bei der Einwilligung in die medizinische Behandlung, in: Festschrift für Henrich 2000, S. 511ff.

Schwab, D., Probleme der Vorsorgevollmacht, in: Bauer (Hg.), Versorgung und Vorsorge 2004, 27

Siehr, Das Haager Übereinkommen über den internationalen Schutz Erwachsener, RabelsZ 2000, 715

Söbbeke, Vorsorgevollmacht, Patientenverfügung und Betreuungsrecht, 2001

Sonnenfeld, Betreuungs- und Pflegschaftsrecht, 1996

Spanl, Zur Formbedürftigkeit der Vorsorgevollmacht, RPfleger 2006, 455

Spernath, Die Vorsorgevollmacht – gestärkt durch Rechtsprechung und Reform, MittBayNot 2021, 425

Spickhoff, Die Patientenautonomie am Lebensende: Ende der Patientenautonomie? NJW 2000, 2297

Spickhoff, Rechtssicherheit kraft Gesetzes durch sog. Patientenverfügungen? FamRZ 2009, 1949

Stackmann, Rechtliche Probleme der Behandlung Schwerkranker und Sterbender, MedR 2003, 490

Sternal (früher: Keidel), FamFG (Kommentar), 21. Aufl. 2023

Stolz, Handreichungen für (Gesundheits-)Bevollmächtigte, BtPrax 2004, 99

Storr, Der rechtliche Rahmen für die Entscheidung zum Therapieabbruch, MedR 2002, 436

Strätling/Sedemund-Adip/Scharf/Schmucker, Gesetzliche Normierung von Patientenverfügungen, BtPrax 2003, 154

Strätling/Lipp/May/Kutzer u.a., Passive und indirekte Sterbehilfe, MedR 2003, 483

Süß, Nachlassabwicklung im Ausland mittels postmortaler Vollmachten, ZEV 2008, 69

Taupitz, Empfehlen sich zivilrechtliche Regelungen zur Absicherung der Patientenautonomie am Ende des Lebens? Gutachten A zum 63. Deutschen Juristentag, 2000

Taupitz, Sterbebegleitung im internationalen Vergleich, JBl 2001, 557

Tersteegen, Bankgeschäfte mittels Vorsorgevollmacht, NJW 2007, 1717

Thias, Passive Sterbehilfe, Behandlungseinschränkung, Behandlungsabbruch, Diss., 2003

Tiedtke, Kostenrechtliche Behandlung von Vorsorgevollmachten, MittBayNot 2006, 397

Trimborn von Landenberg, Die Vollmacht vor und nach dem Erbfall, 2. Aufl. 2012

Truong, Vorsorgevollmacht und Vorsorgetreuhand in Gesundheitsangelegenheiten, Diss., 2006

Tschersich, Die Definition des vermögensrechtlichen Missbrauchs von General- und Vorsorgevollmachten, 2015

Uhlenbruck, Bankrechtliche Probleme der Vorsorgevollmacht, ZInsO 2009, 612

Uhlenbruck, Selbstbestimmtes Sterben durch Patienten-Testament, Vorsorgevollmacht, Betreuungsverfügung, 1997

Uhlenbruck, Brauchen wir in Deutschland ein Gesetz zur aktiven Sterbehilfe? NJW 2001, 2770

Uhlenbruck, Die Altersvorsorge-Vollmacht als Alternative zum Patiententestament und zur Betreuungsverfügung, NJW 1996, 1583

Uhlenbruck, Patientenverfügungen, ZAP 1999 Fach 12 S. 75

Uhlenbruck, Die Stellvertretung in Gesundheitsangelegenheiten, in Festschrift für Erwin Deutsch, 1999, S. 849

Uhlenbruck/Vahle, Patiententestament mit Vorsorgevollmacht, 1997

Veit, Das Betreuungsverhältnis zwischen gesetzlicher und rechtsgeschäftlicher Vertretung, FamRZ 1996, 1309

Verrel, Zivilrechtliche Vorsorge ist besser als strafrechtliche Kontrolle. Zum Stellenwert von Patientenverfügung, Betreuungsverfügung, Vorsorgevollmacht und vormundschaftsgerichtlicher Genehmigung, MedR 1999, 547

Vetter, Selbstbestimmung am Lebensende, Patientenverfügung und Vorsorgevollmacht, 2005

Volmer, Die Rechenschaftspflicht des Vorsorgebevollmächtigten, MittBayNot 2016, 386

Vossius, Vorsorgevollmacht, notar 2013, 383

Vossler, Vorsorge durch Patientenverfügung, FamRB 2003, 158

Wagenitz, Finale Selbstbestimmung? Zu den Möglichkeiten und Grenzen der Patientenverfügung im geltenden und künftigen Recht, FamRZ 2005, 669

Waldner, Probleme des § 172 BGB, insbesondere bei der Vorsorgevollmacht, MittBayNot 1999, 261

Walter, Die Vorsorgevollmacht, 1997

Walter, Das BtÄndG und das Rechtsinstitut der Vorsorgevollmacht, FamRZ 1999, 685

Walter, Vorsorgevollmacht und Überwachungsbetreuung, ZEV 2000, 353

Wedemann, Die Vorsorgevollmacht im internationalen Rechtsverkehr, FamRZ 2010, 785

Weidlich, Grundstücksverfügungen mittels Vollmachten über den Tod hinaus, ZEV 2016, 57

Weise, Unzumutbare „Sterbehilfe"? BtPrax 2003, 196

Wienke/Lippert, Der Wille des Menschen zwischen Leben und Sterben – Patientenverfügung und Vorsorgevollmacht, 2001

Winkler, Vorsorgeverfügungen, Patientenverfügung, Vorsorgevollmacht, Betreuungs- und Organverfügung, 5. Aufl. 2016

Wüstenberg, Die Patientenverfügung und andere Vorsorgeregelungen in der anwaltlichen Beratung, JA 2006, 64

Wunder, Betreuung und Menschenwürde. Das Statut der gesetzlichen Betreuung an den Schnittstellen der biomedizinischen Entwicklung, NDV 2000, 367

Wurzel, Vorsorgevollmachten bei affektiven Störungen, insbesondere bei der manischen Auslenkung, BtPrax 2005, 87

Zecher, Vorsorgevollmacht im unternehmerischen Bereich, ZErb 2009, 316

Zimmer, Vorsorgevollmachten im Erbrecht, ZEV 2013, 307

Zimmermann, Die Vorsorgevollmacht im Bankgeschäft, BKR 2007, 226

Zimmermann, Vorsorgevollmacht und Rechtsberatungsgesetz, BtPrax 2001, 192

Zimmermann, Probleme der Vorsorgevollmacht, 2013, ZAP Fach 11, 1113

Zimmermann, Vorsorgevollmacht in der Zwangsvollstreckung, DGVZ 2010, 221

Zimmermann, Vergütung des Vorsorgebevollmächtigten, FamRZ 2013, 1535

Zimmermann, Formulierung der Vorsorgevollmacht, NJW 2014, 1573

Zimmermann, Betreuung und Erbrecht, 3. Aufl. 2023

Sachverzeichnis

(Die Zahlen beziehen sich auf die Randziffern)